SV

Norbert Mecklenburg

Theodor Fontane

Romankunst der Vielstimmigkeit

Suhrkamp Verlag

Erste Auflage 1998

Satz: Libro, Kriftel
Druck: Nomos Verlagsgesellschaft, Baden-Baden
Printed in Germany

Inhalt

Vorwort

Das vorliegende Buch ist Ergebnis von wiederholten Lektüren und Studien zur Prosa Theodor Fontanes aus den vergangenen zwölf Jahren. Die Vertrautheit mit Fontane ist älter. Vor mehr als fünfzig Jahren las mein Vater, dem Krieg entronnen, seiner Frau aus der *Odyssee* vor, die, ehe es wieder Bücher gab, als billiger Zeitungsdruck erschienen war. In einem gleichfalls zuhörenden Dreijährigen, der sich dann eine Zeitlang als »Odyßchen« fühlte, muß dabei eine dauerhafte Neigung für epische Kunst geweckt worden sein. Meine Mutter, die einige Balladen noch von ihrer Schulzeit her auswendig wußte, machte mich mit *Herrn von Ribbeck* bekannt. Das mit den Birnen gefiel dem Flüchtlingsjungen aus Ostpreußen sehr, der in der holsteinischen ›Grafenecke‹ erfahren hatte, wie knickrig Obstbaumeigentümer sein konnten. Der Sextaner favorisierte dann mehr *Archibald Douglas*. Dies ging so weit, daß er zwei Mädchen aus seiner Klasse beredete, die Ballade im Deutschunterricht ›aufzuführen‹: Elisabeth und Annette gaben mit ihren hellen Stimmen den alten Archibald und den jungen König Jakob, ich mit meinem piepsigen Organ den Erzähler.

In der späteren Schulzeit der fünfziger und im Studium der sechziger Jahre blieb Fontane fern. Erst als ich vor dreißig Jahren eine Doktorarbeit gegen den unkritischen Interpretationsmuff zu schreiben begann, begegnete ich dem Autor wieder, aber immer noch dem Balladenautor. Meine Mutter rezitierte mit bewegter Stimme gern auch *Die Frauen von Nidden* von Agnes Miegel. Mir gefiel das nicht mehr: Obwohl fast noch aus Fontanes Zeit stammend, klang diese ostpreußische Ballade schon arg nach ›Blut und Boden‹. Ich entdeckte eine weitaus interessantere, modernere Frauen-Ballade, die in keinem der Lesebücher und keiner Balladenanthologie zu finden war: *Die Balinesenfrauen auf Lombok*, Verfasser: Theodor Fontane. Im Vergleich beider Texte erprobte ich mein Konzept für »kritisches Interpretieren«. Das wurde 1972 ein Kapitel in meinem ersten Buch.

Dem Romanwerk Fontanes habe ich mich auf langen Umwegen genähert, die mir jedoch im Rückblick fast als der direkte Weg erscheinen. Ich beschäftigte mich jeweils jahrelang mit dem Regionalismus im Roman, besonders im modernen, und mit der Erzählkunst des modernen Autors Uwe Johnson. Beide Themen konfrontierten mich mit der Frage, welche Geltung realistischem Schreiben in der Moderne zukomme. Bei dem Bemühen um diese Frage begegnete ich – ziemlich verspätet – dem überragenden Romantheoretiker Michail Bachtin und dem überragenden Romanautor Theodor Fontane. Mit Bachtin, fand und finde ich, lassen sich Leistung und Besonderheit der Erzählkunst Fontanes in einem neuen Licht sehen.

Die Fontane-Forschung ist zwar immer breiter, reicher und vielfältiger geworden, aber ihre dominierenden Deutungsformeln erscheinen mir revisionsbedürftig. Unbefriedigend ist vor allem, daß in den Analysen der realistischen Gesellschaftsromane Fontanes so oft auseinanderfällt, was zusammengehört: die ästhetische und die gesellschaftsbezogene Betrachtung. Bachtins Theorie der sozialen Redevielfalt ermöglicht es, beide Dimensionen sinnvoll zu verbinden. Und was Bachtins Begriff der Dialogizität für eine Analyse der Darstellungsweise der Romane leistet, ihrer sprachlichen und erzählerischen Organisation, das könnte Pierre Bourdieus Theorie der Distinktion, der »feinen Unterschiede«, für eine Analyse des in ihnen Dargestellten leisten, der differenzierten Ansichten von Menschen in Gesellschaft. Bachtin und Bourdieu stellen zwei Scheinwerfer bereit, die Fontanes Werk auf neue Weise als Romankunst der Differenzierung, der Vielstimmigkeit und der feinen Unterschiede auszuleuchten erlauben.

Meine Fontane-Studien illustrieren Theorien nicht, sondern nutzen theoretische Konzepte, um die Texte genauer zu erschließen. Daß überhaupt Theoriebezüge hergestellt werden, kann der Fontane-Forschung nicht schaden, die – im Gegensatz zum heute herrschenden Trend in der Literaturwissenschaft – im allgemeinen theoretisch eher unterentwickelt ist. Als leitende Gedanken der vorliegenden Studien lassen sich die folgenden herausstellen: Fontanes erzählerische Werke werden hier nicht primär, wie unzählige Male geschehen, unter dem Aspekt der epischen Integration gesehen, sondern unter dem der Offenheit für Wirklichkeit. Sie entwerfen keine geschlossenen, selbstherrlichen, rein literarischen Bedeutungsgefüge, sondern arbeiten und spielen mit vorgegebenen gesellschaftlichen, kulturellen Bedeutungen. Das diagnostische, kritische Potential der Texte Fontanes reicht dabei oft über das hinaus, was wir als Position des Autors vermuten können; die *intentio operis* geht nicht in der *intentio auctoris* auf. Das ist kein Mirakel, sondern beruht auf spezifischen erzählerischen Verfahren, die ich zu beschreiben versuche und die Fontane selbst auf die Doppelformel »Psychographie und Kritik« gebracht hat.

Literarische Texte bauen komplexe Spannungsfelder auf mit vielen teils parallelen, teils gegenläufigen, einander durchkreuzenden Bedeutungslinien. Das macht ihre Lektüre zu einem – in nichttrivialem Sinn – spannenden, aber manchmal auch schwierigen Spiel. Ich versuche, dieses Spiel nicht als ein Hase-und-Igel-Spiel aufzufassen, bei dem man am Ende immer vor der ›Ambivalenz‹ und polyperspektivischen Ungreifbarkeit Fontanes kapitulieren müßte. Wo es mir nötig erscheint, wie bei der Greeley-Anekdote im *Stechlin*, wird ein bißchen ›dekonstruiert‹, womit aber nicht die Glaubenssätze der literaturwissenschaftlichen Sekte, die diesen Ausdruck in Umlauf gebracht hat, nachgebetet werden müssen. Meine Version von Dekonstruktion nenne ich nach wie vor kritisches Interpretieren. Kritik aber erhält ihr Gewicht nur, wenn sie auf das Text-Spiel mit Einsichten und Blindheiten sensibel, differenziert und beweglich zu reagieren versteht, wenn sie dabei nicht im rein Literarischen steckenbleibt und wenn sie die Gegenkraft zu dem ist, was Fontane in einer schönen Reflexion über Kunstkritik (als Vorbemerkung zu den Kapiteln über Reims in seinem Buch *Aus den Tagen der Okkupation*) die Kraft der »Hingebung« und »Begeisterung« nennt. Hingebung hin, Begeisterung her – alle Kunst »bleibt Menschenwerk und als solches dem Urteil unterworfen. Das bloße Starren und Staunen kann unmöglich die höchste Form der Bewunderung sein, und gesunde Sinne haben auch dem Bewundernswerten gegenüber ein Recht, die Dinge zu vergleichen, zu prüfen, zu unterscheiden. Das aber *ist* Kritik.«

Die in diesem Buch vorgelegten Studien breiten kein fontanologisches Expertentum aus, sondern protokollieren meine Fontane-Lektüren mit dem Zweck, andere anzuregen. Sie versuchen, die erstaunliche Haltbarkeit und Gegenwärtigkeit, den Erkenntnis- und den Unterhaltungswert der Romane Fontanes durch Beobachtung einiger ihrer sprachlichen Qualitäten und erzählerischen Verfahren, die bisher wenig oder gar nicht untersucht worden sind, ein Stück weit zu erklären. Werkinterpretationen lege ich bewußt nicht vor; davon gibt es in bezug auf Fontane ein Überangebot. Meine Studien verbinden Durchblicke durch das gesamte erzählerische Werk – die wenig beachteten Entwürfe und Fragmente inbegriffen – jeweils unter einem bestimmten Aspekt mit exemplarischen, stichprobenhaften Textanalysen. Mehrfach habe ich es darauf angelegt, einen geeigneten einzelnen Faden zu greifen, um das ganze Gewebe zu erfassen: Versuche in hermeneutischer *Minimal art*. Die Form des Essays, an der sich diese Arbeiten orientieren, soll es ermöglichen, literaturwissenschaftliche Ansprüche, gelegentlich auch über Fontane hinaus, zu erfüllen und gleichzeitig möglichst lesernah – einem *Fontane*-Leser nah! – zu schreiben, also nicht so, wie es, nach Fontanes Urteil, die »staatlich abgestempelten Fachsimpler« tun: ledern.

Zur Anordnung der Kapitel: Das erste ist ein Präludium, das in einem Durchgang durch das gesamte Romanschaffen Hauptthemen einer heute belangvollen Fontane-Kritik, wie ich sie sehe, vorstellt und dabei auch die Themen der weiteren Kapitel anschlägt. Besonderes Augenmerk richte ich auf die – fast immer schief gestellte – Frage nach ›Individuum und Gesellschaft‹, auf die Humoraspekte, auf die erzählerische Inszenierung von kulturellen Mustern, namentlich von Frauenbildern, auf das Spannungsfeld von Diagnostik und Ethik bei Fontane. Die beiden folgenden Kapitel stellen Umarbeitungen von drei Studien dar, die 1989, 1990 und 1991 publiziert worden sind; die weiteren sind bisher unveröffentlicht. Das zweite Kapitel ist nicht nur das längste, sondern auch das grundlegende; es entfaltet meine Leitperspektive: Vielstimmigkeit als Dialogizität (im Sinne Bachtins) mit bewußtseinskritischem Potential, und führt sie an einer Reihe von Einzelphänomenen durch. Die beiden ihm folgenden Kapitel bieten auf dieser Grundlage zwei Ergänzungen: Das dritte ist den Aspekten fingierter Mündlichkeit und mündlichen Wissens bei Fontane gewidmet, deren Untersuchung den Weg des Autors der *Wanderungen durch die Mark Brandenburg* zum Roman beleuchtet. Das vierte rückt die zahllosen über die Romane verstreuten Allgemeinaussagen, die längst nicht alle als Fontanesche Aphorismen zur Lebensweisheit affirmiert werden können, in das Spannungsfeld von Weisheit und Dummheit, um Unterscheidung und Kritik zu ermöglichen.

Das fünfte Kapitel stellt dem Ansatz Bachtins den von Bourdieu an die Seite, indem es an mehreren Werken zeigt, wie Fontanes Einsatz sprachlicher und literarischer »Finessen« dazu dienen kann, die gesellschaftlichen »feinen Unterschiede«, die Bourdieu soziologisch analysiert hat, auf erzählerische Weise kritisch vorzuführen. Ich habe dieses Kapitel vor einem Jahr für meine Hamburger Fontane-Vorlesung geschrieben und möchte es denen widmen, die über meinen Rückzug nach Köln enttäuscht waren. Das sechste Kapitel gilt denjenigen Finessen, die feine Unterschiede auch da inszenieren, wo es um das unfeine Gebiet erotischer Anspielungen geht; jeder Fontane-Leser begegnet ihnen, kein Fontane-Forscher schreibt über sie. Die letzten beiden Kapitel behandeln die beiden bekanntesten Romane Fontanes: *Effi Briest* und *Der Stechlin*. Sie beziehen sich in verschiedener Weise auf die beiden Anfangskapitel zurück: Das siebente beobachtet, ausgehend von einem Lieblingssatz des alten Briest (diesmal nicht jenem allzubekannten), Effis und Fontanes »Reden mit fremden Stimmen«, also noch einmal einen Aspekt von Dialogizität. Das letzte Kapitel behandelt das letzte Lebenskapitel des alten Stechlin, dessen Darstellung aber viele Romankapitel einnimmt. Es geht darum, *wie* Fontane von Sterben und Tod erzählt, nämlich erstaunlicherweise humoristisch, und was es mit solchem Humor auf sich hat. Und es geht damit um ein Beispiel für die im ersten Kapitel vertretene These, es gelte Fontanes Humor, der so selbstverständlich erscheint, daß die Fontane-Forschung ihn unbeachtet gelassen hat, neu zu entdecken, namentlich seine subversiven, kritischen, ›karnevalistischen‹ Züge. Dieses Kapitel ist vor zehn Jahren entstanden: Als ich im Februar 1988 eine Vorlesung über Fontane auszuarbeiten begann, ging meine Mutter aus dem Leben; als ich im April mit der Vorlesung gerade begonnen hatte, starb mein Vater. So bekam die Vorlesung ein weiteres Kapitel. Ich habe es dem Andenken an meine Eltern gewidmet.

Das Literaturverzeichnis bietet aus der umfangreichen Fontane-Forschung, die in dem Realienband von Charlotte Jolles und in den Bibliographien der *Fontane-Blätter* gut dokumentiert ist, meine persönliche Auswahl für die Zwecke dieses Buches. Ausgaben der Schriften Fontanes, aus denen oft zitiert wird, sind mit Abkürzungen versehen, so daß das Zitieren im Text (in Klammern: Abkürzung, Band-, Seitenzahl) fußnotensparend und weniger umständlich erfolgen kann. Für verläßliche Mithilfe beim Korrekturlesen danke ich Claudia Merkel.

Köln, im Januar 1998 — Norbert Mecklenburg

I. Die Gegenwärtigkeit Theodor Fontanes

Was macht seine Romane haltbar bis ins 21. Jahrhundert?

Mit dem Übergang ins 21. Jahrhundert rückt uns das 19., das bürgerliche Jahrhundert mit allem, was zu ihm gehört, ein weiteres Stück ferner. Das betrifft auch die Literatur. Die Romane Theodor Fontanes (1819-1898) sind mittlerweile hundert und mehr Jahre alt. Allesamt erst im späten Lebensalter des Autors geschrieben, gehören sie jenem letzten Abschnitt des 19. Jahrhunderts zu, den man das imperiale Zeitalter genannt hat und der die moderne Welt nachhaltig geformt hat.[1] Diese wird mit dem Ende des 20. Jahrhunderts ihrerseits allmählich historisch. Damit entschärft sich die unter Literarhistorikern ausgefochtene Streitfrage, ob Fontanes Romane nach Stoffen, Themen und Schreibverfahren entweder mehr als späte Produkte einer vormodernen Literaturepoche, des guten alten bürgerlichen Realismus, oder eher als Vorboten der literarischen Moderne anzusehen seien. Diese Moderne ist ihrerseits gealtert. Thomas Mann und Kafka, Proust und Joyce stehen Fontane zumindest zeitlich bei weitem näher als der Gegenwart.

So läßt sich heute in Hinblick auf Fontanes Romane unbefangener als früher nach den Quellen derjenigen Art von Gegenwärtigkeit fragen, die der Literatur als Kunst eigen ist: ihrer Aneignung in immer neuer Lektüre. Denn in diesem Sinn sind einige seiner Erzählwerke in erstaunlichem Maß gegenwärtig geblieben, in höherem Maß jedenfalls als die meisten Prosawerke anderer deutscher Autoren des 19. oder früherer Jahrhunderte. Worin gründet die Gegenwärtigkeit dieser Texte, die in Widerspruch zu stehen scheint mit der Historizität, dem Altern und Fernrücken, das an ihnen heute ebenfalls unübersehbar wahrzunehmen ist? Damit wird nicht so sehr nach den

---

1 Eric J. Hobsbawm: Das imperiale Zeitalter 1875-1914, Frankfurt/M. 1989.

Ursachen dafür gefragt, daß Fontane seit etwa einem halben Jahrhundert zu einem Klassiker aufgerückt ist, daß wenigstens zwei seiner Romane, *Effi Briest* und *Der Stechlin*, in den imaginären Kanon der Literatur aufgenommen worden sind, daß Ausgaben seiner Werke seit längerem, in krassem Unterschied zu deren geringen Auflagen zu Lebzeiten des Autors, ein sicheres verlegerisches Geschäft versprechen. Nicht nach literatur- und bildungssoziologischen Ursachen für die Verbreitung seiner Romane soll hier also gefragt werden, sondern nach den künstlerischen Bedingungen ihrer Gegenwärtigkeit in Lektüren: Warum ist Fontane als Erzähler des späten 19. Jahrhunderts noch im frühen 21. lesbar und lesenswert? Das soll die Leitfrage dieses einleitenden Kapitels sein.

Die Fontane-Rezeption und ihre Defizite

Dabei sind zugleich die Antworten zu prüfen, die während der vergangenen Jahrzehnte formuliert worden sind, in denen man einerseits die subtile Erzählkunst, andererseits das gesellschaftskritische Potential der Romane Fontanes philologisch immer genauer ausgelotet hat. Gemeinsam war diesen Antworten die Erfahrung der politischen Katastrophen des 20. Jahrhunderts, die Fontane und seine Zeit zunächst in weite historische Ferne zu rücken schien. Mit Sicherheit hat diese Erfahrung die bis dahin vorherrschenden Bilder des Autors als des preußischen Balladenbarden, des märkischen Wanderers und des Humoristen eines ›heiteren Darüberstehens‹ gegenstandslos gemacht. Unterschiedlich dagegen wurden im Zeitalter der ›Fontane-Renaissance‹, das zugleich das der deutschen Teilung und des westöstlichen Systemkonflikts war, die Akzente gesetzt. Das eine Extrem stellt eine konservative Einschätzung der erzählerischen »Finessen« Fontanes, seiner Kunst der Andeutungen, Verweisungen, Entsprechungen, als letzter Nachhall Goethescher Symbolkunst dar.[2] Das andere Extrem

2 Walther Killy: Abschied vom Jahrhundert. Fontane: *Irrungen, Wirrungen.*

bildet eine Überinterpretation von progressiven und kritischen Positionsnahmen in Fontanes letzter Schaffensphase im Sinne einer Vorwegnahme demokratischer und sozialistischer Gesellschaftssicht.[3]

Im Mittelfeld bewegen sich zwei Deutungsrichtungen, die lange Zeit wohl die meiste Zustimmung fanden: Zum einen wurde die alte, schon auf den frühen Thomas Mann zurückgehende These vom ›Skeptiker‹ Fontane aufgenommen und ausgebaut zu einer erzählanalytisch-poetologischen wie weltanschaulich-ethischen Deutung seiner Romane unter den Konzepten der Subjektivierung, des Perspektivismus und des Relativierens, der »Verbindlichkeit des Unverbindlichen«.[4] Zum anderen wurden die neu gewonnenen Erkenntnisse darüber, was für ein außerordentlich wacher Zeitgenosse Fontane war und wie vielfältige Zeit- und Gesellschaftsbezüge seine Romane dementsprechend aufweisen, unter dem Titel einer »sozialen Romankunst« zusammengefaßt, einer Erzählkunst, die sich zum Anwalt des Menschlichen gegen das Gesellschaftliche mache.[5] Beide Deutungsrichtungen, so aufschließend sie zunächst wirkten, haben mittlerweile ihre Grenzen gezeigt. Die erste erkaufte die Aufmerksamkeit für einen Hauptaspekt der Schreibweise Fontanes, die Vielstimmigkeit, mit einer Verwischung des zeitkritischen, gesellschaftlichen und politischen Gehalts seiner Romane. Die zweite verwässerte diesen Gehalt durch eine abstrakte, idealistische Entgegensetzung von Individuum und Gesellschaft, die hinter das Reflexionsniveau zurückfällt, das in Fontanes Texten selbst, im Ansatz wenigstens, erreicht ist.

So ist die Geschichte einer von vornherein aussichtslosen

In: Theodor Fontane, hg. v. W. Preisendanz, Darmstadt 1973, S. 265-285.

3 Hans-Heinrich Reuter: Fontane, 2 Bde., Berlin/München 1968.

4 Richard Brinkmann: Theodor Fontane. Über die Verbindlichkeit des Unverbindlichen, München 1967, ²1977.

5 Walter Müller-Seidel: Theodor Fontane. Soziale Romankunst in Deutschland, Stuttgart 1975.

Liebesbeziehung zwischen einer jungen Näherin und einem adligen Offizier in *Irrungen, Wirrungen* bis heute so anrührend geblieben, nicht weil in dem längst veralteten Standeskonflikt ein gewissermaßen ewiger Gegensatz von natürlicher Menschlichkeit und einengender, reduzierender Gesellschaft dargestellt wäre, vielmehr weil bis heute ethisch und lebenspraktisch belangvolle Konflikte ausgemessen werden: zwischen Lebenslüge und Integrität, Anpassung und Widerstand, Egoismus und Hingabe, Grobheit und Feingefühl, Oberflächlichkeit und menschlicher Reife – Konflikte also, die nicht zwischen der ›bösen‹ Gesellschaft und dem ›guten‹ Individuum ausgetragen werden, sondern mitten durch dieses hindurchgehen. »Unser Herz hat Platz für allerlei Widersprüche . . .« (V 153)[6] wundert sich Botho von Rienäcker selbstkritisch und realistisch.

»Man ist nicht bloß ein einzelner Mensch, man gehört einem Ganzen an«, sagt Innstetten in *Effi Briest* in dem folgenreichen Gespräch mit seinem Freund Wüllersdorf (VII 247). Er äußert das zwar, um seine resignierende Unterwerfung unter das »uns tyrannisierende Gesellschafts-Etwas« (248) zu rechtfertigen, aber dieser Satz vermittelt, wie der ihm komplementäre Satz Rienäckers, eine über diese Situation weit hinausweisende moderne, gewissermaßen postidealistische Einsicht: Das Individuum kann nicht in Einsamkeit, ohne die Gesellschaft leben, denn es wird, entgegen der von seiner Selbstliebe genährten Illusion, von der Gesellschaft nicht nur deformiert, sondern auch geformt; der Mensch ist von Natur gesellschaftlich, und Individuation vollzieht sich, gelingend oder mißlingend, immer nur als Sozialisation.[7] Zwischen dieser richtigen Einsicht und Innstettens falscher Kapitulation vor dem »Gesellschafts-Etwas« besteht gerade die entscheidende, weil ethisch und gesell-

6 Zitate aus oft herangezogenen Ausgaben der Schriften Fontanes werden im folgenden wie hier mit den Abkürzungen, die zu Beginn des Literaturverzeichnisses erklärt sind, sowie mit Bandzahl in römischen und Seitenzahl in arabischen Ziffern nachgewiesen.

7 Norbert Elias: Die Gesellschaft der Individuen, Frankfurt/M. 1987.

schaftskritisch belangvolle Differenz. Sie wird von all jenen *Effi Briest*-Interpreten ignoriert, die vorschnell dieses »Etwas« mit der Gesellschaft überhaupt gleichsetzen anstatt, wie der Text und noch deutlicher seine Vorstufen es tun, mit einer bestimmten gesellschaftlichen Institution. Diese wird wegen ihres unzeitgemäßen, archaischen Charakters von Wüllersdorf – ebenso wie vom Autor selbst[8] – »Götzendienst« genannt: mit ihren »Paragraphen«, dem adlig-militärischen »Ehrenkultus« (VII 249), der die barbarische Duellpraxis gesellschaftlich legitimiert.[9] Daß Innstetten gegen seine moderne, rationale Einsicht, seine ethische Überzeugung und sein inneres Gefühl diesem Götzen opfert, allein weil er Reputation und Karriere nicht gefährden will, macht seinen Schuldanteil aus.

Fontanes Romane unterminieren im ganzen, was einzelne ihrer Intentionslinien zu unterstreichen scheinen: den Glauben, »›gesellschaftlich‹ sei das, was an vielen Menschen ›gleich‹ ist, das ›Typische‹ an ihnen, und das, was jeden Menschen zu etwas Einzigartigem, etwas von allen anderen Menschen Verschiedenem macht, kurz: zu einer mehr oder weniger ausgesprochenen Individualität, das sei, so glaubt man, ein außergesellschaftliches Element«.[10] Individualität und Gesellschaftsbezogenheit eines Menschen stehen jedoch »nicht nur nicht im Gegensatz zueinander, sondern die einzigartige Ziselierung und Differenzierung der psychischen Funktionen eines Menschen, der wir durch das Wort ›Individualität‹ Ausdruck geben, sie ist überhaupt nur dann und nur dadurch möglich, daß ein Mensch in einem Verbande von Menschen, daß er in einer

8 Theodor Fontane: Tagebücher 1866-1882. 1884-1898, hg. v. G. Erler, Berlin 1994, S. 238.

9 Wilhelm I. verpflichtete faktisch alle Offiziere zum Duell, indem er erklärte, er werde einen Offizier, der die Ehre eines Kameraden verletzt, ebensowenig in seinem Heer dulden wie einen Offizier, der seine Ehre nicht zu wahren weiß. Vgl. Ute Frevert: Ehrenmänner, München 1991, S. 113.

10 Elias: Gesellschaft, S. 84.

Gesellschaft aufwächst«.[11] Jedoch die Widersprüche zwischen den Bedürfnissen und Wünschen des einzelnen und den gesellschaftlichen Anforderungen, wie sie z. T. sein eigenes Über-Ich repräsentiert, sind es, »die der Vorstellung von dem naturalen Individualkern in der gesellschafts- oder milieubedingten Schale immer von neuem Nahrung geben«.[12] Unsere »Denkinstrumente sind noch nicht beweglich genug«, um diese Vorstellung zu überwinden und »Verflechtungserscheinungen zureichend faßbar zu machen«.[13] Fontanes Romane jedoch geben vielfältige Impulse, »über die Gegensätzlichkeit der Begriffe ›Individuum‹ und ›Gesellschaft‹« hinauszudenken[14], in der sich die meisten ihrer Interpreten befangen zeigen. – Fontanes Romane handeln also nicht von Konflikten zwischen ›Individuum und Gesellschaft‹, als wären das zwei selbständige, unabhängige Antagonisten, sondern von Individuen *in* der Gesellschaft. Sie entfalten dabei ein Spannungsfeld von Diagnostik und Ethik, und das macht sie auch für heutige Lektüre spannend. Denn sie diagnostizieren zwar unbestechlich und kritisch die gesellschaftlichen Strukturen und Prozesse, Normen, Muster und Zwänge, in welche die Individuen verflochten sind, aber sie tun es, um die Handlungsspielräume zu erkunden und die Alternativen abzuwägen, die ihnen auf der Grundlage solcher Verflechtungen dennoch offenstehen. Die ethische Dimension, die dem erzählerischen Diskurs Fontanes eingelagert ist, lohnte es, neu zu erschließen. Denn ethische Fragen werden heute nicht mehr als abstrakte Moralsysteme, vielmehr in Gestalt von Geschichten verhandelt. So können wir die Geschichten, in die wir lebend verstrickt sind, experimentierend mit denen in Beziehung setzen, in die wir uns lesend verstricken lassen.

Diese ethische Dimension der Romane Fontanes ist in jüngerer Zeit gegenüber der diagnostischen vernachlässigt wor-

11 Ebd., S. 41.
12 Ebd., S. 85.
13 Ebd., S. 54.
14 Ebd., S. 210.

den. Das gilt namentlich für Interpreten, die anstelle einer abstrakten Gegenüberstellung von Gesellschaftlichkeit und Menschlichkeit, dem Erzählkonzept Fontanes immerhin sehr viel gemäßer, die Gesellschaft *im* Individuum, d. h. die Verinnerlichung gesellschaftlicher Normen, ins Zentrum rücken, die für die meisten Figuren Fontanes in der Tat so charakteristisch ist. Aber indem sie deren Verhalten und Bewußtsein allein unter Stichworten wie Autonomieverlust, Selbstentfremdung, beschädigte Individualität interpretieren, reduzieren sie die Figuren auf ihre Opferrolle und bringen sie dadurch um die ihnen vom Erzähler Fontane wohlbedacht zugeschriebenen Erkenntnis- und Handlungsspielräume. Gewiß sind auf diesem Weg wertvolle, auch für künftige Fontane-Lektüre unverzichtbare Erkenntnisse darüber gewonnen worden, welch bewundernswert breites, genaues und differenziertes Wissen über die gesellschaftliche Genese individuellen Leidens Fontane seinem Erzählen eingeschrieben hat: Unübersehbar darin – besonders in Hinblick auf die zentralen Themenfelder Familie, Ehe, Frauenleben, Geschlechterverhältnisse, Sexualität – die lange Reihe der von den Agenturen der Gesellschaft hervorgerufenen psychosomatischen Störungen, der Ängste und Schuldkomplexe, der Kränkungserfahrungen und regressiven Tendenzen, bis hin zu suizidalen Impulsen.[15] Allein, wenn dabei die ethische Dimension, der Appellcharakter der Texte übersehen wird, was haben wir als Leser davon zu wissen, daß manches von dem, was wir durch heutige Sozialpsychologen wissen, auch schon der alte Fontane gewußt hat?

Ähnlich lektürefern fallen Interpretationen aus, die sich, in berechtigter Korrektur der ›relativistischen‹ Deutungsrichtung, dem Nachweis widmen, welch klare und eindeutige gesellschaftliche, politische und kulturelle Positionsnahmen Fontanes, seien sie zeitangemessen, über ihre Zeit hinausweisend oder allzu zeitbedingt, in seine Romane eingeflossen sind und

15 Rainer Kolk: Beschädigte Individualität. Untersuchungen zu den Romanen Theodor Fontanes, Heidelberg 1986.

wie geschickt seine erzählerische Rhetorik sie vermittelt.[16] Denn Lesen von Literatur geht nicht darin auf, die Meinungen eines Autors herauszufinden. Was bliebe von der Lektüre Fontanes heute übrig, erschöpfte sie sich in mühsamem, weil aufgrund des Zeitabstands nicht mehr unmittelbar möglichem Nachvollzug der gesammelten Meinungen des Autors über Gott und die Welt, über Kaiser und Kanzler, über Adel und Sozialdemokratie, über Richard Wagner und Heinrich Schliemann, über Erfinder, Entdecker und Nordpolfahrer? Derartiges Historisieren der Texte läßt die relativistische Fontane-Deutung, gegen die es Front macht, durch die Hintertür wieder herein. So zweifellos es aber der Fontane-Lektüre nützt, in Geschichte gut zu sein, so gewiß setzt sich der Erkenntnis- und Unterhaltungswert der Texte Fontanes auch gegen den historischen Ballast durch, den sie massenhaft transportieren.

Deren Lebendigkeit und Gegenwärtigkeit sind merkwürdigerweise auch die beiden modernen deutschen Erzähler nicht gerecht geworden, die dem Erzähler Fontane in jüngster Zeit die aufwendigsten literarischen Denkmäler gesetzt haben. Uwe Johnson zeigt in einem langen Kapitel seines Hauptwerks *Jahrestage* exemplarisch anhand eines Deutschunterrichts über *Schach von Wuthenow*, wie gediegen und haltbar Fontanes Texte gewissermaßen erzählhandwerklich gearbeitet sind, welch beträchtliche Lesearbeit in sie investiert werden muß, mit was für einem genauen und verläßlichen Bild vergangener Zeiten der Leser dafür belohnt wird.[17] Günter Grass versucht in seinem umfangreichen Roman *Ein weites Feld*, einem Zwitterbuch über die deutsche Einigung und über Theodor Fontane bzw. über seinen doppelgängerischen Ururenkel »Fonty«, Vergangenheit und Gegenwart, Kaiserreich und neue Bundesrepublik sozialkritisch ineinanderzuspiegeln.[18] Gewiß, beide Autoren gehen

16 Gudrun Loster-Schneider: Der Erzähler Fontane. Seine politischen Positionen in den Jahren 1864-1898 und ihre ästhetische Vermittlung, Tübingen 1986.

17 Uwe Johnson: Jahrestage, Bd. 4, Frankfurt/M. 1983, S. 1694-1707.

18 Günter Grass: Ein weites Feld, Göttingen 1995.

von der richtigen Intuition aus, daß zwischen Fontanes Zeit, namentlich dem zweiten Deutschen Kaiserreich, und der heutigen Zeit Kontinuitäten bestehen: sowohl genetisch, als Vorgeschichte späterer Katastrophen, wie auch strukturell, in Gestalt von zählebig fortbestehenden Mustern und Mentalitäten einer ›bürgerlichen Gesellschaft‹, z. B. der Jenny-Treibel-Mentalität. Aber indem der eine die Leistung des Erzählers Fontane auf die eines Historikers, der andere auf die eines Propheten zu reduzieren neigt, vernachlässigen beide, welcher Art von Erzählkunst sich solche Leistung verdankt.

Dieser Kunst ist ein anderer moderner Erzähler, Alexander Kluge, sehr viel genauer auf die Spur gekommen, indem er an Fontane eine Haltung der »Neugierde zwischen den Fronten«, des Linienüberquerens, der Dialogfähigkeit lobte: »Es ist dabei egal, ob es sich darum handelt, daß Nationen Krieg führen oder daß es um Klassenschranken oder um sonstige Trennungen geht. Die Neugier treibt ihn ins andere Lager, um in seinem Lager zu berichten, und dies ist genau das, was er unter Dialog versteht.«[19] Neugier, Linienüberqueren, Dialog – diese Stichworte deuten gut an, in welchem Sinn Fontane zu lesen auch heute noch Erkenntnis und Vergnügen bewirken kann. Sie heben diejenige Besonderheit seines Erzählens hervor, die sich, mit einem Wort, als Vielstimmigkeit bezeichnen läßt. In ihrer erzählstrukturellen Vielstimmigkeit gründet es, daß Fontanes Romane unvergleichlich offen sind für die Widersprüche des wirklichen Lebens von Menschen in der Gesellschaft[20]; daß sie zu sprachlichen Echoräumen für die verschiedensten Stimmen aus der geschichtlich-sozialen Welt werden können; daß sie ein virtuoses, ebenso witziges wie erkenntnisförderndes Spiel mit Sprache und Bedeutungen, Bildern und Mustern, Normen und Werten inszenieren; daß sie sich als offene Spannungsfelder

19 Alexander Kluge: Das Politische als Intensität alltäglicher Gefühle. In: A. K.: Theodor Fontane, Heinrich von Kleist und Anna Wilde. Zur Grammatik der Zeit, Berlin 1987, S. 7-18; hier S. 8.

20 Fritz Martini: Nachwort. In: Theodor Fontane: Romane, München 1969, S. 919-965; hier S. 945.

entfalten, auf denen die Autorstimme keine letztinstanzliche Autorität behauptet, weil ›eigene‹ und ›fremde‹ Rede ständig ineinander übergehen, so daß auch das Lesen immer wieder zu einem Spiel mit offenem Ausgang wird.

Vielstimmigkeit und Humor

Vielstimmigkeit heißt zunächst ganz einfach, daß jeder Roman Fontanes viele Stimmen aufzeichnet, und zwar dadurch, daß er vor allem aus vielen Gesprächen vieler Figuren besteht. In diesen Gesprächen, geselligen oder intimen, bei Besuchen, beim Diner oder auf der Landpartie, im Salon der guten Gesellschaft oder in der Küche des Dienstpersonals, entfaltet sich ein breites Spektrum von Sprechweisen. Es erstreckt sich über die verschiedenen Gesellschaftsschichten, Berufe, Regionen, kulturellen Diskursfelder. Es war sein Ziel und seine Stärke, wie er selbst sagte, »die Menschen *so* sprechen zu lassen, wie sie *wirklich* sprechen« (B II 77).[21] In der Tat war er ein lebenslang durch unzählige Bekanntschaften und Begegnungen geübter Meister des genauen Zuhörens, des seismographischen Aufzeichnens und des künstlerischen Modellierens und Modulierens mündlicher Kommunikation.[22] Seine Erzählkunst geht aber über einen handwerklich zuverlässigen, glaubwürdigen Sprachrealismus, der ihre solide Basis bildet, dadurch weit hinaus, daß sie Spannungsfelder aufbaut zwischen mimetisch aufgezeichneter Mündlichkeit und poetisch bearbeiteter Schriftlichkeit, Figurenstimmen und Erzählerstimme, individueller und gesellschaftlicher Charakterisierung der Figuren, eigenen und fremden Anteilen, Authentischem und Inauthentischem in ihren Reden. Diese Spannungsfelder sind es, die eine Fontane-Lektüre in einem sublimen Sinn spannend machen können. Denn auf ihnen entwickelt sich ein Spiel mit Posi-

---

21 Vgl. Kap. II, S. 59.

22 Vgl. Kap. III, S. 124-130.

tionsnahmen, Ansichten und Bedeutungen, das den Leser bald zu einem stummen Mitspieler macht, der selber Position beziehen muß, das ihm bald die Rolle eines sei es belustigten, sei es befremdeten Beobachters anbietet, der in Ruhe seine Schlüsse aus dem Dargebotenen ziehen kann.

Die Vielstimmigkeit der Prosa Fontanes läßt sich bestimmen als künstlerische Bearbeitung der sozialen Redevielfalt, d. h. der Pluralität von ›Sprachspielen‹ als Denk- und Lebensformen, von Mentalitäten, Ideologien und Diskursen. Von hier aus ließe sich auch eine neue Sicht auf Fontanes Humor gewinnen, den maßgebende Fontane-Forscher, sei es aus begründetem Vorbehalt gegen erbauliche Rezeptionsweisen, sei es aus eigenem Humormangel, entweder zu formalistisch[23] oder nur beiläufig behandelt haben. Wird Humor allzu deutsch, allzu tiefsinnig genommen, dann vergißt man leicht, was jede Fontane-Lektüre bestätigt: daß Humor etwas mit Lachen, mit Komik zu tun hat. Als Humorist hat Fontane kaum etwas mit Jean Paul oder Raabe, viel eher etwas mit Dickens und Thakkeray, vielleicht sogar mit Woody Allen gemeinsam. Gewiß spielen in den Humor-Habitus des Erzählers Fontane mit seiner Tendenz zu Ausgleich, Versöhnung, Geltenlassen, Resignation auch individualpsychologische und epochenspezifische Faktoren hinein: Humor als Strategie der Verarbeitung von lebensgeschichtlichen und politisch-gesellschaftlichen Enttäuschungserfahrungen. Aber gleichzeitig inszeniert sein Erzählen ein paradoxes Spiel von »Authentizität und Inauthentizität«, welches die Illusion humoristisch unterminiert, »daß die menschliche Authentizität übrigbleibt, nachdem man alle sozialen Rollen von sich abgestreift hat«.[24] Und unverkennbar bewegt sich Fontanes Erzählen auch auf jener Linie der europäischen Romantradition, auf welcher der humoristische Ro-

23 Wolfgang Preisendanz: Humor als dichterische Einbildungskraft. Studien zur Erzählkunst des poetischen Realismus, München 1963. – Das Kapitel über Fontane ist abgedruckt in: Theodor Fontane, hg. v. W. Preisendanz, S. 286-328.

24 Anton C. Zijderveld: Humor und Gesellschaft, Graz 1976, S. 82 f.

man mit seinem ›karnevalistischen‹ Lachen die herrschenden Mächte und Ordnungen, Verhaltens- und Denkmuster in Frage stellt.[25] Der Autor selbst hat schon früh diesen Aspekt des Humors hervorgehoben, »das göttliche Durcheinanderschmeißen von groß und klein, ein keck-lustiges Auf-den-Kopf-Stellen unserer Satzungen«.[26] Entsprechend wären gegenüber der harmonisierenden Tendenz des Fontaneschen Erzählhumors dessen subversive Potentiale mehr zu beachten. Der ganze Umkreis des Kritisch-Komischen wäre neu zu entdecken und auszuleuchten, mit dem die Romane in Gestalt von Sprachspiel, komischer Rede, Witz, Ironie, Parodie, Satire, Karikatur, Groteske geradezu übersät sind. Mit einem Wort: Neben der humoristischen »Versöhnung« – ein Leitbegriff in Fontanes Poetik – wäre die »humoristische Verhöhnung« (VI 517 f.) nicht zu vergessen, die der Autor – nach eigenem Zeugnis in *Frau Jenny Treibel*, aber ebenso in anderen Werken – erzählend praktiziert. Daß Fontanes Humor herzlos, geradezu grausam sein konnte, beweisen Geschichten wie die folgende, von ihm mündlich erfahrene: Ein »Baron Voß aus Mecklenburg, ein schwerer Rückenmärker«, nervt Nacht für Nacht durch furchtbare Schmerzensschreie – es heißt, daß er »vor wahnsinnigen Schmerzen wie wahnsinnig schreien müsse« – die übrigen Norderneyer Hotelgäste (insbesondere Fontanes Schriftstellerkollegen Spielhagen, der gerade einen Roman fertigschreiben möchte; *da* fühlt Fontane mit). Daraufhin verschwören sich diese, »den Baron zu stürzen«, und legen gemeinsam bei der Baronin Protest ein, »und *seitdem schreit er nicht mehr*« (B II 113 f.). Nicht subjektiv, vielmehr objektiv grausam dagegen ist in *Quitt* die humoristische Beschreibung, wie Frau Menz Gänse schlachtet: »sie sang dann immer, wenn sie die Gans zwischen die Knie nahm und mit dem Messer zu bohren anfing, allerlei Wiegenlieder.« (V 326)

25 Michail M. Bachtin: Die Ästhetik des Wortes, hg. u. eingel. v. R. Grübel, Frankfurt/M. 1979, S. 251-300.

26 Brief an Friedrich Witte v. 3.1.1851; Hanser-Ausgabe, Abt. IV: Briefe, Bd. 1, S. 140 f.

In *Irrungen, Wirrungen* ist nicht nur Frau Dörr, die Gärtnersfrau, mit ihren Hüften wie »Walfischrippe«, ihrer gutmütigen Grobheit, ihren naiven Zweideutigkeiten eine »komische Figur«, die bald harmlos-dumm, bald grotesk-komisch daherredet und die es schafft, selbst eine Sterbeszene durch »Lärm und Trara« und hilfsbereite Gewaltsamkeit zu einer komischen Szene zu machen (V 128 ff.). Auch Botho von Rienäckers Onkel Baron Osten, stockkonservativer, an »Kongestionen« leidender märkischer Junker, ist eine komische Figur: Wenn der Erzähler parallel zu Ostens sich steigerndem Geschimpfe auf Bismarck die zunehmende physische Erhitzung des Barons beschreibt – zuletzt fährt er sich mit einem Stück Eis aus dem Champagnerkühler über seinen rot angelaufenen Kahlkopf –, dann dient die Beschreibungskomik der ironischen Beleuchtung und satirischen Entlarvung eines Sozialcharakters und seiner Mentalität, des gesellschaftlich Komischen an solchem rückwärtsgewandten Preußentum (43 f.). Komische Züge trägt in *Irrungen, Wirrungen* nicht nur der ernsthafte Biedermann Gideon Franke, den Lene am Ende heiratet, mit seinem Sektenpredigerton, in den er sich während des sehr intimen Gesprächs mit Botho über Lene plötzlich unpassend hineinsteigert mit einer Rede über »Proppertät«, »Honettität« und »Reellität« (138 f.). Komische Züge bis ins gnadenlos Karikaturhafte trägt gleichfalls Bothos hübsche und allzu unterhaltliche Ehefrau Käthe von Sellenthin, die selber ständig alles komisch findet. Komödienartig inszeniert ist nicht nur die peinliche, kränkende Begegnung Lenes mit den »Damen« von Bothos Offizierskameraden: durch die Diskrepanz von klassisch-literarischem Namen- und Rollenspiel und ordinärer, deprimierender Prostituiertenwirklichkeit, sondern auch ihre Hochzeit mit Franke, die von herzlos gehässigem Klatsch begleitet wird. Bei diesen Szenen, deren traurige Komik menschliche Deformation und Roheit vorführt, bleibt dem Leser das Lachen im Hals stecken.

Frau Jenny Treibel, Fontanes Meisterwerk an satirischem Humor, ist voll von komischen Szenen und Figuren, Motiven und

Reden, ist doch der Roman als ganzer in der Art einer Komödie organisiert – mit dem erzählerisch glänzend inszenierten Höhepunkt, der Landpartie nach Halensee und ihren drei sich wechselseitig beleuchtenden Parallelgesprächen, in denen die Geprächspartner auf verschiedene Weise miteinander Komödie spielen. Man findet beim Lesen in diesem Roman zahllose komische Stellen, Äußerungen, Situationen. Da gibt Sänger Krola die drei Hauptstücke seines Balladenrepertoires, mit denen er »rasch hintereinander aufzuräumen« pflegt, zwar virtuos, aber mit einer »absichtlichen Klapprigkeit« zum besten (VI 309). Da wird Frau Treibel, als Leopold ihr seine Verlobung gebeichtet hat, ohnmächtig, der Sohn, »den die ganze Situation über sich selbst hinaushob, bewährte sich auch physisch« und trägt die korpulente Mama zum Sofa, Jenny aber ist, »wie die meisten ohnmächtigen Frauen, doch nicht ohnmächtig genug, um nicht genau zu wissen, was um sie her vorging« (410). Da will Kellner Mützell seinem Gast Leopold, der zwar sonst kein passionierter Mensch ist, aber die »Kaffeepassion« hat, keine zweite Tasse Kaffee servieren, weil die Kommerzienrätin das untersagt hat (363); so kommt Leopold aus seiner »Milchsuppenschaft« nicht heraus. Der Roman spielt auf fast alberne Weise mit Namenkomik: Da sind die Bomst und die Ziegenhals, wobei nicht erstere, vielmehr letztere eine korpulente Dame ist (286); da ist die Honig, deren »herbe Züge sich wie ein Protest gegen ihren Namen ausnahmen« (296). Komische Figuren sind Lizzi, das zur Puppe, zum »Waschengel« deformierte Kleinkind (322 f., 376), und Leutnant Vogelsang, das »Gespenst« von einem Politiker, eine reine »Karikatur« (285, 294). Frau Schmolke im Hause Schmidt ist zwar auch eine komische Figur mit ihrer ständigen Berufung auf die Autorität ihres verstorbenen Mannes, aber sie erweist sich bei all ihrer Beschränktheit – und das gehört zu den bewundernswertesten Kunststücken Fontanescher Figurengestaltung – als die menschlich reifste, feinfühligste unter allen Figuren des Romans.

Die Titelfigur Jenny Treibel, geborene Bürstenbinder, aus

dem Gemüseladen ihres Vaters zur Kommerzienratsgattin aufgestiegen, ist eindeutig das Hauptobjekt geradezu liebevoller erzählerischer Vernichtung und unerbittlicher humoristischer Verhöhnung. Zu ihren komischen Zügen gehört: das unterzuschiebende »Luftkissen« (289), das ihr eine dominierende Stellung beim Diner verleiht; ihre Neigung zu Tränen, aber nicht zu fließenden, sondern nur zu »Stehtränen«; ihr Kult um das einst von Wilibald Schmidt gedichtete Lied, dieses halb anmutig-poetische, halb klischeehaft-kitschige »Unglücksding«, das sie, nicht ohne sich darum bitten zu lassen, zur Krönung ihrer Abende mit dünner Stimme vorzusingen pflegt. Diese kleinen komischen Züge deuten auf dasselbe hin, was sie durch ihr Reden und Handeln und die Widersprüche zwischen beidem unfreiwillig enthüllt: Sie ist das »Musterstück von einer Bourgeoise« (278). Was Fontane an ihr vorführt, ist ein Musterstück literarischer Ideologiekritik, die Bewußtseinskritik als Sprachkritik, Gesellschaftskritik als moralische Kritik betreibt. Er läßt diese Frau sich selbst entlarven durch ihre schwülstigen, halbgebildeten Phrasen vom Höheren, Idealen, Poetischen und durch die von ihr eingefädelte Intrige, mit der sie ihre eigenen Redereien durch eiskalte Interessenpolitik Lügen straft und eine Heirat ihres Sohnes mit der Lehrerstochter hintertreibt. Ob sie wirklich sentimental ist oder auch das nur spielt, ist ungewiß. Sicher ist, daß sie zu jenen gehört, die statt eines Herzens nur Bourgeois-Egoismus und »Geldsackgesinnung« haben: »Alle geben sie vor, Ideale zu haben; in einem fort quasseln sie vom ›Schönen, Guten, Wahren‹ und knicksen doch nur vor dem Goldnen Kalb.« (516 f.) Fontane gibt uns hier in der historischen Einkleidung der Wilhelminischen Zeit ein Mentalitätsmuster zu studieren, das sich, in jeweils anderem Zeitkostüm, bis in die Gegenwart durchhält. Wer Jenny Treibel dank Fontane kennen und durchschauen gelernt hat, dem wird es nicht schwerfallen, auch ihre heutigen Verwandten zu ermitteln und ihnen aus dem Weg zu gehen.

Die bildungsbürgerliche Gegenseite zum Besitzbürgertum der Treibels bleibt indessen keineswegs von humoristischer

Kritik gänzlich verschont. Corinna weiß, warum sie gern zur anderen Seite überliefe. Wie Fontane den Kreis der »sieben Waisen« (321 f.), der Gymnasiallehrer mit ihrem leeren humanistischen Bildungsgehabe, ihrem kulturkonservativen Gejammer und ihrer latenten Gehässigkeit gegeneinander, charakterisiert, das ist fast so etwas wie eine Gruppenkarikatur; entsprechend komische Namen tun ein übriges. Wenn Emeritus Distelkamp beklagt, »den kategorischen Imperativ immer mehr hinschwinden« zu sehen (326), so klingt das nicht minder lächerlich, als wenn Jenny bekennt, sie habe sich »an Gedichten herangebildet« (274) und »verbleibe dem Ideal« (293). Selbst Corinnas Vater, Professor Wilibald Schmidt, im Romanganzen eindeutig Sympathieträger und im Gegensatz zu seinen Humanistenkollegen als ›Klassiker‹ zugleich ›Romantiker‹, liberal, menschenfreundlich, dem Neuen aufgeschlossen, ist doch ebenfalls ein liebenswürdiger Egoist. Wie sein Lob der Selbstironie dadurch, daß es als Selbstlob daherkommt, obendrein als kollektives (340), einen komischen Beigeschmack hat, so sind auch andere seiner Weisheiten nicht frei von der Phrasenhaftigkeit, die er an seiner Freundin Jenny belächelt, mit der er aber selber seine Tochter wohlmeinend überschüttet, um ihr den Vetter Marcell schmackhaft zu machen: »Ja, Corinna, das Klassische, das hat Sprüche wie Bibelsprüche. Mitunter beinah noch etwas drüber.« (449)[27] Der ganze Roman endet ausgesprochen ›karnevalistisch‹ mit einer Rede des betrunkenen Brautvaters Schmidt, in der sich gebildete und saloppe, sentimentale und ernsthafte Bestandteile auf komische Weise mischen: »Natur ist Sittlichkeit und überhaupt die Hauptsache. Geld ist Unsinn, Wissenschaft ist Unsinn, alles ist Unsinn. Professor auch. Wer es bestreitet, ist ein pecus. Nicht wahr, Kuh ...?« (VI 459)

In *Effi Briest* tritt aufgrund des Ehebruchstoffes und einer Dominanz psychologischen Erzählens der Humor etwas in den Hintergrund oder begegnet, atmosphärisch passend, in der

27 Vgl. Kap. II, S. 98 ff.

Form des Komisch-Unheimlichen: Frau Kruse mit ihrem schwarzen Huhn. Mit dem Unheimlichen verflochten sind auch komische, komödienhafte Figurenkonstellationen wie die der beiden Dienerinnen Roswitha und Johanna, denen die Märchenrollen der guten und bösen Fee zugeteilt sind. Auf welche Weise die ebenso stattliche wie lächerliche Johanna beim nächtlichen Spukauftritt des »Chinesen« und bei der Entdeckung von Effis Liebesbriefen ihre Hand im Spiel hat, sollte man einmal genauer unter die Lupe nehmen. Mit Roswitha, Effis Kinderfrau, wird wie in *Frau Jenny Treibel* wieder eine einfache Frau aus der Unterschicht als komische Figur – so wenn sie ständig ihre grausame Geschichte von der glühenden Eisenstange erzählen muß –, aber zugleich als menschlich allen anderen überlegene Person dargestellt: »die ist uns über« (VII 301). Auch der kultivierte, ritterliche und bucklige Apotheker Alonzo Gieshübler, Prototyp Thomas Mannscher Sonderlinge, ist eine komische und zugleich eine positive Gegenfigur zu dem langweiligen, verknöcherten adligen Mittelmaß rund um Kessin. Dennoch findet sich auch in Fontanes berühmtestem Roman das Kritisch-Komische mit satirischem Einschlag, besonders und gezielt bei der Darstellung des hinterpommerschen Adels, seiner Lebensweise und Mentalität. Es sind teils Originale wie die alte Ritterschaftsrätin von Padden, die »das, was die Natur, besonders durch starke Backenknochenbildung, nach der wendisch-heidnischen Seite hin für sie getan hatte, durch christlich-germanische Glaubensstrenge wieder in Ausgleich zu bringen« sucht (173). Teils sind es eher Karikaturen wie von Borcke, der »dem Drachen der Revolution das giftige Haupt« zertreten möchte (122), oder Sidonie von Grasenabb, die ungeachtet ihrer frommen Reden – »Eingreifen, lieber Pastor, Zucht. Das Fleisch ist schwach, gewiß aber . . .« – ausgiebig nach dem Roastbeef greift (161). Hier wie auch bei anderen *Effi-Briest*-Figuren hat die komische Modellierung neben und zusammen mit dem gesellschaftskritischen einen psychokritischen Einschlag: das Komische als Indiz von Heuchelei und Doppelmoral, kurz: von beschädigter Individualität.

Der Stechlin, mit den fast gleichzeitig entstandenen *Buddenbrooks* des jungen Thomas Mann an der Spitze humoristischer Erzählwerke in deutscher Sprache stehend, ist so überreich an komischen Elementen, von Beschreibungs- über szenische bis zu Sprach- und Gesprächskomik, daß hier nur ein paar Stichworte gegeben werden können, um entdeckendes Lesen in dieser Richtung anzuregen. Da sind kleine Züge, die man leicht überliest: wie bei der Begrüßung zweier Honoratioren ein Orden dem anderen »entgegenpendelte« (VIII 180); wie Armgard von dem »Naturspiel« nicht loskommt, das ihr der »aus einem keilartigen Ausschnitt hervorlugende« Adamsapfel Krippenstapels bietet (411); wie man sich bei Dr. Wrschowitz zitternd bemühen muß, Anspielungen auf Dänisches zu vermeiden, damit seine »Salonfähigkeit« erhalten bleibt (134 ff.). Da ist ein reiches Figurenrepertoire, das wiederum etliche Originale und Karikaturen enthält. Da wird, noch gnadenloser als der pommersche in *Effi Briest*, der märkische Adel karikiert: an der Tete, gleichermaßen götzenbildartig, der Edle Herr von Alten-Friesack und das kakadugesichtige Fräulein von Triglaff, bei dem sich der »Ausdruck höchster Tiefsinnigkeit mit ganz ungewöhnlicher Umnachtung« verbindet (96). Da gibt es gleich mehrere komische Figurenpaare und -konstellationen, von dem merkwürdigen Ehepaar Katzler/v. Ippe-Büchsenstein über das Polizistenpaar Uncke/Pyterke bis zu Vater und Sohn Baruch und Isidor Hirschfeld. Wieder entlarven sich die einzelnen Figuren durch ihre eigene Redeweise selbst: Mühlenbesitzer Gundermann auf Siebenmühlen, der fast nur aus der Redensart besteht, die er ständig im Munde führt: »Wasser auf die Mühlen der Sozialdemokratie«; Superintendent Koseleger mit dem »Konsistorialratskinn« (193) – eine männliche Jenny Treibel im Talar. Eine ganze Reihe von Gesprächsszenen sind komödienartig inszeniert: der Besuch Woldemars und seiner Freunde bei Tante Adelheid in Kloster Wutz, der als politische Posse ablaufende Wahltag in Rheinsberg, sogar die eigentlich traurige Kapitelfolge über Dubslav von Stechlins Krankheit und Sterben, die aber erzählt wird als komisch-entlarvende

Besuchsserie mit dem Höhepunkt einer von Dubslav selbst arrangierten Intrige: Agnes gegen Adelheid. Bewundernswert der schriftstellerische Balanceakt, in dem es hier gelingt, humoristisch und doch menschlich-ernsthaft vom Tod zu erzählen.[28]

Gelungene und mißlungene Spiele mit soziokulturellen Mustern

Diese ausgereifte Erzählkunst wird zu eng gesehen, wenn man wie die herkömmliche Fontanedeutung das, was der Autor selbst seine »Finessen« oder, salopper, seine »Pul-Arbeit« genannt hat, immer nur als Mittel versteht, das textinterne Bedeutungs- und Beziehungsgefüge zu verdichten, den Texten ästhetische Geschlossenheit zu geben, die ›Prosa‹ der Wirklichkeit ›poetisch‹ zu machen.[29] Fontanes Romane, so kunstvoll sie komponiert sind, bauen jedoch keine autonomen poetischen Zeichensysteme auf, sondern arbeiten und spielen soziokulturell vorgegebene Zeichensysteme durch, für die sie sich mit immer wacher Neugier, geradezu medialer Sensibilität, mimetischer Lust und finessenreicher Anspielungskunst offenhalten. Das macht ihren Realismus aus. Ihre literarische Konstruktion der Wirklichkeit ›dekonstruiert‹ erzählerisch die gesellschaftliche. Das macht ihr kritisches Potential aus. In dieser Weise verarbeiten, verfremden, verflüssigen Fontanes Romane die Sprach-, Denk- und Bildmuster, nach denen das individuelle Leben, seine Widersprüche und die es mitprägenden kulturellen und sozialen Unterschiede gedeutet und festgelegt werden.

Sein erzählerisches Werk ist ein unendlich variationenreiches Spiel mit kulturellen Differenzen. Auf diese Weise werden die Konstrukte des ›Eigenen‹ und des ›Fremden‹, die das gesell-

28 Vgl. Kap. VIII.

29 Alan Bance: Theodor Fontane. The Major Novels, Cambridge 1982, S. 9.

schaftliche Bewußtsein und Unbewußte der Individuen bestimmen und die unablässig in die Gespräche der Figuren einfließen, zu gleicher Zeit verwendet und unter kritische Beobachtung gestellt. Golchowski, der Wirt des Gasthauses »Zum Fürsten Bismarck«, wird von Innstetten »ein ganz unsicherer Passagier« und »ein halber Pole« genannt (VII 45 f.), und auch Crampas ist für ihn »so'n halber Pole«, denn auf ihn sei kein rechter Verlaß, am wenigsten mit Frauen, er sei eine Spielernatur, ein Hasardeur (154). Man sollte als Leser nicht nur auf die Finesse blicken, die in der Wiederholung und in der Vorausdeutung auf Effis Affäre mit Crampas besteht, oder gleich, über den Text hinweg, nach dem Polenbild des Autors fragen. Man sollte beachten, daß diese Formel mindestens so viel wie über die, denen sie gilt, über den sagt, der sie im Munde führt, Innstetten, und über ihn nicht als Individuum, vielmehr als Sozialcharakter, als Produkt wie Agenten eines gesellschaftlichen Systems.

In Verhalten und Rede der Romanfiguren treten häufig Vorurteile und damit Abgrenzungen gegenüber den ›anderen‹ zutage, ob das andere Völker und Staaten sind, ethnische und religiöse Gruppen oder Kulturregionen. In welchem Grad diese Stereotype den Figuren oder zumindest dem Erzähler als solche bewußt sind, ist dabei weniger wichtig: Das erzählerische Verfahren Fontanes macht sie dem Leser bewußt. So entschädigt bei der Lektüre des Romans *Graf Petöfy* für die ziemlich triviale Dreiecksgeschichte nicht nur die geradezu mozartische Anmut ihrer künstlerischen Darbietung, sondern auch das virtuose episch-dialogische Durchspielen kultureller Unterschiede am Leitfaden der Gegensätze von Norden und Süden, Preußen und Österreich, Deutschen und Ungarn, Protestanten und Katholiken. Die Vielstimmigkeit der Texte Fontanes führt dabei keineswegs zu unparteilicher Neutralität oder relativistischer Beliebigkeit. Es gibt vielmehr eine deutliche Tendenz, die gesellschaftlich herrschenden Muster zugunsten der Menschengruppen, die durch sie ausgegrenzt werden, in Frage zu stellen. Es lohnt sich, das lesend zu prüfen, z. B. an der

Art, wie Fontane, im Gegenzug zum vorherrschenden »Kulturkampf«-Denken der Bismarckzeit, auch unter Intellektuellen und Schriftstellern, literarisch mit Katholiken umgeht. Roswitha ist nicht zufällig eine »Katholsche«.[30] Selbst wo ein tiefsitzendes subjektives Ressentiment des Autors im Spiel ist wie in Hinblick auf Juden[31], gelingt es seiner Erzählkunst immer wieder, das so weit zu objektivieren, daß darauf ein kritisches Licht geworfen wird.[32] Manchmal jedoch mißlingt das Spiel auch. Daran kommt eine Lektüre, die zu Kritik bereit ist, nicht vorbei.

Es trägt zur Haltbarkeit dieser Erzählkunst bei, daß solche Passagen, in denen kulturelle Muster, Ideologien, Diskurse an- und durchgespielt werden, in der Regel auch dem heutigen Leser ohne weiteres zugänglich sind. Allein, es wächst unvermeidlich die Anzahl solcher Textstellen, die sich nur noch mit Hilfe von Kommentarwissen erschließen, und dadurch altern Fontanes Romane nach und nach. Welcher Leser kommt beispielsweise noch dahinter, daß Effi an dem Prediger der Berliner Christuskirche, der »so laut spricht und herumficht und seine schwarzen Locken schüttelt« und der vor allem »immer so viel vom Alten Testament« spricht (279), nicht nur deshalb Anstoß nimmt, weil sie als ›Sünderin‹ lieber vom Neuen Testament und dessen gnädigem Gott hören möchte (578), sondern auch weil dieser Prediger sich damit für Effi wie für zeitgenössische Leser, Berliner zumindest, als übergetretener Jude ›entlarvt‹? Darüber schweigen sich die Kommentare aus.

Es handelt sich um Paulus Cassel (1821-1892)[33], der aus einer

30 Eda Sagarra: »Und die Katholschen seien, bei Licht besehen, auch Christen«: Katholiken und Katholischsein bei Fontane: Zur Funktion eines Erzählmotivs. In: FBl 59 (1995), S. 38-58.

31 Wolfgang Paulsen: Theodor Fontane. The Philosemitic Antisemite. In: Publ. of the Leo Baeck Institute. Yearbook 26 (1981), S. 303-322.

32 Vgl. Kap. II, S. 92-97.

33 Wolfgang Paulsen hat als erster darauf hingewiesen: The Philosemitic Antisemite, S. 321 f.

jüdischen Familie stammte und viele Jahre lang Pastor der Christuskirche war, die dem englischen Verein für Judenmission zugehörte. Fontane hat öfters Predigten von ihm besucht und erwähnt ihn wiederholt in Briefen und Prosaentwürfen. Cassel war nicht nur für seine Beredsamkeit berühmt, sondern tat sich auch als Verfasser von gelehrten Studien hervor, insbesondere aber als ein Hauptgegner und Intimfeind des Hofpredigers Adolf Stoecker und als eine wichtige Stimme im Antisemitismus-Streit. All das war Fontane zweifellos bekannt. Der auffällig negative Akzent der Stelle in *Effi Briest*, die auf Cassel als einen Prediger anspielt, der vom ›Alten Bund‹ nicht loskommt und ›orientalisch‹ laut und wild redet, muß mit Fontanes eigenem Antisemitismus[34] zu tun haben. Allein, sogar ein Zeitgenosse, der Cassel gekannt und geschätzt hat (auch Fontane hat das vielleicht) und die Romanstelle darauf zurückführt, daß Fontane Cassel wohl in einer »unglücklichen Stunde« gehört habe, bestätigt Effis Aussage, daß Cassels Predigtstil keine »Andacht« aufkommen lasse: Er charakterisiert dessen Predigten zwar als »geistreich«, jedoch nicht als »erbaulich«; Cassels morgenländisch üppige, »fast schwüle Beredsamkeit« habe fremdartig gewirkt.[35] »Eine halbe Stunde ist gut; die 2. halbe Stunde macht alles tot«, läßt Fontane eine andere seiner Figuren über Paulus Cassel sagen (H 299).

Auf andere, indirektere und heute noch schwerer zu durchschauende Weise muß es gleichfalls mit Fontanes Antisemitismus zu tun haben, wie Adolf Stoecker im *Stechlin* als Person der Zeitgeschichte und Repräsentant der christlich-sozialen Bewegung erscheint und mit der Figur des Pastors Lorenzen in Verbindung gebracht wird. Das politische Diskursfeld des Romans ist zwar durch vielfältige Bezüge und Anspielungen für die politische Wirklichkeit der neunziger Jahre offen, aber die Grenzen des dargestellten Wirklichkeitsausschnitts bestimmen

---

34 Vgl. Kap. II, S. 96.

35 Adolf Damaschke: Aus meinem Leben, neue Aufl., Berlin 1928, S. 66.

auch die Grenzen dieses Diskursfeldes. Das kann indessen nicht hinreichend die Inkonsistenz von dessen Schlüsselfigur Lorenzen erklären, der zu den sympathischen, aber auch zu den »problematischen Gestalten« des Romans gehört.[36]

Wenn die politischen Vorstellungen des christlich-sozialen Pastors als »ziemlich verworrener Synkretismus« bezeichnet werden[37], so ist das zwar heilsam ernüchternd gegenüber der überwiegend affirmativen Rezeption dieser Figur seit der ›Fontane-Renaissance‹ in der Adenauerzeit, aber zu oberflächlich. Daß Lorenzen solch ein ideologisches Chamäleon ist[38], läßt sich nur teilweise mit der Entstehung des Romans erklären.[39] Als für Dubslav von Stechlin noch nicht der Sozialdemokrat Torgelow, sondern der Liberale Katzenstein als Gegenkandidat in seinem Wahlkreis vorgesehen war (VIII 435), mag auch bei Lorenzen die liberale Ideologie eindeutiger die christlich-soziale dominiert haben, als sie es, entgegen den Bekundungen anderer Figuren sowie des Pfarrers selbst, noch in der endgültigen Fassung des Romans tut. In dem »revolutionären Diskurse« jedenfalls, den Gräfin Melusine mit ihm zu führen glaubt (292), häufen sich in seinen Repliken die liberalen Ideologeme dermaßen, daß dieser Diskurs sich fast wie ein Bewerbungsgespräch des Landpfarrers, zwar nicht um eine Hofpredigerstelle, wohl aber um eine lukrative Pfarre im Berliner Westen anhört.

Höchst chamäleonhaft ist Lorenzens Einstellung in Hinblick auf die semantische Opposition, die im Roman leitmotivisch entfaltet wird: das Alte vs. das Neue bzw. die Alten vs. die Jungen. Zwar scheint er sich gegenüber Woldemar von Stechlin, dem Vertreter der Jungen (zunächst allerdings nur als der junge *Herr*, wie Wilhelm II. es auch war, also hinsichtlich der

36 Eda Sagarra: Theodor Fontane: *Der Stechlin*, München 1986, S. 86.

37 Charlotte Jolles: *Der Stechlin:* Fontanes Zaubersee. In: Fontane aus heutiger Sicht, hg. v. H. Aust, München 1980, S. 239-257; hier S. 251.

38 Zu Lorenzens problematischer Ethik vgl. Kap. II, S. 111-114.

39 Julius Petersen: Fontanes Altersroman. In: Euphorion 29 (1928), S. 1-74; hier S. 33-47.

Generation), eindeutig zu erklären: »Lieber mit dem Alten, soweit es irgend geht, und mit dem Neuen nur, soweit es muß.« (32) Das kann nur konservativ genannt werden. Aber als Lorenzen Melusine, die sich mehr zum Neuen bekannt hat, entgegnet, auch er sei bereit, »da, wo das Alte versagt, ganz in einem Neuen aufzugehn«, legt er dieses etwas vage Bekenntnis sogleich fest, indem er typisch liberale Phrasen von sich gibt: Die Menschen hätten »jetzt die Freiheit, ihre Fähigkeiten nach allen Seiten hin und auf jedem Gebiete zu betätigen«; jetzt könne »jeder Leinenweber eines Tages ein Schloßherr sein« (288 f.). Sofern man jedoch auch für glaubwürdig halten will, wie konservative Figuren Lorenzen politisch einordnen, nämlich als einen der »Allerjüngsten«, der »neuesten Schule« unter den Christlich-Sozialen (49 f.), der zur »Richtung Göhre«, d. h. zum linken Flügel dieser Bewegung, gehöre (401), kommt man zu dem Ergebnis, daß dieser Pastor mit mehreren Zungen predigt: konservativ, liberal und links-christlich-sozial.

Lorenzen soll, trotz kaum vorhandener Anschauung dafür im Roman, in der christlich-sozialen Bewegung »stehen«, wie sich Rex in passendem Salbungston ausdrückt. Nimmt man das Fehlen eines Einspruchs dagegen als Bestätigung Lorenzens und das Fehlen eines Einspruchs von Czako gegen Rex' späteres Fazit: »Er hält zu Stoecker, sprach es auch aus« (49), als zusätzliche Bestätigung durch den Erzähler, so stellt sich die Frage, welche Implikationen das hat. Lorenzens vorsichtige, halb ehrerbietige, halb überlegene Distanzierung von Stoecker als dem Führer der Christlich-Sozialen geht keineswegs in die politische Richtung der »Allerjüngsten«. Sie hat überhaupt keine politische, vielmehr eine betont unpolitische Motivation: Der Rolle des Volkstribunen und politischen Agitators zieht er die des ›Stillen im Lande‹ vor. Er lobt nicht Stoeckers Politik, sondern in pastoral blumigen Worten seine karitative Arbeit für die Innere Mission – nicht zu Unrecht übrigens[40] – und emp-

40 Grit Koch: Adolf Stoecker. 1835-1909. Ein Leben zwischen Politik und Kirche, Erlangen 1993, S. 202 f.

fiehlt dem »ebenso gefeierten wie befehdeten Hofprediger«, der »viel erreicht« habe und »anscheinend in einem Siegeszeichen« stehe, einen Rückzug von der Politik in die Provinz (31 f.). Eine prophetische Mahnung, war doch, als der Roman veröffentlicht wurde, der »Vater der Berliner Bewegung« nach einer rüde gottesgnadenhaften Intervention des Kaisers als Politiker und Hofprediger gestürzt und hatte sich tatsächlich auf seine karitative Tätigkeit zurückgezogen.

All das ergibt jedoch überhaupt keinen hinreichenden Grund, Lorenzen als – sei es auch nur innerparteilichen – Gegner Stoeckers aufzufassen. »Er hält zu Stoecker«, auch wenn er mit den sozialpolitischen Vorstellungen der realen »Allerjüngsten«, Friedrich Naumann, Paul Göhre, Max Weber und anderer, zu sympathisieren scheint, die sich von Stoecker abwandten und zeitweilig Kontakt mit den Sozialdemokraten suchten. (Naumann, in Stoeckers »Evangelisch-sozialem Kongreß« der umjubelte Sprecher der »Jungen«, wandelte sich später zu einem Apologeten imperialistischer Machtpolitik; Göhre, der 1891 mit seinem engagierten Erlebnisbericht *Drei Monate Fabrikarbeiter* seine konservative Kirche schockiert hatte, wurde rechter Sozialdemokrat und zuletzt Nationalsozialist.) Dann stellt sich aber um so unabweisbarer die Frage, warum sich der Pastor wie der Erzähler über das ausschweigt, was das politisch hervorstechendste und bekannteste Merkmal des Berliner Hofpredigers war: sein fanatischer christlich-sozialer Antisemitismus.

Adolf Stoecker war der erste erfolgreiche antisemitische Politiker.[41] Auch wenn er parteipolitisch scheiterte, trug er mit seiner Rhetorik, die sich skrupellos auch rassistischer Ideologeme bediente, wie kein anderer im Deutschen Kaiserreich dazu bei, den Antisemitismus hoffähig zu machen.[42] Warnende kirchliche Gegenstimmen zu Stoecker auf *diesem* Diskursfeld,

41 Hans Engelmann: Kirche am Abgrund. Adolf Stoecker und seine antijüdische Bewegung, Berlin 1984, S. 9.

42 Ebd., S. 152 f.

so marginal sie waren, wie die von Paulus Cassel oder Michael Baumgarten[43], scheint Fontane ebenso wie sein Pastor Lorenzen überhört zu haben. Fontanes briefliche Distanzierungen von Stoecker galten nur der vulgären Form von dessen Antisemitismus, nicht diesem selbst. 1897 schrieb er über den *Stechlin* an Friedrich Paulsen, den späteren Adressaten seines übelsten antisemitischen Bekenntnisses, sein Roman tendiere zu einem »veredelten Bebel- und Stoeckertum« (VIII 427). Eine sonderbare Kombination! »Was immer Fontane damit gemeint haben mag: ein christlich-soziales Programm ohne Antisemitismus gewiß nicht.«[44]

Selbst wenn man in Hinblick auf das christlich-soziale Diskursfeld in Fontanes literarischer Modellierung dessen zentrale Figur Stoecker wegdenken würde, wäre der Befund nicht wesentlich besser. Wer darüber klagt, die Geschichtswerke der Gegenwart würden sich über die christlich-soziale Bewegung »fast gänzlich ausschweigen«[45], dürfte nicht selber über deren konstitutiven Antisemitismus schweigen. Lorenzens Bekenntnis zu dem ›sozialen Christus‹ des portugiesischen religiösen Schriftstellers João de Deus, der »für die Armen gelebt hatte und *nicht für sich*« (VIII 168), ist gewiß glaubwürdig als lauteres Eintreten für das »herrnhutische Christenthum«, das auch der Autor bei den »jüngeren Christlichsocialen« wiederkehren sah.[46] Aber dieses Bekenntnis zum Liebesgebot des Neuen Testaments geht einher mit einem doppelten Verdikt. Ihm verfallen zum einen, als Grundlage und »Fluch« der modernen Gesellschaft (VIII 167), der »Mammonismus«[47], der »Kult vor dem Goldenen Kalbe« (VIII 239), und der Kult des »Ich«, der

43 Ebd., S. 114 f.

44 Peter Goldammer: Nietzsche-Kult – Antisemitismus – und eine späte Rezension des Romans *Vor dem Sturm*. Zu Fontanes Briefen an Friedrich Paulsen. In: FBl 56 (1993), S. 48-62; hier S. 61.

45 Sagarra: Theodor Fontane: *Der Stechlin*, S. 33.

46 Theodor Fontane: Briefe an Georg Friedlaender, hg. v. W. Hettche, Frankfurt/M. 1994, S. 395.

47 Ebd.

»Egoismus«, wie Melusine unter Zustimmung Lorenzens sagt (287) – zum anderen der »Alte Bund« (167). Damit sind scheinbar nur die »Zehn Gebote« gemeint, aber nach allem bisher Ausgeführten läßt sich der Verdacht nicht abweisen, daß hier zugleich metonymisch das Judentum im weitesten Sinne mitgemeint ist.

Das aber wäre gut christlich-sozial gedacht. Lorenzens Lehre ist der seines Kollegen, des märkischen Landpfarrers Rudolf Todt (1839-1887), verwandt, der 1877 ein aufsehenerregendes Buch über Sozialismus und Christentum veröffentlich hatte[48], in dem zum ersten Mal von christlicher Seite die marxistische Arbeiterbewegung unbefangen dargestellt und die ökonomischen Diagnosen von Marx sogar vorbehaltlos bejaht wurden; Franz Mehring würdigte das Buch als eine »sehr respektable Leistung«.[49] Die Kehrseite der Medaille ist, daß Todt, in der Einleitung zu seinem Buch, in übelster demagogischer Manier alles häufte, was der damalige Antisemitismus an Polemik gegen das Judentum bereits zusammengetragen hatte.[50] Unter der Lorenzen-Parole ›Nächstenliebe vs. Egoismus‹ heißt es über die Juden, sie seien das Volk des »Mammonismus«, das die arisch-germanischen Völker zu »decomponiren und zerstören« drohe. Nur Läuterung durch den überlegenen christlichen Geist, sprich: völlige Assimilation, könne den »Fluch«, der auf ihnen laste, ihren »Classenegoismus« und ihre negative »Raceneigenthümlichkeit«, von ihnen nehmen.[51] Damit zeichnete Todt, der Stoecker persönlich nahestand, theoretisch den

48 Rudolf Todt: Der radikale deutsche Socialismus und die christliche Gesellschaft, Wittenberg 1877. – Eda Sagarra behauptet ohne Nachweis, Fontane habe das Buch mit Interesse gelesen: E. S.: »Eingepökeltes Rindfleisch oder Spargel und junges Gemüse« – the Christian Social Background to *Der Stechlin.* In: Formen realistischer Erzählkunst. Festschrift für Charlotte Jolles, hg. v. J. Thunecke, Nottingham 1979, S. 577-586; hier S. 583.

49 Richard Sorg: Marxismus und Protestantismus in Deutschland, Köln 1974, S. 76-83.

50 Todt: Der radikale deutsche Socialismus, S. 11-31.

51 Ebd., S. 17 f.

Weg vor, den dieser dann praktisch und rabiat eingeschlagen hat.[52]

Der christlich-soziale Diskurs war *auch und gerade* mit seiner Berufung auf Jesus, Neues Testament und Nächstenliebe antisozialistisch und – auf der Basis eines konservativen Antikapitalismus – antisemitisch. Das darf nicht einfach ignoriert werden, wenn man Fontanes literarische Inszenierung dieses Diskurses im *Stechlin* analysiert. Gewiß hat es Fontane im Sinne des Vermittlungs- und Kompromißdenkens, das er politisch favorisierte, gut gemeint, als er das christlich-soziale Gedankengut als eine solche Ausgleichs-Ideologie darzustellen versuchte.[53] Nur entsprach das leider ganz und gar nicht der Wirklichkeit. Wenn aber in Hinblick auf die jüdischen Figuren, die im *Stechlin* auftreten, gesagt wird, daß Fontane mit ihnen die Sozialgeschichte der Juden in Preußen »dokumentiert« habe[54], so ist das ebenso richtig wie verharmlosend. Denn die literarischen Muster, nach denen Baruch und Isidor Hirschfeld sowie Dr. Moscheles modelliert sind, reimen sich allzugut auf die ideologischen Implikationen der christlich-sozialen Verkündigung des Pastors Lorenzen. Das Gutgemeinte ist also in diesem Fall weder gut gedacht noch gut gemacht.[55] Fontanes literarisches Spiel mit den Spielmarken des politisches Diskursfeldes ist hier fatal mißlungen. Die Stärken des Romans müssen anderswo gesucht werden.[56]

Welchem heutigen nichtprofessionellen Leser aber wird noch das Vergnügen oder auch Mißvergnügen zuteil, die unablässigen historischen, gesellschaftlichen, kulturellen, literarischen Anspielungen zu entschlüsseln, die sich in Fontanes Romanen verstecken? Vermutlich hängt mit der ungewöhnlichen Dichte der Vernetzung seiner Texte mit zeitgenössischen Kontexten der

---

52 Engelmann: Kirche am Abgrund, S. 59 f.

53 Sagarra: Theodor Fontane: *Der Stechlin*, S. 29.

54 Ebd., S. 50; vgl. auch S. 61.

55 Zu jüdischen Figuren und Antisemitismus in anderen Werken Fontanes vgl. Kap. II, S. 89-97, und Kap. V, S. 194-216.

56 Vgl. Kap. VIII.

nur begrenzte Erfolg Fontanes im Ausland zusammen. Die »sieben Waisen Griechenlands« in *Frau Jenny Treibel* lassen sich noch leicht ins Englische übertragen, z. B. als »The Seven Foolosophers of Greece«.[57] Aber wie vermittelt ein Übersetzer den soziokulturellen Symbolwert von »Rührkartoffeln und Carbonade« (VI 270), von »Molkenmarktluft« (305)[58], von Berliner Blau und Kornblumen (296)[59] sowie der Runkelrübe, zu der Herr Treibel, »Gott sei Dank, keine Beziehungen« unterhält (348)?

Man muß als Fontane-Leser nicht alles entschlüsseln wollen, was in seinen Texten an historisch-kulturellen Wissensbezügen enthalten ist, die vor hundert Jahren jedem wachen Zeitgenossen geläufig waren, aber heute nur den wenigsten noch zugänglich sind. Manche Abschnitte liest man ruhig etwas schneller, anstatt in ein mühsames Hin und Her zwischen Text und Erläuterungen zu verfallen. Man sollte sich aber beim Lesen von der Frage leiten lassen, welchen Erkenntniswert vieles von dem, was Fontanes Romane im Medium eines bewußtseinskritischen Erzählens demonstrieren, heute noch haben könnte, auch wenn das Demonstrationsmaterial veraltet ist. So wird eine moderne Jenny Treibel das Politische zwar nicht mehr an dem Vormärz-Lyriker Herwegh abwerten, aber sie könnte den Satz: »Indessen groß ist er, wo er nur Dichter ist« z. B. über Brecht sagen. Über Fontane würde sie vielleicht äußern, seine Romane seien einzig dort echte Dichtung, wo sie alle Gesellschaftskritik hinter sich lassen und in den überzeitlichen Bereich des Menschlichen vorstoßen: »Das Niedere kann dann nicht heran und bleibt hinter uns zurück.« (VI 292)

---

57 U. Zimmermann: Translating *Jenny Treibel.* In: Formen realistischer Erzählkunst, S. 602-609; hier S. 607.

58 Vgl. Paul Lindau: Im Fluge. Gelegentliche Aufzeichnungen, Leipzig 1883, S. 33: Der Molkenmarkt liegt mitten im alten Berlin, im unerfreulichsten Viertel mit schmutzigen Straßen und wackligen Häusern. Dort befindet sich das verwahrloste Gebäude des Polizeipräsidiums und die berüchtigte Stadtvogtei, das Berliner Stadtgefängnis.

59 Das waren die Lieblingsblumen Wilhelms I.; vgl. Fontanes kritische Kommentare in seinen Briefen (B I 454, B II 8).

Fontanes episch vermittelte Gesellschaftskritik bleibt keineswegs »hinter uns zurück«, sondern aktuell, solange bestimmte Strukturen und Diskurse, Lebens- und Bewußtseinsformen fortbestehen, in deren Rahmen wir Heutigen uns bewegen wie die Menschen der Zeit Fontanes. Gerade die Unterschiede der Denkinhalte zwischen damals und heute können ein Ansporn sein, gewisse Gemeinsamkeiten oder Ähnlichkeiten der Denkformen aufzuspüren. Das gilt besonders für die kulturellen Muster, nach denen die sozialen Schichten und die beiden Geschlechter gegeneinander abgehoben werden. Auf allen Ebenen des Erzählens treten die »feinen Unterschiede« zutage, die kulturellen Distinktionen, die in der Klassengesellschaft der Abgrenzung nach unten dienen.[60] Wohl die Materialien, nicht jedoch die Mechanismen, mittels deren aus solchen Unterscheidungen kulturelles Kapital geschlagen wird, sind heute andere als zu Fontanes Zeit.[61]

Literarische Arbeit am Geschlechter-Diskurs

Auch in Hinblick auf den Geschlechter-Diskurs, die kulturellen Muster, nach denen Frauen- und Männerbilder geformt sind, dürfte es für heutige Leserinnen und Leser interessanter sein, wie in Fontanes Romanen Figuren und Erzähler damit umgehen, als was für Muster das im einzelnen sind. Also nicht so sehr welche alten und – damals – neuen Zuschreibungen sich in den Texten finden, z. B. daß Frauen neugierig, wandelbar, »ein Rätsel« seien, daß ihnen das Poetische und Romantische besonders nahestehe, daß sie im Gegensatz zu männlichem Militarismus eine geborene Friedenspartei bildeten, sondern wie sich solche Zuschreibungen auf den Umgang der Geschlechter auswirken – das lesend zu beobachten macht die

60 Pierre Bourdieu: Die feinen Unterschiede. Kritik der gesellschaftlichen Urteilskraft, Frankfurt/M. 1982.

61 Vgl. Kap V.

Lektüre interessant. Was ist weiblich, was ist männlich?[62] Fontanes literarischer Diskurs spielt den gesellschaftlichen Diskurs über Geschlechtscharaktere, insbesondere über das Weibliche, erzählerisch durch, d. h., er nimmt ihn auf und verarbeitet ihn, führt ihn vor und unterläuft ihn. Er macht ihn damit als Herrschaftsinstrument kenntlich und appelliert an Leser und Leserin, sich aus eigener Verstrickung in solche Denk- und Verhaltensmuster zu lösen.

An der Figur der Melusine im *Stechlin* läßt sich beobachten, wie Fontane mit Frauenbildern umgeht, die tief im patriarchalischen Denken und seinen Mythen verankert sind. Schon sein früherer Frauenroman *Cécile*, den eine gewaltsame Lektüre auf einen schriftstellerischen Ausdruck frauenfeindlicher Männerphantasien, auf Diffamierung der schönen Frau als ›Hexe‹, der *femme fragile* als *femme fatale*, hat reduzieren wollen, ist in Wahrheit gerade als episches Lehrstück über das Gewaltsame, Verletzende und Zerstörerische solcher Phantasien angelegt, als Appell, die Bilder, die wir voneinander im Kopf haben, abzubauen durch Wahrnehmung und Verstehen des anderen. Fontanes erzählerische Frauenporträts sind zwar vielfach unter Anspielung auf kulturell vorgegebene Bilder, Muster und Mythen aus Kunst und Literatur modelliert, aber seine Art der Modellierung setzt zunehmend auf Differenz statt auf Identität oder Ähnlichkeit zwischen individuellen Figuren und typenhaften Präfigurationen. So hat er den Undinen- bzw. Melusinen-Mythos, jene romantische Geschichte vom weiblichen Elementargeist mit einem Mangel an Seele, so sehr er von ihm fasziniert war, zuerst – in nicht ausgeführten Erzählprojekten – ins Modern-Psychologische ›umzufunktionieren‹ versucht und dann, im *Stechlin*, fast ganz in Anspielung, Ironie, Dialog aufgelöst. Melusine von Barby zeigt mehr Unterschiede als Gemeinsamkeiten mit jenem archaischen Naturwesen, auch wenn sie selbst und andere ständig auf die mythologische Bedeutung ihres Namens kokettierend anspielen. Gewiß, das Verlockend-

---

62 Vgl. Kap. VII.

Anziehende und das Schwebend-Bewegliche an ihr mögen als melusinenartig genommen werden, aber andere, ebenso wichtige Merkmale, ihre Vorbehalte gegen das »Elementare« des Stechlin-Sees (284) und ihre Verletzlichkeit durch die Roheit eines allzu elementaren Ehemannes, ›dekonstruieren‹ den Melusine-Mythos. Auch schwärmt eine Wassernixe nicht für »Torpedoboote« und »Tunnel unter dem Meere« (165), und erst recht nicht wird sie den Verdacht zu rauchen auf sich ziehen (302).

Natürlich vollzieht sich Fontanes literarische Arbeit an Frauenbildern in keiner anderen Weise, als daß er selber erzählend Frauenbilder entwirft. In seinem Gesamtwerk nehmen Frauen- bzw. Eheromane eine überragende Stellung ein. Die zeitgenössische gesellschaftliche und seelische Realität des Lebens von Frauen hat er durch alle sozialen Schichten hindurch an zahlreichen weiblichen Haupt- und Nebenfiguren seiner Romane einfühlsam, differenziert und haltbar wie kein anderer männlicher deutscher Erzähler darzustellen gewußt. Unvermeidlich sind auch diese realistischen Darstellungen nach Konzepten, Mustern, vorgeprägten Bildern geformt, so sehr sie gleichzeitig das Bildermachen problematisieren. Wie sich Spuren der romantischen Verklärung der Frau als Paradigma des Humanen bei Fontane finden, so durchzieht sein gesamtes Prosawerk ein Erzählkonzept, das die Frauen als Opfer zeigt dergestalt, daß sie »alle einen Knacks weghaben« (B II 373). Diesen beunruhigenden Sachverhalt haben männliche Fontane-Forscher zu entschärfen versucht, indem sie die Frauenfiguren zu Stellvertreterinnen aller Schwachen, Unterdrückten und Beschädigten ernannten und den Fontaneschen Frauenroman zur bloßen Spielart eines gesellschaftskritischen Zeitromans erklärten. Damit abstrahiert man aber zu schnell von der konkreten Darstellung weiblicher Lebenszusammenhänge und -konflikte in patriarchalischer Ehe und Familie, also von der Frage, warum jeweils in einem Fontane-Roman welche Frau was für einen »Knacks« wegbekommen hat, wem welche Schuldanteile daran zukommen, gegebenenfalls auch, welchen Anteil sie selber trägt.

Die Konzepte, nach denen Fontane seine Frauenschicksale modelliert, sind keineswegs deterministisch, nicht einmal das des Opfers ist es. Hinterfragen sollte man sie gleichwohl. Neben tragisch-tödlichem Ausgang kommt am häufigsten das Einmünden in Resignation und Anpassung vor; manchmal verschmelzen beide Konzepte wie in *Effi Briest.* Emanzipation dagegen findet kaum statt und Entwicklung schon gar nicht. Was auf den ersten Blick danach aussieht, zeigt sich bei genauerem Hinsehen nach einem altbekannten, für heutige Leserinnen eher befremdlichen Handlungs- und Wandlungsmuster geformt: dem Muster von Sünde, Buße, Läuterung und gelegentlich dazu noch demütiger Entsagung. Das zeichnet sich ebenso wie bei der Ehebrecherin Franziska in *Graf Petöfy* bei der allzu ehrgeizigen Ehefrau Mathilde Großmann, geb. Möhring, und bei der Verlobungs-Raubritterin Corinna in *Frau Jenny Treibel* ab. Da sich der Erzähler Fontane gern in die von ihm erfundenen Frauen verliebte, haften an ihnen bei allem gewissenhaften Realismus auch Wunschbildzüge. Und eine männliche Optik verrät sich an Schwachstellen wie dort, wo der Erzähler an Effis abbittend-wehmütiger Haltung, die sie nach Ende ihrer Affäre mit Crampas einnimmt, »einen eigenen Reiz« findet (VII 217). Sollten daran auch Leserinnen einen Reiz finden, für die Fontane, wie er wußte, hauptsächlich schrieb? Im ganzen ging er jedoch mit den Bildern und Mustern, nach denen er, sei es bewußt, sei es unbewußt, unvermeidlich seine Frauenfiguren formte, differenzierend und flexibel um. Pauline Pittelkow, die »schöne, schwarze Frauensperson« in *Stine*, verdrehte ihm jedenfalls nicht dermaßen wie einigen Herren Interpreten den Kopf, die über dem Bild dieser »südlichen Schönheit« keinen Blick dafür fanden, daß hier eine Frau dargestellt ist, die sich bei allem plebejischen Selbstbewußtsein als seelisch beschädigt erweist durch männliche Ausbeutung und Lieblosigkeit.[63]

Figur und Leben der Effi Baronin von Innstetten, geb. von

---

63 Vgl. Kap. VI, S. 254-258.

Briest, sind klar nach dem Opfer-Konzept durchmodelliert: Effi ist Opfer ihrer ehrgeizig-kupplerischen Mutter, ihres karrieresüchtigen Mannes, des geübten Verführers Crampas, der Sanktionen ihrer gesellschaftlichen Umgebung, der Verhältnisse insgesamt, die dazu führen, daß eine verjährte Affäre in Form eines archaischen Mordrituals im Namen eines pervers-patriarchalischen Ehrenkultes gerächt wird. Aber die Effi-Figur geht keineswegs in der Rolle des Opfers auf, sie ist differenzierter, auch widersprüchlicher angelegt. Der Hauptwiderspruch ist der von »Naturkind« (VII 39) und Sozialisationsprodukt. Der Eindruck des Natürlichen und Kindlichen, das »Bild frischesten Lebens« (18), das die immerhin siebzehnjährige Effi vor ihrer Verlobung abgibt, beruht zumindest teilweise auf der Verpakkungskunst und Verkaufsstrategie ihrer Mutter, die weiß, daß auf manche Männer nichts verführerischer wirkt als der Typ der ›natürlichen‹, nicht zurechtgemacht wirkenden, allererst zu ›erweckenden‹ Kindfrau.[64] Gewiß, auch der Erzähler zeichnet, verliebt, wie er ist, und doch psychologisch glaubwürdig, das Bild einer jungen Frau, die natürlich ist in dem Sinne, daß sie ungezwungene Anmut, unverbildete Klugheit, Herzensfrische, Lebenslust und ein sinnlich-diesseitiges Glücksverlangen hat. Aber er zeichnet zugleich das Bild einer jungen Adligen, welche die Normen ihrer Herkunft und ihres Standes verinnerlicht hat, vergnügungssüchtig und apart, ehrgeizig und auf materiellen Reichtum aus, oberflächlich, von durchschnittlicher Bildung, ebenso unberechenbar wie unselbständig.

Effi ist zwar als Impulsmensch das genaue Gegenteil des Prinzipienmenschen Innstetten, doch wenn sie von ihm, sicher richtig, sagt, er sei »ohne rechte Liebe« (309), dann gilt das auch von ihr selbst, wie ihre Mutter vermutlich gleichfalls richtig diagnostiziert (41), von der es natürlich erst recht gilt. »Kampf und Widerstand«, also Pflichtgefühl und Charakterstärke, sind nicht ihre Sache (227). Zudem ist sie ziemlich egozentrisch. Wenn sie sich nach der deprimierenden Begegnung mit ihrer

---

64 Vgl. Kap. VII, S. 268-273.

Tochter Annie einredet, man habe das Kind gegen seine Mutter abgerichtet, dann verdrängt sie, daß das Mädchen bleibend verletzt sein dürfte, und zwar auch durch ihre Schuld: denn Effi hat sich wenig um ihr Kind gekümmert, und sie hat ihm auch noch Roswitha, also die Person, die praktisch seine wahre Mutter war, weggenommen.[65] Ein Nebenmotiv, eine Nebenfigur gewiß, aber Beweis genug dafür, daß Effi nicht reduziert werden kann auf das gute Naturkind, das zum Opfer der bösen Gesellschaft wird. Fontanes Figuren, weibliche wie männliche, zeigen sich bei aufmerksamer, sensibler Lektüre komplexer und widersprüchlicher als die Muster, nach denen sie auch modelliert sind und nach denen sie üblicherweise interpretiert werden. In dieser Differenz besteht, was man Realismus nennen darf.

Zeitüberdauernde Leistung wie zeitbedingte Grenzen des Fontaneschen Realismus zeichnen sich in dem Bereich ab, der realistischerweise nicht fehlen kann, wo Frauen- und Männer-, Liebes- und Ehegeschichten erzählt werden: dem der Sexualität. Gegenwärtigem Bewußtsein muß eine Epoche besonders fern und fremd vorkommen, in der das menschliche Geschlechtsleben und mehr noch das Denken und Reden darüber rigiden Einschränkungen und Tabuisierungen unterworfen war. Fontanes Romane verzeichnen mit diagnostischem Scharfblick die Leiden der Individuen an dieser viktorianischen Moral, ihre geheimen Wünsche und Ängste, Versagungen und Verdrängungen, psychischen und psychosomatischen Krankheiten.[66] Aber sie tun das aufgrund der drohenden juristischen wie publizistischen Zensur und der Selbstzensur im Kopf von

---

65 Elisabeth Hoffmann: Annie von Innstetten – noch eine Nebenfigur in Fontanes *Effi Briest*. In: FBl 57 (1994), S. 77-87.

66 Heide Eilert: ». . . und mehr noch fast, wer liebt.« Theodor Fontanes Roman *Unwiederbringlich* und die viktorianische Sexualmoral. In: Zeitschr. f. dt. Philologie 101 (1982), S. 527-545; Horst Thomé: Autonomes Ich und ›Inneres Ausland‹. Studien über Realismus, Tiefenpsychologie und Psychiatrie in deutschen Erzähltexten (1848-1914), Tübingen 1993.

Autor und Leser nur indirekt, in Form von Andeutungen und Anspielungen, gezielten Redeabbrüchen, Metaphorik und Beobachtungen zum Liebesleben der Sperlinge (V 224 f.) oder Schwalben (IV 319). Wie in Fontanes Texten über Hochzeitsnächte geschwiegen wird, das spricht Bände über das damals weitverbreitete Syndrom von Brutalität und Ahnungslosigkeit. Melusine von Barby, geschiedene Gräfin Ghiberti, kann ihrer Freundin nur andeuten, was auf ihrer Hochzeitsreise in dem allzu langen Apennintunnel geschehen ist (VIII 315 f.). In *Mathilde Möhring* erzählt Frau Schmädicke, was für ein »furchtbarer Augenblick« es für sie war, »als Schmädicke kam«, und weil es dabei so unheimlich »duster« war, schenkt sie Mathilde eine rote Ampel zur Hochzeit.[67] Eine solche ist jedoch nach Meinung der Frau von Briest ganz unangebracht; die voreheliche Aufklärung ihrer Tochter beschränkt sie auf die Warnung: »oft ist es gut, daß es statt Licht und Schimmer ein Dunkel gibt.«[68]

Abgesehen von mehr oder weniger gewagt auf Sexuelles anspielenden Zweideutigkeiten[69], die Fontane ab und zu realistisch in Männerrede und -gesprächen unterbringt, findet sich verschwindend wenig Erzählmaterie zu diesem Bereich, doch das Wenige wird gezielt, treffend und unmißverständlich eingestreut. Man muß nur für diese diskrete Erzählweise sensibel genug sein. Graf Holk in Fontanes meisterhaftem Eheroman *Unwiederbringlich* beklagt sich über ein erkaltetes Liebesleben und bezeichnet seine Frau metaphorisch-eindeutig als einen »Eisberg« (VI 223). Effi muß sich von seiten ihres nervösen und abgespannten Ehemannes mit »ein paar wohlgemeinten, aber etwas müden Zärtlichkeiten« begnügen, die sie sich gefallen läßt, »ohne sie recht zu erwidern« (VII 108). Melanie van der Straaten in *L'Adultera* ekelt sich geradezu vor den »Liebesbeweisen« ihres Mannes (III 148). Auch Frau Dörr in *Irrungen, Wirrungen* ist es zuviel mit Dörr: »immer is er da« (V 17).

---

67 Vgl. Kap. V, S. 223 f.
68 Vgl. Kap. VII, S. 275 f.
69 Vgl. Kap. VI.

In der Regel benutzt der Erzähler Fontane für seine »Intimitäten-Kapitel« eine Rhetorik des Verschweigens und Andeutens. Liebesszenen stellt er diskret und puritanisch auf indirekte Weise dar, indem er sie wie in *Schach von Wuthenow* zwischen ›Sie‹ und ›du‹ versteckt (III 440), oder durch bald mehr, bald weniger gelungene Metaphorik. Während in *L'Adultera* an der entsprechenden Stelle der reine Kitsch zu lesen ist, hat Fontane ebensolchen in den Vorstufen zu *Effi Briest* später weitgehend getilgt und statt dessen einen aufwendigen symbolischen Apparat installiert, dessen Einzelteile der Lokalsage, der Literatur und vor allem der Natur entnommen sind und alle in die gleiche Richtung zu weisen scheinen: der Wendentempel von Uvagla mit seinem heidnischen Naturkultus, der hereinbrechende wilde Feind in Brentanos Gedicht *Die Gottesmauer*, die Meeresbrandung und die in Effis Kopf singenden Meerfrauen, der Schloon, das Feuchtgelände mit seinem unterirdischen Saugen, das einen versinken läßt, die dunkle Masse des Waldes, dessen Kronen sich über Effi wölben. Hier und an entsprechenden Stellen in anderen Romanen, z. B. *Graf Petöfy*, zeichnet sich eine Grenze Fontanes und jenes Realismus überhaupt ab, den man den poetischen genannt hat. Derartige Symbolik macht die Texte zwar zensursicher, aber ob sie die intendierte psychologische Dimension des Erotischen differenziert erfaßt, ist mehr als zweifelhaft. Indem Sexualität als Naturmacht[70], als das ganz Andere, das in die Alltäglichkeit gewaltsam einbricht, mystifiziert und dämonisiert wird, kann sie nicht wirklich realistisch dargestellt werden, als menschlich-gesellschaftlicher Teilbereich, zu dem nicht nur die Natur des Triebes, sondern auch die Kunst des Liebens gehört und der neben seinen – nicht zu leugnenden – Macht- und Rauschaspekten auch seine menschlich-allzumenschlichen, seine banalen und komischen Seiten hat. Doch wo es um Sex geht, hört bei Fontane der – sonst allgegenwärtige – Humor auf.

70 Antje Harnisch: Keller, Raabe, Fontane. Geschlecht, Sexualität und Familie im bürgerlichen Realismus, Frankfurt/M. 1994, S. 140, 149, 159.

Indessen: Wichtiger als das Prickeln des Erotischen, der »Bibber«, den er Liebeslyrikern, Trivialautoren und »talentierten Saupeter[n]«[71] überließ, war dem Erzähler Fontane zweifellos die psychische und soziale, die ethische und mitmenschliche Seite der Geschlechterbeziehungen. Zwischen der Macht der gesellschaftlichen Normen und Muster einerseits, der von der Gesellschaft unterdrückten Triebregungen andererseits bewegen sich die Individuen auf einem begrenzten Kräftefeld.[72] Je genauer aber Fontanes Erzählen diese Kräfte und Grenzen umreißt, die das Handeln und Leiden, Denken und Fühlen der Figuren determinieren, desto nachdrücklicher appelliert es an die teilnehmenden Leser, auf die Spielräume und Chancen für Freiheit, Autonomie, Menschenwürde zu achten, die sich unter den jeweiligen Bedingungen eröffnen. Noch einmal Alexander Kluge: »Fontane steht überhaupt nicht auf der Seite einer zwangsläufigen Tragik. Er bildet diese Zwänge sehr exakt ab, aber vom Gegenpol der Trauerarbeit und eines heiteren Angriffsgeistes gegen das Geschick.«[73] Allerdings: Sowenig Fontanes Romane die Gesellschaft als absolut determinierendes inhumanes Zwangssystem denunzieren, sowenig nähren sie die Illusion einer reinen Menschlichkeit außerhalb der Gesellschaft.

Der Erzähler Fontane bewegt sich nicht jenseits der Sphäre seiner Figuren, er teilt vielmehr weitgehend ihren Horizont.[74] Er benutzt sie als Sprachrohr für eigene Ansichten und als Vertreter von solchen, die er ablehnt. Aber er objektiviert auch eigene Meinungen durch Übertragung auf Figurenrede in der Weise, daß sie in ein kritisches Licht rücken. So vollzieht sich das Erzählspiel als permanente intellektuelle Selbstprüfung des

---

71 So tituliert Fontane Max Kretzer im Zusammenhang mit dessen Roman *Drei Frauen*, den er rundweg eine »Schweinerei« nennt (Tagebücher 1866-1882. 1884-1898, S. 233).

72 Martin Swales: Möglichkeiten und Grenzen des Fontaneschen Realismus. In: Text + Kritik. Sonderband Theodor Fontane, hg. v. H. L. Arnold, München 1989, S. 75-87.

73 Kluge: Das Politische, S. 11.

74 Vgl. Kap. II, S. 117 ff.

Autors, als Gedankenspiel mit offenem Ausgang. Auf diese Weise wird es für den Leser, der das Spiel mitspielt, schwierig, aber eben auch geistig spannend, in Fontanes vielstimmig dezentrierten Texten die Positionen aufzufinden, von denen aus die Positionen der Figuren bewertet werden, und sich mit ihnen auseinanderzusetzen.

Das heißt nun aber keineswegs, daß in diesen Texten eine relativistische Beliebigkeit herrschte; eine in diesem Sinn postmoderne Lektüre würde ihnen nicht gerecht. Der Autor hat bei aller Offenheit und Beweglichkeit, Skepsis und Selbstironie zu vielen politischen, ästhetischen, ethischen Problemen bemerkenswert klare und feste Ansichten geäußert, manchmal aus heutiger Sicht bedauerlich fragwürdige, oft bewundernswert selbständige, differenzierte und weitblickende. Er wußte sich ansteckbar und teilweise auch angesteckt von Zeitströmungen, die er kritisierte, aber es gelang ihm auch, gerade dann um- und gegenzudenken, wenn solche Strömungen, wie z. B. der wilhelminische Byzantinismus, Massencharakter annahmen.[75] Diese Positionen hat Fontane in seinen Romanen keineswegs zurückgenommen, relativiert oder versteckt, aber er stellt sie in deren Erzählspiel auf die Probe und damit für den Leser, der seinerseits Position beziehen soll, zur Diskussion. Das gilt auch für den in seine Romane eingelagerten ethischen Diskurs.

Diagnostik und Ethik

Fontane hat seinem Erzählen zwei Leistungen zugemutet, die schwer zusammenzubringen sind: eine gesellschaftskritische Diagnostik und eine auf das Individuum bezogenene Ethik. Denn wie der ethische Impuls den diagnostischen stumpf zu machen droht, so dieser jenen hilflos. Dieses Spannungsfeld von Diagnostik und Ethik ignorieren die Interpreten, wenn sie entweder den literarischen Texten ethische Orientierungen ab-

75 Loster-Schneider: Der Erzähler Fontane, S. 118.

ziehen wollen oder Fontanes Gesellschaftskritik auf die Diagnose einer totalen Determination der Individuen hinauslaufen lassen. Fontanes Erzählen macht es sich und ihnen schwerer. In dem Maße, wie es die Beschädigung der Individuen durch die falsche Einrichtung der Gesellschaft vorführt, insistiert es auf der Frage, wie mit solcher Falschheit oder gegen sie zu leben sei.

Gewiß ist es richtig, noch an der Art, wie sich Fontanes Figuren mit den Verhältnissen einrichten, das kritisch-diagnostische Moment hervorzuheben: daß sie die ihnen widerfahrende Gewalt internalisieren, womöglich sogar verteidigen.[76] Wenn Cécile und Effi zu denen zurückkehren (Cécile erst als Leiche, Effi schon etwas früher), deren Liebe sie angeblich immer erfahren haben, so trägt das unbestreitbar regressive und illusionäre Züge: Die schlesischen Fürsten und Effis Eltern haben ihre Liebesobjekte ja gerade auf dem Gewissen. Diese Diagnose erlauben die Texte dem Leser auch gegen eine Autorintention, die hier möglicherweise zu sehr um Verklärung bemüht ist. Generell aber darf über der diagnostischen die ethische Dimension des Erzählens nicht ignoriert werden, das nachdrückliche erzählerische Interesse daran, wie das Individuum seine begrenzten Spielräume nutzen könnte und sollte, um das ihm mögliche Maß an Autonomie und Integrität zu erreichen. Ethisch wie politisch setzte Fontane auf Kompromiß und Ausgleich, und das ist auch seinem Erzählen eingeschrieben. Das mag man gutheißen oder – falls man selbst kompromißlos denkt und lebt – nicht gutheißen, die ethische Dimension der Texte als solche sollte man nicht leugnen.

Fontanes Romane intendieren, wie die gesamte Erzählprosa des bürgerlichen Realismus, ein lebenspraktisch verwertbares Sinnangebot. Sie bieten *nicht mehr* Moralistik in erzählerischer Verpackung und *noch nicht* ästhetizistische, modernistische Abkehr von ethischen Fragen. Gewiß reflektierte Fontane die Orientierungskrise seiner Epoche, die alles erfassende »Um-

76 Kolk: Beschädigte Individualität, S. 92 ff.

wertung«, gewiß konnte er Nietzsches Verdikt zustimmen, daß die Moralisten zuviel gepredigt und zuwenig seziert hätten, und nachweislich hat er in vielfältiger Weise die größte Autorität auf dem ethischen Diskursfeld, Kant und seinen kategorischen Imperativ, erzählerisch ›dekonstruiert‹.

Ethik als solche aber hat er nicht verabschiedet. Vielmehr rückt bei ihm – wie bei den anderen Realisten – an die Stelle der großen Ethik mit Schillerkragen eine kleine Ethik und Ästhetik des Alltagslebens *diesseits* von Gut und Böse zwischen Überleben und richtigem Leben. Komplementär zur zeitgenössischen Tendenz einer restlosen *Auflösung* der Ethik in Psychologie und Soziologie intendiert Fontanes Romanwerk die erzählerische *Verflechtung* ethischer mit psychischen und sozialen Problemen. Während Simmel zur gleichen Zeit die philosophische Ethik in eine empirisch-historische Moralwissenschaft umbaut[77], bewahrt Fontane im literarischen Diskurs das normativ-praktische Moment des ethischen Diskurses und bietet dem Leser ein Wechselspiel zwischen Beobachter- und Mitspielerrolle an. Wenn sich das ethische Interesse gegenwärtig neu belebt hat und Ethik als nachmetaphysische rekonstruiert wird, wobei ihre kommunikative und narrative Dimension betont werden, dann fällt von da aus ein neues Licht auch auf Fontanes Erzählkunst, die ethische Fragen nicht nur mit psychologischer und gesellschaftlicher Diagnostik spannungsvoll verbindet, sondern im kommunikativen Medium des Alltags, in Gesprächen, thematisiert.

Es würde sich lohnen, die Romangespräche unter diesem Gesichtspunkt neu zu lesen. Ethisch belangvoll sind natürlich noch mehr als die geselligen Konversationen die selteneren intimen, privaten, ernsthaften Gespräche, die meist unter vier Augen geführt werden: das berühmte zwischen Innstetten und Wüllersdorf in *Effi Briest*, das Abschiedsgespräch Melanies mit ihrem Mann in *L'Adultera*, die Gespräche des sterbenskranken

77 Georg Simmel: Einleitung in die Moralwissenschaft, 2 Bde., Berlin 1892/93.

Dubslav von Stechlin mit Pastor Lorenzen. Dabei ginge es nicht nur um die ethischen Inhalte der Gespräche, sondern auch um die ethischen Dimensionen ihres Vollzugs sowie um die erzählerische Modellierung von beiden, nicht zuletzt dadurch, daß das Spannungsfeld von Ethik und Diagnostik aktiviert wird, wobei oft ironische Effekte entstehen.

Ein gutes Beispiel dafür bieten die beiden längeren, scheinbar beiläufigen Gespräche zwischen Corinna Schmidt und Rosalie Schmolke in *Frau Jenny Treibel*. Das erste, bei einem gemeinsamen Imbiß geführt, füllt fast das ganze elfte Kapitel (VI 397-407). Corinna beichtet der Haushälterin ihren Verlobungscoup, nachdem zunächst die Witwe Schmolke, die »außerordentlich viel von ›sich aussprechen‹« hält (434) und besonders gern von ihrem verstorbenen Mann spricht, etwas Schlimmes aus ihrem früheren Eheleben gebeichtet und auf diese Weise ein offenes, ernsthaftes, wechselseitig achtungs- und vertrauensvolles Gespräch ermöglicht hat. Und ihre nachdenkliche Reaktion auf Corinnas Eröffnung macht die ganze Fragwürdigkeit von deren Aktion deutlich. Daß Corinna den angebotenen Teebrötchen eine Schinkenstulle vorzieht, ist immerhin ein gutes Zeichen: Am Ende wird sie dem dürftigen Leopold Treibel den handfesten Marcell Wedderkopp als Mann vorziehen.

Das andere Gespräch, während des Essenmachens (»Semmelpudding un Birnen«) geführt, füllt die zweite Hälfte des vierzehnten Kapitels (437-442). Es schließt an das an, was das erste an Vertrauensvorgabe geleistet hat. Behutsam weiß die schlichte, aber feinfühlige Frau Schmolke dem Gespräch einen ›therapeutischen‹ Charakter zu geben. Als sich Corinna beim Semmelzerreiben innerlich selbst zerreibt, erkennt die Schmolke dieses Symptomhandeln sofort, und mit ihrer derben, herzhaften Lebensweisheit hilft sie ihr, daß sie aus dieser Zerknirschung »wieder zu Verstande kommen« (440) und sich entschließen kann, ihre schiefe Verlobung mit dem Kommerzienratshause aufzugeben.

Die erzählerische Kunst dieser beiden Gesprächskapitel

liegt indessen nicht allein darin, daß sie Schlüsselgespräche des ganzen Romans bieten, in denen die beiden alternativen Lebensstile thematisiert werden, zwischen denen Corinna sich entscheiden muß, und daß sie ethische Dimensionen kommunikativen Handelns beleuchten.[78] Die humoristische Kunst der Fontaneschen Gesprächsgestaltung stellt hier wie anderswo nicht einfach Authentisches und Inauthentisches antithetisch gegeneinander. Bei aller menschlichen Reife bleibt Rosalie Schmolke auch komisch und in ihrer Weisheit begrenzt, sogar da, wo der Autor ihr vermutlich seine eigene, patriarchalische in den Mund gelegt hat: »Du mußt einen klugen Mann haben, einen, der eigentlich klüger ist als du – du bist übrigens gar nich mal so klug – un der was Männliches hat, so wie Schmolke, un vor dem du Respekt hast.« (VI 440)

Komisch ist die ewige Bezugnahme auf den verstorbenen Sittenpolizisten Schmolke als letztgültige sittliche Autorität nicht zuletzt darin, daß dieser in Wahrheit ein kleiner Haustyrann war, der bei Birnen mit »Kriepsch« ungemütlich wird und sein »Dienstgesicht« macht, als wolle er seine Frau »arretieren« (438). Und hinter dem Refrain auf ihn, in den Corinna einstimmt, er sei ein »sehr anständiger Mann« gewesen (398, 404), ja »beinah *zu* anständig«, versteckt Rosalie Schmolke bei all ihrer Aufrichtigkeit und Neigung, »sich auszusprechen«, vermutlich ihre kleine Lebenslüge. Denn die schwere Eifersuchtskrise, von der sie ebenso anrührend wie komisch aus ihren ersten Ehejahren erzählt, kann nicht ganz unbegründet gewesen sein, gerade weil Schmolke ihr, gewiß glaubwürdig, versichert hat, »mit Verführung un all so was« sei es »*vorbei*«, und »von Karessieren und ›Fräuleinchen‹« stehe »nichts *mehr* drin« (403 f. Hervorhebungen von mir. N. M.).

Fontanes Erzählen inszeniert ethisch belangvolle Gespräche, Personenkonstellationen und Handlungskonflikte. Zu-

---

78 Glenn Alan Guidry: Language, Morality, and Society. An Ethical Model of Communication in Fontane and Hofmannsthal, Berkeley 1989, S. 189-212.

gleich bleibt die psychologische und gesellschaftskritische Diagnostik aktiviert, so daß die Grenzen und Behinderungen ethisch orientierten Handelns niemals verwischt werden. Humor und Ironie von Erzähler und Figuren vermitteln zwar auf diesem Spannungsfeld zwischen Ethik und Diagnostik, versöhnen die Widersprüche indessen nicht. Die ethischen Normen und Probleme werden realistisch in die Sphäre des Alltagslebens eingebettet, in der das Authentische vom Inauthentischen, das Menschliche vom Allzumenschlichen nicht zu trennen ist.

Sie lösen sich jedoch nicht im Relativen auf. Daß Fontanes Liberalismus und Pluralismus, wie er in den Formeln »allerlei Glück« und »allerlei Moral« zum Ausdruck kommt, nicht mit ethischem Relativismus gleichzusetzen ist, beweist die begrenzte Anzahl von immer den gleichen Ausdrücken, mit denen der Autor innerhalb und außerhalb seiner Romane menschliche Grundwerte sprachlich einzukreisen versucht. Im Zentrum steht dabei die Frage nach dem, was er das »Schön-Menschliche« zu nennen pflegte. Diesen gewiß extrem polysemen Ausdruck sollte man nicht als Leerformel abtun, sondern als Suchbegriff ernst nehmen. In ihm sind einerseits traditionelle christliche und idealistische Momente aufgehoben – Schillers »schöne Sittlichkeit«[79] ebenso wie das »schön menschlich Antlitz« des Matthias Claudius.[80] Andererseits ist er so offen, daß man ihn mit heutigen Überlegungen zu einer nachmetaphysischen Ethik des richtigen Lebens in Verbindung bringen darf, einer Ethik, die, ganz wie die Fontanes Romanen eingeschriebene, den Alltag, die Kontingenz, das Verstricktsein in Geschichten nicht mehr überfliegt und die auch ästhetische Komponenten – das *Schön*-Menschliche also – bewußt einbezieht.[81]

---

79 Brief an Goethe v. 17.8.1795.

80 Vgl. die Anfangsstrophe von Claudius' Gedicht *Täglich zu singen*.

81 Josef Früchtl: Ethik und Ästhetik. Eine nachmetaphysische Attraktion. In: Philosophische Rundschau 39 (1992), S. 3-28.

Wenn Fontane – in einer Kritik von Spielhagens Roman *Sturmflut* – als Maxime eines poetischen Realismus ausgegeben hat, der Roman solle das Schön-Menschliche im Alltäglichen zeigen[82], so ist das zwar *auch*, aber nicht *nur* als ästhetische Forderung im Sinne des Schönheitsschleiers der »Verklärung« zu verstehen. Nicht nur in der poetischen Gegenwelt, sondern auch in der Wirklichkeit ist das Schön-Menschliche angesiedelt – das ist Fontanes gegen literarische Idealisten wie Naturalisten gleichermaßen vertretene Überzeugung. Dem entspricht, wie seine Romanfiguren diese Formel benutzen, ob sie es nun auf die biblische Weihnachtsgeschichte (V 490) oder einen Höflichkeitsbesuch (VIII 77) beziehen. Auch was Dubslav von Stechlin und Graf Barby gemeinsam haben, identifiziert eine Notiz Fontanes als »das Schönmenschliche« und definiert dieses als »Wohlwollen gegen ihre Mitmenschen, Abwesenheit alles Kleinlichen und Selbstsüchtigen« (432).

Das Schön-Menschliche ist ein Suchbegriff und zugleich eine Kompromißformel. Fontane setzt auf eine lebenspraktische Balance zwischen ethischer und ästhetischer Orientierung. »Tolle Lebensformen« seien zwar ästhetisch vorzuziehen, aber einem ästhetizistischen Immoralismus steht Fontane gleich fern wie einem pietistischen Moralismus.[83] Ebenso wie die Adepten einer verknöcherten und ideologisierten Kantschen Pflichtethik verfallen seiner Kritik Menschen, »die ihren ethischen Bedarf aus dem ästhetischen Fonds bestreiten« (I 209): Beide verfehlen das Schön-Menschliche.

Neben diesem Leitbegriff stehen bei Fontane weitere regelmäßig wiederkehrende Ausdrücke für ethische Grundwerte, die, für sich betrachtet, nicht minder leerformelhaft klingen, in ihrem jeweiligen Kontext gleichwohl die Maßstäbe bezeichnen, an denen Fontane die Deformationen des menschlich-gesell-

82 Theodor Fontane: Literarische Essays und Studien, Nymphenburger Ausgabe, Bd. 21/2, München 1974, S. 200.

83 Brief an Martha Fontane v. 19.8.1889; Briefe, Propyläen-Ausgabe, Bd. 2, S. 147.

schaftlichen Lebens mißt: Natürlichkeit, Einfachheit, Freiheit, Wahrhaftigkeit, Anständigkeit, Herzensgüte und Liebe. Diese Ausdrücke und ihre Synonyme mögen in ihrer schlichten Positivität heutigen Lesern rührend altmodisch vorkommen. Allein, es hilft nicht, sie als letztes, dünnes Echo alteuropäischer Moralistik historisch oder als Resignationsethos eines desillusionierten und politisch entmündigten liberalen Bürgertums soziologisch zu relativieren. Denn die ethischen Fragen, auf welche der Autor mit diesen altmodischen Begriffen Antworten zu geben versucht hat, können auch hundert Jahre später keineswegs als beantwortet gelten. Stehen heute praktikablere Begriffe zur Verfügung? Beim Lesen der Geschichten, die Theodor Fontane aus dem ferngerückten 19. Jahrhundert erzählt, die in ihnen enthaltenen ethischen Orientierungen aufzuspüren und mit den eigenen zu vergleichen – das wäre nicht die schlechteste Art, die Gegenwärtigkeit seiner Romane im 21. Jahrhundert zu erproben.

II. Vielstimmigkeit und Bewußtseinskritik

Formen der Dialogizität und Intertextualität bei Fontane

»wie sie wirklich sprechen«

Im Briefwechsel mit seiner klugen, auch literarisch urteilsfähigen Tochter über *Schach von Wuthenow* schrieb Theodor Fontane 1882:

> Es hängt alles mit der Frage zusammen: »Wie soll man die Menschen sprechen lassen?« Ich bilde mir ein, daß nach dieser Seite hin eine meiner Forcen liegt und daß ich auch die Besten (unter den *Lebenden* die Besten) auf diesem Gebiet übertreffe. Meine ganze Aufmerksamkeit ist darauf gerichtet, die Menschen *so* sprechen zu lassen, wie sie *wirklich* sprechen. (B II 77)

Ganz ähnlich heißt es in einem sechs Jahre später geschriebenen Brief Fontanes über seine Erzählung *Stine*: »im ganzen wird man mir lassen müssen, daß ich wie von Natur die Kunst verstehe, meine Personen in der ihnen zuständigen Sprache reden zu lassen.« (196) Diese und ähnliche Selbstzeugnisse des Autors treffen sehr genau einen Kernpunkt seiner erzählerischen Leistung. Sie werden von wenigen frühen Kritikern, von einigen späteren Fontane-Forschern und von jeder Lektüre seiner Werke bestätigt, die sensibel genug ist für sprachliche Feinheiten und Abtönungen, für das breite Spektrum der Sprechweisen, von der »Geistreichigkeitssprache« bis zur »Simplizitätssprache« (185), für sprachliche Modulation, den Wechsel der Töne in den geselligen oder intimen Gesprächen, im Salon der guten Gesellschaft oder in der Küche der Dienstboten, für die mannigfaltigen Echoeffekte aufgrund einer virtuosen Kunst des Zitats und der Anspielung, für humoristische und ironische Spannungen zwischen Erzählerstimme und Figurenstimmen, für die Unter- und Obertöne des Ungesagten im Gesagten.

All das ist der heutigen Fontane-Forschung gegenwärtig und

ist in ihr nicht strittig. Zu Aspekten der Sprache und des Gesprächs im Erzählwerk Fontanes liegen ältere und neuere Studien vor.[1] Seine Kunst der Sprechweisen, der sprachlichen Modellierung der Figuren, bedarf keines weiteren Aufweisens. Was Richard Brinkmann über das Gespräch als menschliche Realität, als erzählerisch-dialogische Auffächerung einer Vielfalt von Ansichten der Wirklichkeit und über die Spannung von Relativität und Verbindlichkeit der Sprache bei Fontane gesagt hat[2], bleibt gültig. Offene Probleme und Kontroversen ergeben sich jedoch dann, wenn man nach Funktionen dieser Schreibweise fragt, die den Erzähler Fontane charakterisiert, wenn man sich von der speziellen Kunst der Sprechweisen und der Gesprächsmodellierung zur inneren Form seiner Erzählkunst weitertastet, wenn man seine eigentümliche und fortwirkende künstlerische Leistung neu zu bestimmen versucht.

Einige solcher offenen Probleme seien in Frageform angedeutet: Wenn Fontanes Figuren so sprechen, wie die Menschen »wirklich sprechen«, wie paßt dann solch ein sprachmimetischer Realismus mit dem Konzept der »Verklärung« zusammen, das Fontane immer wieder als Kennzeichen seines poetischen Realismus angeführt hat? Wie passen Vielfalt und Wechsel der Stimmen in seiner Prosa mit dem einheitlichen, unverwechselbaren »Fontane-Ton« zusammen, den Thomas Mann aus dem Gesamtwerk Fontanes bereits 1910 feinfühlig herausgehört hat?[3] Diese Frage wird in der Forschung oft und recht kontrovers behandelt. Eine andere Frage dagegen ist noch gar nicht gestellt worden: Wenn so, wie die Menschen

1 Vgl. im Literaturverzeichnis die Arbeiten von Wenger (1913), Gilbert (1930), Sauer (1935), Rudolph (1957), Fuchs (1970), Mittenzwei (1970), Grawe (1974), Pelster (1976), Khalil (1978), Mommsen (1978), Mockey (1979), Pütz (1979), Gauger (1980), Liver (1981), Minden (1981), Preisendanz (1984), Schulz (1989).

2 Richard Brinkmann: Theodor Fontane: Über die Verbindlichkeit des Unverbindlichen, München 1967, S. 127-154.

3 Thomas Mann: Der alte Fontane. In: Theodor Fontane, hg. v. W. Preisendanz, Darmstadt 1973, S. 13.

wirklich sprechen, Fontanes Figuren, wie alle Figuren in fiktionalen Texten, genaugenommen gar nicht sprechen können, in welchem Verhältnis steht dann ihre fingierte Mündlichkeit zur primären Mündlichkeit der Alltagssprache?[4] Worin bestehen und wie weit reichen bei Fontane diejenigen Techniken der Rededarstellung, durch welche die Figuren nicht nur individuell charakterisiert, sondern mit der »ihnen zuständigen Sprache« zugleich in ihren gesellschaftlichen Verflechtungen kenntlich gemacht werden? Und wenn solch eine soziale Charakterisierung der Figuren oft Kritik enthält, wie verbindet sich im Bewußtsein des Erzählers Fontane und in seinen Texten eine Haltung, die auf Kritik, Durchschauen, Distanzierung gerichtet ist, mit einer gegenläufigen, bei Fontane ebenso stark ausgeprägten Haltung, die in Geltenlassen, Hinhören, Identifikation besteht?

Diesen Fragen wird im folgenden ein Stück weit nachgegangen. Insbesondere soll es darum gehen, eine Reihe von Phänomenen der Wiedergabe von Figurenrede, die bisher unbeachtet geblieben sind, unter den Leitbegriffen Dialogizität (im Sinne Michail Bachtins) und Intertextualität zu analysieren und von da aus vorsichtig eine neue Sicht auf Fontanes spezifische Leistung als Erzähler zu gewinnen. Dabei erweisen sich einige Theorieentwürfe zum Verhältnis von Roman, Sprache und Gesellschaft[5] als ebenso anregend wie die Fontane-Forschung, die nach den ›klassischen‹ Gesamtdarstellungen in den letzten beiden Jahrzehnten sehr stark ins Detail und in die Breite gegangen ist, ohne daß sich eine neue Gesamtsicht abzeichnen würde. Die folgenden Analysen und Kommentare zu einer Reihe von exemplarischen Textstellen und -passagen bewegen

4 Vgl. Kap. III.

5 Michail M. Bachtin: Die Ästhetik des Wortes, hg. u. eingel. v. R. Grübel, Frankfurt/M. 1979; ders.: Probleme der Poetik Dostoevskijs, Frankfurt/M. 1985; Roger Fowler: Linguistics and the Novel, London 1977; ders.: Linguistic Criticism, London 1986; Peter V. Zima: Roman und Ideologie. Zur Sozialgeschichte des modernen Romans, München 1986; David Lodge: After Bakhtin, London 1990, bes. S. 87-99.

sich tastend in Richtung auf solch eine neue kritische Lektüre der erzählerischen Werke Fontanes. Diese werden als komplexe sprachliche Spannungsfelder und als Spielfelder für entdekkendes Lesen verstanden. Solche Metaphern sollen keine literaturtheoretische und methodologische Begründung ersetzen, aber doch die Überzeugung des Verfassers andeuten, daß die heute auf dem literaturwissenschaftlichen Feld miteinander konkurrierenden Theorie- und Methodenpositionen ohne den Mut, über sie kritisch und kombinierend hinauszudenken, dem Gegenstand Fontane ebensowenig gerecht werden können wie die Deutungsangebote der klassischen Fontane-Forschung, wenn deren leitende Konzepte nicht in erneuten textnahen Lektüren gewissermaßen verflüssigt werden.

Fontanes Erzählprosa legt es aufgrund ihrer sprachlichen Qualitäten wie ihrer geschichtlichen Stellung dem Kommentierenden nahe, weder eine subjektzentrische Hermeneutik noch eine subjektdezentrierende Diskursanalyse absolut zu setzen. So sehr ein durch die Methode der Dekonstruktion geschärfter Blick für die beträchtlichen zentrifugalen Kräfte in Fontanes Texten sich von einer herkömmlichen Auslegungsweise abwenden muß, die alle textuellen Widersprüche und Spannungen unter Leitideen wie ›epische Integration‹ oder ›soziale Romankunst‹ einzuebnen neigt, so wenig Anlaß besteht, von poststrukturalistischen Dogmen her mehr Zugang zu Fontanes Texten zu erwarten als von hermeneutischen Maximen. Die folgenden Analysen versuchen eine Balance, die der ästhetischen Erfahrung der Texte gerecht wird. Die Ausdrücke ›Figurenrede‹ bzw. ›Figurensprache‹ und ›Bewußtseinskritik‹ beziehen sich nicht etwa auf ein Sprechen in rhetorischen Figuren und auf Transzendentalphilosophie, sondern auf die Sprache der in Fontanes Romanen auftretenden Figuren, das Bewußtsein, das sich in ihr jeweils ausspricht, und die kritische Sicht auf dieses Bewußtsein, die in der literarischen Darstellungsweise enthalten ist, als Angebot für feinfühlige und ihrerseits kritische Leser.

Im einzelnen sollen folgende charakteristische Phänomene

des Fontaneschen Romandiskurses exemplarisch beleuchtet werden: die literarische Mimesis mündlicher Rede und das Phänomen des ›zweistimmigen Wortes‹ bei Fontane (S. 63-68); drei Typen des Zitats: Figurenzitat, Diskurszitat und Bildungszitat (S. 87-101); Lied und Anekdote als Beispiele für eingebettete Gattungen (S. 102-114). Eingeschoben wird ein Exkurs zur »Poetik der Gänsefüßchen«, der Bachtins romantheoretisches Grundkonzept der Dialogizität auf Fontanes Romanwerk und dessen historischen Ort bezieht (S. 68-87). Abschließend soll dann Fontanes Schreibweise, wie sie an den hier vorgestellten Phänomenen erkennbar ist, skizzenhaft in einen größeren literatur- und geistesgeschichtlichen Zusammenhang gestellt und von ihm her neu eingeschätzt werden (S. 114-119).

Mimesis mündlicher Rede und zweistimmiges Wort

In Fontanes erstem Roman *Vor dem Sturm*, der die Wochen nach Napoleons Niederlage an der Beresina behandelt, erklingt unter den vielen Stimmen aus der historisch-sozialen Welt, die dieser »Vielheitsroman« (I 369), wie der Autor ihn nannte, enthält, auch die Stimme eines Bürstenmachers Stappenbeck, eines echten Alt-Berliner Kleinbürgers: »wie sein Haar, so war auch seine Manier und Sprechweise: die Borsten immer nach oben« (II 18) – so charakterisiert ihn der Erzähler. Es geht in einem Stammtischgespräch gerade um die Frage, ob die Russen wohl das geschlagene napoleonische Heer verfolgen werden. Stappenbeck:

> »Nein, gewiß. Nimm mir's nicht übel, Rabe, das verstehe ich besser. Wer in Wut is, der steht nicht still. Das is überall so. Wenn meine Frau was mit mir hat, und sie hat mitunter was mit mir, und ich geh in die andere Stube, weil ich genug habe, was tut sie? Sie kommt mir nach. Und da geht es weiter. Das ist, was man die menschliche Natur nennt. Und der Russe is auch ein Mensch. Erst recht. Ich sage dir, Rabe, der Russe kommt [. . .]« (22)

Meister Stappenbecks strategische Beweisführung steht und

fällt mit dem komischen und sehr wackligen Vergleich von Krieg und Ehekrieg, eine Sprechweise, die eine kleinbürgerliche Konstruktion der Wirklichkeit indiziert. Das große Weltgeschehen wird nach dem Modell der eigenen kleinen Welt gedeutet und dabei kräftig personalisiert: die Frau mit ihrer Zanksucht, der Russe mit seiner Rachsucht – durch den Kollektivsingular sind sie grammatisch gleichgeschaltet. Die großmütige Aussage, daß der Russe »auch ein Mensch« sei, gibt der selbstgerecht dahinfließenden Rede des Berliner Bürstenmachers allererst die logischen Stützen, die den Schein regelgerechten Schließens erwecken: »Wer in Wut is, der steht nicht still. Das is überall so.« Es ist also allgemein menschlich. Der über Napoleon in Wut befindliche Russe ist ein Mensch. Ergo: »der Russe kommt.«

Der *satirische* Effekt dieser Passage, die sehr an Adolf Glaßbrenners Berliner Kleinprosa erinnert, seinen berühmten Ekkensteher Nante und andere Figuren, ergibt sich aus der Vorführung dessen, was man seit Holbergs Komödie politische Kannengießerei nennt. In der individuellen Sprechweise einer Romanfigur wird hier eine soziale Sprechweise und wird die darin eingebettete Bewußtseinsform sichtbar, geradezu hörbar gemacht – mit dem inneren Ohr des Lesers hörbar. Der komische Effekt dieser Textpassage liegt aber schon in der kleinen Alltagsszene selbst. Stappenbeck zieht sie zwar nur als Vergleich heran, sie ist aber darüber hinaus ein ehepsychologisch aufschlußreiches *objet trouvé*, ein vorzeigbares Bruchstück von Alltagskommunikation mit komisch-typischen Zügen: die verbal überlegene Frau, die im Ehekampf diesen Vorteil nicht aufgeben mag und dem Mann darum zur Fortsetzung des Wortgefechts nachgeht.

Die literarische Leistung des Erzählers Fontane besteht an dieser Stelle wie an zahllosen ähnlichen in seinem Romanwerk, die erheblich dazu beitragen, daß dessen Lektüre bis heute unterhaltsam geblieben ist, einerseits in dem ungemein genauen Hinhören, wie die Menschen im Alltag reden, wie sie denken, wie sie ihre Sicht auf Wirklichkeit kundgeben und damit ein Stück Wirklichkeit selbst. Andererseits besteht sie in der Transposition und Integration solch mündlicher Rede mit ihren lautlichen, syntaktischen, gestischen Besonderheiten in eine literarische, eine schriftliche Erzählung. Es ist keine zu gewagte These, daß Fontane mehr als alle anderen deutschen Erzähler seiner Zeit den Formen und Normen, Themen und Tönen mündlicher Kommunikation in seinen Texten Raum gegeben hat.[6] Zwei Stichproben mögen zeigen, wie Fontane besonders gern das Grotesk-Komische von Alltagsrede aufgespießt hat, z. B. von – nach den Feinheitsregeln eigentlich tabuisierten – Gesprächen über Krankheiten:

> [»]Jott, mein Rheumatismus! Sie dachten erst, es wär Gicht, und haben es auf Gicht kuriert mit Fettwolle und Schwefelbalsam, aber nun war ich ja bei Walnussen (irgendeinen bekannten Doktor nennen) der sagte mir: dummes Zeug, es ist Rheumatismus. Und ich glaub es auch. Denn sehen Sie, Herr Br., es zieht immer durch den ganzen Leib, und mal ist es hier und mal ist es da. Wollen Sie's glauben, vorige Woche hatt' ichs hier hinterm Ohr, grad da, wo der kleine Knochen ist. Natürlich gleich 'ne spanische Fliege, das heißt bloß Bandpflaster, nicht größer als ein alter Sechser, und weg war es. Aber wie lange? Den andern Morgen saß es hier, an dem Stirnknuddel, grade da wo's Gedächtnis sitzt.[«]
> »Aber Sie haben doch noch alles gut behalten. Hoffen wir weiter; es wird sich schon alles finden.« (H 285)

Grotesk-komisch auch, was in *Schach von Wuthenow* Mutter Kreepschen, die Frau des Wuthenower Gutsverwalters, dem jungen Herrn über ihre Ziege in märkischem Platt erzählt:

> »Se jloben joar nich, junge Herr, wie schabernacksch so'n oll Zick is. De weet, as ob se 'ne Uhr in'n Kopp hätt, ob et feif is o'r söss. Un wenn't söss is, denn wohrd se falsch. Und kumm ick denn un will ehr melken, joa, wat jloben Se woll, wat se denn deiht? Denn stött se mi. Un ümmer hier in't Krüz, dicht bi de Hüft. Un worümm? Wiel se weet, dat ick doa miene Wehdag hebben deih.« (III 472)

Als Frau Kommerzienrätin Jenny Treibel, geb. Bürstenbinder, dieses »Musterstück von einer Bourgeoise« (VI 278), wie ihr Jugendfreund Professor Wilibald Schmidt sie nennt, gerade

6 Vgl. auch Kap. III.

eine Intrige eingefädelt hat, um die Verlobung von dessen Tochter mit ihrem Sohn aufzulösen, erscheint ihr die bisher ungeliebte Schwiegertochter Helene, mit deren von ihr gleichfalls vernachlässigter Schwester sie ihren Sohn nun schnell, um Schlimmeres zu verhüten, verkuppeln möchte, plötzlich in einem neuen Licht. »Das war etwas«, sagt der Erzähler, nämlich daß Helene von sich aus zu Jenny kam, »und angesichts dieser Tatsache fühlte Jenny das Eis hinschmelzen, das acht Jahre lang ihr Schwiegermutterherz umgürtet hatte. Zugleich traten ihr Tränen in die Augen. ›Helene‹, sagte sie, ›was zwischen uns gestanden hat, ist fort . . .‹« (422) Wenn Jenny das Eis »hinschmelzen« fühlt, das acht Jahre lang ihr Herz »umgürtet« hat, dann bedient sich der Erzähler hier einer unverhältnismäßig pathetischen und dadurch komisch wirkenden Metaphorik. »Umgürtet« – das weckt romantische Assoziationen an archaische Heroinenkostümierung und taktlose Assoziationen an Jennys Taillenprobleme.

Das »Schwiegermutterherz«[7] – ein typisch Fontanesches Kompositum – ist zunächst nur eine syntaktische Verkürzung. Gemeint ist die emotionale Beziehung zwischen den beiden Frauen, die getreu dem sprichwörtlichen familialen Rollenmuster bisher eisig war. Doch durch ihre Einbeziehung in die Satzmetapher wirkt diese Verkürzung leicht grotesk. Jennys Schwiegermutterherz, als solches schon kalt, dazu noch gefangen in einer dicken, acht Jahre lang nicht abgetauten Eisschicht! Nicht nur diese also müßte schmelzen, sondern auch das Schwiegermutterherz selbst, damit ein *Herz* frei würde. Diese leichte Katachrese ist nun aber kein Stilbruch, sondern umgekehrt ein Beispiel für das, was Fontane seine »Finessen« zu nennen pflegte. Das Umschlagen von Pathos in Komik wird von der Ironie eines Erzählers herbeigeführt, der über seine Figur hier offensichtlich etwas anderes sagt, als er meint. Denn

7 Das Wort, das Jennys familienpolitische Wende markiert, erzählt damit »the whole tale of her conversion«. Alan Bance: Theodor Fontane. The Major Novels, Cambridge 1982, S. 156.

Jenny hat ja, wie der Roman hinreichend deutlich macht, gar kein Herz, vielmehr nur eine »Geldsackgesinnung« (A II 13). Ihre Tränen widersprechen dem nicht, denn vermutlich sind es – mit dem Ausdruck von Schmidts Köchin Schmolke – bloß »Stehtränen« (VI 406). Sie und die Metaphorik der Eisschmelze gehören zu den Sentimentalitäten, die Frau Kommerzienrätin sich zuweilen gönnt.

Erzähltheoretisch interessant wird diese Stelle nun aber dadurch, daß die Sentimentalität hier gar nicht von der Figur, sondern vom Erzähler ausgesprochen wird. Er hat sich von der Figur gleichsam anstecken lassen und redet über Jennys Bewußtsein nicht, wie dieses tatsächlich beschaffen ist, sondern wie Jenny selbst darüber reden würde. So könnte sie rückblikkend etwa zu ihrem Mann sagen: »Als ich Helene kommen sah, fühlte ich das Eis hinschmelzen, das acht Jahre lang mein Herz umgürtet hatte.« Der Satz mit der Eis-Herz-Metapher ist also aufgrund des humoristischen Kompositums »Schwiegermutterherz« eine eigentümlich hybride Bildung, die weit über das hinausgeht, was wir erlebte Rede nennen und womit wir Darstellung von Figurenbewußtsein in der grammatischen Form von Erzählerrede meinen. Miteinander und dennoch deutlich geschieden hören wir in diesem Satz die Stimme der sentimentalen Jenny und die Stimme des ironischen Erzählers. Dieses Phänomen der ›zweistimmigen‹, der gebrochenen und gespaltenen Rede ist es, das Michail Bachtin besonders in der Tradition des humoristischen Romans aufgewiesen hat. Nun kommt ›Zweistimmigkeit‹ in ihrer klassischen Form wie in dem kommentierten Beispiel aus *Frau Jenny Treibel* bei Fontane nicht sehr häufig vor, wohl aber das, wovon sie nur ein Teilaspekt ist und was Bachtin in seiner Romantheorie, die ich im übernächsten Abschnitt skizzieren möchte, unter dem Begriff ›Dialogizität‹ zusammengefaßt hat.

Dialogizität, das ›Antworten‹ des Romans auf die Stimmen der sozialen Redevielfalt, umfaßt auch eine Reihe von Phänomenen zitathafter Rede, die im folgenden näher betrachtet werden sollen. Nun hat sich die Fontane-Forschung allerdings seit der bahnbrechenden Studie von Herman Meyer[8] bisher so gut wie ausschließlich mit *literarischen* Zitaten befaßt.[9] Diese Form der innerliterarischen Dialogizität und Intertextualität ist aber nur ein Sektor in dem weiten Formenspektrum zitathafter Rede, wenn man bedenkt, daß nach Bachtin *jede* Rede immer schon mit fremder Rede ›besetzt‹ ist[10] und daß diese Erkenntnis nirgendwo in der deutschen Literatur des 19. Jahrhunderts so reichhaltig und nuanciert erzählerisch umgesetzt ist wie im Werk Fontanes. – Darum soll hier zunächst auf zwei andere, bisher unbeachtete Typen des Zitats aufmerksam gemacht werden, die für die Entfaltung von sozialer Redevielfalt in Fontanes Romanen von vorrangiger Bedeutung sind: *Figurenzitat* und *Diskurszitat.* Von da aus soll dann ein neuer Blick auch auf das Literaturzitat in Form des *Bildungszitats* geworfen werden. Doch zunächst möchte ich einen *theoretisch-historischen Rahmen* für diese Analysen entwerfen, indem ich eine kleine Poetik derjenigen Zeichen skizziere, deren Häufung in Fontanes Erzählwerk am augenfälligsten dessen Dialogizität und Intertextualität markiert: der Anführungszeichen. In Anschluß daran umreiße ich die Bedeutung der Romantheorie Bachtins für ein besseres Verständnis der Erzählprosa Fontanes (S. 78-87).

Zur Poetik der Gänsefüßchen

Wenn der alte Stechlin von seinem Eintritt ins Regiment erzählt, der mit dem Regierungsantritt Friedrich Wilhelms IV.

8 Herman Meyer: Das Zitat in der Erzählkunst, Stuttgart 1961, ²1967, S. 135-185; Nachdruck in: Theodor Fontane, hg. v. W. Preisendanz, Darmstadt 1973, S. 201-232.

9 Lieselotte Voss: Literarische Präfiguration dargestellter Wirklichkeit bei Theodor Fontane. Zur Zitatstruktur seines Romanwerks, München 1985; Bettina Plett: Die Kunst der Allusion. Formen literarischer Anspielungen in den Romanen Theodor Fontanes, Köln 1986

10 Bachtin: Die Ästhetik des Wortes, S. 185.

zusammenfiel, dann hebt er, »sich selbst persiflierend, gerne hervor, ›daß alles Große seine Begleiterscheinungen habe‹« (VIII 10). Als Käthe von Rienäcker zu einer gynäkologischen Kur nach Bad Schlangenbad soll, lacht sie zuerst und will nichts davon wissen, »am wenigsten von Schlangenbad, ›es sei so was Unheimliches in dem Namen und sie fühle schon die Viper an der Brust‹« (V 120). Als Lene in ihrer neuen Mietwohnung einen Kamin hatte einbauen lassen, waren vom Hauswirt »anfänglich allerlei Schwierigkeiten gemacht worden, ›weil solch Vorbau den Ofen ruiniere‹« (115). Der Tuchhändler Baruch Hirschfeld in Gransee führt auch feine Modesachen und Damenhüte, »hinsichtlich deren es immer hieß, ›Gerson schicke ihm alles zuerst‹« (VIII 13). Herr von Rex mokiert sich über den »unsinnige[n] Satz«, der 1866 »in die Mode kam, ›der preußische Schulmeister habe die Österreicher geschlagen‹« (56).

Diese fünf verschiedenen Textstellen aus dem *Stechlin* und *Irrungen, Wirrungen* haben eines gemeinsam: In ihnen erscheint, heutiger Zeichensetzung zuwiderlaufend, *indirekte* Redewiedergabe ganz so wie direkte in Anführungszeichen. Solche Stellen finden sich in Fontanes Romanen immer wieder. Das ist in deutscher und nichtdeutscher Kunstprosa des 18. und 19. Jahrhunderts, z. B. bei Fielding oder Jane Austen, nichts Außergewöhnliches. Auch Kleist, der selbst bei direkter Rede sehr sparsam mit Anführungszeichen umging, setzte dennoch indirekte Redewiedergabe gelegentlich in Gänsefüßchen. Noch Fontane hat dies häufig gemacht, obwohl er im allgemeinen bereits, wie in England schon vor ihm Dickens[11], indirekte Rede ohne Anführung bietet. Wie erklärt sich diese kleine, aber auffallende Unregelmäßigkeit, wenn wir sie nicht einfach mit ›dichterischer Freiheit‹ oder damit erklären wollen, daß die Sprachpraxis im 19. Jahrhundert eben noch nicht so normiert gewesen sei wie heute? Die Antwort liegt nahe: An all diesen Stellen wünscht der Erzähler den *Wortlaut* der – egal in welcher syntaktischen Form – wiedergegebenen Rede oder den Wort-

11 Norman Page: Speech in the English Novel, London 1973, S. 29.

laut eines Teils von ihr hervorzuheben und den Leser eigens auf ihn aufmerksam zu machen: »Anführungszeichen als Aufmerksamkeitszeichen.«[12] Die Zeichen heben bei *indirekter* Rede, die sonst einer bloßen Sinnübermittlung den Vorrang gibt, die Äußerung als solche, ihre sprachliche Form, sogar noch stärker hervor als bei direkter Rede, weil sie eine zusätzliche, über die syntaktische hinausgehende Markierung vornehmen.

Inwiefern aber verdient bei den angeführten Textstellen der Wortlaut, die sprachliche Form, besondere Aufmerksamkeit? Insofern, als durch das Wie, den Stil, den Ton der hervorgehobenen Rede einer Person oder Gruppe etwas über deren Bewußtsein mitgeteilt wird – eine zusätzliche Information also, die über das Was, den Inhalt des Übermittelten, hinausgeht. Das in Anführungszeichen gesetzte, also zitierte Stück Rede wird auf diese Weise als ein Symptom markiert, als charakteristischer Bestandteil einer ganzen Rede*weise* und damit einer individuellen oder kollektiven Bewußtseinsform. Stechlins nicht gerade tiefsinnige Sentenz über alles Große und seine »Begleiterscheinungen« in der typischen Form eines Allsatzes[13] steht exemplarisch für seine charakteristische Denk- und Redeweise, in der sich übermütige ›Causerie‹ und weise Selbstironie mischen. Käthes ebenso scherz- wie bildhafte Ausmalung ihrer ›Angst‹ vor dem Namen ›Schlangenbad‹ wird zitiert als typischer Ausdruck ihres oberflächlich witzig und zugleich unkontrolliert gewagt dahinplätschernden Redens und Denkens, das hier im Namenspiel Kurort und Verführung, Schlange und Sünde assoziiert. Mit der übertriebenen Rede vom ruinierten Ofen entlarvt sich kleinliche Hausbesitzermentalität. Der Hinweis auf das Berliner Modehaus Gerson steht für die Einschätzung des Tuchhändlers Hirschfeld durch seine Mitbürger. Und der von Rex angeführte Satz vom preußischen Schulmeister stellt ein – auch bei Fontane – vielzitiertes ›geflügeltes Wort‹

---

12 Wolfgang Brandt/Norbert Nail: Anführungszeichen. In: Muttersprache 86 (1976), S. 424.

13 Vgl. Kap. IV.

eines für das Kaiserreich kennzeichnenden Legitimationsdiskurses dar, ein Diskurszitat.

Von dem Verfahren der Redemarkierung ausgehend, das diese Beispiele illustrieren, kann man eine kleine Poetik der Anführungszeichen entwerfen, die einen Grundzug der Fontaneschen Schreibweise in einen weiteren theoretisch-historischen Zusammenhang stellt. Denn seine Romane sind wie wenige andere von diesen Zeichen geradezu übersät. Dabei lassen sich verschiedene Typen ihres Gebrauchs unterscheiden, die ebensoviele Typen von Zitaten konstituieren. Ein Zitat ist – auf die einfachste und weiteste Formel gebracht – fremde Rede innerhalb einer Rede; die Anführungszeichen markieren die ›metasprachliche‹ Differenz zwischen dieser und jener.[14] In literarischen Erzähltexten wird Figurenrede immer von der Erzählerrede gewissermaßen ›zitiert‹. Das ist die elementare Form des ›objekthaften‹ Wortes im Roman. So gesehen ist im Erzähltext alle von Figuren *verwendete* Rede eine vom Autor-Erzähler bloß *angeführte* Rede.[15] Natürlich dominiert bei Fontane, dessen Romanwerk von Gesprächen beherrscht wird, als *erster* Typ die Markierung direkter Figurenrede in erzählten Redesituationen.

Ein *zweiter*, bisher kaum beachteter Typ, den ich Figurenzitat nenne und im übernächsten Abschnitt behandeln werde, ist die Markierung direkt oder – wie bei den ersten der eingangs vorgestellten Beispiele – indirekt wiedergegebener Figurenrede *ohne* eine miterzählte Redesituation, also auch ohne den üblichen Gesprächskontext. Ein *dritter* Typ ist die Markierung anonymer Rede. Das Spektrum reicht dabei von Gruppen, die im epischen Raum lokalisierbar sind wie die Leute, die »den Stechlin umwohnen« und die der Erzähler zu Beginn des nach diesem See benannten Romans zitiert (VIII 7), bis zu kollektiven Sprachstereotypen, Klischees, Redensarten, Schlagworten,

14 Reinhard Klockow: Linguistik der Gänsefüßchen, Frankfurt/M. 1980.

15 Vgl. Jonathan Culler: Dekonstruktion. Derrida und die poststrukturalistische Literaturtheorie, Reinbek 1988, S. 253 f.

die als solche zitiert und markiert werden. Auch was ich als Diskurszitat bezeichne – und gleichfalls im übernächsten Abschnitt vorstellen möchte –, gehört zu diesem Typ. Der Begriff ›Zitat‹ paßt hier allerdings nur in einem weiteren Sinn, denn es gibt in der Regel keine individuellen, sondern nur multiple, massenhafte Prätexte. Dieser Typ dient in besonderer Weise dazu, das Bewußtsein individueller Figuren als gesellschaftliches vorzuführen. Es würde sich lohnen, ihn mehr als bisher zu beachten.

Einen *vierten* Typ dagegen hat man seit langem, aber stets zu einseitig werkimmanent, als Kunstmittel epischer Integration, bearbeitet: die Markierung mehr oder weniger geläufiger Literatur- und Bildungszitate. Drei Aspekte wären hier mehr zu berücksichtigen: Zum einen gehört auch das Vorführen von Figuren, die Literatur zitieren, genauer: wer was wie in welcher Situation, mit welcher Absicht und welcher Folge zitiert, zur Bewußtseinskritik des Fontaneschen Erzählens und sollte unter diesem Blickpunkt analysiert werden. – Zweitens wird mit den zitierenden Romanfiguren eine ganze Zitatkultur und damit ein charakteristischer Aspekt der Gesellschaft im 19. Jahrhundert exemplarisch dargestellt. Wer Literatur zitieren kann, steht gesellschaftlich oben, Angehörige der Unterschichten haben allenfalls Sprichwörter. Die Überreste einer alten, gelehrten Zitierpraxis, wie sie sich in Raabes Prosa noch finden, sind bei Fontane ganz einer neuen, bürgerlich geprägten gewichen, wobei die gebildete Fraktion dieser Klasse der ökonomischen Dominanz der besitzenden Fraktion auch das Bildungsgut der Literaturzitate als kulturelles Kapital entgegenstellt. Die feinen Unterschiede zeigen sich nicht nur daran, über welches Bildungskapital und welchen Zitatenschatz man verfügt – von den »kosmopolitischen Geistesbankiers« (Heine)[16] bis zu den Halbgebildeten von Büchmanns Gnaden –, sondern auch an richtigem und falschem Zitieren. Einen Parvenü wie van der

16 Heinrich Heine: Sämtliche Schriften, hg. v. K. Briegleb, Bd. 2, München 1969, S. 284.

Straaten kann sein ganzer Reichtum nicht davor schützen, sich durch falsches Zitieren Blößen zu geben. Die feinsten Unterschiede markieren natürlich – damals wie heute – Literaturzitate, die nur von Eingeweihten erkannt werden können, weil sie in mündlicher Rede als versteckte Anspielungen dargeboten und in schriftlicher Rede *ästhetisch* zitiert werden, d. h. unter Verzicht auf pedantische, vulgäre Gänsefüßchen. – Drittens sollte nicht übersehen werden, daß sich der deformierte und deformierende Umgang des »Bildungsphilisters« mit Literaturzitaten, besonders aus der klassischen deutschen Dichtung, keineswegs auf Kommerzienräte wie van der Straaten und Treibel beschränkt, sondern auch an Studienräten wie Wilibald Schmidt zu beobachten ist und, wie man ebenso hilflos wie pikiert festgestellt hat[17], sogar am Autor selbst, dem kein Bibel- oder Luther-, Goethe- oder Schillerzitat zu gut für einen Kalauer war.

So viel zur Soziologie der Gänsefüßchen. Die *Kunst* der Gänsefüßchen aber, wie man sie bei Fontane studieren kann, umfaßt das Weglassen wie das Setzen. An manchen Stellen häufen sie sich, an anderen muß man sie dazudenken. Da Fontanes Figuren in ihren Gesprächen oft und gern zitieren, erscheinen im Text dann ineinandergeschachtelte Anführungszeichen – als Service an den Leser, denn die Figuren *sprechen* ja keine Gänsefüßchen. In *Cécile* zitiert Herr Eginhard aus dem Grunde während eines Gesprächs aus einem früheren Gespräch, und darin wiederum wird ein bekannter Text zitiert. So schließt dieses Zitat aus dem *Dessauer-Marsch* mit einem regelrechten Gänsefüßchen-Aufmarsch:

> »Erst vorgestern war es, daß ich in einem [. . .] Gespräch der [. . .] Antwort begegnete: ›Versteht sich, Anhalt-Dessau. Denn wenn wir Dessau nicht hätten, so hätten wir auch nicht den alten Dessauer, und wenn wir den alten Dessauer nicht hätten, so hätten wir auch nicht: ›So leben wir!‹‹« (IV 389)

Unsichtbare Anführungszeichen in *Figurenrede*, d. h. in literari-

17 Voss: Präfiguration, S. 233.

scher Mimesis *mündlicher* Rede, können als »intonatorische Anführungszeichen«[18] hinzugedacht werden. Dabei denkt man sich entweder einen Sprecher, der – wie Prousts Swann[19] – bestimmte Ausdrücke *bewußt* so vorträgt, daß er damit eine Distanzierung andeutet, oder einen Sprecher, der *unbewußt* fremde Rede im Munde führt und also *entfremdet* redet wie jene Menschen, »die nie sie selbst sind, sondern stets wie mit Anführungszeichen reden«.[20] Ein Leser, der für die verschiedenen Verwendungsweisen von Anführungszeichen bei Fontane sensibilisiert ist, wird sich aber auch in der *Erzählerrede* oft welche denken, wo gar keine stehen. Liest er z. B., daß zur Hinterlassenschaft des guten Schickedanz auch ein Gedicht gehört, »von einem Damenkomitee herrührend, in dessen Auftrag er, Schickedanz, die Liebesgaben bis vor Paris gebracht hatte« (VIII 129), so wird er sich über diese merkwürdigen »Liebesgaben« nur dann nicht wundern, wenn er den martialisch-humorvollen Originalton von Schickedanz noch im Ohr hat, der hier zitiert wird: »Und Anno siebzig war ich doch auch mit Liebesgaben bis dicht an den Feind.« (127) Der Erzähler läßt sich hier also – wie an der Stelle über Jenny Treibels »Schwiegermutterherz« – mit der Sprache seiner Figur ›anstecken‹, er spricht ›zweistimmig‹.

Der Erzähler kann von den Figuren gedachte und nicht gedachte Anführungszeichen setzen oder weglassen. Während das Weglassen im Fall der »Liebesgaben« nur ein humoristisch zweistimmiges Wort erzeugt, ist es beim Schlußsatz von *Irrungen, Wirrungen* ausgesprochen bedeutungsgeladen: »Gideon ist besser als Botho«, sagt Botho von Rienäcker zu seiner Frau Käthe (V 171). Der Gesprächskontext, Käthes Belustigung über die Namen in der Heiratsanzeige eines Gideon und einer Magdalene Franke, reduziert den Sinn von Bothos Satz auf die

---

18 Bachtin: Die Ästhetik des Wortes, S. 303.

19 Marcel Proust: Auf der Suche nach der verlorenen Zeit, Frankfurt/M. 1979, Bd. 1, S. 133.

20 Leo Spitzer: Stilstudien II, München ^{2}1961, S. 98.

Bedeutung: ›Gideon‹ ist besser als ›Botho‹, d. h. der biblisch-heroische Name ist besser, zumindest nicht komischer als derjenige heidnisch-unchristlicher Herkunft (21). Hinter der ›kultursemiotischen‹ Namenreflexion, also hinter unpersönlicher, allgemeiner und insofern fremder Rede, versteckt Botho persönliche Betroffenheit und eigenes Bekenntnis. Was er seine Frau nicht wissen lassen will, läßt der Erzähler den Leser dagegen sehr wohl wissen, und zwar durch das Fortlassen von Anführungszeichen, die Botho gedacht und weggedacht hat, indem er mit seinem Satz nicht nur den Namen ›Botho‹ meint, sondern auch dessen Träger, also sich selber, und den Verrat an seiner Liebe zu Lene.

Gemeinsam ist all diesen Verwendungsweisen von Rede in Anführungszeichen, die für Fontanes Romane typisch sind, die Doppelfunktion einer wiederholenden Reproduktion und unterscheidenden Hervorhebung ›fremder Rede‹. Das wäre die Grundlage einer *Linguistik* der Gänsefüßchen. Aber zugleich werden solche Abgrenzungen und Unterscheidungen durch eine Besonderheit poetisch-fiktionaler Rede irritierend in Frage gestellt: Textinterne Differenzen von Figuren- und Erzählerstimme, ›fremder‹ und ›eigener‹ Rede können durch die ästhetische Differenz relativiert werden, die den *ganzen* Text gewissermaßen unter Vorbehalt stellt, in Anführungszeichen setzt. Das wäre die Grundlage einer *Poetik* der Gänsefüßchen.

So unterschiedliche Funktionen Anführungszeichen haben können – immer bleiben sie Aufmerkzeichen, die den Blick des Lesers auf verschiedenste Erscheinungen lenken können: mündliche Rede, Zitate, Schlagworte, Redensarten, Stilwechsel, Ironie, Metaphorik, Gedichttitel[21] und vieles mehr. In ihrer Grundfunktion sind sie Signale der Distinktion und Distanzierung. Sie unterscheiden eigene von fremder Rede, die sie unter Vorbehalt, unter Geltungssuspension stellen. (Betrifft dieser

---

21 In *Unwiederbringlich* erhält Holk, der nach dem Titel eines Gedichts fragt, die Antwort: »Das war früher so. Jetzt nimmt man die erste Zeile als Überschrift und macht Gänsefüßchen.« (VI 260)

Vorbehalt die eigene Rede, so werden Anführungszeichen zu ›Anfechtungszeichen‹.) Die reproduzierte Rede wird durch Markierung auf Distanz gehalten, sie wird *als* Rede objekthaft, und ihr Kontext wird metasprachlich. Sie wird in ihrem Gänsefüßchen-Rahmen ausgestellt und auf diese Weise dem Leser zur Prüfung vorgelegt. Doch die Distanzierung schließt Verstrickung keineswegs aus. Insofern sind Anführungszeichen Ausdruck eines paradoxen Redeverhaltens: Man sagt etwas und sagt es doch nicht. Wer zitiert, riskiert, nicht Herr der eigenen Rede zu bleiben, denn er öffnet sie für eine andere Rede und spricht von dieser fremden Rede her. Das Wiederholen fremder Rede ist darum oft keine reine Wiedergabe; die fremde Stimme kann in der eigenen – gewollt oder ungewollt – mit anklingen, ja diese sogar überlagern und hybridisieren[22] – und umgekehrt. Andererseits kann sich hinter einer klar kritischen, objektiv erscheinenden Distanzierung durch Anführungszeichen auch polemische Diffamierung verstecken – das wäre Grundlage einer *Politik* der Gänsefüßchen. So verlangte die Sprachregelung der Springer-Presse in der alten Bundesrepublik, die DDR nur als »DDR« zu erwähnen. So benutzte Joseph Goebbels in seinen hemmungslosen publizistischen Attacken u. a. auch Anführungszeichen als Entlarvungsmittel, ja sogar als direkte »Anrempelung«.[23]

Anführungszeichen dokumentieren und problematisieren sprachliche Äußerungen in einem. Sie unterbrechen die Rede und durchsetzen sie mit fremder, die sie in ihrer Fremdheit stehen lassen. Indem sie einzelne Redeteile als fremde Rede allererst deklarieren, üben sie einen elementaren Verfremdungseffekt aus. Häufiger Gebrauch dieses Effekts kann eine besondere Sprachsensibilität anzeigen, in der sich rezeptive mit sprachkritischer Aufmerksamkeit verbindet. Das trifft für Fon-

22 Bernhard Waldenfels: Hybride Formen der Rede. In: Poststrukturalismus, hg. v. G. Neumann, Stuttgart 1997, S. 323-337; hier S. 330 f.

23 Dietz Bering: Kampf um Namen. Bernhard Weiß gegen Joseph Goebbels, Stuttgart 1991, S. 272.

tane zu und mehr noch für gezielt sprachkritische Schriftsteller wie Karl Kraus. Dieser konnte sogar seine ganze Praxis als Satiriker darin sehen, seine Zeit »in Anführungszeichen zu setzen«.[24] Heutige Sprachkritik dagegen sieht in einem inflationären Gebrauch von Gänsefüßchen die Ursache dafür, daß Differenzierung in Entdifferenzierung umschlage: Oft bleibe unklar, ob kritisierend oder zustimmend zitiert, ob Nachgesprochenes oder Selbstverantwortetes geboten, ob der »sogenannt-Typ« oder der »sozusagen-Typ« des Anführungszeichens verwendet wird.[25] Semiotisch gesehen können Anführungszeichen zwar gewisse Äquivalente (Intonation, begleitende Gestik) auch in mündlicher Rede und sogar in nichtsprachlichen Medien haben, aber als solche stehen sie nur *schriftlicher* Rede zu Gebote. Wer das als Redner nicht beachtet, dem können die Gänsefüßchen zu Pferdefüßen werden wie dem früheren Bundestagspräsidenten Jenninger, der zurücktreten mußte, weil er die Anführungszeichen, die reichlich und politisch korrekt in seinem Redemanuskript standen, nicht zu sprechen verstand.[26]

All diese linguistischen und stilistischen Aspekte von Anführungszeichen finden sich in Fontanes Texten. Sie tragen zu der spezifischen Schreibweise seiner Romane bei, zu ihrer durchgängigen Sprachreflexivität, zu der eigentümlich schwebend-ironischen Balance einer Erzählerstimme, deren Identität manchmal allein in der Nichtidentifikation mit den vorgeführten anderen Stimmen zu bestehen scheint. Aber dazu kommen bei Fontane noch weitere Aspekte, die mit dem literarischen Status dieser Texte zusammenhängen. Rezeptionsästhetisch gesehen sind Anführungszeichen nicht nur ein ebenso unauf-

---

24 Die Fackel, Nr. 400, S. 46; vgl. Kurt Krolop: Sprachsatire als Zeitsatire bei Karl Kraus, Berlin 1987, S. 111.

25 Götz Beck: Gänsefüße als Pferdefüße. In: Sprache und Literatur 58 (1986), S. 87.

26 Peter von Polenz: Verdünnte Sprachkultur. Das Jenninger-Syndrom in sprachkritischer Sicht. In: Deutsche Sprache 17 (1989), S. 289-316; hier S. 295.

wendiges wie nachhaltig wirkendes Mittel, die Aufmerksamkeit des Lesers zu lenken, sondern auch ein Mittel der Beglaubigung. Sie verstärken die Grundfiktion fiktionaler Texte, nämlich die einer Trennung zwischen Autor und Figuren, den Effekt ihrer ›Selbständigkeit‹.

Genau das ist es, was wörtliche Figurenrede, zumal in realistischer Schreibkonvention wie bei Fontane, so beliebt macht: Figuren werden ›lebendig‹, indem sie sprechen, d. h., indem der Erzähler sie sprechen läßt. Text in Anführungszeichen, genauer: der Sprechakt des Zitierens, vermittelt, wie ein Photo, einen Anschein des Authentischen, der sich auch über den umgebenden Text ausbreiten kann, so fiktional er sei. So läßt sich der besondere Realitätseffekt, der von Figurenzitaten ausgeht, wie sie für Fontanes Werk charakteristisch sind, darin sehen, daß man durch den Erzählerbericht hindurch die Figur, die doch nur als *erzählte* existiert, gewissermaßen selber sprechen hört: Wer zitiert werden kann, den muß es auch wirklich geben! Mit genau diesem Effekt und der Grundregel von Narration, dergemäß immer ein Erzähler eine Figur sprechen läßt, nie umgekehrt, treibt ein kleines Fragment Kafkas sein subversives Spiel. Außer mit einem Ein-Wort-Satz ist der Erzähler darin nur als Setzer von Gänsefüßchen präsent. Genau diese Rolle aber wird mit der Schlußfrage unterlaufen:

»Niemals ziehst du das Wasser aus der Tiefe dieses Brunnens.«
»Was für Wasser? Was für Brunnen?«
»Wer fragt denn?«
Stille.
»Was für eine Stille?«[27]

Die Inseln des Autorwortes und die Wellen der Redevielfalt

Leo Spitzers früher Appell, die »künstlerische Bedeutung des Anführungszeichens, dieses Zeichens für mimetische Transpo-

27 Franz Kafka: Hochzeitsvorbereitungen auf dem Lande und andere Prosa aus dem Nachlaß, Frankfurt/M. 1953, S. 337 f.

sition«, in der Literatur genauer zu untersuchen[28], ist seit der Rezeption Bachtins in der modernen Literaturtheorie vielfach aufgenommen worden. Für dieses Beobachtungsinteresse bieten Fontanes Romane außerordentlich reiches Material. Dieser Tatbestand darf indessen nicht einfach mit dem ewigen »Fontane-Ton« abgetan werden, der womöglich auch noch aus tonlosen Gänsefüßchen herauszuhören sein soll, oder mit der Wendung, im Setzen der Anführungszeichen luge »der Autor zwischen den Zeilen hervor«.[29] Das tut er zweifellos, aber gleichzeitig nimmt er sich dabei auf eigentümliche, noch näher zu bestimmende Weise zurück: Er wird zum bloßen Arrangeur fremder Stimmen, wobei die Erzählerstimme zwischen den Figurenstimmen nahezu untergehen kann. Das ist jedoch mehr und anderes als bloß ›szenisches Erzählen‹. Denn die vom Erzähler vorgeführten Stimmen bilden ein Spektrum, das von markant individueller Figurenrede – meist in Gesprächsszenen – bis zu anonymem und kollektivem Gerede in vorgestanzten Floskeln reicht. Zugleich kann eine zitierte und markierte Einzeläußerung, wie authentisch sie einer bestimmten Romanfigur zugehören mag, als Ausdruck einer gesellschaftlichen Redeweise kenntlich gemacht sein.

Die grundlegende romanpoetische Dimension der vielen Anführungszeichen bei Fontane ist also darin zu sehen, daß sie anzeigen, in welch hohem Maß sich seine Texte als offen für »soziale Redevielfalt« erweisen. Dieser Begriff ist von Michail Bachtin in spezifischer Hinsicht auf die Poetik des Romans geprägt worden. Nach Bachtin besteht das besondere künstlerische Potential des Romans darin, daß dieser wie keine andere Gattung geeignet ist, die neuzeitliche und moderne Pluralität der Lebensformen und Weltbilder, Ideologien und Diskurse, Kommunikationsformen und -prozesse, kurz: der gesellschaft-

28 Spitzer: Stilstudien II, S. 99.

29 Erich Wenger: Theodor Fontane. Sprache und Stil in seinen modernen Romanen, Diss. Greifswald 1913, S. 21.

lichen Sprachspiele in sich aufzunehmen und zu verarbeiten.[30] Das Bild des Romans *von* der Wirklichkeit ist vermittelt über seine Stellung *in* der *sprachlichen* Wirklichkeit, die in jedem geschichtlichen Augenblick aus einer Vielzahl einander überschneidender und durchkreuzender Soziolekte besteht. Das Reale ist für den Prosatext die Vielfalt der Diskurse. Der Roman entfaltet nicht wie Lyrik – so Bachtins idealtypische Stilisierung – eine autonome poetische Gegensprache, sondern öffnet sich der heterogenen und antagonistischen gesellschaftlichen Sprachpraxis, er saugt sich gleichsam voll mit fremder Rede.

Die verschiedenen Verfahren der künstlerischen Bearbeitung dieser sozialen Redevielfalt faßt Bachtin unter dem Begriff der Dialogizität zusammen, der also erheblich mehr umfaßt als nur das, was heute gewöhnlich unter dem Begriff der Intertextualität behandelt wird. Dialogizität ist die Organisationsform der Stimmenvielfalt im Roman. Sie stellt ein Echo nicht nur auf literarische Prätexte, sondern auf die soziale Redevielfalt in ihrer ganzen Breite dar. Die Sprache des Romans (des Bachtinschen Typs) ist nicht homogen, vielmehr ein künstlerisch organisiertes, ausdifferenziertes System von Sprachen. Sein sprachlicher Mikrokosmos korrespondiert mit der historisch-sozialen Sprachwelt. Die gesellschaftlichen Sprachspiele dienen dem Romanautor zur Orchestrierung seiner Themen. Darum reinigt er die Wörter nicht wie der Lyriker von ihren mitgeführten soziokulturellen Bedeutungen, sondern nutzt diese, und sei es nur als Obertöne, für den polyphonen Bedeutungsaufbau seines Werks. So redet die im Roman sprechende Figur auch als Individuum eine Gruppensprache, ihre Wörter sind ›Ideologeme‹. Sie redet also *immer* als »Ideologe«[31], auch

30 Ähnliches hat Auerbach, wie Bachtin auch an Spitzer anknüpfend, mit dem Konzept der Stilmischung erfaßt: Erich Auerbach: Mimesis. Dargestellte Wirklichkeit in der abendländischen Literatur, Bern 1946.

31 Bachtin: Die Ästhetik des Wortes, S. 221.

wenn sie gar nicht den *Charakter* eines Ideologen hat. In diesem Sinne ist im *Stechlin* Dubslav ebenso Ideologe wie der sozialreformerische Ideenträger Lorenzen, im *Zauberberg* Hans Castorp ebenso wie die Parade-Ideologen Settembrini und Naphta. Das im Roman entworfene Bild einer Figur ist zugleich das Bild einer Sprache.

Die Polyphonie des Romans ist Ausdruck eines ›galileischen‹, eines dezentrierten Sprachbewußtseins. Er hat an den gesellschaftlichen Gegenbewegungen gegen sprachliche und ideologische Zentralisierung teil. Er greift ›niedere‹ Sprach- und Gattungselemente auf und gewinnt daraus parodistische und humoristische Effekte. Aus dieser Stellung des Romans in der geschichtlichen Sprachpraxis erwächst das ihm eigene kritische Potential. Indem der Roman die gesellschaftlichen Sprachspiele zitiert und orchestriert, mit ihnen arbeitet und spielt, kann er sie als Denkformen bewußt machen und als Ideologien der Kritik aussetzen. Das Nebeneinander der gesellschaftlichen Diskurse auf der Ebene des Romandiskurses bewirkt eine ›demokratische‹ Relativierung bestehender Hierarchien, namentlich gegenüber den jeweils hegemonialen Sprachspielen. So kann die innere Vielstimmigkeit des Romans subversive Kräfte entbinden: Eine dezentrierte Denk- und Redeweise kann gegen die zentrierte ausgespielt werden, gesprochene und Umgangssprache gegen Schrift- und Literatursprache, niedriger gegen hohen Stil, sinnliches, trieb-, phantasie-, gefühlsnahes gegen abstraktes, rational kontrolliertes Sprechen, ›materialistisches‹ gegen ›idealistisches‹ Denken (Sancho Pansa vs. Don Quichote), skeptisch-relativierender gegen dogmatisch-absolutistischen Diskurs, plebejisch salopper, ›vulgärer‹ gegen adligbürgerlich ›feinen Ton‹.

Auch wenn diese – hier notgedrungen verkürzt notierten – Thesen Bachtins einen Teilaspekt der allgemeinen Poetik und Geschichte des Romans überakzentuieren – für das Verständnis der Romane Theodor Fontanes (die Bachtin nicht gekannt zu haben scheint, sonst hätte er sich wohl nicht mit einer kritischen Bemerkung über Fontanes Zeitgenossen Spielhagen begnügt[32]) können sie eine neue Grundlage schaffen. Denn auf kein erzählerisches Werk in der deutschen Literatur des 19. Jahrhunderts trifft die Bestimmung ›künstlerisch organisierte soziale Redevielfalt‹ so genau zu wie auf dasjenige Fontanes.[33] Sein Schreiben war derart offen und empfänglich für die soziale Redevielfalt seiner Zeit, daß kommentierendes Aufspüren der vielfältigen Bezüge erschöpfend nicht zu leisten ist.

Den geschichtlichen Ort dieses Werks wird man indessen genauer erfassen müssen, als es von Bachtin aus möglich ist, dessen Romantheorie in Hinblick auf die Wege zur Moderne relativ unscharf bleibt. Die soziale Redevielfalt, die es in machtfreier, dialogischer Unschuld ohnehin nie gegeben hat, wird in der bürgerlichen und der modernen Gesellschaft zunehmend von systembedingten Strukturen überlagert, von denen die Verdinglichung des Bewußtseins und der Kommunikation, die von den kulturellen Apparaten, der Kultur- und Bewußtseinsindustrie, letztlich vom universal gewordenen Tauschprinzip hervorgebracht wird, nur die augenfälligste sein dürfte. Offenheit für fremdes Sprechen, die Differenzen nicht verwischt und Positionsnahmen nicht ausschließt, steht der Ausbreitung einer indifferenten, positionslosen Anpassung an entfremdetes Sprechen gegenüber, die den Gebrauch unterscheidender, distanzierender Anführungszeichen sinnlos erscheinen läßt.

Wie nehmen sich Bachtins Romantheorie und Fontanes Romanpraxis im Lichte dieses Prozesses aus? Bachtin hat die Sprache des Romans so bestimmt, daß sie sich polyphon aus fremder Rede zusammensetze, »die in Anführungszeichen gesetzt werden könnte«[34], während in der Lyrik Sprache autonom

32 Ebd., S. 362, Anm. 27.

33 Die m. W. einzige Arbeit über Fontane, die Bachtin mehr als beiläufig heranzieht, stellt dessen Theorie jedoch in den verzerrenden Kontext poststrukturalistischer Konzepte, insbesondere solcher einer struktural-psychoanalytischen Motivanalyse, die sich auf eine »unbewußte Struktur« des Gesamtwerks richtet: Pierre Bange: Ironie et dialogisme dans les romans de Theodor Fontane, Grenoble 1974, S. 7.

34 Ebd., S. 194.

gesetzt werde, »gleichsam ›ohne Anführungszeichen‹«.[35] Nun ist es eine Eigentümlichkeit des humoristischen Romans, dem Bachtins besondere Aufmerksamkeit gilt, daß in ihm häufig Erzählerrede und fremde Rede, in Anführungszeichen gesetzte oder zu denkende Rede miteinander zur hybriden Konstruktion des »zweistimmigen Wortes« verbunden sind. Die sprachliche Mimesis des humoristischen Erzählers kann so weit gehen, daß daraus »ein sonderbares und unentwirrbares Gemisch, eine Als-ob-Form, eine Art ›Ansteckung‹ der Autorsprache durch die Figurensprache«[36] entsteht. Bachtin analysiert dieses Phänomen exemplarisch an Dickens' Roman *Little Dorrit*:

> [Dessen] gesamter Text könnte im Grunde mit Anführungszeichen übersät sein, wodurch die kleinen Inseln der verstreuten direkten und reinen Autorrede hervorgehoben würden, die von allen Seiten von den Wellen der Redevielfalt umspült werden. [. . .] Die fremde Rede [. . .] ist nirgendwo deutlich von der Autorrede abgegrenzt: die Grenzen sind absichtlich fließend und zweideutig gehalten [. . .]. Dieses vielfältige *Spiel mit den Grenzen von Reden*, Sprachen und Horizonten ist eines der Hauptelemente des humoristischen Stils.[37]

Bachtins Metaphorik – die »kleinen Inseln« der Autorrede, die »von allen Seiten« einströmende Flut der Redevielfalt – weist über die Zeit von Dickens und Fontane hinaus auf die Situation der literarischen Moderne. Denn die von ihm beschriebene sprachzitierende und -montierende Technik wird im modernen Roman z. T. derart radikalisiert, daß in der Flut »mimetischer Klischees« die Inseln einer reinen Erzählerstimme geradezu untergehen; es ist tendenziell nur noch fremde Rede zu vernehmen. Vollends im postmodernen Spiel mit Zitat und Scheinzitat, literarischen *ready-mades* und *second-hand*-Texten entgrenzt sich Intertextualität zu einem fröhlichen Relativismus[38],

35 Ebd., S. 178.

36 Spitzer: Stilstudien II, S. 98 f.

37 Bachtin: Die Ästhetik des Wortes, S. 198.

38 Steven Taubeneck: Zitat als Realität, Realität als Zitat. In: arcadia 19 (1984), S. 270 f.

der die Unterscheidung von eigener und fremder Rede ebenso verhöhnt wie die von Kunst und *entertainment.*

Wo wäre, in Hinblick auf die Verarbeitung sozialer Redevielfalt, der geschichtliche Ort der Romane Fontanes zwischen dem humoristischen Roman (englischen Typs) und dem modernen Roman zu suchen? Der humoristische Roman hält, gerade indem er sich das Vexierspiel des ›zweistimmigen Wortes‹ zutraut, an einem diskursmächtigen, reflexions- und urteilsfähigen auktorialen Erzähler fest. Fontane verfährt insofern moderner, als sich sein Erzähler inmitten der von ihm zitierten Stimmenpluralität mit einer eigenen Stimme immer mehr zurückhält. Die Differenz zwischen sprachlicher Mimesis an eine klischeegeprägte Kommunikationssprache und kritischem Herausstellen solcher Klischeehaftigkeit schrumpft bei Fontane – ähnlich wie in den Stücken seines Zeitgenossen Nestroy – gelegentlich bis zur Indifferenz. Die These vom Fontane-Ton, in dem alle seine Figuren reden, läßt sich umkehren: Der Ton Fontanes bricht sich in der Vielfalt der Töne seiner Figuren.

Andererseits markiert gerade die Art, wie sich Fontane auf ein Arrangieren fremder Rede selbst einschränkt, genau den Punkt, an dem er die Grenze zur Moderne und ihrem Affen, der Postmoderne, eben nicht überschritten hat. Indem dieser Erzähler sich so unermüdlich hinter distanzierenden Anführungszeichen verschanzt, verrät er zwar unfreiwillig, wie gering in Wahrheit seine Distanz gegenüber der bedrohlichen Flut fremder Rede geworden ist. Indem er aber an der Distanzierungsgeste als solcher und an ihren Signalen festhält, bleibt er dem modernistischen Gedanken eines Subjektzerfalls noch fern, wie ihn klassisch Gottfried Benn formuliert hat: »Den Menschen giebt es gar nicht mehr, er wird zusammengesetzt aus Redensarten, verbrauchten Floskeln, ausgewetztem Sprachschatz, alles steht gewissermaßen in Anführungsstrichen –«.[39]

Auf dieser Linie konstatiert oder propagiert – das läßt sich

---

39 Gottfried Benn: Briefe an F. W. Oelze, hg. v. H. Steinhagen u. J. Schröder, 3 Bde., Frankfurt/M. 1979-1982, Bd. 2, S. 225.

schwer unterscheiden – postmoderne Poetik eine »Rede ohne Herr«, eine »Rede, in der das Subjekt eine Beute der Wörter ist, von ihnen besessen, und in der es schließlich verschwindet«, und verwirft den Gebrauch von Anführungszeichen als lächerliche Anmaßung, als Mittel der Abwehr, als Illusion der Verfügbarkeit eigener Wörter.[40] Ist solchermaßen der Ruf des Subjekts und seiner eigenen Rede erst ruiniert, lebt es sich ganz ungeniert in einem subjektlosen Multiversum der Diskurse. Wozu noch Anführungszeichen setzen, um Intertextualität zu markieren, wenn *jeder* Text ohnehin ein Intertext ist, ein Gewebe von Zitaten aus den zahllosen Zentren der Kultur? Bachtins bahnbrechende Poetik der Redevielfalt wird leichthändig in ihr ästhetizistisches Gegenteil verkehrt, wo man dekretiert, der poetische Text zerstöre seinen soziolinguistischen Bezug, er trete heraus aus dem Krieg der Diskurse, keine Stimme stecke hinter dem, was er sage, er sei »das Zitat ohne Anführungszeichen«.[41] Mit dem Dogma der Dekonstruktivisten, daß die distanzierenden Operationen des Markierens und Zitierens fremder Rede vergeblich seien, weil die Unterscheidungen von eigener und fremder, ernster und simulierter, wörtlicher und metaphorischer, alltäglicher und fiktionaler, authentischer und entfremdeter Rede zusammengebrochen seien – mit diesem Dogma, das eine bestimmte Linie moderner und postmoderner Schreibpraxis kanonisiert, hätte Fontane nichts anfangen können. Seine Praxis der Anführungszeichen gehört zur Poetik eines wirklichkeitsoffenen sprach- und bewußtseinskritischen, mit einem Wort: realistischen Erzählens.

Diese poetische Praxis läßt sich hinsichtlich ihrer schwierigen Balance zwischen mimetischem Aufsaugen und kritischer Analyse der sozialen Redevielfalt bis zu einem gewissen Punkt mit Nietzsches prekärem Konzept einer Philosophie verglei-

40 Jacqueline Authier: »In Gänsefüßchen reden« oder Nähe und Distanz des Subjekts zu seinem Diskurs. In: Das Subjekt des Diskurses, hg. v. M. Geier u. H. Woetzel, Berlin 1983 (Argument-Sonderbd. 98), S. 59-75; hier S. 72.

41 Roland Barthes: Die Lust am Text, Frankfurt/M. 1974, S. 47.

chen, die, sei sie auch mit der »Löwenklaue« geschrieben, doch immer wie eine »Philosophie der ›Gänsefüßchen‹ aussehen« würde.[42] Nietzsches philosophische Kulturkritik antwortete auf eine Krisensituation, die auch sein sporadischer Leser Fontane wahrgenommen hat. Weil die These von der Entwertung der obersten Werte auch die Wort-Werte einschließt, vermehrten sich in Nietzsches Schriften die sprachkritischen Anführungszeichen, mit denen er die traditionellen und modernen Diskurse vor den Richterstuhl seiner Kritik zitierte: jedes Setzen von Gänsefüßchen ein Akt der Entlarvung. Nun führt allerdings diese Strategie der Verdächtigung aller Geltungen und ihrer sprachlichen Kodierungen notwendig in eine Aporie: Je mehr die Gänsefüßchen nach allen Seiten ausschreiten, desto weniger bleibt als eigene, authentische Sprache übrig. Selbstverantwortetes Sprechen und distanzierendes Zitieren sind dann kaum noch auseinanderzuhalten. Wenn die Prätention eines archimedischen Punkts der Eigentlichkeit, von dem aus die jeweils angeführte Rede als uneigentlich bewertet werden kann, aufgegeben wird, schlägt diese Art von Sprachkritik in ›semantischen Nihilismus‹ um.[43] Vor diesem weicht Nietzsche durch eine *ästhetische* Anordnung seines Diskurses eher aus, als ihn denkend zu überwinden.[44]

Wie hat Nietzsches Zeitgenosse Fontane mit dieser Aporie fertigzuwerden versucht? So offen seine Romane für die soziale Redevielfalt, für fremde Rede sind, so durchgehend rücken sie diese in ein kritisches Licht: als *entfremdete* Rede, als inauthentisches Sprechen, mit Fontanes Ausdrücken: als Lüge und Phrase. Damit stellt sich die Frage, von welcher Basis aus sol-

---

42 Friedrich Nietzsche: Werke. Kritische Gesamt-Ausgabe, hg. v. G. Colli u. M. Montinari, 7. Abt., Bd. 3, Berlin 1974, S. 306.

43 Arthur C. Danto: Nietzsche und der Semantische Nihilismus. In: 90 Jahre philosophische Nietzsche-Rezeption, hg. v. A. Guzzoni, Königstein/Ts. 1979, S. 140-154.

44 Walter Gebhard: Philosophie auf Gänsefüßchen. In: Akten des VI. Internationalen Germanisten-Kongresses Basel 1980, hg. v. H. Rupp u. H.-G. Roloff, Bern 1980, Bd. 1, S. 267-274.

che Kritik geübt wird. Wo ist ihr Ort innerhalb der Romane? Diese Frage werde ich abschließend wiederaufnehmen, nachdem ich in den folgenden Abschnitten eine Reihe von Formen der Dialogizität und Intertextualität bei Fontane analysiert habe.

Figurenzitat – Diskurszitat – Bildungszitat

Figurenzitate in dem definierten Sinn (S. 71) lassen sich als markante Redefragmente interpretieren, die der Erzähler aus einem vorausgesetzten, jedoch nicht näher bestimmten Gesprächskontext herausgreift, um Figuren durch ihre Redeweise zu charakterisieren. Sie haben dann eine beschreibende Funktion. Ein weiteres Beispiel: Fontanes erster Berliner Gesellschaftsroman *L'Adultera* beginnt mit der Charakterisierung des Kommerzienrats van der Straaten. Der Erzähler sagt über ihn: »Er pflegte, um ihn selber mit einer seiner Lieblingswendungen einzuführen, ›aus seinem Herzen keine Mördergrube zu machen‹« (III 111). Die ganze Infinitivgruppe hat Fontane in Anführungszeichen gesetzt. Der Erzähler zitiert gleichsam die Figur van der Straaten. Also ist dies sowohl ein weiteres Beispiel für indirekte Rede in Anführungszeichen als auch eines für den Typ des Figurenzitats. Er kommt bei Fontane, im Unterschied zu anderen realistischen deutschen Erzählern, die ihn gar nicht kennen, recht häufig vor; allein bei dem Zitiervirtuosen Wilhelm Raabe finden wir gelegentlich auch Figurenzitate.[45] Nun fällt an diesem Beispiel sofort eine Unstimmigkeit auf: Gerade diejenigen Worte, die der Erzähler als eigene Worte des Kommerzienrats, als Originalton van der Straatens, zitiert, sind ja insofern keineswegs seine eigenen – im Sinne von Originalität –, als sie ihrerseits Zitat in Form einer zur Redensart

---

45 Vgl. dazu die ausgezeichnete Studie von Wolfgang Preisendanz: Die Erzählstruktur als Bedeutungskomplex der *Akten des Vogelsangs*. In: Jb. d. Raabe-Ges. 1981, S. 210-224.

abgeschliffenen und banalisierten Bibelstelle (Matthäus 21,13) darstellen. Damit wird schon ein erstes und, wie der weitere Text zeigt, sehr charakteristisches kritisches Licht auf die Figur van der Straaten und ihre problematische »Redensartlichkeit« geworfen.

An dem Typ des Figurenzitats, das bei Fontane zum Spätwerk hin immer häufiger vorkommt, tritt aufgrund der Aussparung eines Handlungs- und Gesprächskontextes die Funktion der Bewußtseinsdarstellung durch Redewiedergabe besonders rein hervor. So arbeitet der Erzähler beim Porträtieren des Schloßherrn Dubslav von Stechlin mit einer Häufung von Figurenzitaten von oft beträchtlicher Länge. Ein kürzeres Beispiel:

> Er hörte gern eine freie Meinung, je drastischer und extremer, desto besser. Daß sich diese Meinung mit der seinigen deckte, lag ihm fern zu wünschen. Beinah das Gegenteil. Paradoxen waren seine Passion. »Ich bin nicht klug genug, selber welche zu machen, aber ich freue mich, wenn's andre tun; es ist doch immer was drin. Unanfechtbare Wahrheiten gibt es überhaupt nicht, und wenn es welche gibt, so sind sie langweilig.« Er ließ sich gern was vorplaudern und plauderte selber gern. (VIII 10)

Die erzähllogische Besonderheit des Figurenzitats, das Fehlen von Redesituation und -kontext, tritt hier gerade dadurch sehr deutlich hervor, daß Dubslavs Rede paradoxerweise ein Stichwort (»Paradoxen«) aufnimmt (»welche«), das nicht er selbst oder ein Gesprächspartner, sondern der Erzähler ihm gegeben hat. Natürlich soll diese Bruch- und Leerstelle zwischen Erzählerrede und Figurenzitat vom Leser so ausgefüllt werden, daß er sich das Zitat als Gesprächsfragment aus einer vom Erzähler nicht wiedergegebenen Plauderei über Paradoxa vorstellt.

Ein zweiter Aspekt kommt jedoch hinzu. Hier entsteht nicht nur eine ironische, vom Erzähler unter kritischer Kontrolle gehaltene Spannung von authentischer und inauthentischer, eigener und fremder Rede wie bei dem Ausspruch van der Straatens, vielmehr zusätzlich eine Ambivalenz, die von der zitierten Figur über den Erzähler bis zum Autor ausgreift. Denn jeder Fontane-Kenner wird aus Dubslavs Ausspruch trotz der formalen Distanzierungszeichen den berühmten »Fontane-Ton« heraushören. Liegt hier also womöglich gar nicht Bewußtseinskritik durch entlarvendes Zitieren, durch objekthaftes Ausstellen von typischen Ideologemen skeptischer Provenienz vor, vielmehr versteckte Selbstkundgabe eines Autors, der sich ja oft genug zu solch relativistisch klingenden Grundsätzen bekannt hat? Oder ist hier gar kein Entweder-Oder angebracht? Schon indem der Autor seinen eigenen Gedanken einer Figur in den Mund legt, verfremdet er ihn, macht ihn objekthaft, zu einem Ideologem und übergibt ihn damit willentlich einer kritischen Prüfung durch den Leser. Das gehört zu den Spielregeln eines literarischen Erzählspiels. Dessen spezifische Bedeutungsstruktur impliziert eine unausweichliche Selbstrelativierung von Autorintentionen.

So erweist sich die Form des Figurenzitats als eine der bei Fontane besonders kultivierten Techniken der Redewiedergabe, die beträchtliche Ambivalenz hervorbringen können. Die von ihnen allen aufgebauten Spannungsfelder von eigener und fremder Rede, Figurenstimme und Erzählerstimme, Romandiskurs und sozialer Redevielfalt beruhen letztlich auf der für Fontanes Schreibweise grundlegenden Spannung von Identifikation und Distanzierung oder – mit seiner eigenen Formel – von »Psychographie und Kritik« (B II 123). Diese Spannung ist in Fontanes Texten bei noch so großer und kunstvoller epischer Integration keineswegs immer zu ästhetischer Synthesis gebracht. Ihre nicht stillstellbare Dialektik gibt ihnen vielmehr etwas Schwebendes, Sichentziehendes, Verwirrendes, das den Leser zu immer neuen eigenen Positionsnahmen und -änderungen zwingt und die Lektüre auf diese Weise lebendig hält. Das läßt sich auch an demjenigen Typ epischer Integration ›fremder Rede‹ zeigen, den ich *Diskurszitat* nennen möchte.

Der Ausdruck ›Diskurs‹ ist recht vieldeutig. Der literarische Diskurs, bei Erzähltexten: die sprachliche, schriftliche Fixierung (*discours*) der Geschichte (*histoire*), ist von anderen gesellschaftlichen Diskursen zu unterscheiden. Diese kann man in möglichst einfacher, für den vorliegenden Zweck hinreichender Weise als Systeme gesellschaftlich normierter Rede definieren. Diskurse sind also die sprachliche Gestalt von Ideologien, von Systemen gesellschaftlich normierten Denkens. So kann man beispielsweise den Antisemitismus eine Ideologie nennen, das Reden und Schreiben über die sogenannte Judenfrage in Fontanes Zeit einen Diskurs. Die Charakterisierung von Juden als Orientalen[46], die Bezugnahme auf Lessings *Nathan* als das »Evangelium der Toleranz«[47] – das sind charakteristische Elemente dieses Diskurses. Werden solche Elemente in einem Text vorgeführt, so kann man das Diskurszitat nennen. In Romangesprächen wie in realen werden Diskurszitate von den Sprechern markiert oder nicht markiert, bewußt oder unbewußt verwendet. Sie tragen dazu bei, in individuellen Stimmen die soziale Redevielfalt mitklingen zu lassen, den »öffentlichen Geist«, von dem die Gespräche selbst ein Teil sind, wie es Fontanes Freund Moritz Lazarus beschrieben hat:

> So erzeugen die Gespräche teils neben, teils durch die Presse zunächst die Kenntnis, dann aber, was noch viel wichtiger ist, gleichsam die Interpretation der Ereignisse, die sich in der Welt begeben, und weiterhin die Interpretation derjenigen Interpretation, welche Literatur und Tagespresse ihnen gegeben haben.
> Aber die Gespräche befestigen nicht bloß, sie läutern und heben die öffentliche Meinung; sie machen aus den vielen kleinen und mittelmäßigen Geistern den einen großen, öffentlichen Geist.[48]

Im zweiten Kapitel des Romans *Unwiederbringlich* unterhalten

---

46 Heinrich von Treitschke: Unsere Aussichten. In: Der Berliner Antisemitismusstreit, hg. v. W. Boehlich, Frankfurt/M. 1988, S. 14: »es wird immer Juden geben, die nichts sind als deutsch redende Orientalen.«

47 Theodor Mommsen: Brief an die Nationalzeitung, ebd., S. 210: »Wir beschuldigen Herrn v. Treitschke, daß er an dem Vermächtnis Lessings rüttelt. Wir bedauern, daß er auf dem Katheder das Evangelium der Toleranz nicht predigt, welches Lessing gepredigt hat.«

48 Moritz Lazarus: Über Gespräche. In: M. L.: Ideale Fragen, Berlin 1878, S. 237-264; hier S. 261.

sich Graf Holk und seine Gattin über den neuen Tierarzt, der für mehr Stallreinlichkeit und deshalb für »Marmorkrippen« eintritt, denn die Tröge müßten »so blank sein wie ein Taufbekken«. Das adlige Paar ist sich einig, es würde sich für den Doktor empfehlen, »solche Vergleiche lieber nicht zu brauchen, zumal er Konvertit ist. Er heißt nämlich Lissauer« (VI 18). Er ist also Jude, hinreichend identifizierbar durch das »Stigma des Namens«.[49] Dieser Dr. Lissauer hat sich also als Konvertit ›getarnt‹, aber mit dem unangebrachten Vergleich unfreiwillig selbst wieder ›entlarvt‹. Denn wer Futtertröge mit Taufbecken vergleicht, der scheut sich womöglich auch nicht, umgekehrt Taufbecken mit Futtertrögen zu vergleichen und durch solche Frivolität zu zeigen, wie wenig ernst es ihm mit der eigenen Taufe ist.[50] Das Konkretum ›Taufbecken‹ trat im damaligen Diskurs über die ›Judenfrage‹ oft metonymisch für das Abstraktum ›Taufe‹ ein.[51] Jene darum im doppelten Sinne kühne, sehr herbeigeholte und sehr gewagte Metapher Lissauers zieht unfreiwillig die konventionalisierte Metonymie dieser alltäglichen Wendung ins Bewußtsein ihres zeitgenössischen Hörers. So etwa muß man Holks Gedankengang rekonstruieren, der seiner Mißbilligungsäußerung zugrunde liegt. Daraus folgt dann die diskriminierende Entscheidung, ihn »unten« zu empfangen, »oben« sei er »entbehrlich«.

Wie aber erklärt sich Holks scheinbar einlenkend-begütigender Satz: »Das mit den Marmorkrippen ist natürlich mehr oder

49 Dietz Bering: Der Name als Stigma. Antisemitismus im deutschen Alltag 1812-1933, Stuttgart 1987.

50 Man vergleiche auch, wie frivol Fontane den getauften Juden van der Straaten über *Lacrimae Christi* witzeln läßt (III 140).

51 Theodor Mommsen spricht in seinem Aufsatz *Auch ein Wort über unser Judentum* von einer Zeit, in welcher »der Jude nur durch das Taufbecken fähig wurde sich zur Uebernahme einer obrigkeitlichen Stellung vorzubereiten« (Antisemitismusstreit, S. 224). – Eine ähnliche Stelle bei Franzos, die sich auf einen ablehnenden Bescheid bezieht: »›Ihre Eignung steht außer Zweifel, aber –‹ Der Gedankenstrich bedeutete das Taufbecken.« Karl Emil Franzos: Der Pojaz. Eine Geschichte aus dem Osten, Nachw. v. J. Hermand, Frankfurt/M. 1988, S. 7.

weniger Torheit und nichts als ein orientalischer Vergleich, den man ihm zugute halten muß«? Die Marmorkrippen sind ja gar kein Vergleich, sondern ein – vielleicht törichter – Installationsvorschlag. Offenbar liegt hier also eine Verdrängung in Form einer sprachlichen Verschiebung vor: Nicht »das mit den Marmorkrippen«, vielmehr *das mit dem Taufbecken* ist so anstößig, daß Holk es gegenüber seiner allzu frommen Christine nicht noch einmal in den Mund nehmen möchte, obwohl es genau darum ja geht. Wenn aber dieser anstößige Vergleich nicht als zynischer oder frivoler, sondern als ein »orientalischer« bezeichnet wird, den man Lissauer »zugute halten« müsse – er kann eben nicht aus seiner Haut –, so ist das ein oberflächlich-unscheinbarer, doch eindeutiger *Alltagsantisemitismus*: Juden sind eben Orientalen und neigen also dazu, blumig zu reden, und auch sonst zu geschmacklosem Prunk. Mit einem einzigen Adjektiv und wie es gesetzt ist, deckt Fontanes Text auf, wie ein Diskurs in alltäglicher Kommunikation funktioniert. Hier ist es die Kommunikation eines nordelbischen Adelspaars, das sich in diesem Punkt – noch – einig zu sein scheint gegenüber freieren Auffassungen, etwa am Kopenhagener Hof, wo Graf Holk den Reizen einer Hofdame jüdischer Abstammung erliegen wird. Das präzise Diskurszitat ermöglicht eine präzise Bewußtseinskritik.

In *Effi Briest* bedarf es überhaupt keiner jüdischen Romanfigur, um den Diskurs über die ›Judenfrage‹ literarisch vorzuführen. Zu der folgenreichen Schlittenpartie nach »Uvagla« gehört ein Diner, bei dem der pommersche Baron Güldenklee auf den Gastgeber, Oberförster Ring, einen Toast ausbringt. Darin kanzelt er die aus Lessings *Nathan* bekannte Parabel vom Ring, ohne den Namen des Autors und seines Stücks zu erwähnen, als eine »Judengeschichte« ab, »die, wie der ganze liberale Krimskrams, nichts wie Verwirrung und Unheil gestiftet hat und noch stiftet« (VII 162). Die Funktion dieser Anspielung ist nicht schwer zu bestimmen: Es geht wiederum um Bewußtseinskritik. Als Figurenrede weist sie auf die gesellschaftliche Sphäre zurück, als deren Repräsentant der Redner modelliert ist: Hinterpommern als Lebensform, als Mentalität; stockkonservativer Landadel, rückwärtsgewandter Borussismus, großagrarischer Antiurbanismus und Antiliberalismus; und eben auch: spezifisch preußischer Antisemitismus.

Interessant wird diese Figurenrede in zweierlei Hinsicht: in bezug auf den in ihr anklingenden historischen, insbesondere diskursgeschichtlichen Kontext und in bezug auf Positionsnahmen des Autors in diesem Zusammenhang. Genau in den Zeitabschnitt zwischen der in *Effi Briest* dargestellten Uvagla-Episode und der Abfassungszeit des Romans fällt eine erste Phase der antisemitischen Bewegung und Ideologie in Deutschland: die Bildung von Organisationen und Parteien, die aktive Beteiligung der konservativen und kirchlichen Presse, die führende Rolle des Berliner Hofpredigers Adolf Stoecker und die zweideutige des Reichskanzlers von Bismarck, der Widerstand von Liberalen und Sozialdemokraten. Die antisemitische Ideologie bearbeitete Probleme, die man mit der äußerlich neugewonnenen nationalen Identität sowie mit dem Prozeß politischer, sozialer und ökonomischer Modernisierung hatte. Zwei vielbeachtete dramatische Zuspitzungen waren zu Beginn der achtziger Jahre der Berliner Antisemitismusstreit und Judenverfolgungen in Preußen. Beides führt nahe an *Effi Briest* heran.

Zum einen gehörte zu den festen Elementen des Diskurses über die ›Judenfrage‹ die Bezugnahme auf Lessings klassisches Drama *Nathan der Weise*. Der Streit um dieses Drama mit seiner komplizierten Frontbildung füllte zeitweilig die Mittelzone dieses diskursiven Feldes. Für die deutschen Juden war *Nathan* ein Jahrhundert lang *das* große Emanzipationsdokument. Kein Autor erfuhr in der jüdischen Publizistik eine so uneingeschränkte Verehrung wie Lessing.[52] Der Diskurs über die ›Judenfrage‹ verdichtete sich nach dem Lessing- und *Nathan*-Jubiläum von 1879 – das ist ziemlich genau zur Zeit der Uvagla-

52 Hans Otto Horch: Auf der Suche nach der jüdischen Erzählliteratur, Frankfurt/M. 1985, S. 68.

Episode in *Effi Briest* – in einer Reihe von Publikationen pro und contra *Nathan der Weise*.[53] Das Schlagwort vom ›Evangelium der Toleranz‹ wurde von dessen Verehrern wie Verächtern benutzt, von Theodor Mommsen ebenso wie von Theodor Fontane.[54] Die Diskussion um Lessing faßte wie ein Brennspiegel die Diskussion um die ›Judenfrage‹ zusammen. Bezugnahmen auf die Ringparabel gehörten zu den festen Topoi des Diskurses.

Zum anderen ereignete sich ein Fall von militantem Antisemitismus und Judenverfolgung, der in der Öffentlichkeit besonderes Aufsehen erregte, in unmittelbarer geographischer Nachbarschaft von »Kessin«, nämlich im hinterpommerschen Neustettin. Hier kam es etwa um die erzählte Zeit von *Effi Briest* zu antisemitischen Ausschreitungen, die am 18. Februar 1881 in einem Synagogenbrand gipfelten, der allgemeines Aufsehen erregte[55] und heftige Debatten sogar im Preußischen Abgeordnetenhaus auslöste. Neustettin war seit 1880 Mittelpunkt der antisemitischen Agitation in Hinterpommern geworden. Als dort die Synagoge vollständig niederbrannte, wurden aufgrund von Verleumdungen ortsansässige Juden beschuldigt und auch gerichtlich verurteilt. Erst in einem späteren Revisionsverfahren kamen die Täter heraus: zwei von unbekannten antisemitischen Hintermännern angestiftete Arbeiter; verurteilt wurden sie jedoch ebensowenig wie nach den Auftraggebern – darunter vielleicht auch ein »Baron Güldenklee«? – gefahndet wurde. Dafür wurden die freigesprochenen Juden beschimpft und mißhandelt, und es kam erneut zu antisemitischen

53 Moshe Zimmermann: ›Lessing contra Sem‹. Literatur im Dienste des Antisemitismus. In: Juden in der deutschen Literatur, hg. v. A. Schöne u. S. Moses, Frankfurt/M. 1986, S. 179-193.

54 Fontane benutzt die Wendung in seiner *Nathan*-Rezension vom 18.2.1880: Nymphenburger Ausgabe, Abt. III, Bd. 22/1, S. 866 f.

55 Hermann Greive: Geschichte des modernen Antisemitismus in Deutschland, Darmstadt 1983, S. 71 ff.; Ismar Schorsch: Jewish Reactions to German Anti-Semitism. 1870-1914, New York 1972, S. 38 f.

Ausschreitungen[56], über die Fontane durch die Zeitung genau im Bilde war.[57] Kommt in *Effi Briest* dieses markante Ereignis aus der Nachbarschaft nur deshalb nicht vor, weil die Uvagla-Episode nach den – allerdings nicht ganz stimmigen – Indizien im Text zeitlich vor den Neustettiner Ausschreitungen liegt? Oder hat Fontane diese – gegen alle Wahrscheinlichkeit – wieder vergessen? Wenn nicht, hatten sie dann sein eigenes, in genau diesem Zeitabschnitt sich verfestigendes antisemitisches Ressentiment weniger gedämpft als herausgefordert? Oder hat er rückblickend und nachdenkend solche beschämenden Ereignisse mit den öffentlichen Auseinandersetzungen über die ›Judenfrage‹ verknüpft, so daß er dann statt des besonderen Vorfalls die allgemeine Mentalität, die ihn ja mit ermöglicht hatte, als Diskurszitat in sein episches Porträt von Hinterpommern integrierte?

Die angeführte Stelle aus *Effi Briest* hat eindeutig ein bewußtseinskritisches Potential. Wie verhält sich diese Stelle nun aber zu einer frappierenden und irritierenden Parallelstelle in einem Brief Fontanes von 1883? Er selbst ist es, der in diesem Brief für »reinliche Scheidungen« plädiert: »Jude zu Jude, Christ zu Christ«, und er nennt das »Unheil, das Lessing mit seiner Geschichte von den drei Ringen angerichtet« habe, »kolossal«. Solche »Afterweisheit« des 18. Jahrhunderts sei längst bankrott, die aus ihr abgeleiteten politischen Ziele »verwirren die Menschheit nur«.[58] Das ist eine immerhin recht markante Briefäußerung, die, neben anderen, teilweise skandalöseren, die Fontane-Forschung längst dazu hätte bewegen müssen, wozu sie sich erst in jüngster Zeit bereitgefunden hat: nach Fontanes

---

56 Leopold Auerbach: Das Judenthum und seine Bekenner in Preußen und in den anderen deutschen Bundesstaaten, Berlin 1890, S. 51-58; Martin Philippson: Neueste Geschichte des jüdischen Volkes, Bd. 2, Leipzig 1910, S. 25 f., 31. – Bei Philippson findet sich auch eine gute Übersichtsdarstellung über die ganze antisemitische Bewegung seit 1879 (S. 13-29).

57 Brief an Martha Fontane v. 16.3.1884; Hanser-Ausgabe, Abt. IV: Briefe, Bd. 3, S. 303.

58 Theodor Fontane: Briefe, Propyläen-Ausgabe, Bd. 1, S. 239.

Antisemitismus zu fragen.[59] Die spezielle Frage, wie wir das Verhältnis der Briefstelle zu der etliche Jahre später geschriebenen Romanstelle zu deuten haben, sollte nicht zu einseitig autorbezogen gestellt werden.[60] Wenn man nur fragt, ob Fontane sich hier selbst persifliert hat oder ob sich hier konservative, antisemitische Neigungen des Autors verstecken oder beides[61], dann fragt man zuwenig nach der objektiven Funktion der Stelle im Text. Diese besteht in einer deutlichen Hervorhebung ideologischen Bewußtseins. Das erzählerische Arrangement, das nicht verharmlost werden sollte, indem man auf die Unverbindlichkeit geselliger Konversation und den geringen Wahrheitsanspruch einer Tischrede hinweist[62], bleibt freilich insofern riskant, als im Roman weit und breit keine Gegenstimme zu der des Barons Güldenklee zu vernehmen ist. Innstetten jedenfalls, der ja ein »Wagner-Schwärmer« wahrscheinlich auch deshalb ist, weil er Antisemit ist (108), widerspricht in *diesem* Punkt nicht, obwohl er gegen die allzu preußische Selbstfeier, die in Anschluß an Güldenklees Rede ausbricht, nüchtern und liberal Einspruch

---

59 Wolfgang Paulsen: Theodor Fontane. The Philosemitic Antisemite. In: Publ. of the Leo Baeck Institute. Yearbook 26 (1981), S. 303-322. – Paulsen übergeht – wie viele andere – die Dissertation von John Kremnitzer: Fontanes Verhältnis zu den Juden, New York University 1972. Was andere Fontane-Forscher *nach* Paulsen bisher zu dem Problem geschrieben haben, wirkt – die in der folgenden Anmerkung genannte Studie von Peter Goldammer ausgenommen – hilflos, befangen, verharmlosend. Erst während der Drucklegung dieses Buches ist eine ausgezeichnete, umfangreiche Monographie erschienen, an der keiner mehr vorbeikommen wird, der sich mit diesem heiklen Thema befaßt: Michael Fleischer: »Kommen Sie, Cohn.« Fontane und die »Judenfrage«, Berlin 1998.

60 Das tut Peter Goldammer: Nietzsche-Kult – Antisemitismus – und eine späte Rezension des Romans *Vor dem Sturm.* Zu Fontanes Briefen an Friedrich Paulsen. In: FBl 56 (1993), S. 48-62; hier S. 58.

61 Henry H. H. Remak: Politik und Gesellschaft als Kunst. Güldenklees Toast in Fontanes *Effi Briest.* In: Formen realistischer Erzählkunst. Festschrift für Charlotte Jolles, hg. v. J. Thunecke, Nottingham 1979, S. 554 f.

62 Ebd., S. 556.

erhebt: »in anderen Ländern hat man was anderes« (163). Die Gegenrede muß also der Leser selbst führen, dessen kritische Aufmerksamkeit der Text als Rezeptionsvorgabe auf den pommerschen Baron und die von ihm artikulierte Ideologie lenkt, ganz gleich wie weit der Autor sich subjektiv damit identifiziert oder davon distanziert hat.

Kritik leistet der Text also durch sein *Verfahren* des episch eingebetteten Diskurszitats. Fontanes Ambivalenzen in Hinblick auf Juden einerseits, seine Fähigkeit, daraus poetisches Kapital zu schlagen, andererseits kommen auch an einer Stelle seiner Entwürfe zu dem Romanprojekt *Storch v. Adebar* auf frappierende Weise zum Ausdruck: Der Held »schimpft über die Juden und die neue Zeit und dann wieder sagt er: nur in Menschlichkeit und Natürlichkeit steckt das Wahre so daß alles Widerspruch ist und ein Satz immer den andern aufhebt« (H 400). Schimpfen über die Juden, Menschlichkeit, Widerspruch – in Gegensatz zu dem relativistischen Gestus dieser Erläuterung ist das keineswegs der Fontaneschen Weisheit letzter Schluß. Das Vorführen von Widersprüchen, das Dialogisieren ist ein Verfahren, das aus der Not eine Tugend macht und in einem Glücksfall sogar Blindheit in Einsicht verwandeln kann. Als Mensch war Fontane – bei aller aufrichtigen Liberalität in vielen anderen Fragen – in den zeitgenössischen antisemitischen Diskurs verstrickt. Als Erzähler aber objektiviert er diese Verstrickung, indem er sich selbst zum Medium, zum ›Psychographen‹ macht.[63] Die Treffsicherheit, Plastizität und – wie gezeigt – gelegentliche Ambiguität der Fontaneschen Diskurszitate beruhen darauf, daß der Autor selten nur als kritisch sezierender Beobachter, sondern meist zugleich als aktiver Mitspieler der gesellschaftlichen Sprachspiele, der Diskurse, schreibt, deren vielfältiges Echo in seiner Umgebung und in seinem eigenen Inneren er ›psychographisch‹ abtastet, aufzeichnet und seinem Romandiskurs einmodelliert.

---

63 Zu jüdischen Figuren und Antisemitismus im *Stechlin* vgl. Kap. I, S. 34-40.

Dieser Doppelcharakter zeigt sich auch an der Verwendung von Literaturzitaten, die von den Figuren als *Bildungszitate* im Munde geführt werden. Zu Beginn des letzten Kapitels von *Frau Jenny Treibel* hat die selbstbewußte und intelligente Tochter des Altphilologen Dr. Wilibald Schmidt mit dem bezeichnenden Namen Corinna[64] von ihrer Verlobungseskapade mit dem Kommerzienratshause Treibel wieder in ihren bildungsbürgerlichen Herkunftskreis zurückgefunden, nicht gerade glücklich, eher resigniert. Mit den Worten ihres Vetters Marcell, des jungen Archäologen, der sie noch im selben Kapitel heiraten wird: »Corinna hat nun wohl für immer mit der Modernität [. . .] gebrochen und hat statt dessen die von ihr verspotteten Lebensformen wieder anerkennen gelernt, in denen sie großgeworden ist.« (VI 446) Studienrat Schmidt kommentiert die Umkehr seiner Tochter ein wenig ausladender und pathetischer:

»Du bist ein Glückskind. Sieh, das ist das, was man das Höhere nennt, das wirklich Ideale, nicht das von meiner Freundin Jenny. Glaube mir, das Klassische, was sie jetzt verspotten, das ist das, was die Seele frei macht, das Kleinliche nicht kennt und das Christliche vorahnt und vergeben und vergessen lehrt, weil wir alle des Ruhmes mangeln. Ja, Corinna, das Klassische, das hat Sprüche wie Bibelsprüche. Mitunter beinah noch etwas drüber. Da haben wir zum Beispiel den Spruch: ›Werde, der du bist‹, ein Wort, das nur ein Grieche sprechen konnte. Freilich, dieser Werdeprozeß, der hier gefordert wird, muß sich verlohnen, aber wenn mich meine väterliche Befangenheit nicht täuscht, bei *dir* verlohnt es sich . . . ›Werde, der du bist‹, sagt der große Pindar, und deshalb muß auch Marcell, um der zu werden, der er ist, in die Welt hinaus, an die großen Stätten, und besonders an die ganz alten. Die ganz alten, das ist immer wie das Heilige Grab; dahin gehen die Kreuzzüge der Wissenschaft, und seid ihr erst von Mykenä wieder zurück – ich sage ›ihr‹, denn du wirst ihn begleiten, die Schliemann ist auch immer dabei –, so müßte keine Gerechtigkeit sein, wenn ihr nicht übers Jahr Privatdozent wärt oder Extraordinarius.«
Corinna dankte ihm, daß er sie gleich mit ernenne, vorläufig indes sei sie mehr für Haus und Kinderstube. (449 f.)

---

64 Die griechische Dichterin Korinna von Tanagra galt in der Antike als Zeitgenossin und Lehrerin Pindars. – Vgl. Plett: Die Kunst der Allusion, S. 116.

Corinnas Replik, obwohl nur in indirekter Rede wiedergegeben, läßt doch eine deutliche Distanzierung gegenüber dem väterlichen Wortschwall erkennen, den Fontane kunstvoll als erbaulich-pathetisches Gemisch aus antiken und christlichen Zitaten und Anklängen arrangiert hat.[65] Ihre leichte Ironie gilt sprachkritisch dem scheinbar großzügigen Plural »ihr«, mit dem der künftigen Akademikergattin Teilhabe an erwartetem Titelglanz zugesprochen wird, um ihr die Rolle als Hausfrau und Mutter zu vergolden. Doch eine andere, ähnliche grammatische Unstimmigkeit in Schmidts Rede übergeht Corinna mit Schweigen; sollte nicht auch sie ihr aufgefallen sein? Hat Fontane aber überhaupt bewußt die unbewußte Selbstentlarvung Schmidts arrangiert, die in dessen ganzer Ansprache an die Tochter, vor allem aber in seiner Verwendung des Pindar-Zitats liegt? Hölderlin hat die Stelle[66] so übersetzt: »Werde, welcher du bist, erfahren«[67]; Humboldt so: »Sey stets wie du gelernt zu seyn.«[68] Modern übersetzt: Lernend werde du selbst![69] Das aus seinem antiken und lyrischen Kontext gerissene, zum vieldeutigen Paradoxon geronnene Klassikerzitat konnte als idealistischer Aufruf zu unbedingtem Bildungsstreben dienen oder als Lobpreis des ›ewigen Werdens‹ wie bei Nietzsche, zu dessen Lieblingswendungen dieser Spruch gehört[70], aber ebenso als Variante der biblisch-konservativen Weisheit, daß ein jeglicher und natürlich erst recht

65 Eberhard Wilhelm Schulz: »Das Literarische macht frei . . .« Über aphoristische Sätze Fontanes und ihre epische Integration. In: Literaturwiss. Jb. 30 (1989), S. 156 ff.

66 Pindar: Zweite Pythische Ode, Vers 72 (Tusculum-Ausgabe).

67 Friedrich Hölderlin: Sämtliche Werke, hg. v. F. Beißner, Frankfurt/M. 1961, S. 1086.

68 Wilhelm von Humboldt: Gesammelte Schriften, hg. v. A. Leitzmann, Bd. 8, Berlin 1909, S. 96.

69 Hartmut von Hentig: Bildung, Darmstadt 1997, S. 144.

70 Vgl. Friedrich Nietzsche: Werke in drei Bänden, hg. v. K. Schlechta, München 1966, Bd. 1, S. 609, Bd. 2, S. 479, 1063, 1095; ferner die Angaben im Registerband der Kröner-Taschenausgabe.

eine jegliche am besten in dem Stande bleibe, darin sie berufen ist.[71]

Genau so meint es letztlich auch Wilibald Schmidt trotz all seiner idealistischen Rhetorik. Corinna hat »das Richtige wiedergefunden« und damit sich selbst. Was er pathetisch »Werdeprozeß« nennt, ist der von ihm begrüßte Rückzug auf die Rollenmuster der sozialen Sphäre, aus der sie kommt. Deren Grenzen und Schwächen aber kennt sie nur allzugut, sonst hätte sie nicht ihren Ausbruchsversuch unternommen. Was nun dieser Rückzug für sie als Frau bedeutet, das enthüllt unfreiwillig der Schmidtsche Zitatgebrauch. »Werde, der du bist« ist ja schon der grammatischen Form nach für Corinna ebensowenig passend wie das »ihr« bei der Inaussichtstellung des Privatdozenten. »Werde, *die* du bist« sollte es eigentlich für sie heißen, wenn es denn klassische geflügelte Worte gäbe, die Frauen Bildungsprozesse zutrauen. Die Schriftstellerin und Frauenrechtlerin Hedwig Dohm hat 1894, zwei Jahre nach dem Erscheinen von *Frau Jenny Treibel*, eine Novelle mit genau diesem Titel *Werde, die du bist* veröffentlicht.[72] Darin erkennt die Frau eines Kanzleirats Schmidt in einer Lebenskrise nach dem Tod ihres Mannes ihr Leben als Hausfrau im Rückblick als ein Nichtleben. Wilibald Schmidt, der umgekehrt seine Frau überlebt hat, sieht Corinnas Werden rosiger: Sie wird ja doch Begleiterin eines gelehrten Gatten werden, denn »die Schliemann ist auch immer dabei«. Es ist verräterisch konsequent, wie schnell Wilibald entsprechend seinen Pindar-Spruch von Corinna auf Marcell, ihren Zukünftigen, umlenkt: »und deshalb muß auch Marcell, um der zu werden, der er ist, in die Welt hinaus« (450). Auf ihn trifft das Zitat korrekt zu, wenigstens grammatisch.

Nun hat Fontane hier ganz sicher nicht bewußt eine frühfeministische Entlarvungsoptik eingesetzt; seine Darstellung

71 1. Kor 7,20; vgl. Sir 3,19 ff.

72 Hedwig Dohm: Wie Frauen werden – Werde, die du bist. Novellen, Breslau 1894, Neudruck: Neukirch 1988.

des weiblichen Autonomiekonflikts bleibt patriarchalisch gedämpft.[73] Er hätte wahrscheinlich Wilibald Schmidts Rezept für die Tochter unterschrieben; denn seiner eigenen Tochter, nach deren Vorbild Corinna modelliert ist, hat er Ähnliches für die Partnersuche empfohlen: »kleine Verhältnisse sind ein Segen [. . .] Professor, Pastor, Landrichter« (513). Und das hat er gewiß, im Gegensatz zu Jenny, die Corinna gegenüber die gleiche Maxime anpreist (275), ernst gemeint. Die Bewußtseinskritik, die das Vorführen der Schmidtschen Pindar-Applikation dennoch enthält, ist also subtiler, indirekter und auch ambivalenter als die in Fontanes Werk sonst allgegenwärtige Kritik der geborgten Bildung, die sich in trivialisierenden Klassikerzitaten enthüllt. Schmidt hingegen, der sich, »guter Grieche«, der er ist, sogar traut, den schwierigen Pindar im Unterricht zu behandeln (424), meint es ernst mit seinem Zitieren und Fontane wahrscheinlich mit ihm. Und doch hat der Autor aufgrund seiner geradezu nachtwandlerisch sicheren ›psychographischen‹ Fähigkeit sowie durch die Art, wie er das Bildungszitat in Figurenrede, Gespräch und weiteren Romankontext integriert, dieser Passage ein beachtliches kritisches Potential mitgegeben. Das Vorführen von Figurenrede bei Fontane erfolgt an subtileren Stellen seiner Werke nicht nach dem Schema: Figur – falsches Bewußtsein, Autor/Erzähler – richtiges Bewußtsein. Bewußtseinskritische Impulse vermittelt vielmehr gerade seine mimetische Schreibweise. Sie hat ihre Glaubwürdigkeit darin, daß der Autor sich bis zu einem gewissen Grad mit den Figuren identifiziert, deren Reden er der Kritik des Lesers und der Leserin überantwortet.

73 Monika Shafi: »Werde, der du bist«: eine vergleichende Darstellung des weiblichen Autonomiekonflikts in Theodor Fontanes *Frau Jenny Treibel* und Helene Böhlaus *Das Halbtier*. In: German Quarterly 61 (1988), S. 67-77.

In *Frau Jenny Treibel* gibt es ein Musterstück für das Verfahren der dialogisierenden Einbettung anderer Gattungen in den Roman: ein lyrisches Beispiel für »parodistische Stilisierung«.[74] Jenny, dieses »Musterstück einer Bourgeoise« (VI 278), die sentimentale Schwärmerei für »das Poetische«, »das Ideale«, »das Höhere« mit eiskalter familiärer Interessenpolitik verbindet, hat ein Lieblingslied, das sie bei den Diners in ihrem Hause mit dünner Stimme zum besten zu geben pflegt und das den Roman, vom Nebentitel angefangen, in mehreren »Brechungen und Lesarten«[75] als ein Leitmotiv durchzieht:

»Glück, von deinen tausend Losen
Eines nur erwähl ich mir,
Was soll Gold? Ich liebe Rosen
Und der Blumen schlichte Zier.

Und ich höre Waldesrauschen,
Und ich seh ein flatternd Band –
Aug in Auge Blicke tauschen,
Und ein Kuß auf deine Hand.

Geben nehmen, nehmen geben,
Und dein Haar umspielt der Wind,
Ach, nur das, nur das ist Leben,
Wo sich Herz zum Herzen findt.« (312 f.)

Mit dem Text hat Gymnasialprofessor Wilibald Schmidt vormals als jugendlicher Verehrer Jenny angedichtet. Seitdem muß das »Unglücksding«, dessen Schlußwendung der Poet selbst als »himmlische Trivialität« bezeichnet (345), als Symbol eines sentimentalen Freundschaftskultes herhalten, den Schmidt gutmütig mitmacht, auch wenn er seine Freundin Jenny durchschaut: »›Gold ist Trumpf‹ und weiter nichts.« (346) Nachdem Frau

74 Bachtin: Die Ästhetik des Wortes, S. 211.

75 Rudolf Selbmann: »Das Poetische hat immer recht«. Zur Bedeutung der Poesie in Fontanes Roman *Frau Jenny Treibel*. In: FBl 54 (1992), S. 104.

Kommerzienrätin sich in genau diesem Sinne selbst entlarvt und eine Ehe zwischen ihrem Sohn und Schmidts Tochter verhindert hat, ist es am Ende des Romans Schmidt, der bei der Hochzeit Corinnas zu später Stunde, als Jenny das Fest bereits verlassen hat, den Sänger Krola »Jennys Lied« vortragen läßt. Bereits betrunken, weint er gerührt vor sich hin und erklärt dann: »Bravissimo. Treibel, unsere Jenny hat doch recht. Es ist was damit, es ist was drin; ich weiß nicht genau, was, aber das ist es eben – es ist ein wirkliches Lied. Alle echte Lyrik hat was Geheimnisvolles. Ich hätte doch am Ende dabei bleiben sollen . . .« (458)

Wie steht es nun also mit »Jennys Lied«? Ist es »ein wirkliches Lied«, »echte Lyrik« oder bloß ein sentimentales, kitschiges »Unglücksding«? Ist es schlecht, weil Jenny es liebt, oder gut, weil Schmidt es lobt? Lobt er es nur in ›profanierender‹ Ironie, oder weil er als Betrunkener nicht ganz zurechnungsfähig ist, oder kommt mit seinem Bekenntnis endlich die Wahrheit ans Licht? Wenn Schmidt sein Werk vorher verleugnete, war das stummer Protest dagegen, daß Jenny das Lied, diese naive poetische Liebeswerbung, als Schaustück ›profanierte‹?[76] Verdinglicht Jenny durch ihr bourgeoises Ritual das Lied und damit ein authentisches Gefühl des jungen Wilibald? Aber kann ein triviales Gedicht als authentischer Gefühlsausdruck gelten?[77] Oder hat sich Wilibald schon damals als »Schelm« betätigt und das Lied, wenn auch erfolglos, als Werbestrategie geschrieben

---

76 Hugo Aust: Anstößige Versöhnung? In: Zeitschr. f. dt. Philologie 92 (1973), Sonderheft, S. 114-118.

77 Wer das angeblich »authentische Gefühl« Wilibalds gegen das angeblich gänzlich inauthentische Gedicht ausspielen will (Anke-Marie Lohmeier: ». . . es ist ein wirkliches Lied.« Theodor Fontanes Roman *Frau Jenny Treibel* als Selbstreflexion von Kunst und Kunstrezeption in der Gesellschaft der Gründerjahre. In: Deutsche Vierteljahrsschrift f. Literaturwissenschaft u. Geistesgeschichte 68 (1994), S. 246), unterschätzt einerseits die Schwierigkeit, ein ›authentisches‹ Etwas jenseits seiner Artikulation zu erfassen, und setzt sich andererseits über Schmidts klare Aussage hinweg, dieses Etwas sei eben nicht irgendwo jenseits, sondern in dem Lied »drin«.

und eingesetzt? Aber hat er mit dem Lied nicht authentisch für einen nichtbourgeoisen, alternativen Lebensweg geworben, den er – im Unterschied zu der Umworbenen – dann auch eingeschlagen hat? Und wenn Jenny und Schmidt das Lied, sie auf ihre, er auf seine Weise, weiterhin gut finden, hat womöglich auch Fontane es gut gefunden und seinen Lesern als »echte Lyrik« zugemutet? Oder wollte er am Ende auch Schmidt, dem sonst ironisch überlegenen Gegenpart zur Besitzbürgerin Jenny, um der epischen Gerechtigkeit[78] oder um einer umfassenden sozialen Kritik willen[79] – auch der Bildungsbürger ist ja Bürger – einen sentimentalen Ausrutscher anhängen? Die meisten Interpreten haben, ausgehend von dem satirischen Kontext und von unbestreitbar trivialen Elementen, besonders in der ersten Strophe, das Lied als ganzes der Trivialität geziehen und Fontane für das Kunststück, ein gewollt schlechtes Gedicht zu schreiben, Bewunderung gezollt.[80] Doch eine Einschätzung, die das Gedicht, ohne es genauer anzusehen, mit dem Etikett ›Kitsch‹ oder ›epigonal‹ versieht, macht es sich zu leicht, wie eine Interpretation sich lächerlich macht, die in der Liebesliedformel »Geben nehmen, nehmen geben« die »Geldsackgesinnung« des Besitzbürgertums aufgespießt sieht, weil die Stilfigur des Chiasmus das »Nehmen« ins Zentrum rücke.[81]

Denkt man sich einmal die gedrechselte, blasse, formelhafte, pathetische Eingangsstrophe weg, so hat man zwei Liebesstrophen vor sich, die nicht ohne Anmut sind. Leicht hingetupfte, unverbundenene Bildimpressionen. Sensuelles dominiert. Na-

---

78 Hartmut Reinhardt: Die Wahrheit des Sentimentalen. Bemerkungen zu zwei Romanschlüssen bei Theodor Fontane. *Frau Jenny Treibel* und *Effi Briest*. In: Wirkendes Wort 29 (1979), S. 321.

79 Dieter Kafitz: Die Kritik am Bildungsbürgertum in Fontanes Roman *Frau Jenny Treibel*. In: Zeitschr. f. dt. Philologie 92 (1973), Sonderheft, S. 74-101.

80 Walter Müller-Seidel: Theodor Fontane. Soziale Romankunst in Deutschland, Stuttgart ^{2}1980, S. 309, 311.

81 Kafitz: Die Kritik am Bildungsbürgertum, S. 89.

tur und Liebe, Liebe *als* Natur. In lockerer, beweglicher Syntax (Und-Anschlüsse, Infinitive, ausgespartes Verb) wird eine erotische Annäherung und Kommunikation angedeutet: Blicke, Kuß, Hand und Haar und das weitdeutige Wortpaar ›geben/nehmen‹. Das Ganze schwebt zwischen der Gegenwart erfüllter Augenblicke und dem Wunschbild einer arkadischen Liebesharmonie jenseits der Wirklichkeit. Wer hier nur Elemente des »Poesie-Albums« erkennt[82], übersieht, daß das Poesiealbum von der Poesie des 19. Jahrhunderts zehrt, der sich das Gedicht als »naive Summe und Ernte vertrauter Bilder und Motive«[83] ohne weiteres einfügt. Anklänge an den frühen Goethe, Eichendorff, Mörike vor allem, wie man sie richtig herausgehört hat[84], findet man ebenso wie in Storms auch in Fontanes Lyrik. Wenn das Jenny-Lied problematisch ist, dann also nicht nur weil es epigonal ist, sondern auch weil es der dominierenden Konzeption von Lyrik als »Naturlaut« nur allzu genau entspricht. Nun zitiert Fontane in seinen Romanen solche ›lyrische Lyrik‹ in der Regel ernsthaft und nicht satirisch. In *Unwiederbringlich* hat eine Gedichtstrophe Waiblingers, die poetisch durchaus nicht vollkommener ist als »Jennys Lied«, eine strukturell ganz ähnliche Funktion.[85] Wollte man Schmidts Gedicht nicht als ein Gebilde nehmen, in dem triviale und poetische Elemente eigentümlich zusammenmontiert sind, so müßte man mit Schmidts Lob des Liedes auch seine Lyrikauffassung in Frage stellen, die aber Fontanes eigene ist. Konnte Fontane ein Gedicht gänzlich abgelehnt wünschen, das als Exempel für einen von ihm selbst vertretenen Poesiebegriff steht? Oder beruft sich Schmidt eben irrtümlich auf ein unpassendes Gedicht?

---

82 Müller-Seidel: Theodor Fontane, S. 310.

83 Aust: Anstößige Versöhnung? S. 115.

84 Voss: Präfiguration, S. 309.

85 Die These freilich, in *Frau Jenny Treibel* werde das Verfahren des ›tragischen‹ Gedicht-Zitierens aus *Unwiederbringlich* parodiert und ins Komische gewendet, ist um ein paar germanistische Ecken zuviel gedacht (Voss: Präfiguration, S. 238 f.).

Indessen: Auch die moralische Botschaft des Gedichts stimmt mit der moralischen Botschaft des Romans überein. »Wo sich Herz zum Herzen findt« – diese abgegriffene, an die Heiratsmoral von Schillers *Glocke* bewußt angelehnte Formel, mit der das Gedicht schließt und der Roman, in Gestalt seines Untertitels, beginnt, markiert bei allem scheinheiligen Mißbrauch, den Jenny mit ihr und ähnlichen Formeln treibt, eine ›natürliche‹ Lebenseinstellung, die der Lebenspraxis der Frau Kommerzienrätin entgegengesetzt ist. Natürlichkeit, Einfachheit, Ehrlichkeit, Liebe, Freiheit – das sind Werte, auf die sich Fontanes Figuren, wenn sie es ernst meinen, und ebenso er selbst immer wieder berufen. Dabei ist ›Natur‹ bei Fontane gewiß nicht Leitbegriff für einen »universalen kulturkritischen Gegensatz«[86], ob dieser nun mit Schiller oder mit Freud gedacht wird, sondern eher Suchbegriff für das Auffinden residualer oder alternativer Werte, für Natur *in* Kultur. Genau zu dieser ›natürlichen‹ Einstellung, zur ›Herzensunmittelbarkeit‹, soll die Braut Corinna nach ihrer »Verirrung« (452) ins Bourgeoise zurückfinden, auch wenn ihre Eheperspektive um einiges nüchterner, resignativer, prosaischer ausfällt als die utopisch verklärte Liebespoesie von »Jennys Lied«. – Ein kleines Indiz dafür, daß dieses Lied nicht einfach als zur Gänze trivial abgestempelt werden darf, enthält schließlich das Motiv des erotisch bewegten Haars – ein schönes, gar nicht triviales oder sentimentales Motiv.[87] Fontane konnte sich mit diesem Motiv, in einer Art von Selbstzitat, auf eine lyrische Einlage in dem gleichfalls sehr satirisch konzipierten Romanprojekt *Allerlei Glück* zurückbeziehen: auf die Skizze eines Erinnerungsgedichts über verlorene Liebe, in dessen unausgeführter Mitte

86 Lohmeier: ». . . es ist ein wirkliches Lied.«, S. 249.

87 Auch andere Autorinnen haben es geschätzt. Annette Droste: »Und darf nur heimlich lösen mein Haar/Und lassen es flattern im Winde!« *(Am Turme)*; Zhang Jie in ihrem sehr wirklichkeitsnahen und gänzlich unsentimentalen Roman *Schwarze Flügel:* »Hat dieses Haar wirklich einmal im Frühlingswind geflattert?« München 1987, S. 282.

sich eine ähnliche Natur-Liebe-Motivik abzeichnet wie in »Jennys Lied«.[88]

Wenn Fontane also nicht einfach ein Poesiealbum oder eine Lyrikanthologie benutzt hat, um ein geeignet sentimentales Gedicht für seine Jenny zu finden, sondern selber gedichtet und dabei auf eigenes lyrisches Material zurückgegriffen hat, dann deshalb, weil er zugleich mit dem Sentimentalen, der Verkehrungsform des Poetischen, auch diesem selbst, als der Gegeninstanz zum Prosaischen, Stimme verleihen wollte. Das legte sein Konzept der »Verklärung« nahe. So läßt sich Schmidts überraschendes Plädoyer für sein Lied als Absage an bourgeoisen Mißbrauch des Poetischen verstehen. Zugleich aber hält die ästhetische Zweideutigkeit des Liedes gegenwärtig, daß in der bürgerlichen Kultur des 19. Jahrhunderts, der auch Fontane seinen Tribut zollte, das Sentimentale und das Poetische »nicht ganz zu trennen« sind.[89] Dichten hieße danach nicht, dem Trivialen ängstlich oder hochmütig ausweichen; Dichten hieße, »das Triviale wieder in seine ursprüngliche Schönheit einsetzen« (B I 129). Auf derart paradoxe Weise ist auch »Jennys Lied«, so trivial es beginnt und so floskelhaft es schließt, in seiner Mitte einen Augenblick lang Dichtung und schön. In der satirischen Verhöhnung, auf die der ganze Liedtext und sein Romankontext unbestreitbar hinauslaufen, versteckt sich ein Moment utopischer Versöhnung, die leise Regung eines Lebens, das anders wäre.

Heldenmut und Herdenmut

Kanonische Fontane-Lektüre neigt dazu, die Widersprüche und Spannungen in den Texten einzuebnen, Problematisches in ihnen zu verdrängen oder zu verharmlosen. Ein gutes Beispiel

88 »Es löst sich eine Strähne/Von ihrem blonden Haar/Ausmalen [...] Es weht das Haar im Winde«. Aus: *Distelmeiers Lieder* (H 305).

89 Walter Müller-Seidel: Nachwort. In: Theodor Fontane: *Frau Jenny Treibel*, Stuttgart 1973, S. 223.

dafür sind die Kommentare zur Greeley-Anekdote im *Stechlin* (VIII 365 f.). Das ist die – auf einen authentischen Fall bezogene – Geschichte von jenem Nordpolfahrer, der in extremer Situation einen seiner vier Männer, der den Proviant trägt und heimlich davon ißt, erschießt, um die übrigen zu retten, sich dann selbst anzeigt und freigesprochen wird. Diese Anekdote trägt der Pfarrer Lorenzen im Rahmen eines Gesprächs mit Stechlin über »Heldentum« vor (363 ff.), ein Thema, das auch den übrigen Romandiskurs durchzieht. *Stechlin*-Interpreten, die diese Episode nicht übergehen oder einfach als Plädoyer für die »verantwortlich Handelnden«[90] abhaken, bewegen sich meist in den Bahnen dieses Diskurses. Sie zeichnen nach, inwiefern das Handeln Greeleys ein ganz anderes, höherwertiges Heldentum als das »herkömmlich Heldische« (VIII 365) sein soll, ohne weiter nach dem Exemplarischen dieser merkwürdigen Exempelgeschichte zu fragen. Selbst in einer gerade für die ethischen Aspekte bahnbrechenden Fontane-Studie wird die anstößige Besonderheit der Greeley-Geschichte in allgemeine ethische Formeln aufgelöst: »Sittliches Handeln, das den Namen verdient«, werde »heroisch«, wenn es aus klarem und begründetem Willen die »Moral des Herzens« überwindet und bereit ist, die Konsequenzen auf sich zu nehmen. An dem extremen Beispiel trete die Grundform sittlichen Handelns hervor: den relativ höheren Wert zu verwirklichen. Dabei sei als Maßstab eine schockierend andere Rangordnung als der konventionelle Moralkodex denkbar, denn es gebe »allerlei Moral«.[91] Abgesehen davon, daß mit diesen Formeln, die nicht über jene hinausführen, welche die Kommentare im Text selbst enthalten, das Problem moralischer Normen eher verwischt als geklärt wird, treffen sie Greeley gar nicht: Sein zunächst schockierendes Handeln entspricht nur allzugut dem gesunden moralischen Verstand: Es ist besser, vier Menschenleben zu retten, als eines

90 Werner Schwan: Fontanes *Stechlin* als Roman einer sozialen Lebensweise. In: Text & Kontext 12 (1984), S. 75.

91 Brinkmann: Theodor Fontane, S. 110.

zu schonen. Das ist nicht »heroisch«, sondern – wie eine bei so viel Männlich-Heldischem nüchtern gebliebene Interpretin schreibt – nichts als ein »Akt kalter Berechnung«.[92]

Zugestanden, hier ist ein echter und schwerwiegender Gewissenskonflikt angesprochen: Gegen das Gebot, nicht zu töten, steht in dieser Grenzsituation antinomisch das aus jenem doch abgeleitete Gebot, Leben zu retten. Die situativen Umstände mögen die Nichtverurteilung des historischen Greely gerechtfertigt haben. Der Bericht von Adolphus Washington Greely über das tragische Ende seiner Lady-Franklin-Bay-Expedition im Jahre 1884, in dem er neben eigenen auch Tagebuchaufzeichnungen anderer Teilnehmer benutzt hat, vermittelt glaubwürdig das Bild eines integren, gewissenhaften und verantwortungsvollen Expeditionsleiters, der sich erst in schlimmster Notlage mehrerer Menschen, nachdem einige schon an den Folgen des furchtbaren Hungers gestorben waren, für die äußerste Maßnahme der militärischen Exekution des Soldaten Charles B. Henry entschied, der schon wiederholt wegen rücksichtslosen Nahrungsdiebstahls verwarnt worden war.[93] Zwei Wochen nach der Erschießung Henrys wurden die sieben Überlebenden der mehr als zwanzigköpfigen Gruppe von einem Suchschiff gerettet. Obwohl sie alle dem Verhungern nahe waren (man fand später teilweise verzehrte Leichen), hatten sie auch einen durch Erfrierungen hoffnungslos kranken Kameraden bis zur Rettung durchgefüttert. Greely, der seine Maßnahme »auf die eigene ungeteilte Verantwortung

---

92 Eda Sagarra: Theodor Fontane: *Der Stechlin*, München 1986, S. 76. – Kritisch äußern sich auch Klaus R. Scherpe, der Lorenzen hier anfällig sieht »für eine Herrenmoral, die sich im imperialistischen Deutschland erst noch bewähren sollte« (K. R. S.: Der Romancier. In: Theodor Fontane. Dichtung und Wirklichkeit, Berlin 1981, S. 172, Anm. 46), und Karl Heinz Gärtner, der hier Fontane selbst einem Denken erlegen sieht, als dessen Konsequenz man auch »die dunkelste Periode der deutschen Geschichte« sehen könne (K. H. G.: Literatur und Politik bei Theodor Fontane. In: Formen realistischer Erzählkunst, S. 313).

93 Adolph W. Greely: Drei Jahre im hohen Norden, Jena 1887, S. 404-468.

übernommen« hatte, bat um eine kriegsgerichtliche Untersuchung, die jedoch unterblieb, weil eine Prüfung der Aufzeichnungen ergab, daß kein »Zweifel an der Notwendigkeit und Schicklichkeit der Exekution« bestehe.[94]

Doch Greely ist nicht Greeley: Fontane schreibt ihn ja mit -ey. Kommentatoren unterschlagen diesen feinen Unterschied gelegentlich[95]; dem Autor selbst, der erst nach Drucklegung des Buches einen ausführlicheren Bericht über Greely erhielt, war danach bewußt, daß er in seinem Roman dem deutschen Publikum, auf dessen Unwissenheit er rechne, einen Greeley präsentierte, der vielleicht historisch falsch dargestellt sei.[96] In der Tat weicht die Geschichte, die Lorenzen erzählt, in einigen wichtigen Punkten von der realen ab.[97] Und der *Stechlin*-Greeley, der ja allein aus dem besteht, was uns der Text sagt, wird in der Lorenzen-Anekdote, im Gegensatz zu dem Greely des Expeditionsberichts, nicht ausreichend in solchen Umständen gezeigt, die sein Handeln zwingend erscheinen lassen könnten. Denkt man sich den problematischen Diskurs über Heldentum einmal weg, in den die Geschichte eingebettet ist, dann erscheint jedem, der auch nur ein Geringes an Phantasie aufbringt, jene viel zu lückenhaft erzählt, als daß sie die Alternative: *einen* töten oder *alle* sterben, als unausweichlich erscheinen lassen könnte.

Was besagt eine Zukunftsvoraussicht (»Denn ging es so fort, so waren sie samt und sonders verloren«), die *allein* von der narrativen Teleologie einer Legende bestätigt wird (»und an dem Tage, wo sie den letzten Bissen verzehrten, kamen sie bis an eine Station«)? Warum das Proviantragen nicht anders organisieren? Wieso »ging« es nicht, sich auf einen Kampf

94 Ebd., S. 458 f.

95 So Dietmar Storch in FBl 40 (1985), S. 164.

96 Brief an Paul Meyer v. 12.1.1898; Hanser-Ausgabe, Abt. IV: Briefe, Bd. 4, S. 688.

97 Andrea MhicFionnbhairr: Anekdoten aus allen fünf Weltteilen: The Anecdote in Fontane's Fiction and Autobiography, Frankfurt/M. 1985, S. 179 ff.

einzulassen, da Greeley doch eine Schußwaffe hatte? Wozu in dieser Extremsituation einer Handvoll verirrter Menschen überhaupt »Kriegsgerichtsszene«, »Führer- und Befehlshaberrolle«? Was ist das für ein Gericht, dessen Richter die massivsten Eigeninteressen vertreten? Seit wann – um die irreführenden Wendungen des Textes beim Wort zu nehmen – muß die »Majorität« gegen die »Minorität« geschützt werden? Was soll solches Krieg- und Parlamentspielen, dazu noch verkehrt? Kurz: Die Geschichte wird von Lorenzen nicht so erzählt, daß ein Richter eine hinreichende Urteilsgrundlage hätte, sondern so, daß etwas herauskommt, was »imponiert« (VIII 367). Es geht eben um Heldentum, und zwar in der Art, wie der Romandiskurs es schon ganz zu Anfang, mit Dubslavs Worten, akzentuiert: als Gegenteil einer bourgeoisen oder allgemein-, allzumenschlichen Neigung, sich feige zu »verkriechen«: Heldentum ist »Ausnahmezustand und meist Produkt einer Zwangslage« (29 f.).

Die Geschichte von Leutnant Greeley soll einem ethischen Diskurs als Exempel dienen, der sie von vornherein so dominiert, daß ihr gar nichts anderes übrigbleibt. Dabei paßt überhaupt nicht zu ihr, was Lorenzen an einleitenden Stichworten gibt: Zuerst redet er, rhetorisch auf bekannt pastoraler Linie, die als ›stilles Heldentum‹ christliche Liebesdienste gegen militärische Glanztaten zu setzen pflegt, über ein Heldentum, das »nicht auf dem Schlachtfelde zu Hause« ist, das sich »stumm, einsam, weltabgewandt« vollzieht. Der Pastor meint damit aber überraschenderweise nichts Christliches, überhaupt nichts Ethisches, vielmehr die »fanatischen Erfinder«, die »großen Kletterer und Steiger«, die »Weltteildurchquerer« und die »Nordpolfahrer«. Es ist die assoziative Brücke dieser Nordpolfahrer, die nun Leutnant Greeley in den Text hineinbringt, nicht aber die eingeschobene Reflexion, die »Heldentum«, sofern nur im Dienst einer »Eigenidee« – was immer das sein mag –, auch dann gerechtfertigt sieht, wenn es »das Verbrechen« oder »das Häßliche« streift. »Die Gesinnung entscheidet.« (364 f.) Solche Formeln stehen aber ganz schief zu dem, was dann über den

›Verantwortungsethiker‹ Greeley erzählt wird. Denn er wird als Held ja nicht gefeiert, weil er »auch einer aus der Nordpolfahrergruppe« ist, weil sein Handeln das Verbrechen oder das Häßliche streifen würde oder im Dienst einer »Eigenidee« stünde, sondern einfach weil er aus plausiblem, doch keineswegs unanfechtbarem Kalkül heraus die Tötung eines Menschen um der Rettung mehrerer willen auf sich nimmt.

Was aber tischt uns der Erzähler als ›Moral‹ seiner Geschichte auf? »In solchem Augenblicke richtig fühlen und in der Überzeugung des Richtigen fest und unbeirrt ein furchtbares Etwas tun, ein Etwas, das, aus seinem Zusammenhange gerissen, allem göttlichen Gebot, allem Gesetz und aller Ehre widerspricht, *das* imponiert mir ganz ungeheuer und ist in meinen Augen der wirkliche, der wahre Mut.« (366 f.) Nun wird aber Greeley gerade als ein Mann gezeigt, der keineswegs nach mehr oder weniger richtigen Gefühlen handelt. Sein Handeln widerspricht auch nicht ganz und gar allen religiösen, rechtlichen und kulturellen Normen. Es folgt dem religiösen Gebot, Menschenleben zu retten, es folgt der militärischen »Richterpflicht«, nur die Regeln eines ehrenhaften Kampfes lassen sich aus Mangel an Kräften leider nicht befolgen. Aber Greeley bricht auch das religiöse Gebot, nicht zu töten, und das rechtliche Gebot einer adäquaten Bestrafung. Er entscheidet also in einem ihm bewußten Normenkonflikt und keineswegs in einem Jenseits aller geltenden Normen.

Lorenzens Moral von der Geschichte ist zwar redlich intendiert als Appell, angesichts der allgemeinen Krise überkommener Normen und Werte Ethik nicht etwa zu verabschieden, sondern als einzelner Verantwortung auf sich zu nehmen. Aufgrund dieser Intention stimmt Dubslav, nach nur allzu begründetem Zögern allerdings, seinem unpastoralen Pastor zu, womit der Autor gewiß auch eine Zustimmung des Lesers suggerieren möchte.[98] Aber kann man hier zustimmen? Schon

---

98 Gudrun Loster-Schneider: Der Erzähler Fontane, Tübingen 1986, S. 117, 287.

die sprachliche Form dieses Appells läßt ein fragwürdiges Pathos mitschwingen, das die Würde der autonomen ethischen Entscheidung dem pseudoheroischen Glanz des »jenseits von Gut und Böse« agierenden »Übermenschen« fatal annähert. Dazu paßt, daß der Seelenhirt am Ende in arroganter Manier den Mut der Masse »bei allem Respekt« als untermenschlichen »Herdenmut« diffamieren zu sollen glaubt (367).

Solche Anstößigkeiten legen einen anstößigen, ›blasphemischen‹ Vergleich nahe: Die Formel »in der Überzeugung des Richtigen fest und unbeirrt ein furchtbares Etwas tun« (366) hätte auch in die Endlösungs-Ethik eines Himmler gepaßt, der von seinen Männern verlangte, »übermenschlich unmenschlich« zu handeln und dabei »anständig« zu bleiben.[99] Der Vergleich ist ungerecht, wie gesagt. Er kann aber den Blick schärfen für gern übersehene Züge an dem humanen Pastor Lorenzen.[100] Der sei gar kein richtiger Pastor, sondern ein »Excelsior-, ein Aufsteigemensch, einer aus der wirklichen Obersphäre«, sagt Woldemar von Stechlin über ihn (VIII 165). Was immer das sein mag[101] – jedenfalls verkündet dieser Pastor, der sonst als Repräsentant neutestamentlicher Liebesethik à la João de Deus auftritt, in dem Greeley-Gespräch eine damit vollkommen unvereinbare ethische Denkweise. Die Greeley-Ethik ähnelt viel mehr der abstrakten Labor-Ethik der Brechtschen *Maßnahme* als derjenigen, in deren Zentrum kein rationales Kalkül, sondern das Gebot der Feindesliebe steht.

Der von den *Stechlin*-Interpreten solcherart alleingelassene Leser mag traurigen Trost suchen an der Geschichte des Hauptmanns Czako, der, weniger heroisch orientiert als der Pastor Lorenzen, von einem russischen Lehrer berichtet, der als

99 Hannah Arendt: Eichmann in Jerusalem, München 1964, S. 139.

100 Vgl. Kap. I, S. 34-40.

101 Lorenzen selbst nennt den nationalliberalen Politiker Rudolf von Bennigsen, weil er höhere Ziele habe, einen »Excelsior-Mann« (VIII 391). Fontane kannte den Ausdruck für ein Streben nach Höherem aus dem Gedicht *Excelsior* von Longfellow; vgl. FBl 47 (1989), S. 38, 48.

Kriegsdienstverweigerer zu Tode gequält wurde (VIII 56). Eine Geschichte, die durch keine hochfliegenden Tiraden über Heldentum zerredet wird und dennoch einen markanten Punkt auf dieser Diskurslinie des Romans einnimmt. Das Problematische an der Greeley-Passage wirft nicht nur Licht auf die Inhomogenität der Leitfigur dieser Ebene, des vielgerühmten Lorenzen[102], sondern zugleich auf Widersprüche und Spannungen des diskursiven Feldes insgesamt, das der Roman entfaltet.

Darüberstehen und Drinstecken

Damit wären einige von der Fontane-Forschung bisher wenig oder gar nicht beachtete Erscheinungsformen von Dialogizität in Figurenrede an Stichproben vorgestellt: die Mimesis mündlicher Rede, die von der Suggestion einer Originalton-Aufzeichnung (Bürstenmacher Stappenbeck) bis zur ›Ansteckung‹ der Erzählerrede durch Figurenrede (Jennys »Schwiegermutterherz«) reicht; das Vorführen von Figurensprache in zitathafter Form, im einzelnen das Figurenzitat (van der Straatens und Stechlins »Lieblingswendungen«); das Diskurszitat, d. h. der Einbau von Elementen gesellschaftlicher Diskurse in den Romandiskurs (Dr. Lissauer und seine ›orientalischen‹ Vergleiche, Lessings »Judengeschichte«); die ironische Brechung von Bildungszitaten durch den Redekontext (»Werde, der/die du bist«); die Dialogisierung eingebetteter Gattungen wie »Jennys Lied« oder Lorenzens Greeley-Anekdote durch den Gesprächs- und Romankontext.

Weitere verwandte Phänomene der Figurensprache, die von

102 Für diese Stelle könnte man die Inhomogenität genetisch dadurch erklären, daß dieses Gespräch zu der frühesten Entstehungsschicht des Romans gehört, in der Lorenzen – nach Petersen – noch ohne christlich-soziale Neigungen sei, was aber neuerdings von Anderson bestritten wird. Vgl. Julius Petersen: Fontanes Altersroman. In: Euphorion 29 (1928), S. 37; dagegen Paul Irving Anderson in: FBl 43 (1987), S. 521.

der Fontane-Kritik bisher gleichfalls kaum beachtet worden sind, wären: die konversationellen Aphorismen und die für Fontane typischen grotesk übertreibenden Allgemeinaussagen und ihre Funktion[103]; die sprachlichen Ausdrucksformen dessen, was man taxierendes Denken nennen kann: ein Denken in Rangstufen, das auf Distinktion, auf die ›feinen Unterschiede‹ in der Gesellschaft ausgerichtet ist[104]; die unauffällig eingestreuten Zweideutigkeiten, besonders in Beiträgen männlicher Gesprächsteilnehmer[105]; die sprachlichen Indizien für ›Symptomsprechen‹ und *sous-conversation*, mit denen Unausgesprochenes und Unbewußtes angedeutet werden[106]; das zunehmende Eindringen von Kolloquialismen, von Merkmalen der Umgangssprache, in die Figurensprache und schließlich sogar in die Erzählersprache[107]; die zahlreichen Anekdoten und Witzworte; die ebenso gebrochene wie intensive Beziehung der Fontaneschen Gesprächskunst und der ihr eingelagerten Bewußtseinskritik zur alteuropäischen Tradition der Moralistik.[108] Dieser Aspekt verdiente besondere Aufmerksamkeit, da er einen Ansatzpunkt bietet, um Fontanes Romanwerk in Hinblick auf die Sprach- und Bewußtseinsproblematik auf neue Weise in einen größeren literatur- und geistesgeschichtlichen Zusammenhang zu stellen. Dazu abschließend einige Stichworte.

---

103 Vgl. Kap. IV.

104 Vgl. Kap. V.

105 Vgl. Kap. VI.

106 Vgl. Horst Fleig: Sich versagendes Erzählen (Fontane), Göppingen 1974; Bange: Ironie et dialogisme, S. 272.

107 Was mochte Eduard Engel, der über Fontane schon wegen dessen Fremdwortgebrauch urteilte: »Alle Achtung vor dem guten Erzähler Fontane, sehr geringe vor seiner Prosasprache« (E. E.: Deutsche Stilkunst, Wien [18]1913, S. 156), wohl über das wunderbare umgangssprachliche Wörtergewimmel bei Fontane denken: Quackelei, Schmadderei, Nuddelei, Knubbelschaft, Bibber, fipperich, koddrig, schnabbrig, kribblig, klapprig, schmustrig, mudike, quietschig, fißlig, kleinstietzig, verquient usw. usf.?

108 Zu den zuletzt genannten Punkten vgl. Kap. III, S. 128 ff.

Die Sonderstellung Fontanes unter den deutschen Erzählern des Realismus wird seit langem mit Recht darin gesehen, daß seine Werke der dominanten literarischen Form der Epoche, dem Typ des europäischen Gesellschaftsromans, am nächsten kommen, ohne freilich die spezifischen Merkmale des deutschen ›poetischen‹ Realismus zu verleugnen. Diese Nähe läßt sich in Anschluß an die vorstehenden Kommentare in der folgenden Weise genauer bestimmen: In demselben Maße, wie Fontanes Romane gesellschaftliche Wirklichkeit wesentlich als sprachliche Wirklichkeit, als soziale Redevielfalt, entwerfen, als Polyphonie einander relativierender Ansichten von Realität, enthalten sie Gesellschaftskritik vornehmlich in Gestalt von Sprach-, Kommunikations- und Bewußtseinskritik. Die mit der Fontaneschen Poetik eng verbundene Ethik verurteilt den Schein, die Lüge, den falschen Ton, die Phrase, das Geschwätz – also die typischen Entstellungen menschlicher Kommunikation.[109] Fontane verfügte über eine erheblich größere sprachkritische Sensibilität als die übrigen poetischen Realisten. Er hat noch Nietzsche zur Kenntnis genommen, er war mit dem späteren Sprachkritiker Fritz Mauthner persönlich bekannt und mit den gelehrten Sprachtheoretikern F. Max Müller[110] und Moritz Lazarus[111] viele Jahre lang befreundet. Den Aporien der schon in seiner Zeit um sich greifenden modernen Sprachskepsis[112] und ihren literarischen Konsequenzen ist Fontane jedoch entgangen, und zwar keineswegs aus Naivität, sondern aus einer schriftstellerischen und geistigen Reife heraus, die

109 Brinkmann: Theodor Fontane, S. 129; Glenn Alan Guidry, Language, Ethics, and Society: A Model of Communication in Fontane and Hofmannsthal, Diss. Berkeley 1986.

110 Friedrich Max Müller: Das Denken im Lichte der Sprache, Leizpig 1888; ders.: Die Wissenschaft der Sprache, 2 Bde., Leipzig 1892/93.

111 Moritz Lazarus: Geist und Sprache, Berlin 1878; vgl. auch Fn. 48.

112 Helmut Arntzen: Sprachdenken und Sprachkritik um die Jahrhundertwende. In: H. A.: Zur Sprache kommen, Münster 1983, S. 94-106; Peter von Polenz: Sprachkrise der Jahrhundertwende und das bürgerliche Bildungsdeutsch. In: Sprache und Literatur 14 (1983), S. 3-13.

vielleicht die Hauptursache dafür ist, daß sein Romanwerk eine die Epochen übergreifende Gegenwärtigkeit behalten hat.

Fontane hat wie Flaubert ein scharfes und immer waches Ohr für die gesellschaftliche Dummheit gehabt, die in den Gemeinplätzen alltäglicher Kommunikation zum Ausdruck kommt, aber er hat seine Kritik nicht zu einer Totalkritik an der »bêtise humaine« gesteigert.[113] Er hat als Prosaist aus der modernen Sprach- und Bewußtseinsproblematik nicht die Konsequenz einiger Naturalisten gezogen, die versuchten, die »Sprache des Lebens« quasi als Naturphänomen literarisch bloß zu reproduzieren. Aber er hat auch nicht die entgegengesetzte ästhetizistische Konsequenz gezogen, nämlich daß eine extrem stilisierte poetische Sprache als Gegensprache normativ gegen die als deformiert und uneigentlich kritisierte Sprache der Gesellschaft gesetzt wurde. Fontane hat auch nicht, wie sein Schüler Thomas Mann in den wenige Jahre nach dem *Stechlin* erschienenen *Buddenbrooks,* eine unüberbrückbare, auch sprachlich markierte ironische Distanz zwischen Figuren- und Erzählerbewußtsein gesetzt.

So wie sich im Sprechen Fontanescher Figuren Authentisches und Inauthentisches, Einsicht und Blindheit oder, mit Fontanes eigenen Wendungen, ›Darüberstehen‹[114] und ›Drinstecken‹[115] ständig mischen, so bewegt sich auch der Erzähler bei Fontane nicht grundsätzlich außer- oder oberhalb des Horizonts der erzählten Figuren, sondern er tritt immer wieder sozusagen mitten unter sie. Er lernt geradezu von ihnen, denn er bringt sie erzählend in bestimmte Situationen, »um ihnen abzuhören, was sie sagen werden«.[116] Er nimmt auch »mit vollem Bedacht die formel- und klischeereiche Sprache seiner Zeitgenossen auf«, nicht so sehr aufgrund von Sprachnatura-

113 Vgl. Kap. IV, S. 162 f.

114 Vgl. Katharina Mommsen: Theodor Fontanes ›freies Darüberstehen‹. In: Dichter und Leser, hg. v. F. van Ingen, Groningen 1972, S. 89-93.

115 »Wir stecken schlimm drin; das heißt Mensch sein.« (B II 178)

116 Richard M. Meyer: Deutsche Literaturgeschichte des Neunzehnten Jahrhunderts, Berlin 1899, S. 400.

lismus oder von epischer Ironie als vielmehr um zu zeigen, »wie sich Individuelles verwirklichen kann in einem Medium, das schon eine Fülle von sehr konkreten Bindungen und Verhaltensweisen zur Wirklichkeit und zur Gesellschaft präjudiziert«.[117] Nicht in auktorialer Selbstherrlichkeit erzeugt der Erzähler das die Texte Fontanes durchziehende Spannungsfeld von Authentischem und Inauthentischem, sondern er liefert sich diesem selber aus. So gehört zu der Bewußtseinskritik, die in der Darstellung von Figurenrede bei Fontane enthalten ist, immer auch ein gut Teil Selbstkritik und Selbstrelativierung.

Dadurch wird es nun aber sehr schwierig, ein Zentrum in Fontanes sprachlich dezentrierten Texten auszumachen, das Bewußtsein zu ermitteln, von dem aus die Bewußtseinsformen kritisiert werden, die in den Stimmen und Redeweisen der Romane kenntlich gemacht sind, den gesellschaftlichen, geistigen und ethischen Standort zu fixieren, von dem aus Diskurse und Weltbilder, Lebensformen und Wertsysteme problematisiert werden. Weder eine subjektzentrische Hermeneutik noch eine subjektdezentrierende Diskursanalyse kann dieser kritischen Schwierigkeit und ihren objektiven Ursachen in Fontanes Erzähltexten gerecht werden, denn beide tendieren, jeweils in verschiedener Richtung, dazu, eine den Texten innewohnende Dialektik, die diese Texte gerade so reichhaltig und lebendig macht, einseitig aufzulösen und stillzustellen. Es ist eine Dialektik von Anerkennung und Verneinung, von Geltenlassen und Relativieren.[118] Das Reden mit ›fremden Stimmen‹, das Erzählspiel mit den Sprachen der Gesellschaft, das diese »bejaht und verneint zugleich«[119], bleibt ein riskantes, paradoxes Spiel. Denn es versucht Freiheit, Authentizität zu gewinnen gerade durch mimetische Hingabe an inauthentische, entfremdete Sprache. Diese Spielhaltung aber erwächst aus einem sehr ernstzunehmenden Fontaneschen »Glauben/An diese Welt

117 Brinkmann: Theodor Fontane, S. 130.
118 Ebd., S. 124.
119 Ebd., S. 148.

trotz dieser Welt« (G I 24). Fontane wußte als Erzähler und als Mensch keinen Ort jenseits der gemischten Sphäre des Menschlich-Allzumenschlichen, der gesellschaftlichen Sprachspiele. Er hat das authentische Sprechen, die »Sprache des Herzens«, mitten im inauthentischen Sprechen gesucht und das richtige Leben inmitten eines falschen. In der erzählerischen Umsetzung dieser Haltung darf man die innere Form der Romane Theodor Fontanes sehen.

III. Vom Sagennachklang zum Gesellschaftsecho

Mündliches Wissen in den *Wanderungen* und im Romanwerk

Volksmund und fingierte Mündlichkeit

Fontanes großer Altersroman *Der Stechlin* beginnt mit einer Beschreibung des gleichnamigen Sees im Norden der Mark Brandenburg. Der Erzähler schließt seine Skizze von Topographie und Landschaft mit einer naturkundlichen Merkwürdigkeit ab: Dieser stille See wird lebendig, wenn irgendwo »weit draußen in der Welt« ein Erdbeben beginnt. »Dann regt sich's auch hier, und ein Wasserstrahl springt auf und sinkt wieder in die Tiefe.« Ehe sich der Leser noch fragen kann, wie ernst wohl der Erzähler solch eine limnologisch-seismologische Information meinen mag, macht dieser sie als mündliches Wissen der Region kenntlich. Die aber weiß auch noch ganz andere Dinge über ihren See zu erzählen. Der Text geht an der zitierten Stelle weiter:

> Das wissen alle, die den Stechlin umwohnen, und wenn sie davon sprechen, so setzen sie wohl auch hinzu: »Das mit dem Wasserstrahl, das ist nur das Kleine, das beinahe Alltägliche; wenn's aber draußen was Großes gibt, wie vor hundert Jahren in Lissabon, dann brodelt's hier nicht bloß und sprudelt und strudelt, dann steigt statt des Wasserstrahls ein roter Hahn auf und kräht laut in die Lande hinein.« (VIII 7)

So weit zitiert der Erzähler das regionale mündliche Wissen, ohne den Gewißheitsgrad solchen Wissens explizit zu erörtern, also über die implizite Distanzierung in Form der Anführungszeichen hinaus, und er fügt dann nur noch lakonisch hinzu: »Das ist der Stechlin, der *See* Stechlin.« (8) (Denn Stechlin heißen außerdem noch Dorf, Wald, Schloß und Schloßherr.) Dieses In-der-Schwebe-Lassen, ein Grundgestus des Fontaneschen Erzählens, scheint anzuzeigen: Hier gehe es gar nicht so sehr um den primären Bedeutungsgehalt des vom Erzähler referierten mündlichen Wissens als vielmehr um sekundäre, vom Romandiskurs selbst evozierte Bedeutungen, um die Etablierung eines Leitmotivs an exponierter Stelle, um den Stechlin-See als vieldeutiges und auch entsprechend viel gedeutetes Symbol für den »großen Zusammenhang der Dinge«, insbesondere für die komplexen Beziehungen zwischen Provinz und Welt, Tradition und Modernität, Konservatismus und Revolution. Fontane hat hier ein Wissen episch funktionalisiert, aber er hat es nicht *er*funden, sondern durchaus *ge*funden, so wie er sich bei der Landschaftsdarstellung zu Beginn des *Stechlin*-Romans an das entsprechende, schon ein Vierteljahrhundert früher geschriebene Kapitel seiner *Wanderungen durch die Mark Brandenburg* anlehnte (W I 369-376). Dort bereits hat der Wanderer und Reisefeuilletonist Fontane seinem Gastgeber die Sage vom roten Hahn im Stechlin-See in den Mund gelegt. Er selbst aber hatte sie vielleicht schon als Kind der Grafschaft Ruppin mündlich vermittelt bekommen, konnte sie jedoch auch in den regionalkundlichen Büchern lesen, die er oft benutzte (VIII 418 f.).

Solche Lokal- und Regionalsagen, am häufigsten als Spukgeschichten, stellen die auffälligste Gestalt mündlichen Wissens in Fontanes *Wanderungen* dar. Dort dienen sie, als romantische Reminiszenzen an einen ›Volksmund‹, der die Geschichte in Geschichten weiterdichtet, dazu, das Genre des historisch-regionalistischen Feuilletons poetisierend zu ›verklären‹ – ein Verfahren, das auch der spätere Erzähler Fontane immer wieder angewandt hat. Dennoch zeigt gerade die Wiederkehr des Motivs der Stechlin-Sage aus den *Wanderungen* in dem epischen Alterswerk exemplarisch eine charakteristische Entwicklung der Erzählkunst Fontanes an: In ihrem Verlauf treten romantisierende Bezugnahmen auf mündliches Wissen immer mehr zurück, zum einen, weil solches Wissen wie im *Stechlin* weniger um seiner selbst willen als zum Aufbau sekundärer Bedeutungen zitiert wird, zum andern, weil die verschiedenen Gestalten und Präsentationsweisen mündlichen Wissens nur *einen* Sektor im Spektrum einer breit und virtuos entfalteten fingierten Mündlichkeit darstellen. Deren Prinzip finde ich in Hinblick auf Fontane am besten mit der Bachtinschen Kategorie der Dialogizität bezeichnet, d. h. der Offenheit des Romans für gesellschaftliche »Redevielfalt«.[1] Darum läßt sich die Frage nach Formen und Funktionen mündlichen Wissens in Fontanes Prosa m. E. am angemessensten im Zusammenhang einer Betrachtung beantworten, die Fontanes Weg als Erzähler von *Vor dem Sturm* bis zu *Der Stechlin* als eine immer radikalere Anwendung des Prinzips der Dialogizität versteht. Sofern am Funktionswandel mündlichen Wissens der *allgemeine* Weg des Romans zur Moderne hin abgelesen werden kann, ließe sich der *besondere* Weg, den Fontane beschritten hat, dann auch als ein solcher beschreiben, der ins Vorfeld modernen Erzählens führt, in einem gewissen Sinn sogar, wie ich meine, über dieses hinaus.

Der Begriff des mündlichen Wissens wird hier in Anlehnung an Forschungen zu fingierter Mündlichkeit in literarischen Erzähltexten verwendet[2]: Nimmt man Wissen nicht so sehr als Gegensatz zu Nichtwissen, d. h. als eine Informationsmenge, sondern im Sinne der Wissenssoziologie als Sammelbegriff für geschichtlich-gesellschaftlich verankerte Bewußtseinsformen und -gehalte, dann heißt mündliches Wissen: in mündlicher Kommunikation sich bildendes und vermitteltes Bewußtsein. Nun werden die lebensweltlichen Formen mündlichen Wissens, wenn der Romandiskurs sie aufnimmt, in erster Linie in Gestalt von fingierter Mündlichkeit, also vor allem von narrativ modellierter Figurenrede, dargeboten. Das gibt uns das Methodenproblem auf, wie wir in der Fiktion eine Mimesis mündlicher Kommunikation und mündlichen Wissens nachweisen können, ohne in eine zirkuläre Argumentation zu geraten. Das Problem besteht darin, wie wir die fingierte Mündlichkeit an

1 Michail M. Bachtin: Die Ästhetik des Wortes, hg. u. eingel. v. R. Grübel, Frankfurt/M. 1979, S. 157; vgl. Kap. II, S. 79 ff.

2 Paul Goetsch: Fingierte Mündlichkeit in der Erzählkunst entwickelter Schriftkulturen. In: Poetica 17 (1985), S. 202-218; Mündliches Wissen in neuzeitlicher Literatur, hg. v. P. Goetsch, Tübingen 1990.

der tatsächlich gesprochenen Sprache einer Zeit messen sollen, aus der wir ja keine Tonbänder haben. Texte wie die Fontanes werden dann leicht in den Rang von Quellen erhoben, was zu Zirkelschlüssen führen kann.[3] Die »Garde-Schnarrstimme« (V 58) beispielsweise, die Fontane mit immer mehr Unwillen gehört hat, muß anders geklungen haben, als sich die zahlreichen Offiziere in seinen Romanen vernehmen lassen.[4] Hier liegt noch eine Forschungsaufgabe, die aber nicht geradewegs gelöst werden könnte, sondern nur mit Hilfe von flankierenden Untersuchungen zum Verhältnis von Mimesis und Stilisierung in Fontanes Prosa.

Gleichzeitig sind hier Probleme der Romanpoetik und -kritik involviert: Wenn – nach Bachtin – ein spezifisches Potential des Romans überhaupt in der Mimesis gesellschaftlicher Redevielfalt besteht und wenn ein spezifisches Merkmal des neueren und modernen Romans in einer immer weiter ausdifferenzierten Darstellung und Kritik von Bewußtsein liegt[5], dann muß eine Analyse von Formen mündlichen Wissens auch an diesen Formen die mimetischen wie bewußtseinskritischen Leistungen von Romandiskursen untersuchen. Wissen, in Gestalt von Figurenrede präsentiert, also objekthaft ›ausgestellt‹, damit in beobachtender Lektüre prüfbar und problematisierbar, kann sich, als gesellschaftlich formiertes, auch als *de*formiertes Wissen erweisen. Die gesellschaftliche Produktion von Wissen ist immer zugleich eine solche von Unbewußtheit oder, in der Terminologie klassischer Ideologiekritik, von ›falschem Bewußtsein‹. Da sind z. B. die Leute mit einer »Geldsackgesin-

3 Diese Gefahr zeichnet sich ab bei Angelika Linke: Die Kunst der ›guten Unterhaltung‹: Bürgertum und Gesprächskultur im 19. Jahrhundert. In: Zeitschr. f. germanistische Linguistik 16 (1988), S. 123-144.

4 Thomas Mann (Der alte Fontane. In: Theodor Fontane, hg. v. W. Preisendanz, Darmstadt 1973, S. 13) läßt die Frage dahingestellt sein, »ob preußische Leutnants je so anmutigen Geistes gewesen sind« wie z. B. Rex und Czako im *Stechlin*.

5 Dorrit Cohn: Transparent Minds. Narrative Modes for Presenting Consciousness in Fiction, Princeton 1978.

nung«, die Fontane von Herzen gehaßt hat: »in einem fort quasseln sie vom ›Schönen, Guten, Wahren‹ und knicksen doch nur vor dem Goldnen Kalb«; ihr Leben ist »eine einzige große Lüge« (A II 13). Auch Dummheit und Phrase – um zwei Stichworte zu nennen, an denen sich im 19. Jahrhundert die Bewußtseins- und Sprachkritik von Autoren wie Flaubert, Dikkens und Fontane abgearbeitet hat – gehören damit zu den analysierenswerten Erscheinungsformen mündlichen Wissens. Das Spektrum von deren erzählerischer Modellierung reicht von affirmativer, romantisch-kulturnostalgischer Beschwörung oraler Traditionen und Wissensformen bis zu kritischer Diagnostik entfremdeter Sprache und verdinglichten Bewußtseins[6] im Medium einer fiktionalen Mimesis von Mündlichkeit. Dieses gesamte Spektrum finden wir in ungewöhnlicher Differenziertheit in Fontanes Prosawerk entfaltet.

Auf der Basis dieser Einschätzung liegt es nahe zu versuchen, in der Analyse exemplarischer Gestalten erzählerisch dargebotener Mündlichkeit der Leistung des Fontaneschen Erzählens, seiner inneren Form, auf neue Weise auf die Spur zu kommen. Hier möchte ich, nach einer Überblicksskizze zu Formen von Mündlichkeit und mündlichem Wissen in Fontanes Romanen, einige Beobachtungen vorlegen über den Stellenwert traditionalen und regionalen mündlichen Wissens besonders in den *Wanderungen* und in *Vor dem Sturm* sowie im weiteren Prosawerk Fontanes.

Mündliche Quellen der Dialogizität

Die Dominanz fingierter Mündlichkeit in seinem Werk macht Fontane zum einzigen ebenbürtigen deutschen Nachfolger von Charles Dickens. Auf dem Feld des deutschen literarischen

6 Hannelore Ederer: Die literarische Mimesis entfremdeter Sprache. Zur sprachkritischen Literatur von Heinrich Heine bis Karl Kraus, Köln 1979.

Realismus im 19. Jahrhundert ist diese Dominanz zwar nicht als solche einzigartig – auch in Spielhagens Romanen wimmelt es von Gesprächen –, sondern durch die erzählerische Leistung einer Balance von Mimesis und künstlerischer »Modelung«, von »Psychographie und Kritik«. Dabei sollte nicht vergessen werden, in welch hohem Maße bereits auf der Produktionsebene Mündlichkeit und mündliches Wissen eine Rolle spielen. (Für die Rezeptionsebene, also für eine sekundäre Mündlichkeit, haben wir dagegen, im Unterschied etwa zu Dickens, der aus seinen Romanen mit großem Erfolg öffentlich vortrug, und auch zum frühen Fontane selbst, der seine lyrischen Produkte im Dichterkreis *Tunnel über der Spree* erfolgreich rezitierte[7], kaum mehr als ein paar Indizien, z. B. Zeugnisse über Test-Vorlesen von Unveröffentlichtem im Familienkreis u. ä.) Von den 17 erzählerischen Hauptwerken Fontanes sind acht nachweislich aufgrund mündlicher Stoffanregungen entstanden. Das ist die Mehrzahl, wenn man die Werke mit unbekannter Stoffquelle (wobei wiederum mündliche Quellen wahrscheinlich sind, weil sie leichter unbekannt bleiben können) abzieht. Die Geschichte zu *Schach von Wuthenow*, als »Affäre Schack« ein »Schmuckstück des Hofklatsches«, erzählte ihm bereits 1862 Mathilde von Rohr, die der Autor als »brillante Erzählerin alter Geschichten« und als »ein wahres Anekdotenbuch« lobt (III 604). Die Mordgeschichte zu *Ellernklipp* erzählte Fontanes Nichte seiner Tochter 1878, passenderweise auf dem Ilsenstein im Harz (578). Über die Skandalgeschichte um Therese Ravené, Vorbild für *L'Adultera*, erfuhr Fontane Einzelheiten durch eine Bekannte seiner Frau (538). Den Modellfall für *Cécile* erzählte ihm Graf Eulenburg 1882 auf einem Diner (IV 563). Der Kriminalfall für *Unterm Birnbaum* gehörte zu Fontanes eigenem mündlichen Wissen aus seinen Letschiner Tagen (541). Den für *Quitt* bekam er in Krummhübeler Ferienplaudereien vom dortigen Lehrer Loesche erzählt (V 610). Stoff für *Frau Jenny Treibel*

---

7 Peter Wruck: Theodor Fontane in der Rolle des vaterländischen Schriftstellers. In: FBl 6 (1987), S. 644-667; hier S. 646.

trug ihm seine Schwester zu, die zum Freundeskreis eines Kommerzienratshauses gehörte. (VI 511). Der Fall Ardenne schließlich, Stoffquelle für *Effi Briest*, wurde Fontane zuerst durch seine »Freundin und Gönnerin Lessing (›Vossische Zeitung‹) bei Tisch erzählt« (VII 525).

Über diese namentlich bekannten mündlichen Wissensvermittler hinaus lassen sich – das wäre eine Aufgabe für sich – die Kommunikationsräume zusammenstellen – vom lebenslangen Ehegespräch der Fontanes über gemachte und empfangene Besuche bis zur Table d'hôte an Urlaubsorten –, in denen Fontane seine Meisterschaft im Zuhören und Hinhören entwickelte, die seine – im einzelnen freilich schwer nachzuweisende – mündliche Hauptquelle blieb. (Die schriftliche war die tägliche Zeitungslektüre.) Unzählige Stellen in Figurenrede, die aufgrund ihrer treffenden Symptomatik oder grotesken Komik ein gut Teil des Lesevergnügens an Fontane-Prosa bewirken, lassen sich wohl nur als solche sprachlich-kommunikativen Fundstücke auffassen.

Fontane war ein unermüdlicher Beobachter – oft ein aktiv teilnehmender – und Diagnostiker von Kommunikation. Keine andere Sphäre sozialer Wirklichkeit ist in seinem Werk so extensiv und nuanciert dargestellt wie die kommunikative. (Entsprechend defizitär wird die Sphäre der Arbeit – für alle Gesellschaftsklassen – dargeboten.) Aufgrund der Dominanz von Figurenrede in seinen Romanen und Erzählungen entfaltet sich ein breites Spektrum von Formen mündlicher Kommunikation und mündlichen Wissens. Da sind, mit Märchen und Sage, die ›romantischen‹ Gestalten mündlicher Überlieferung – ihnen soll im folgenden besondere Aufmerksamkeit gelten. Da ist, innerhalb und außerhalb der Gesprächsszenen, als kommunikativer Hintergrund des erzählten Geschehens das anonyme, vielstimmige Gerede der Leute; unter den Klatschsorten findet man Dorfklatsch, Hofklatsch, Theaterklatsch. Da sind, als Formen institutioneller Rede, Predigten der diversen Pastoren, Kastellans-Vorträge (IV 351), Dichterlesungen (II 86 ff.) und Vorleseabende (V 455). Innerhalb der Gespräche erklingt – gesprochen, gesungen oder gespielt – eine Vielfalt von Auswendiggelerntem: religiöses Wissen in Katechismusform und biblischer Erzählung (III 272, 279); abfragbares Elementarschulwissen – Patron Dubslav macht in seiner Dorfschule eine erfolgreiche Probe:

»Na, lernst auch gut?«
Der Junge griente.
»Wann war denn Fehrbellin?«
»Achtzehnte Juni.«
»Und Leipzig?«
»Achtzehnter Oktober. Immer achtzehnter bei uns.«
»Das ist recht, Junge . . . Da.«
Und dabei griff er in seinen Rock und suchte nach einem Nickel. (VIII 63 f.)

Volksverse und -sprichwörter[8], Kinder-, Wiegen- und andere Volkslieder, auch neuere populäre Lieder, Arien, Romanzen, die auswendig zitiert oder gesungen werden – Frau Dörr in *Irrungen, Wirrungen* z. B. schwärmt für *Morgenrot, Morgenrot* und *Denkst du daran, mein tapfrer Lagienka* (V 58). Aber ebenso gehören zum auswendigen Wissensschatz Kunstlieder sowie klassische und vor allem romantische und nachromantische Lyrik, von Lenau und Waiblinger über Heine und Herwegh bis zu Mörike und Storm; unzählige Sentenzen und Aphorismen, die als ›geflügelte Worte‹ in Umlauf waren. Deren eisernen Bestand bilden die unablässig von Fontanes bürgerlichen und adligen Figuren – wie auch vom Autor selbst – im Munde geführten und nur allzuoft verdrehten oder depravierten Klassikerzitate, besonders natürlich aus Schillers Werken.[9] Man beherrscht das Spiel mit ›Leberreimen‹ (IV 408 ff.), drechselt Biertischverse (222) und belustigt sich an Knallbonbons mit

8 Hardy Ottmar Fuchs: Die Funktion des Sprichwortes bei Theodor Fontane, Diss. Michigan State University 1970.

9 Herman Meyer: Das Zitat als Gesprächselement in Theodor Fontanes Romanen. In: Wirkendes Wort 10 (1960), S. 221-238; Lieselotte Voss: Literarische Präfiguration dargestellter Wirklichkeit bei Theodor Fontane, München 1985; Bettina Plett: Die Kunst der Allusion, Köln 1986.

sinnigen Sprüchen (V 25). Auswendig zu erzählen weiß man auch zahlreiche Anekdoten[10] und Witze, die kürzesten Formen mündlichen Wissens, seien es Kegelwitze (IV 219), seien es »die alten Wiener-Kongreß-Witze« (VIII 55), seien es die neu in Mode gekommenen »Bibelwitze«, unter denen Effis Vetter Dagobert von Briest, der über Witze Buch führt, diejenigen für etwas »hervorragend Feines« hält, in denen sich mit Biblischem »das dativisch Wrangelsche« mischt: Wer war der erste Kutscher? Nicht Apollo, wie Effi meint, die in Mythologie immer sehr gut war, sondern: »Der erste Kutscher war ›Leid‹. Denn schon im Buche Hiob heißt es: ›Leid soll mir nicht widerfahren.‹« (VII 204) Auch manche Zweideutigkeiten männlicher Konversationsteilnehmer speisen sich aus mündlichem Wissen sehr unterschiedlicher Herkunft, sei es, wie bei einer »Venus Kallipygos« (III 170), klassisches Bildungswissen, sei es, wie beim »Pflaumenthema« und den »sich darin bergenden Wagnisse[n]« (VIII 94), eher in der erotischen Volkssprache sedimentiertes Wissen.[11] Nicht regelrecht auswendig gelernt, vielmehr automatisch nachgesprochen, als linguistisches »Gesellschaftsecho« (V 133) und Bodensatz des Alltagswissens, sind die zahllosen Redensarten, Floskeln, Schlagwörter, Slogans und sprachlichen Stereotype, in denen mündliches Wissen die Gestalt von Dummheit annimmt.[12]

Von dieser Beobachtung ausgehend, könnte man einige charakteristische Phänomene des narrativen Diskurses bei Fontane, dessen Präsentation von Figurensprache regelmäßig Bewußtseinskritik impliziert, als textuelle Spannungsfelder analysieren, die ein hohes Maß an Dialogizität hervorbringen. Zu denken ist dabei – um nur Beispiele zu nennen, in denen münd-

---

10 Siegfried Hajek: Anekdoten in Theodor Fontanes *Vor dem Sturm*, In: Jb. d. Raabe-Ges. 1979, S. 72-93. – Zur Anekdote bei Fontane insgesamt vgl. die umfang- und ertragreiche Untersuchung von Andrea Mhic-Fhionnbhairr: Anekdoten aus allen fünf Weltteilen. The Anecdote in Fontane's Fiction and Autobiography, Bern 1985.

11 Vgl. Kap. VI, S. 228.

12 Vgl. Kap. IV.

liches Wissen eine Rolle spielt – an die Mimesis von Mündlichkeit als humoristisch-kritisches Ausstellen des Alltagswissens sozialer Gruppen, z. B. in *Vor dem Sturm* Bürstenbinder Stappenbeck als Stammtischredner auf dem Windmühlenberg[13]; an die Zitierpassion zahlreicher Figuren (wie auch des Autors eigene) als Ausdruck einer krisenhaften spätbürgerlichen Bildungssituation und Gesprächskultur[14]; an die vielen Gespräche über Orts-, Personen- und andere Namen, über Fremdwörter[15], Modewörter, überhaupt über Sprache[16] – Gespräche, die nicht so sehr als typisch moderne Gestalt poetischer Autoreflexivität, sondern mehr als spielerische Aktualisierung kultursemiotischen Wissens zu interpretieren wären; an die in Fontane-Gesprächen vielfältigen Formen anspielender Bezugnahme auf gesellschaftliche Diskurse der Zeit, z. B. über die ›soziale Frage‹ oder die ›Judenfrage‹, die man teilweise mit dem Begriff ›Diskurszitat‹ erfassen könnte.[17]

Zu denken ist schließlich an die Darstellung und Problematisierung kommunikativen Normenwissens[18], die bei Fontane durchgehend auf die – wie immer gebrochene – alteuropäische Tradition der Moralistik bezogen sind – das Konzept des Taktes[19], das in zahlreichen Komposita begegnende Leitwort ›Ton‹. Sofern seine Erzählkunst den »Roman der guten Gesellschaft« fortschreibt, die Transformation von Umgangsformen in Erzählformen, könnte man »fast sagen, Freiherr von Knigge eher als der individuelle Schriftsteller bestimme die Konturen der

---

13 Vgl. Kap. II, S. 63 f.

14 Vgl. Kap. II, S. 72.

15 Iman Osman Khalil: Das Fremdwort im Gesellschaftsroman Theodor Fontanes, Frankfurt/M. 1978.

16 Ingrid Mittenzwei: Die Sprache als Thema, Bad Homburg 1970.

17 Vgl. Kap. II, S. 89 f.

18 Zur Geschichte dieses Wissens- und Diskursfeldes vgl. Karl-Heinz Göttert: Kommunikationsideale, München 1989.

19 Michael Minden: *Effi Briest* and »die historische Stunde des Takts«. In: Modern Language Review 76 (1981), S. 869-879.

Roman-Architektur«.[20] Fontanes Denken war dem der französischen Moralisten verwandter als dem der deutschen Philosophie.[21] Und er hat einem zeitgenössischen Denken über Umgangsformen zugestimmt, das diese als soziale Imperative des Gesellschaftswesens Mensch bestimmte, dabei ästhetische, ethische und soziale Aspekte verband und als ethisches Kernmotiv aller Umgangsformen »die Rücksicht auf Andere« hervorhob.[22] Andererseits hat Fontane die »Dialektik des Takts« am eigenen Leib, in der Auseinandersetzung mit den Geselligkeitsformen seiner Umgebung, erfahren.[23] Auch seine Romane reflektieren, daß dieses Modell menschlicher Beziehungen »seine genaue historische Stunde« gehabt hatte, d. h. unrettbar der Vergangenheit angehörte.[24] Die ethische Dimension seines Erzählens liegt nicht zuletzt in der erprobend durchspielenden Suche nach Alternativen, die den leer gewordenen Platz der alteuropäischen Umgangslehre einnehmen könnten.

Aus diesem weiten Spektrum der Formen von Dialogizität bei Fontane soll im folgenden nur ein schmaler Sektor herausgeschnitten werden, und zwar diejenige erzählerische Gestaltung mündlichen Wissens, mit der sich Fontanes Werk gerade am meisten traditionsverhaftet zeigt. Von da aus ließe sich dann der Weg abmessen, den der Erzähler Fontane von seinen Anfängen bis ins Vorfeld des modernen Romans genommen hat.

---

20 Peter Demetz: Formen des Realismus: Theodor Fontane, München 1964, S. 140.

21 Henry H. H. Remak: Theodor Fontane und Thomas Mann. In: Horizonte. Festschrift für Herbert Lehnert, hg. v. H. Mundt (u. a.), Tübingen 1990, S. 126-141; hier S. 140.

22 Rudolf von Ihering: Über die Umgangsformen. In: Die Gegenwart Nr. 45 v. 11.11.1882, S. 307-311. – Vgl. Theodor Fontane: Tagebücher 1866-1882. 1884-1898, hg. v. G. Erler, Berlin 1994, S. 378.

23 Fernande Mockey: War Fontane ein Gesellschaftsmensch? In: FBl 30 (1979), S. 509-520.

24 Theodor W. Adorno: Minima Moralia, Frankfurt/M. 1969, S. 36 f.

»Wanderungen durch die Mark Brandenburg« und »Vor dem Sturm«

Fontane begann als Erzähler – nach unreifen frühen Versuchen – mit dem großen historisch-regionalen Roman *Vor dem Sturm* in deutlicher Nachfolge Walter Scotts. (Er schätzte zeitlebens besonders *Waverley*, *The Antiquary* und *The Heart of Midlothian.*[25]) Der Erzählton ist in diesem Werk wie niemals später mitgefärbt von romantisierenden, poetisierenden Bezugnahmen auf mündliches Wissen in Gestalt von Sage und ›Volksmund‹. Hierin wie in anderem stellt *Vor dem Sturm* eine epische Umsetzung der *Wanderungen durch die Mark Brandenburg* dar. Diese wiederum wurden als Schreibprojekt auf Fontanes Schottlandreise von 1858 geboren. Die aber stand ganz im Zeichen der Poesie von Landschaft und Geschichte, d. h. im Zeichen von Walter Scott. Das »in Lied und Sage vielgenannte Lochleven Castle« und sein See weckten in Fontane Assoziationen an Rheinsberg und die märkische Landschaft als Geschichtslandschaft (W I 1-3), so wie ihn die Flußfahrt auf dem Forth von Edinburgh nach Stirling mit ihrer »Fülle historisch-romantischer Anknüpfungen« an seine »heimatlichen Marken« um die Havel als Kernbereich Preußens denken ließ.[26] Gleichsam in den Fußstapfen Scotts gehend, suchte er Spuren einer poetisch verklärten Regionalgeschichte, und er glaubte, daß diese, wie die »Jungfrau vom See«, *The Lady of the Lake*, »im Lied und im Herzen des Volks« fortlebe.[27] Statt der »Nachschlagebuchs- und Allerweltsgeschichten werden Sagen und Legenden und [. . .] Bruchstücke verklungener Lieder zu dir sprechen« – so kündigte es der Verfasser der *Wanderungen* seinem Leser an, nicht jedoch ohne zugleich dem poetischen, aber meist schon verstummten, nur mehr schriftlich fixierten Volksmund einen zwar *prosaischeren*,

25 Heide Grieve: Fontane und Scott. In: FBl 3 (1974), S. 300-312.

26 Theodor Fontane: Jenseit des Tweed, hg. v. G. u. T. Erler, Berlin 1974, S. 146.

27 Ebd., S. 179.

aber auch lebendigeren, wirklichkeitsnäheren an die Seite zu stellen:

> Verschmähe nicht den Strohsack neben dem Kutscher, laß dir erzählen von ihm, von seinem Haus und Hof, von seiner Stadt oder seinem Dorf, von seiner Soldaten- oder seiner Wanderzeit, und sein Geplauder wird dich mit dem Zauber des Natürlichen und Lebendigen umspinnen. (W I 7 f.)

Der Autor der *Wanderungen* liebt es, so präsent seine eigene Stimme jederzeit bleibt, sich als bloßen Vermittler zu stilisieren. Die eigentlichen Erzähler seien die Leute der Region, ja letztlich die Orte und Gegenden selbst: »jeder Fußbreit Erde hat seine Geschichte und erzählt sie auch – man muß nur willig sein, auf die oft leisen Stimmen zu lauschen« (W II 556), doch manchmal muß man der Landschaft, die wie der Stechlin-See geheimnisvoll »zu sprechen drängt«, die Zunge ungelöst lassen (W I 372). So hält der Verfasser der *Wanderungen* sein Erzählen vor allem für die Stimmen regionaler mündlicher Erzähler offen, von denen »jedes Dorf oder jedes Ackerstädtchen wenigstens ein Exemplar aufzuweisen« habe. Er preist sie als die genuinen »Träger der Volkspoesie, die Sagenhüter, die Märchenerzähler des Nordens« (W II 92). Darum läßt er in seinen Texten, den Lesern eine Illusion von Mündlichkeit vermittelnd, »abwechselnd Kutscher und Kossäten und dann wieder Krüger und Küster das große Wort führen« (W IV 473). Da sind weiterhin alte Damen, die, »neben andrem, auch den Anekdotenschatz des Hauses« verwalten (W I 497), alte Förster, die noch von Blüchers Tagen zu erzählen wissen (W III 130 f.). Und wenn Fontanes Hauptgewährsleute, die Dorfpfarrer und -lehrer, einmal versagen, dann gibt es immer irgendwo ein altes Mütterchen, das die »Dorftradition« verkörpert: »Joa, denn helpt dat nich, denn möten wi to de Oll-Stägemannsch goahn, de weet allens. Un wat de annern weeten, dat weeten se ook man vunn ehr.« (W V 157)

Immer wieder bezieht sich der Wanderer Fontane – mit Formeln wie »sie erzählen daselbst« (W II 388), »alt und jung daselbst weiß [. . .] zu erzählen« (W I 343), »was sich die Kiezer hier erzählen« (W II 94), »wie sich das Volk erzählt« (W V 105) –

auf anonymes mündliches Wissen und Erzählgut, das »von Mund zu Mund« gehe (W II 389, W IV 323, 471). Als typische Orte solchen Erzählens benennt er »Bierbank«, »häuslichen Herd«, »Spinnstuben« (W I 238, W V 228). Als typische Gegenstände mündlichen Lokal- und Regionalwissens erscheinen Kriegserinnerungen, etlichemal Adels- und Hofüberlieferungen und insbesondere Spuk- und Gespenstergeschichten, die sich mit Vorliebe an märkische Seen und Schlösser heften: »da sind immer ›Geschichten‹ zu Haus« (W I 371), sei es »von untergegangenen Dörfern und Städten« (W II 116), sei es von adligen Gespenstern, die als Weiße oder Schwarze Frau oder sogar, wie die Quitzows, als ganze Sippe nächtlich umgehen (W V 105). Der »Volksmund« in Fontanes *Wanderungen* ist offenbar ein notorischer Romantiker, mit kräftigem Einschlag in Richtung *Gothic novel.* Kaum einmal vermittelt er alternatives oder gar oppositionelles Gegen-Wissen gegen das übermäßig ausgebreitete und poetisch verklärte märkisch-preußische Herrschafts- und Subalternwissen. (Ein Glanzstück kritischer, die Spur der Unterdrückten aufnehmender Regionalhistorie in den *Wanderungen*, Fontanes Behandlung der Wenden, fällt ganz unter die Verantwortung des Autor-Erzählers.) Allzu selten sind Stellen wie die folgende, an welcher der Reisefeuilletonist als Sozialreporter mündliches Wissen über die Torfarbeiter im Wustrauer Luch vermittelt:

> Ein Gespräch ergab das Folgende: Die Arbeit ist schwer und ungesund, aber einträglich, besonders für geübte Wochenarbeiter, die mittels ihrer Geschicklichkeit das Akkordquantum überschreiten und ihre Arbeitsüberschüsse bezahlt bekommen. (W I 381)

Viel häufiger leider hält sich der Laienhistoriker Fontane etwas darauf zugute, durch seine Art von ›Oral History‹ die märkische Fachhistoriographie bereichert zu haben: mit exklusiv mündlichem Wissen über die »letzten Prinz-Heinrich-Tage« in Rheinsberg (316), über das Ende des Prinzen August Wilhelm, das, wie Fontane sich von einer Dame dankbar hat mitteilen lassen, »so erschütternd wie möglich war« (W III 166), oder über den

Rokoko-Tod der Gräfin La Roche-Aymon, die – »so heißt es« – von ihrer Lieblingskatze in die Lippe gebissen wurde (W I 346).

So gewiß der Autor der *Wanderungen* – und das ist Fontane in seiner politisch konservativsten Phase – Volksüberlieferungen zu romantisieren und mündliches Wissen auf Hofklatsch zu reduzieren geneigt war, so gewiß hat er andererseits die Präsenz des Erzählers und den Habitus des Regionalhistorikers, der sich auf zahlreiche schriftliche Quellen, Korrespondenzen und Recherchen stützt, auch dazu genutzt, gelegentlich kritisch-ironische Positionen gegenüber lokalen mündlichen Wissensformen zu beziehen. Wiederholt konstatiert der Erzähler, eine »mythenbildende Kraft« volkstümlichen Wissens und Erzählens entfalte sich »überall da, wo Dorfbevölkerungen einem Gegenstande begegnen, der Interesse weckt, ohne verstanden zu werden« (W I 501, vgl. W IV 449). Er durchschaut mancherlei Sagen, indem er sie mit urkundlichem Material konfrontiert, als »Zurechtmachungen« (W II 91, vgl. 98). In Gestalt von »Volkssagen« umlaufende Geschichten von »Enthaupteten« (am liebsten *heimlich* Enthaupteten), »Weißen Frauen« und »vergifteten Apfelsinen« sind meist »bloße Erfindungen« (W III 400). In solchen »Dorflegenden« mache das Volk von seinem »Geschichten- und Märchenerfindungsrecht« Gebrauch und gestalte das Übernommene »mit einer an Willkür grenzenden Freiheit« (W V 215). Das »dumm Tüüch« z. B., das sich die Leute in Prenden in Gegensatz zum »wirklichen historischen Sachverhalt« über den alten Generalfeldmarschall von Sparr erzählen, erklärt Fontane aus einem dem Volk innewohnenden »romantischen Bedürfnis« (W II 500 ff.), womit er indirekt den ›ungläubigen‹, den bloß spielerisch-poetischen Status seiner eigenen romantisierenden Beschwörungen von Sagengeist und Volksmund zugibt.[28] Auch was er über die interessante Figur

28 Anselm Hahn: Theodor Fontanes *Wanderungen durch die Mark Brandenburg* und ihre Bedeutung für das Romanwerk des Dichters, Breslau 1935, S. 48: »Das Romantische zieht das Volk ebenso an wie unseren Dichter, dem es um dieser romantischen Wirkung willen ein Formmittel seiner Darstellung wird. Freilich, der Realist Fontane bleibt nicht

der Frau von Arnstedt auf Hoppenrade, der sogenannten ›Krautentochter‹, von deren ehemaligem Kammermädchen, einer inzwischen über achtzigjährigen Frau, der schon erwähnten »Oll-Stägemannsch«, gegen Zahlung eines Talers erfahren hat, war ein ziemliches »Gefasle«, das »wie Kraut und Rüben« durcheinanderlief und, um etwas herzugeben, durch ausgedehnte Recherchen ergänzt werden mußte (W V 588 f.). Und was er über den witzig-boshaften Hans Heinrich Arnold von Beeren, genannt »Geist von Beeren« oder »der tolle Geist«, berichtet, der seinem Namen zum Trotz die Sagen und Geistergeschichten seines Hauses verachtet, läßt eine Ambivalenz des Berichterstatters erkennen, der dem adligen Original zwar »Pietät« und »Sinn für das Geheimnisvolle« abspricht, dessen selbständig-nüchterne Skepsis aber auch wieder zu bewundern scheint (W IV 320-328).

So ist es am Ende weniger der Inhalt als der Ton mündlichen Erzählens, der den leidenschaftlichen Zuhörer Fontane fasziniert hat bei seinem Bemühen, den Wissensformen, den Bewußtseinslagen des märkischen Volkes auf die Spur zu kommen, etwa wenn er von einer Beeskower Küstersfrau schreibt: »Großes und Kleines, Andacht und Stadtklatsch flossen gleichen Tones über ihre Lippen« (W II 458). Auch finden sich im Volksmund, wie der Wanderer Fontane ihn vielfach belauscht hat, Wissen und Unwissenheit oft dicht beieinander, und manchmal herrscht sogar die reine Dummheit: Originalton der Küstersfrau an der Ruppiner Klosterkirche auf Fontanes Frage, welcher Mönchsorden hier wohl einst gelebt habe: »Ich jlobe, et sind *kattolsche* gewesen.« (W I 56)

---

beim Romantisch-Schaurigen der Volkssagen stehen, sondern an Hand von ärztlichen und anderen Dokumenten weist er die Unhaltbarkeit jener Volkssagen nach: ›auch diese letzte Burg der Romantik mußte zerstört werden‹. Aber es klingt beinahe so, als bedaure der Romantiker in Fontane diese historische Widerlegung geheimnisvoller Sagen und schon im nächsten Kapitel [. . .] arbeitet er wieder mit allen Formmitteln romantischer Darstellung.«

Dieses Spannungsfeld von romantisierender und entlarvender, affirmativer und kritischer Vorführung mündlichen Wissens hat Fontane in seinem Erstlingsroman *Vor dem Sturm* im Gattungsrahmen des historisch-regionalen Romans auf der Linie von Scott und Alexis episch breit ausgestaltet und sich dabei in Stoff und Ton eng an die *Wanderungen* angelehnt, insbesondere an deren zweiten Band *Das Oderland.* Da sind sie erneut, die Sagen und Spukgeschichten, die »in den Spinnstuben« erzählt werden (die aber auch von Gebildeten in einem Gespensterkompendium namens *Höllischer Morpheus* gelesen werden – II 306), das schon in den *Wanderungen* beschworene, angeblich »romantische Bedürfnis« des Landvolkes bedienend (vielleicht aber doch eher dasjenige der intendierten bürgerlichen Romanleser und besonders -leserinnen) (I 25, vgl. 343): Sagen über Zauberringe der Puttkamers und Bredows (II 166-171), über die »gespenstischen Mäher« von Alt-Landsberg (I 65, 343), über Wangeline von Burgsdorff als Weiße Frau (II 304) und über »oll Matthias«, einen Urahn des Hauses Vitzewitz, dessen Spukauftritte ein Leitmotiv des Romans bilden (I 12, 24, 268 ff.). Diese Motivkette des Sagen- und Gespensterhaften bildet eine romantische Aura um das Erzählte. Sie war als eine solche vom Autor vielleicht als ›feinerer‹ Ersatz gedacht für von ihm bewußt vermiedene gröbere Elemente eines ›höheren Räuberromans‹, die er am historischen Erzählen à la Scott kritisch wahrnahm.[29] »Wie alle alten Schlösser, so hatte auch Schloß Guse sein Hausgespenst, und zwar eine Schwarze Frau.« Was nun der Erzähler dieser Mitteilung sogleich als Kommentar hinzufügt, ist eine sehr Fontanesche Mischung aus Phänome-

29 Theodor Fontane: Briefe an seine Familie, 2 Bde., Berlin 1905, Bd. 1, S. 160; vgl. Grieve: Fontane und Scott, S. 302 u. 310; vgl. auch Hans-Gerhard Wegner: Theodor Fontane und der Roman vom märkischen Junker, Leipzig 1938, S. 99: »Der Begriff der ›historischen Landschaft‹, zu dem sich Fontane bekannte, ist weitgehend von Walter Scott bestimmt. Hiermit steht Fontane durchaus in der Tradition des märkischen Geschichtsromans, aber er befreit ihn aus den Fesseln des abenteuerlichen Trivialromans.«

nologie des Spukgeistes, epischer Vorausdeutungstechnik und ironischer Distanzierung gegenüber solchen Formen mündlichen Wissens:

> »Diese Weißen und Schwarzen Frauen gelten bei Kennern als die allerechtesten Spuke, gerade weil ihnen das fehlt, was dem Laien die Hauptsache dünkt: eine Geschichte. Sie haben nichts als ihre Existenz; sie erscheinen bloß. *Warum* sie erscheinen, darüber fehlen entweder alle Mitteilungen, oder die Mitteilungen sind widerspruchsvoll. So war es auch in Guse. Die Erzählungen gingen weit auseinander, nur das stand fest, daß das Erscheinen der Schwarzen Frau jedesmal Tod oder Unglück bedeute.« (I 200)

Fontane hat dieses ›romantische‹ Material teilweise seinem eigenen mündlichen Wissen entnommen: Erinnerungen an das Dorf Letschin im Oderbruch und an die dort umlaufenden Geschichten (336 f.); mündlichen Erzählungen der Generation seiner Eltern über die ›Franzosenzeit‹ (366). Aber er hat dieses Wissen nicht nur zum Zwecke poetischer ›Verklärung‹ und epischer Integration verarbeitet[30], sondern gleichzeitig, als objekthaft vorgeführte mündliche Rede, dem realistischen und genrespezifischen Konzept unterworfen, das darin besteht, der Erzählung »möglichst viel Lokalton« (I 344) und »Zeitton« (366) zu geben.

Diesem Konzept eines epischen Zeit- und Sittenbildes, das auf außerordentlich breiten und detaillierten Studien und Recherchen beruht, eines »Vielheitsromans«, der die historisch-soziale Redevielfalt in sich aufnimmt, entspricht es nun aber, daß neben den angeführten romantischen auch ganz andere Formen von Mündlichkeit und mündlichem Wissen und andere Kommunikationsmedien ins epische Blickfeld rücken. So wie sich das Gesellschaftspanorama des Winters 1812/13 auf

30 Hans-Friedrich Rosenfeld: Zur Entstehung Fontanescher Romane, Groningen 1926, S. 22: »Dienen die Sagen meist nur der Bereicherung des Gesprächs oder der Verstärkung des lokalen Interesses, seltener der Charakterisierung der Personen, so werden sie bisweilen auch stimmunggebend zur Vorausdeutung genutzt, dann stets in Abweichung von ihrer ursprünglichen Grundlage.«

Stadt und Land, Provinz und Metropole (vgl. I 48) erstreckt, so steht neben dem Geschichtengut der Spinnstuben, dem »Klatsch der Bierbänke« (15), den Konversationen in Salons, den Plaudereien am Kamin und den halbmündlichen Formen des populären Liedes und Bänkelsangs auf Flugblättern (II 23) das schriftliche Kommunikationsmedium der Zeitung, das den regionalen Horizont entgrenzt und ohne das darum die dargestellten Bewußtseinsprozesse und Handlungen nicht denkbar sind. »Und an dem allen sind die Zeitungen schuld, die ich freilich auch nicht missen möchte.« (I 28) Nicht nur Gespräche der adligen Hauptfiguren speisen sich aus Zeitungslektüre, sondern auch im Dorfkrug von Hohen-Vietz, tief in der Provinz also, gibt es einerseits, in Gestalt seines Wirts, das mündliche Alltagswissen der Nähe, z. B. als »Bescheidwissen in anderer Leute Taschen« (60), andererseits, auf einem »Lesetisch«, neben dem *Lebuser Amtsblatt* den *Beobachter an der Spree* und die *Berlinischen Nachrichten* (59), bekannt als *Spenersche Zeitung*. »Die Zeitungen« – schrieb Fontane 1876 in einem Brief, worin er um Beschaffung der *Spenerschen Zeitung* von 1812 für seine Quellenstudien zu dem Roman bat –, »so kärglich es damals mit ihnen bestellt war, geben doch immer das beste Bild« (338). *Eine* markante Spukgeschichte des Romans, das rätselhafte, ominöse Erglühen der Berliner Schloßfenster, fällt insofern aus der Reihe, als sie einmal nicht in der Provinz spielt, sondern in der Residenz, und außerdem beruht sie, so wie Fontane sie sich für seine fiktionalen Zwecke zurechtgemacht hat[31], nicht auf mündlicher Überlieferung, sondern auf Augenzeugenschaft und – Zeitungswissen (I 53-57).

Zwischen Sagenwissen und Zeitungswissen, traditionalen und modernen Medien entfaltet sich in *Vor dem Sturm* ein breites Spektrum von Kommunikationsformen. Zu den Formen dar-

---

31 Rosenfeld: Entstehung, fährt an der zitierten Stelle fort: »So wird etwa das rätselhafte Erglühen der Berliner Schloßfenster vom Todestag Friedrichs I. in die Zeit des Romans verlegt, als Kriegsvorzeichen gedeutet und mit einer alten schwedischen Spukgeschichte in Beziehung gebracht.«

Suhrkamp Literatur

Pjotr Aleschkowski · Jehuda Amichai · Louis Begley
Paul Celan · Marianne Fritz · Rainald Goetz
Joachim Helfer · Hermann Hesse · Ludwig Hohl
Yasushi Inoue · Elfriede Jelinek · Uwe Kolbe
György Konrád · Angela Krauß · Hans Mayer
Friederike Mayröcker · Thomas Meinecke
Eduardo Mendoza· Adolf Muschg · Andreas Neumeister
Paul Nizon · Cees Nooteboom · Erica Pedretti
Boris Pilnjak · Manuel Rivas · Thomas Rosenlöcher
Patrick Roth · Ralf Rothmann · Peter Sloterdijk
Martin Walser · Josef Winkler
Spectaculum · Edition Zweite Moderne
Bibliothek Suhrkamp · Jüdischer Verlag

Martin Walser

Ralf Rothmann

Angela Krauß

Friedenspreis des
Deutschen Buchhandels 1998

Martin Walser
Ein springender Brunnen

Roman
416 Seiten. Leinen
DM 49,80/ öS 364,– / sFr. 46.–
(August 1998)

Im Dorf, und erst recht in der Gastwirtschaft, kommt alles vor, was die Welt gerade erschüttert. Aber der Mittelpunkt der Welt ist Johann (den manche Leser mit dem jungen Martin W. verwechseln könnten), bestürmt, bedroht, gefördert von allem, was ihm passiert. Er lernt beten, beichten, singen, schießen, gehorchen, dagegensein, küssen, lieben, schreiben. Liebend erlebt er ein veritables Wunder. Schreibend erlebt er sich selbst. Martin Walser erzählt das mit der Fabulierlust, für die er berühmt ist; so entsteht ein Roman der deutschen Tragödienzeit jenseits aller Meinungen, mit einer nur dem Erzähler möglichen Schlüssigkeit.

Ralf Rothmann
Flieh, mein Freund!

Roman
280 Seiten. Leinen
DM 39,80 / öS 291,– / sFr. 37.–
(August 1998)

Flieh, mein Freund! ist ein Roman über Jugend und den Versuch einer Liebe in Berlin. Ein Roman über die Mühe, so etwas wie Persönlichkeit zu entwickeln in einer Zeit, »in der man das Jungsein mit Autoschlüsseln, Handy am Gürtel und geiler bunter Mitgliedskarte so trostlos professionell betreibt, daß einem angst werden kann«.

Marianne Fritz
Naturgemäß
II

Es ist ein Ros entsprungen /
Wedernoch / heißt sie
Roman. Etwa 2720 Seiten. 5 Bände
in Kassette. Typoskript. Kartoniert
ca. DM 580,– / öS 4234,– / sFr. 516.–
(August 1998)

Die Werke der Marianne Fritz laden ein sich auf das *Abenteuer Lesen* in

aus: Wo leben die Menschen, nachdem sie wissen, daß sie auf einer Kugel, einem Globus, zu Hause sind? Sloterdijk entwickelt so den Begriff der *Sphären* und spannt einen faszinierenden, perspektivenreichen Bogen von den frühesten Kulturen bis in unser globales Zeitalter. So ist ein Werk entstanden, das nicht nur seine Zeit, sondern auch die Zeit der Menschheitsgeschichte in Gedanken faßt und sie uns erzählend vor Augen führt.

Spectaculum 67

Sechs moderne Theaterstücke und Materialien
Etwa 280 Seiten. Gebunden
ca. DM 36,– / öS 263,– / sFr. 33.–
Im Abonnement:
ca. DM 32,– / öS 234,– / sFr. 29.50
(Oktober 1998)

Thomas Bernhard: Elisabeth II
Per Olov Enquist: Die Bildermacher
Elfriede Jelinek: er nicht als er
Sean O'Casey: Das Ende vom Anfang
Ein Pfund abheben
George O'Darkney: Die Blinden von Kilcrobally

Edition Zweite Moderne

Herausgegeben von Ulrich Beck

»Ein ideenpolitisches Ereignis ersten Ranges«
die tageszeitung

André Gorz
Arbeit zwischen Elend und Utopie

Aus dem Französischen von Renate Hörisch-Helligrath
Etwa 200 Seiten. Broschur
ca. DM 34,– / öS 248,– / sFr. 31.50
(Oktober 1998)

Der Sozialwissenschaftler André Gorz betrachtet den Zustand der heutigen Gesellschaft aus einer ungewöhnlichen Perspektive: Er erkundet die nicht realisierten Chancen, die sich im Elend der gegenwärtigen sozialen und politischen Situation verbergen. Wenn die Arbeitsgesellschaft unwiderruflich Vergangenheit ist, besteht die Möglichkeit, die ganze Gesellschaft neu zu gestalten.

Michael Zürn
Regieren jenseits des Nationalstaates

Globalisierung und Denationalisierung als Chance
Etwa 230 Seiten. Broschur
ca. DM 34,– / öS 248,– / sFr. 31.50
(September 1998)

»Globalisierung« ist zu einem Schlagwort geworden, das gegenwärtig zur Erklärung von allem und jedem herhalten muß – kein Tag, an dem es nicht in der Zeitung, im Fernsehen, in Politikerreden auftaucht, von Unternehmern und Gewerkschaftern, Pädagogen und Predigern benutzt wird. Doch Globalisierung bedarf einer Differenzierung.

Adolf Muschg

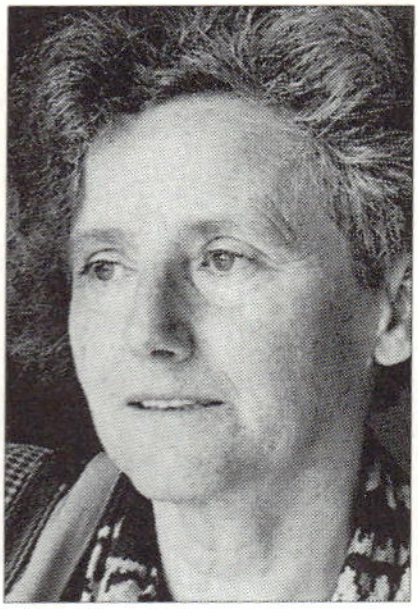

Erica Pedretti

Paul Nizon

Andreas Neumeister
Gut laut

Roman
Etwa 180 Seiten. Gebunden
ca. DM 28,– / öS 204,– / sFr. 26.–
(August 1998)

»Es gibt Leute, in deren Leben spielt Musik eine völlig nebensächliche Rolle, ich kenne Leute, die hören nicht mal Klassik.« Er kenne Menschen, in Mjunik lebende Menschen, sagt Roman, die sich in dieser musikbesessenen Epoche weder für Popmusik noch für irgendeine andere Art von Musik interessieren. Seltsam, sagt Roman, Zeitgenossen, scheinbare Zeitgenossen, die bei dem Wort Kraftwerk einfach nur an banale Stromerzeugung denken, machen ihn krank. »Bin ich froh, daß ich nicht ohne Marc Bolan aufwachsen mußte.«

Paul Nizon
Hund
Beichte am Mittag

Roman
Etwa 150 Seiten. Leinen
ca. DM 36,– / öS 263,– / sFr. 33.–
(September 1998)

Wer sich – in unbeobachteten Momenten – fragt, ob es ein richtiges Leben gebe im falschen, wer morgens brav zur Arbeit dackelt und abends müd nach Hause hechelt, der lese Nizons *Hund*, und er wird vom nächsten Heimweg abkommen, und vor allem – auf andere Gedanken.

Erica Pedretti
Kuckuckskind oder Was ich ihr unbedingt noch sagen wollte

Roman
Etwa 190 Seiten. Gebunden
ca. DM 36,– / öS 263,– / sFr. 33.–
(August 1998)

Die ewig nörgelnde, eitle, mit ihrer forcierten Zuneigung erdrückende Trude ist das Kuckuckskind. Sie pflegt die sterbende Sophie mit einer Hingabe, die zum Himmel schreit. Und die Sterbende erzählt ihr Leben – um endlich Erleichterung zu finden. – Ein Buch mit einem großen Thema: dem des Abschieds vom Leben.

Patrick Roth
Die Christus-Trilogie

Drei Bände in Kassette mit einer CD
Signierte und limitierte Auflage
Etwa 436 Seiten. Gebunden
ca. DM 78,– / öS 569,– / sFr. 71.–
(August 1998)

Die drei Bände *Riverside*, *Johnny Shines* und *Corpus Christi* sind nun in einer limitierten Auflage von 500 Exemplaren in Kassette erhältlich, vom Autor signiert und durch eine CD mit Lesungen ergänzt.

Josef Winkler
Wenn es soweit ist

Erzählung
Etwa 190 Seiten. Gebunden
ca. DM 38,– / öS 277,– / sFr. 35.–
(August 1998)

In einem Kärntner Dorf lebte ein Knochenköhler, der Tierknochen sammelte und sie in einen Tonkrug legte, den er auf glühende Kohlen stellte. Er ließ die Knochen köcheln, bis sich ein schwarzer Knochensud absetzte, den die Bauern den Pferden um die Augen pinselten, um sie an heißen Sommertagen vor Insekten zu schützen.
Josef Winkler legt die Gebeine verstorbener und verunglückter Bewohner dieses Dorfes – ihre Lebens- und Sterbegeschichten – in einen Tonkrug und erzählt so die Geschichten seines Dorfes vom Ende her.

Uwe Kolbe
Vineta

Gedichte
Etwa 70 Seiten. Gebunden
ca. DM 28,– / öS 204,– / sFr. 26.–
(August 1998)

»Diese Art Schweigen, dieses östliche Schweigen der einzigen DDR-Generation wird mit uns verschwinden. Ich fasse unsere, meine jetzige Arbeit auf als eine zur Klärung des Schweigens.« *Vineta*, das Venedig des Nordens, das Atlantis der Ostsee ist ein ›verschwundener‹ Ort; er steht für die Geheimnisse und das Schweigen in einer geschlossenen Gesellschaft, in der die Zeit stillzustehen scheint. In Uwe Kolbes *Vineta* sind persönliche Erfahrungen von der Kindheit bis zum Fall der Mauer verborgen.

Thomas Rosenlöcher
Ich sitze in Sachsen und schau in den Schnee

Gedichte
Etwa 128 Seiten. Gebunden
ca. DM 26,– / öS 190,– / sFr. 24.–
(August 1998)

»In Gedichten kommt es oft gar nicht so sehr auf eine bestimmte Botschaft an, sondern einfach darauf, Dinge spürbar erscheinen zu lassen, daß man sie fühlt, wenn man die Gedichte liest.« Diesem Credo begegnet man in Thomas Rosenlöchers Lyrikband. Humorvoll bis sarkastisch, mit Ironie und nicht

Denkmal in Berlin, zu den Rechten des Staates Israel oder zur Rolle Ungarns in einem zusammenwachsenden Europa.

Pjotr Aleschkowski
Der Erbe

Roman
Aus dem Russischen von Alfred Frank
Etwa 300 Seiten. Gebunden
ca. DM 39,80 / öS 291,– / sFr. 37.–
(September 1998)

Bei einer Geburtstagsfeier hält der renommierte Geschichtsprofessor, der einem alten Adelsgeschlecht entstammt, für seine Familie eine Überraschung bereit: Als Vermächtnis übergibt er seinen Töchtern Schmuckstücke von einzigartigem Wert und erzählt von einem Schatz, der seit zweihundert Jahren auf dem Stammsitz der Familie versteckt sein, jedoch unter einem Fluch stehen soll ... Ein Abenteuerroman, der in der modernen russischen Literatur seinesgleichen sucht.

Boris Pilnjak
Die Doppelgänger

Elf Kapitel eines klassischen Berichts
Roman
Herausgegeben und aus dem Russischen übersetzt von Dagmar Kassek
Etwa 280 Seiten. Gebunden
ca. DM 42,– / öS 307,– / sFr. 39.–
(September 1998)

Die Zwillingsbrüder Latschinow könnten gegensätzlicher nicht sein: Nikolai, der kompromißlose Wissenschaftler und Revolutionär, verschreibt sich – nach der Russischen Revolution – ganz und gar dem Fortschritt, Alexander hingegen, ein Schauspieler und Bohemien, fühlt sich zerrissen und versucht, aus seinem Leben auszubrechen. Der Konflikt zwischen den Brüdern, in dem Pilnjak die zwanziger Jahre in Rußland lebendig werden läßt, nimmt eine unerwartete Wendung ...

Manuel Rivas
In wilder Gesellschaft

Roman
Aus dem Spanischen von Elke Wehr
Etwa 200 Seiten. Gebunden
ca. DM 39,80 / öS 291,– / sFr. 37.–
(September 1998)

In souveräner Anknüpfung an das mündliche Erzählen seiner galicischen Heimat – poetisch, grell und nicht ohne Komik – erzählt der junge spanische Autor Manuel Rivas von Rosa und ihrer Welt. Darin gibt es Raben, die hundert Jahre alt werden können, und ebenso ist die Rede von den Ehemännern der Elizabeth Taylor.

Peter Sloterdijk
Sphären I: Blasen

Mit zahlreichen Abbildungen
Etwa 580 Seiten. Kartoniert
ca. DM 45,– / öS 329,– / sFr. 41.50
Ln. ca. DM 68,– / öS 496,– / sFr. 62.–
(September 1998)

Peter Sloterdijk unternimmt nichts Geringeres als den Versuch, die Geschichte der Menschheit zu erzählen. Dabei geht er von der einfachen Frage

Jüdischer Verlag

Else Lasker-Schüler
Werke und Briefe

Kritische Ausgabe
Herausgegeben von Norbert Oellers, Heinz Rölleke und Itta Shedletzky

Band 3:

Prosa 1903–1920
Bearbeitet von Ricarda Dick
Mit zahlreichen Illustrationen
Band 3.1: Text
Band 3.2: Anmerkungen
Etwa 950 Seiten. Leinen
ca. DM 240,–/öS 1752,–/sFr. 214.–
Subskriptionspreis:
ca. DM 198,–/öS 1445,–/sFr. 176.–
(Oktober 1998)

Amos Oz
Das Schweigen des Himmels

Über S. J. Agnon
Aus dem Hebräischen von Ruth Achlama
Etwa 270 Seiten. Gebunden
ca. DM 48,– / öS 350,– / sFr. 44.50
(September 1998)

S. J. Agnon
Schira

Roman
Aus dem Hebräischen von Tuvia Rübner
Etwa 800 Seiten. Gebunden
ca. DM 68,– / öS 496,– / sFr. 62.–
(September 1998)

Der jüdische Kalender

Entstehung und Aufbau
Von Ludwig Basnizki
Mit zahlreichen Illustrationen
Etwa 80 Seiten. Gebunden
ca. DM 25,– / öS 183,– / sFr. 23.–
(September 1998)

Jüdischer Almanach 1999

des Leo Baeck Instituts
Herausgegeben von Jakob Hessing und Alfred Bodenheimer
Etwa 170 Seiten. Kartoniert
ca. DM 28,– / öS 204,– / sFr. 26.–
(Oktober 1998)

Diese hier vorgestellten Neuerscheinungen finden Sie in allen Buchhandlungen. Andernfalls erklärt sich Ihr Buchhändler gerne bereit, jedes von Ihnen gewünschte Buch in kürzester Zeit zu besorgen.
Für weitere Informationen und Prospekte wenden Sie sich an Ihren Buchhändler oder direkt an den Verlag.

Fotonachweis: Jerry Bauer (Eduardo Mendoza, Paul Nizon), Martin Fengel (Thomas Meinecke), Brigitte Friedrich (Angela Krauß, Friederike Mayröcker), Renate von Mangoldt (Ralf Rothmann), Peter Peitsch (Pjotr Aleschkowski, Louis Begley), Andreas Pohlmann (György Konrád), Andri Pol (Adolf Muschg), Simone Sassen (Cees Nooteboom), Paul Swiridoff (Martin Walser). Suhrkamp Verlag, Lindenstraße 29–35, 60325 Frankfurt am Main. Preisänderungen vorbehalten. 6/98 (99951)

wahrsten Sinne des Wortes einzulassen. Sich dem Text auszusetzen heißt, sich auf unbekanntes, ungesichertes Terrain zu begeben.

Joachim Helfer
Cohn & König

Roman
Etwa 230 Seiten. Gebunden
ca. DM 34,– / öS 248,– / sFr. 31.50
(August 1998)

Sie bilden ein ungleiches Paar: Florian König, 25 Jahre alt, und an seiner Seite Pierre Cohn, ein gebildeter Kosmopolit, der seine Lebenserfahrungen mit Witz und Wärme an den viel jüngeren Geliebten weitergibt. Sieben Jahre sind sie nun schon zusammen; sieben Jahre, in denen die Emanzipation des Jüngeren gefördert und zugleich verzögert werden will. Die Reisen, die die beiden miteinander unternehmen, führen sie in die verschiedensten Gegenden der Erde; gleichzeitig sind es Reisen aufeinander zu.

Ludwig Hohl
Jugendtagebuch

Herausgegeben von Hans Sarbach
Mit einem Nachwort von Pia Reinacher
Etwa 220 Seiten. Gebunden
ca. DM 42,– / öS 307,– / sFr. 39.–
(September 1998)

›Es ist eine der ersten und beeindruckendsten Leseerfahrungen«, schreibt Pia Reinacher, »die man mit Hohls Jugendtagebuch macht: Der Jugendliche, der noch kaum weiß, wer er ist, trägt bereits in sich, was den großen Schriftsteller und Philosophen sein Leben lang vorantreiben wird …: die Lust an der äußersten Einsamkeit und an der Erkundung der Grenzen physischer und psychischer Leistungsfähigkeit. Dieser 17jährige ist schon jetzt ein Grenzgänger, ein Grenzgänger zwischen Zivilisation und Wildnis.«

Angela Krauß
Sommer auf dem Eis

Etwa 100 Seiten. Gebunden
ca. DM 28,– / öS 204,– / sFr. 26.–
(August 1998)

Ein Liebespaar liegt auf einer sommerlichen Wiese; er schläft, sie beobachtet ihn, sieht den Käfern zu, wie sie neben der Decke herumkrabbeln, dann schweift ihr Blick über die Landschaft. Die Zeit dehnt sich in der Hitze. Zeit, in der sie Lebens- und Liebesgeschichten nachspürt …

Hans Mayer
Richard Wagner

Herausgegeben von Wolfgang Hofer
Etwa 610 Seiten. Leinen
ca. DM 68,– / öS 496,– / sFr. 62.–
(August 1998)

»Ein liebenswürdiger Mensch, nein, das war er nicht. Er war sogar eine unausstehliche Belastung und Herausforderung der Mitwelt«, heißt es bei Thomas Mann über Richard Wagner, den er dennoch bewunderte. – Hans Mayer erklärt diese Ambivalenz aus Verehrung und Widerwillen gegen diesen genialen Revolutionär und Antisemiten, den Barrikadenkämpfer von 1848/49 und vermeintlichen Wegbereiter deutschtümelnden Irrsinns.

Louis Begley

Eduardo Mendoza

Cees Nooteboom

Louis Begley
Mistlers Abschied

Roman
Aus dem Amerikanischen von Christa Krüger
Etwa 270 Seiten. Gebunden
ca. DM 39,80 / öS 291,– / sFr. 37.–
(August 1998)

»Ich bitte Dich sehr, liebster Sam, warte nicht bis August, komm eher nach Hause. Ich habe es nicht über mich gebracht, am Telefon davon zu sprechen, aber es gibt einen Grund zur Eile.«

Eduardo Mendoza
Eine leichte Komödie

Roman
Aus dem Spanischen von Peter Schwaar
540 Seiten. Gebunden
DM 49,80 / öS 364,– / sFr. 46.–
(August 1998)

Ein erfolgreicher Autor von Kriminalkomödien muß erleben, wie seine bis dato todsicheren Boulevardstücke aus der Mode geraten. Schlimmer noch, Stammregisseur und Starschauspielerin – beides gute alte Freunde – scheinen sich von ihm abzuwenden, und unversehens ist er selbst Hauptverdächtiger in einem Mordfall. Zu allem Überfluß sind seine amourösen Verhältnisse alles andere als geordnet ...

Cees Nooteboom
Rückkehr nach Berlin

Aus dem Niederländischen von Helga van Beuningen
Mit Fotos von Simone Sassen und Eddy Posthuma de Boer
53 Seiten. Kartoniert
DM 24,– / öS 175,– / sFr. 22.–

Cees Nootebooms »Berliner« Rede hat im Dezember 1997 große Beachtung gefunden und liegt hier erstmals in ungekürzter Form vor. Sie ist eine Hommage an Berlin und ein passionierter Beitrag zur augenblicklichen Europadebatte.

Yasushi Inoue

György Konrád

Pjotr Aleschkowski

Yasushi Inoue
Reise nach Samarkand

Aus dem Japanischen von
Andreas Mrugalla
Etwa 180 Seiten. Gebunden
ca. DM 39,80 / öS 291,– / sFr. 37.–
(August 1998)

Auf seiner *Reise nach Samarkand* wird Inoue zum Spurensucher und entführt den Leser in die mythenumrankte Welt Samarkands und der Khanate, der zentralasiatischen Fürstentümer. Die großen Feldzüge und Schlachten, der Einfall der ›Goldenen Horde‹ werden in kraftvollen Bildern ebenso gegenwärtig wie das bunte Leben der unterschiedlichen Kulturen.

Jehuda Amichai
Zeit

Gedichte
Aus dem Hebräischen von
Lydia und Paulus Böhmer
72 Seiten. Gebunden
DM 28,– / öS 204,– / sFr. 26.–

»Ein Mensch in seiner Zeit hat keine Zeit, / um Zeit für alles zu haben. / Hat keine Zeit, um Zeit zu haben / für jegliches Ding. Kohelet, der Prediger, irrt. // Er muß hassen und lieben zur gleichen Zeit, / mit den gleichen Augen weinen und lachen, / Steine werfen mit gleichen Händen, / mit den gleichen Händen sie sammeln. / Er muß Liebe machen im Krieg und Kriege in der Liebe.«

György Konrád
Die unsichtbare Stimme

Essays
Aus dem Ungarischen von
Hans-Henning Paetzke
Etwa 350 Seiten. Gebunden
ca. DM 44,– / öS 321,– / sFr. 41.–
(September 1998)

György Konrád, der ungarische Friedenspreisträger des Deutschen Buchhandels und gegenwärtige Präsident der Berliner Akademie der Künste, schreibt faszinierende Essays über das Zusammenleben der Religionen und Nationen. Er greift ganz bewußt in öffentliche Diskussionen ein: Er äußert seine Meinung zum zentralen Holocaust-

unkritischem Auge betrachtet Rosenlöcher sich, den Zeitgenossen im Umbruch, seine Umgebung, und immer wieder wandert sein Blick auch nach oben – auf den Himmel über Sachsen, auf den Himmel über der Welt.

Rainald Goetz
Jeff Koons

Stück
Etwa 180 Seiten. Engl. Broschur
ca. DM 34,– / öS 248,– / sFr. 31.50.–
(September 1998)

Kunst,
ein Wochenende Kunst.
Die Kneipe
und das Atelier,
die Galerie und die Gebückten.
Die Gebückten vom Görlitzer Bahnhof
maschieren auf.
Ein Stück
in sieben Akten,
schön knapp abgepackt.

Georg-Büchner-Preis 1998

Elfriede Jelinek
er nicht als er

zu, mit Robert Walser
Ein Stück
Etwa 40 Seiten. Bütten-Broschur
ca. DM 19,80 / öS 145,– / sFr. 19.–
(Juli 1998)

»Die Literaturgeschichte ist voll von skurrilen oder tragischen Schicksalen. Doch die Geschichte Robert Walsers ist unter den tragischsten. Ihm ist die letzten 30 Jahre seines Lebens eine Irrenanstalt als Wohnsitz zugewiesen worden, und fast diese ganze Zeit hat er nicht mehr geschrieben.«

Elfriede Jelinek

Paul Celan
Werke

Tübinger Ausgabe
Herausgegeben von Jürgen Wertheimer

Der Meridian

Endfassung – Entwürfe – Materialien
Herausgegeben von Bernhard Böschenstein und Heino Schmull unter Mitarbeit von Michael Schwarzkopf und Christiane Wittkop
Etwa 320 Seiten. Broschur
ca. DM 84,– / öS 613,– / sFr. 76.–
Subskriptionspreis (bei Abnahme aller Bände):
ca. DM 72,– / öS 526,– / sFr. 65.50
(Oktober 1998)

Der Meridian ist eine der kunstvollsten Selbstdeutungen eines Dichters überhaupt. Nach den beiden Gedichtbänden *Sprachgitter* und *Die Niemandsrose* rekonstruiert dieser dritte Band der Tübinger Ausgabe die Entstehung der Büchner-Preis-Rede *Der Meridian*: Eingebettet in ein Geflecht von Bezügen zu zeitgeschichtlichen Vorgängen und zu literarischen, mystischen und philosophischen Einflüssen, ordnet die Ausgabe die umgebenden Materialien nach ihren thematischen Schwerpunkten.

Thomas Meinecke

Friederike Mayröcker

Patrick Roth

Friederike Mayröcker
brütt oder
Die seufzenden Gärten

Roman
Etwa 350 Seiten. Leinen
ca. DM 44,– / öS 321,– / sFr. 41.–
(August 1998)

Dieses Buch ist ein Liebesroman. Friederike Mayröcker ist von einer ›Geschichte‹ überwältigt worden, die ihre zwei Seiten hat: *brütt*, ein aus dem Französischen geholter Begriff, soviel bedeutend wie: roh, gefühllos. Und darunter beziehungsweise darüber schweben *Die seufzenden Gärten*, das sanfte, kapitulierende Gegengewicht zu Härte und Schmerz.

Thomas Meinecke
Tomboy

Roman
Etwa 260 Seiten. Gebunden
ca. DM 36,– / öS 263,– / sFr. 33.–
(August 1998)

In *Tomboy* werden der Odenwald, die BASF-Werke, das Patrick-Henry-Village der US-Army, die Geschichte der RAF, das Nibelungenlied, das Techno-Label Source, Judith Butler, Otto Weininger und Ernst Bloch, US-Westküsten-Frauenbands, Filme von Rohmer, Godard, Fassbinder und Leni Riefenstahl, der Playboy und die FAZ, D.H. Lawrence und Lacan miteinander verstrickt und zu einem mehrspurigen Track abgemischt. What a sound!

Adolf Muschg
O mein Heimatland!

150 Versuche mit dem berühmten Schweizer Echo
Etwa 336 Seiten. Leinen
ca. DM 42,– / öS 307,– / sFr. 39.–
(August 1998)

Die Schweiz braucht kein Sonderfall zu bleiben. Sie kann werden, was sie ist: keine Nation, aber ein Bündnis mit europäischer Vergangenheit und einer möglichen Zukunft. – Davon erzählt ein Schriftsteller, der Geschichte lebendig zu machen versteht wie nur wenige: Adolf Muschg.

Bibliothek Suhrkamp

Oktober bis Dezember 1998

Marcel Proust
Freuden und Tage

BS 1297. ca. DM 24,80/öS 181,–/sFr. 23.–

Weniamin Kawerin
Vor dem Spiegel

Roman

BS 1298. ca. DM 27,80/öS 203,–/sFr. 26.–

Juan Carlos Onetti
Wenn es nicht mehr wichtig ist

Roman

BS 1299. ca. DM 24,80/öS 181,–/sFr. 23.–

Franz Hessel
Pariser Romanze

Papiere eines Verschollenen

BS 877. ca. DM 19,80/öS 145,–/sFr. 19.–

Erstausgabe

Hans Blumenberg
Begriffe in Geschichten

BS 1303. ca. DM 27,80 öS 203,– /sFr. 26.–

Über das Leben der Begriffe, ihre Physiologie und Pathologie, gibt dieses Buch Auskunft. Es ist eine Enzyklopädie mit dem Anspruch auf Unvollständigkeit. Nicht jeder Begriff darf für seinen Nennwert genommen werden, mancher ist uns nur in seiner ironischen Brechung erträglich, einige gab es bisher noch nicht und stehen hier zum ersten Mal.

Hans Henny Jahnn
13 nicht geheure Geschichten

BS 1301. ca. DM 27,80/öS 203,–/sFr. 26.–

Claude Simon
Die Akazie

Roman

BS 1302. ca. DM 29,80/öS 218,–/sFr. 27.50

Alain
Die Pflicht glücklich zu sein

BS 470. ca. DM 24,80/öS 181,–/sFr. 23.–

Friederike Mayröcker
Benachbarte Metalle

Ausgewählte Gedichte

BS 1304. ca. DM 19,80/öS 145,–/sFr. 19.–

Friederike Mayröcker ist ohne Zweifel die einflußreichste Dichterin deutscher Zunge der Gegenwart. Jetzt endlich liegen Benachbarte Metalle vor: eine Auswahl von Mayröckers Gedichten, zusammengestellt und mit einem Nachwort versehen von Thomas Kling.

S.Yishar
Ein arabisches Dorf

Erzählung

BS 1305. ca. DM 19,80/öS 145,–/sFr. 19.–

Paul Valéry
Leonardo da Vinci

Essays

BS 1306. ca. DM 22,80/öS 166,–/sFr. 21.–

Ernst Bloch
Zur Philosophie der Musik

BS 398. ca. DM 29,80/öS 218,–/sFr. 27.50

gestellter Mündlichkeit und mündlichen Wissens gehören neben den zentralen Gesprächssequenzen der Hauptfiguren, in denen Diskurse der Zeit widerklingen: Da ist der »Umgangskreis« (156), die französisiert-spàthöfische Konversationskultur um »Tante Amelie«, die lange Passagen der *Henriade* auswendig konnte, ehe sie wußte, daß es auch eine *Messiade* gebe (147), mit dem *Enfant terrible* Generalmajor von Bamme, der, am liebsten über seine eigene Vergangenheit, »zweideutige Anekdoten erzählte und von Pferden, Prinzen und Tänzerinnen, weniger aus Renommisterei als aus Übermut und schlechter Erziehung, in krähstimmigem Jargon perorierte« (158). Da ist die Dichtervereinigung Kastalia, in der eigene Werke vorgetragen und kritisch zerpflückt werden, mit dem Starpoeten Hansen-Grell, dessen Gedicht über General Seydlitz (in Wahrheit ein Fontanesches Frühprodukt) kritisiert wird, weil es »Bekanntschaft mit einem halben Dutzend Seydlitzanekdoten«, also mündliches Preußenwissen, zur Rezeptionsvoraussetzung habe, so daß es »nur von einem preußischen Zuhörer verstanden« werden könne (was von einem anderen Kastalia-Mitglied dann freilich bestritten wird – II 97 f.). Da sind die Kleinbürgergespräche bei Frau Hulen und auf dem Windmühlenberg, in deren humoristischer Modellierung der Autor sich bereits stellenweise als Meister der Mimesis von Mündlichkeit erweist. Außerdem gibt es konversationelles historisches Erzählen, z. B. über die »Löffelgarde« (54), diverse Anekdoten (eine sogar in drei Versionen)[32], Predigten, Bibellesung (I 76), den Bericht über eine Vorlesung Fichtes (II 82) und anderes mehr.

Die ambivalente Haltung des Romans *Vor dem Sturm* zwischen Traditionalität und Modernität, zwischen einer raunenden Erzählerrede vom »Zauber historischer Kontinuität« (I 41), den Dorfkirchen ebenso wie Spinnstubengeschichten haben

32 Die Anekdote um den Itzenplitz-Ausspruch »Kinder, ich will sterben« erscheint in *Vor dem Sturm* dreimal (I 42, II 160 f., 424); vgl. Hajek: Anekdoten, S. 88-91.

sollen, und einem historischen Realismus, der soziale Bewußtseinslagen und Diskurse kritisch ausstellt, indem er sie als Stimmenvielfalt modelliert – diese Ambivalenz verkörpert sich symbolisch in der Figur Hoppenmariekens, die Fontane seinem Letschiner mündlichen Lokalwissen verdankte. Sie trägt Briefe, Zeitungen und Pakete aus, verbindet also die Provinz mit der Welt, und auch sonst steht sie mit beiden Zwergenbeinen fest auf dem Boden der Wirklichkeit. Aber gleichzeitig, alte Hexe, die sie ist, kann sie wahrsagen und Karten legen und erzählt zwar keine Spukgeschichten, doch als »Überbleibsel der alten wendischen Welt«, als lebendig gewordenes »Götzenbild« erscheint sie selber wie ein »Spuk« (69f.).

Nostalgie und Nüchternheit

Aus Fontanes weiteren Erzählwerken verschwindet das ›romantische‹ mündliche Wissen, das in den *Wanderungen durch die Mark Brandenburg* und in *Vor dem Sturm*, wie gezeigt, noch eine so große, wenn auch keineswegs dominante Rolle spielt, immer mehr. In der nach dem Muster Stormscher Chroniknovellen geschriebenen Erzählung *Grete Minde* werden Volksspruch und -lied, Märchen (vom Machandelboom) und Sage (von der Jungfrau Lorenz) ganz in den Dienst historischen Stimmungszaubers und symbolischer Spiegelung gestellt (III 9, 32, 76, 78). Unter den übrigen historischen, regionalen und Kriminalerzählungen Fontanes, wo man sie noch am ehesten erwarten kann, tritt diese Wissensform allein in *Ellernklipp* relativ zentral hervor: mit den »Märchen und Geschichten« des Geistersehers Harms (301), besonders von dem Spuk am Heidenstein (303), der sich dann in dem tragischen Geschehen der Erzählung selbst wiederholen und erneuern soll (358). Fontane hat für diese Novelle Heinrich Pröhles *Deutsche Sagen* sorgfältig auf das »poetische Interesse« hin durchmustert (581). Doch hier wie in weiteren Dorfgeschichten Fontanes spielt neben und vor den Spukgeschichten eine andere Form mündlichen Wissens eine wichtige Rolle: der dörfliche Klatsch, die permanente Mißachtung des achten Gebotes (321), das aus Dummheit, Bosheit und Lüge gemischte »Gerede«, das die schuldig Gewordenen – Baltzer Bocholt in *Ellernklipp*, Abel Hradschek in *Unterm Birnbaum* – nicht mehr zur Ruhe kommen läßt. Interessanterweise flüchtet sich der dörfliche Außenseiter Hradschek am Ende vor diesem beharrlich anschwellenden Gerede und »Geklatsch« (IV 223) in großstädtische Formen (halb-)mündlichen Wissens: Er verbreitet Berliner Lieder und Gassenhauer (290 f.), Anekdoten und Witze, darunter die berühmten Kurzgeschichten Adolf Glaßbrenners, der zum »Vater des Berliner Witzes« wurde, weil er dem Berliner Volk so genau aufs Maul zu schauen wußte – darin ein Vorbild für den späteren Fontane.

Die beiden Kriminalerzählungen *Unterm Birnbaum* und *Quitt*, so sehr eine Poesie des Unheimlichen in ihnen eine Rolle spielt, kommen bereits ohne den romantischen Sagenapparat aus, ganz wie Fontanes Gesellschaftsromane, die ja überwiegend in Berlin spielen, wo es, wie es sich für eine moderne Großstadt gehört, nicht so leicht spukt. (Allenfalls, wie in *Vor dem Sturm*, im *alten* Berlin, und dann natürlich auch nur in einem Schloß; oder nur in der ländlichen Nähe Berlins wie das bekannte »Gespenst in Tegel« – II 23, vgl. Goethes *Faust*, Vers 4161). Gespenstisch-Unheimliches erscheint nur gelegentlich psychologisiert in Figurenperspektive (IV 176, V 345). In der im Harz spielenden ersten Hälfte von *Cécile* werden Harz- und Hexentanzplatzsagen von dem verliebten Herrn von Gordon beschworen: Die Landschaft – sagt er – sei »hier so gesättigt mit derlei Stoff, daß die Sache schließlich eine reelle Gewalt über uns gewinnt«; durch eine Replik von Gordons Gesprächspartnerin jedoch entlarvt der Erzähler diese Bezugnahme auf ›romantisches‹ mündliches Wissen als eine typische Männerphantasie: »Nehmen Sie sich in acht, Herr von Gordon. In Ihrem Hexenspuk spukt etwas vor. Das sind die inneren Stimmen.« (IV 338)

In dieser psychologisierend-symbolischen Funktion erscheint Spukhaftes noch einmal in *Effi Briest*: in Gestalt der erzählerisch raffiniert ausgeformten, rätselhaften Geschichte vom Chinesen, die der armen Effi und noch der heutigen Fontane-Kritik keine Ruhe läßt. Diese Geschichte soll im pommerschen Kessin mündlich umlaufen, wie Baron Innstetten seiner jungen Frau mitteilt, der indessen als Spukgeschichtenerzähler aus Kalkül, wie sein Freund und Rivale Crampas meint, diesen Chinesenspuk vielleicht nur als »Angstapparat« gegen eine mögliche Untreue Effis einsetzt.

In Fontanes letztem Roman schließlich haben wir dann zwar die – einleitend von mir behandelte – Sage vom Stechlin-See, wir haben, in Gestalt der Buschen, der Kräuterfrau, die altes naturheilkundliches Wissen bewahrt hat, auch noch einmal eine entfernte Verwandte von Hoppenmarieken. Aber wir haben auch wieder – und nachdrücklicher als in *Vor dem Sturm* – die Zeitungen, mit denen, wie Hauptmann Czako dem auf »Neuigkeiten« erpichten alten Dubslav Stechlin sagt, kein mündlicher Vermittler mehr konkurrieren kann (VIII 19). Und dann auch noch die Telegraphie! Die läßt zwar durch ihren Telegrammstil die »feinere Sitte«, das traditionelle kommunikative Normenwissen, z. B. bei den Anredeformen, etwas leiden, dafür kann sie aber Nachrichten rund um die Erde schicken, so schnell, daß es beinahe komisch ist: »Als Anno siebzig die Pariser Septemberrevolution ausbrach, wußte man's in Amerika drüben um ein paar Stunden früher, als die Revolution überhaupt da war.« (27 f.) Und selbst die Kinder, jedenfalls solche aus der proletarischen Unterschicht wie Dubslavs rotbestrumpftes Pflegekind Agnes, interessieren sich mittlerweile mehr für Geschichten von »Verhaftung« oder »Demokratennest ausgenommen« als für ein Märchen wie das vom »guten und bösen Geist« (387). Die traditionalen, die ›romantischen‹ Formen mündlichen Wissens haben in der modernen Welt ausgespielt – so scheint der *Stechlin*-Erzähler mit dieser Passage sagen zu wollen, nicht ohne leises Bedauern.

Genau diese Mischung aus Nostalgie und Nüchternheit steckt schon zu Beginn des Romans, an der eingangs von mir analysierten Stelle, in der unauffällig markierten Distanz und Differenz der Erzählerstimme gegenüber dem von ihr referierten mündlichen Wissen der Region über ihren geheimnisvoll weltverbundenen See Stechlin. Genau in diesem Hiatus aber können nun nicht nur die alten, romantischen Wissensbestände selbst verschwinden, sondern gleichzeitig auch alle an sie anknüpfenden symbolischen Deutungen, die der weitere Romandiskurs evoziert, bis hin zu der beliebten revolutionstheoretischen. In diesem suspensiven Gestus, mit dem der Erzähler gegenüber dem traditionalen mündlichen Wissen, das er zitiert, Distanz hält, distanziert sich der Text zugleich von den Wissensformen seiner modernen Interpreten.

IV. Weisheiten und Dummheiten

Aphorismen und andere generalisierende Sätze im erzählerischen Kontext

Das Spektrum »großer Sätze« bei Fontane

Fontanes Romane sind übersät mit Sentenzen, Aphorismen und Aperçus, d. h. mit relativ abgerundeten, prägnant formulierten Allgemeinaussagen.[1] Der außerordentliche Reichtum an derartigen Aussprüchen hat – wie bei anderen Autoren mit ähnlichem Sprüchevorrat, z. B. George Eliot – diverse Versuche von Blütenlesen hervorgebracht, in denen solche Textstellen, die meist den Konversationen der Figuren entnommen sind, als ›goldene Worte‹ Fontanescher Lebensweisheit zusammengestellt sind und zum konversationellen Weitergebrauch angeboten werden.[2]

Mit dieser Besonderheit fällt Fontanes Erzählkunst nicht nur im Vergleich mit anderen Erzählern des ›poetischen Realismus‹ auf, sondern nimmt sich auch gegenüber zeitgenössischen Positionen des internationalen Romans, z. B. bei Flaubert oder Dostojewskij, auf den ersten Blick merkwürdig traditionell aus: Die Symbiose von Erzählkunst und moralistischer Sentenzkunst gehört literaturgeschichtlich in die Jahrzehnte um 1800. Dem genau entsprechend finden sich gerade in den beiden

---

1 Adolf Karl Sauer: Das aphoristische Element bei Theodor Fontane, Berlin 1935; Eberhard Wilhelm Schulz: »Das Literarische macht frei . . .« Über aphoristische Sätze Fontanes und ihre epische Integration. In: Literaturwiss. Jb. 30 (1989), S. 141-161.

2 Selbst eine Fontane-Kennerin, die solche Weisheitsschatzsuche kritisch unter die Lupe genommen hat (Bettina Plett: Fontane für die Westentasche? In: FBl 40 (1985), S. 232-237), konnte sich der objektiven Sentenz-Tendenz des Fontaneschen Erzählens nicht entziehen und publizierte – eine neue Anthologie solcher Textstellen, übrigens eine sehr reichhaltige und ansprechende: Fontane-Brevier, hg. v. B. Plett, Stuttgart 1990.

Romanen Fontanes, die in dieser Zeit spielen, *Vor dem Sturm* und *Schach von Wuthenow*, in Figurenmund Aussprüche, die den Aphorismen La Rochefoucaulds ähnlich oder sogar entlehnt sind. Bei Dostojewskij dagegen kommt nur noch »aphoristische Schwätzerei« zum Vorschein, die als solche bloßgestellt wird[3], und Flaubert sammelte in Weiterarbeit am *Bouvard-und-Pécuchet*-Projekt mit grimmigem Fleiß Sätze und Aussprüche, die er zu einem *Dictionnaire des idées reçues*, einer monströsen Enzyklopädie der Dummheit, zusammenstellen wollte. Sollte Fontane keinen Anteil haben an dieser Entwicklung weg von einem Erzählen, das als Transportmittel für Aphorismen der Lebensweisheit dient?

Diese literaturgeschichtliche Fragestellung verbindet sich mit einer hermeneutisch-kritischen: Denn aus Fontanes Romanwerk ließe sich ohne Schwierigkeit eine Zitatensammlung der Dummheiten zusammenstellen, die Flauberts *Dictionnaire* in den Schatten stellen würde. Wo aber wären die Kriterien der Sortierung nach Weisheit und Dummheit in bezug auf Sätze, die bestimmte logische und sprachliche Merkmale *gemeinsam* haben, allen voran das der Generalisierung? Überblickt man dieses Phänomenfeld in Fontanes Werk, so entfaltet sich ein so reiches Spektrum von sentenzhaften Äußerungstypen, daß man auch eine weite Skala von Erkenntnisgraden ansetzen muß. Weisheit und Dummheit, Einsicht und Blindheit, aphoristischer Witz und nachsprechende Banalität sind nicht säuberlich zu scheiden, sie liegen oft dicht beieinander, ja gehen sogar ineinander über, manchmal innerhalb einer einzigen Äußerung. Auch hier operiert Fontanes Erzählen mit feinen und feinsten Unterschieden. Entsprechend sind Lektüre und Kommentar darauf verwiesen, Geltungsgrad und Wahrheitswert dieser Sätze permanent zu prüfen, zwischen Identifikation und Distanzierung, Zustimmung und Widerspruch differenziert abzuwägen. Weder traditionelle, an der Autorintention orien-

3 Michail Bachtin: Probleme der Poetik Dostoevskijs, Frankfurt/M. 1985, S. 107 f.

tierte, ›Dichterweisheiten‹ vernehmende Hermeneutik noch eine Diskursanalyse, die sich auf eine Archäologie des generalisierenden Sprachspiels zurückzieht, auf die bloße Beobachtung dessen, was gesellschaftlich jeweils als Weisheit und Dummheit definiert worden ist, wird der Herausforderung durch die sentenzhaften Sätze in Fontanes Romanen gerecht.

Um welche Phänomene, die sich auf der Skala zwischen den Extrempunkten Weisheit und Dummheit beobachten lassen, geht es im einzelnen? Dazu gehören in erster Linie alle möglichen Arten von »großen Sätzen«: nicht nur prägnante und originelle Sentenzen, Aphorismen, Aperçus, Bonmots, Witzworte und »Causerien«, die von Figuren mit mehr oder weniger Esprit ausgesprochen werden. Es geht gleichfalls nicht nur um die ca. zweihundert Sprichwörter, die in Fontanes Texten überliefertes mündliches Wissen repräsentieren und die Figuren, die sie verwenden, nach Mentalität und sozialer Zugehörigkeit kennzeichnen.[4] Es geht auch um Redensarten und Gemeinplätze als Kondensate von Alltagswissen und ›Menschenkenntnis‹ wie z. B. »Alle Portiersleute sind eitel« (VIII 154), um Stereotype, Vorurteile und Modemeinungen des Zeitgeistes, um Bestandteile von Ideologien und Diskursen – in Form von Ideologemen oder Diskurszitaten –, um die vielen Formen deformierten Wissens und Sprechens, die Fontane unter Begriffe wie ›Phrase‹ und ›Lüge‹ zu bringen pflegte. Auch gehören Wissen, Weisheit, Bildung zum kulturellen Kapital der »regierenden Klassen«: »Nicht bloß die *Stellen* sind ihr Erbteil, sondern sie erben das Wissen und die Weisheit gleich mit. Sie sind alle gebildet, und ihre Bildung wird nur noch von ihrer Einbil-

---

4 Die Frage, ob Fontanes Romanwerk die tatsächliche Sprichwortverwendung realistisch nachbildet (Hardy Ottmar Fuchs: Die Funktion des Sprichwortes bei Theodor Fontane, Diss. Michigan State University 1970) oder mehr Sprichwörter umfaßt, als bei dem überwiegend »großstädtischen Milieu« seiner Romane zu erwarten wäre (Wolfgang Mieder: Das Sprichwort in der deutschen Prosaliteratur des 19. Jahrhunderts, München 1976, S. 12), ist kein Fontane-Problem, sondern eines der Volkskunde und ihrer Auffassung von ›Volk‹ und ›Sprichwort‹.

dung übertroffen.« (H 273) Hierher gehören weiterhin die für Fontane typischen Komparativ- und Superlativsätze, in denen soziokulturelle Taxonomien fixiert werden. »Narben ist doch das Schönste«, sagt Marie über Hirschfeldt mit seinem zerhauenen Gesicht (II 288). Der befremdliche Singular (›ist‹ statt ›sind‹) besagt: Die Narben sind hier nicht als physiognomisches Konkretum gemeint, sondern als symbolisches Kapital der Ehre.

Das thematische Spektrum umfaßt psychologische Sätze über Schein und Sein in moralistischer Tradition, über Menschlich-Allzumenschliches wie »Alle Menschen sind Wetterfahnen« (VIII 191 f.) sowie soziographische Beobachtungen wie »[A]lle Klosteruhren gehen nach« (82) oder »Wer aus der Mark ist, hat keine Phantasie« (233). Der Satz der Gräfin Melusine: »alle Spukgeschichten sind immer gerad in Himmelbetten passiert« (276), enthält eine ganze Reihe von kultursemiotischen Implikationen, die nur z. T. aus dem engeren Romankontext erschließbar sind: enthalten z. B. in der Nennung einer Bibel, eines Rokokopüppchens und der Geschichte eines Sofas (21). Hinzudenken muß man sich, um den Witz des Satzes zu erfassen, den Imagewert des Spuks als Adelsprivileg und den Typus ›Sündengeschichte‹ als Spukauslöser (z. B. die Geschichte der Wangeline von Burgsdorff). Der Satz des Fräuleins von Ziegenhals dagegen: »Rittergutsbesitzer sind agrarisch, Professoren sind nationale Mittelpartei, und Industrielle sind fortschrittlich« (VI 295), bringt glasklar und treffsicher Beziehungen zwischen sozialer und politischer Position im Kaiserreich auf den Punkt.

In formaler Hinsicht sind die selteneren, mal mehr, mal weniger plausiblen Generalisierungen in *Erzähler*rede: »ganz nach Art verwöhnter Dienerinnen, die sich gern ins Gespräch mischen« (I 300), von der Masse derer zu unterscheiden, die in *Figuren*rede vorkommen, bei diesen wiederum die in Gespräche eingebetteten von isolierten Figurenzitaten. Schließlich lassen sich von kurzen, aphoristischen ›Highlights‹ ausgedehntere Passagen (sowie Skizzen in Fontanes Entwürfen) unterscheiden, die so etwas wie Sprechporträts bieten und damit die Summe der Weisheit und der Dummheit einer Figur.

Zur Logik und Poetik generischer Sätze

Logisch und sprachlich gesehen handelt es sich hier um das Verfahren des Verallgemeinerns, den Denkweg vom Spezifischen, Individuellen, Konkreten zum Generellen oder Typischen, um generische Sätze oder Allsätze (wie die schon zitierten) und globalisierende Äußerungen.[5] Sie sind jeweils erkennbar an Pronomina und Adverbien wie: alle, jeder, niemand, immer, nie, die meisten, meistens, oft usw. Die Grundform ist eine einfache Prädikation mit Allquantor: »Alle Menschen sind sterblich.« – »Every nice girl loves a sailor.«[6] – »alle Kapitäne sind hübsch« (VI 85). Solche Aussagen können ganz verschiedene Wahrheitswerte haben; die letzten beiden Sätze haben offensichtlich einen geringeren als der erste. Sie können modal abgetönt und abgeschwächt werden, z. B. statt ›ist‹ wird ›gilt als‹ oder ›ist meiner Meinung nach‹ gesagt. Und sie können explizit oder implizit auftreten: »Er ist Jude, aber er ist sympathisch.« Das impliziert den generalisierenden Satz: »Die meisten Juden sind unsympathisch.«[7]

Generische Sätze in – realer oder fiktionaler – Alltagskommunikation erscheinen oft problematisch in Hinblick auf die Konversationsregel der Wahrheitstreue. »Alle Portiersleute sind eitel« (VIII 154): Sind Portiers wirklich so eitel, oder ist das nur ein Vorurteil der Kutschersfrau Imme gegenüber der Portiersfamilie Hartwig? Übertreibt Frau Imme, oder verallgemeinert sie quasi soziologisch einen selbsterfahrenen ›feinen

5 Martina Drescher: Verallgemeinerungen als Verfahren der Textkonstitution, Stuttgart 1992.

6 H. Paul Grice: Logic and Conversation. In: Syntax and Semantics, hg. v. P. Cole u. J. L. Morgan, Bd. 3, New York 1975, S. 53.

7 Uta Quasthoff: Soziales Vorurteil und Kommunikation. Eine sprachwissenschaftliche Analyse des Stereotyps, Frankfurt/M. 1973, S. 254.

Unterschied‹ (denn Portier ist mehr als Kutscher)? Dennoch sind Sätze dieser Art kommunizierbar, wenn ihr rhetorischer Charakter als Hyperbel, bewußte Übertreibung, »Überredungsdefinition«[8], oder wenn ihr kognitiver Status als Stereotyp erkannt und ihr Geltungsanspruch entsprechend eingeschränkt werden kann. Die kommunikative Funktion solcher Pauschalbehauptungen kann darin liegen, daß sie Alltagswissen, das Komplexität reduziert, bereitstellen, weitergeben oder thematisieren.[9] Verfestigt sich kollektives mündliches Wissen zu schematischen, übergeneralisierenden, oft auch emotional wertenden Aussagen über andere Personengruppen oder sonstige soziale und kulturelle Phänomene, so entstehen Stereotype.

Aber die kommunikative Funktion solcher Sätze kann auch umgekehrt darin liegen, daß ein Erkenntnisanspruch nicht festgeschrieben, sondern spielerisch-tentativ offengelassen wird oder daß Vorurteile und allgemein akzeptierte ›Wahrheiten‹ scherzhaft-ironisch vergegenwärtigt werden. In Konversationen mit genügend Esprit steigen Allsätze gleichsam als proverbiale Versuchsballons auf, die nicht einfach den *common sense* wiederholen, sondern dialogisch (im Sinne Bachtins) in seinen Bestand eingreifen, indem sie ihn fortschreiben, bewußt machen oder problematisieren. Sind sie witzig formuliert – und das erkennbar *übertriebene* Generalisieren kann witzig wirken –, so gleicht ihr Effekt dem des Witzes als »spielendes Urteil« (Kuno Fischer)[10] und des Humors als Spiel mit Bedeutungen. Doch müssen Witz, witzige Sentenz, generalisierendes Aperçu nicht immer einen geistreichen Erkenntnisblitz erzeugen, sie können auch auf billige Weise Vorurteile ausschlachten. Schließlich aber dürfen sich konversationelle Allsätze auch ein-

---

8 Lars Gustafsson: Sprache und Lüge, Frankfurt/M. 1982, S. 23.

9 Wolf-Dieter Stempel: »Ich vergesse alles« – Bemerkungen zur Hyperbolik in der Alltagsrhetorik. In: Allgemeine Sprachwissenschaft, Sprachtypologie und Textlinguistik. Festschrift für Peter Hartmann, hg. v. M. Faust (u. a.), Tübingen 1983, S. 87-98; hier S. 95.

10 Vgl. Sigmund Freud: Der Witz und seine Beziehung zum Unbewußten (1905), Frankfurt/M. 1958, S. 8.

fach darauf beschränken, mit allgegenwärtigen gesellschaftlichen Geltungen so zu spielen, daß diese als solche sichtbar werden: »alle Kapitäne sind hübsch«, sagt Graf Holk zur Witwe Hansen im Gespräch über deren – vermutlichen – Schwiegersohn (VI 85). Das bedeutet wohl nicht viel mehr als dies, daß außer der markanten Männlichkeit eines Seemannes, auf die jedes »nice girl« angeblich fliegt, Kapitäns*uniformen* hübsch sind, wie überhaupt alle Uniformen in jener Gesellschaft, die so stark vom Militärischen geprägt war, als hübsch *galten*. An der schlichten, dahingeplauderten Sentenz Holks hängt also ein charakteristisches kultursemiotisches Muster.

Von solchen espritarmen Allerweltsweisheiten heben sich nach kognitivem Gehalt und sprachlicher Gestalt solche Äußerungen ab, die sich, obwohl gesprochen, der *literarischen* Kurzform des Aphorismus annähern. Derjenige Typ von Aphorismus, der die prägnante Formulierung einer gewagten Verallgemeinerung bietet[11], geht, was seine Beweisbarkeit betrifft, immer ›zu weit‹. Er folgt der Maxime, daß eine Maxime, die erst bewiesen werden muß, schlecht formuliert ist. Man muß zwar wissen, bis wohin man zu weit gehen kann, aber man darf auch nicht zuwenig sagen, denn das Verbot, sich in einem Satz zu weit vorzuwagen, kann der Verdummung dienen.[12] Wer diese Regeln des Aphorismus kennt, stößt sich nicht daran, daß hier oft nicht säuberlich nach Kriterien wie angemessen/übertrieben oder ernsthaft/scherzhaft sortiert werden kann. Der Erkenntnisgehalt muß sich dadurch keineswegs ins Beliebige verflüchtigen. Problematisch bleibt er dennoch immer: Nur *gut formuliert* findet ein Aphorismus Glauben, aber er weckt zugleich die Skepsis, *nur* gut formuliert zu sein. (Auch dieser Satz ist insofern aphoristisch, als er mit dem Wort ›nur‹ zu weit geht, und das gleich zweimal.)

---

11 Vgl. Stephan Fedler: Der Aphorismus. Begriffsspiel zwischen Philosophie und Poesie, Stuttgart 1992, S. 127-137.

12 Ich habe mir hier erlaubt, einschlägige Aphorismen von Vauvenargues, Cocteau und Adorno zusammenzuziehen.

Der Aphorismus bleibt auch als autonome literarische Form mit dem konversationellen Boden verbunden, aus dem er erwächst. Diese Verbindung ist in Romangesprächen, denen aphoristische Sätze eingelagert sind, immer mitdargestellt. Die Gespräche führen mit den Sätzen zugleich vor, wie diese entstehen und rezipiert werden. Aus der doppelten Einbettung aphoristischer Sätze in einen Gesprächs- und in den Romankontext kommen ihnen unterschiedliche Funktionen zu, die sie z. T. gleichzeitig erfüllen können. Sie dienen der Figurencharakterisierung ebenso wie der epischen Integration. Sie tragen zum epischen Aufbau von Weltbildern bei durch Vermittlung von Werten, von *common sense*, von Ideologie.[13] Sie schließen Figurenrede an soziale Diskurse an und tragen dadurch zur Dialogizität bei. In Romanen moralistischer Tradition sind sie einerseits Glanzlichter im Erzählfluß, die sich als Sentenzenschatz sammeln lassen, andererseits werden sie – im Unterschied zum selbständigen Aphorismus – durch ihre narrative Einbettung in ihrem allgemeinen Geltungsanspruch gebrochen.

Textstrukturell sind besonders zwei Aspekte von Belang: Zum einen stehen diese Sätze aufgrund ihrer stilistischen Formung und kommunikativen Funktion in einer spezifischen Spannung von Dekontextualisierung und Rekontextualisierung, wobei der kommunikative Kontext des Figurengesprächs und der ästhetische Kontext des Romanganzen einander überlagern. Zum anderen bleibt ihr Geltungsanspruch immer dadurch fraglich, daß der Erzähler Sätze, die eine Figur *verwendet*, seinerseits nur *anführt*, vorführt, ›zitiert‹, ohne daß er sie bestätigen oder ausdrücklich problematisieren müßte. Das gleiche gilt für das Verhältnis des Autors zu Sät-

---

13 Roger Fowler: Linguistics and the Novel, London 1977, S. 86; ders.: Linguistic Criticism, London 1986, S. 132. – Fowler spricht von »aphoristic generic sentences« und »semi-proverbial sentences« und führt als Beispiel einen Satz aus Fieldings *Tom Jones* an: »All innkeepers are rapacious.«

zen der Figuren *und* des Erzählers. Dadurch entstehen Leerstellen, anders als in der Alltagskommunikation, die in der Regel situativ zu klären erlaubt, ob ein Satz ernsthaft oder scherzhaft gemeint ist.

Um generische Sätze in literarischen Erzähltexten bildet sich also ein komplexes Spannungsfeld, das ein Spiel mit Bedeutungen und Geltungen eröffnet. Es besteht aus den Oppositionen Erfindung, Originalität vs. Fund, Zitat, Redensart, Gemeinplatz, Klischee, Stereotyp; Kontextabhebung vs. Kontextbindung; fingierte Mündlichkeit vs. literarische Schriftlichkeit; Figurenstimme vs. Erzählerstimme; Sympathie- vs. Distanzsignale in bezug auf Sprecher und Sprüche als Leserlenkung; ›objekthaftes Wort‹ vs. Sprachrohr für die Autorintention. Die Opposition Weisheit vs. Dummheit, auf die in diesem Zusammenhang jede kritische Lektüre der Romane Fontanes stößt, läßt sich mit einer der anderen Oppositionen, namentlich der zuletzt genannten, nicht fest koppeln, sondern läuft quer durch sie hindurch und erhöht dadurch die Komplexität. Es bleibt Sache des Lesers, bei jedem einzelnen Satz Sinn- und Unsinnanteile gegeneinander abzuwägen. Das literarische Spiel mit dem Denkmuster der Verallgemeinerung ist offen, weil nach diesem Muster Wahrheit ebenso wie Ideologie, Einsicht ebenso wie Blindheit artikuliert werden kann. Letztlich ist es das Vorführen von Sentenzen im Rahmen *fiktionalen* Erzählens, was deren Sentenzwert immer in Frage stehen läßt. Erzählte Weisheiten sind – unabhängig von einer vermutbaren Autorintention – stets problematisierte Weisheiten.

»Unser Herz hat Platz für allerlei Widersprüche« (V 153), sagt Botho von Rienäcker, als er im Begriff steht, seine Liebesbeziehung mit Lene zugunsten einer standesgemäßen Heirat mit einer schönen und reichen Frau aufzugeben. Mit dem Plural »unser Herz« scheint Botho das eigene, individuelle Handeln selbstkritisch illusionslos unter eine allgemeine Lebensregel zu stellen, und Fontanes Satz über die »Gebrechlichkeit« und »wetterwendische Schwäche« des menschlichen Herzens, den er gegen Ibsens Liebes- und Eheauffassung stellte (*Gespen-*

ster-Rezension)[14], scheint Bothos Einsicht autorintentional zu stützen. Aber legt es der Werkkontext von *Irrungen, Wirrungen*, der die Halbheit, den Kompromißcharakter von Bothos Heiratsentschluß scharf beleuchtet, nicht eher nahe, seine Sentenz als objekthaftes Wort, als »ordnende Phrase« zu lesen, die dazu dient, einen selbstverschuldeten Glücksverzicht zu kompensieren?[15] Autorisierung durch ein Fontanewort und Problematisierung durch den Erzählkontext stehen hier schwer entscheidbar gegeneinander.

Was leistet angesichts solcher Komplexität der Texte eine Sortierung von Allgemeinaussagen nach Weisheit und Dummheit? Da der Typus des Weisen in der Moderne problematisch geworden ist, sind es auch die als Weisheit überlieferten Wissensformen aus vormoderner Zeit wie die der Moralistik. Der alte, besonders von den Religionen eingeimpfte Gegensatz von Weisheit und Torheit wird relativiert durch Übergänge und graduelle Abstufungen, Ambivalenzen und Umwertungen. Je verbissener an traditionalen Weisheitssätzen festgehalten wird, desto schneller schlagen sie in ihr Gegenteil um, in Lüge, Phrase, Vorurteil. Der Bodensatz des Alltagswissens und kulturellen Gedächtnisses enthält Allerweltsweisheiten, die von Dummheiten kaum zu unterscheiden sind. Dennoch gemahnt der leergewordene Platz der Weisheit auch an die Offenheit der Frage nach einem richtigen Leben, denn dessen Begriff »ist von dem der Weisheit nicht zu trennen«.[16]

Auch Dummheit ist wie Weisheit nicht nur eine individuelle und eine allgemein-menschliche Eigenschaft, wie sie in der humoristischen Traditionslinie des europäischen Romans von Cervantes und Sterne bis zu Gogol und Dickens als unausweichlicher Aspekt der Lebenswelt wahrgenommen und in

14 Hanser-Ausgabe, Abt. III, Bd. 2: Theaterkritiken, S. 711.

15 Rainer Kolk: Beschädigte Individualität. Untersuchungen zu den Romanen Theodor Fontanes, Heidelberg 1986, S. 93.

16 Theodor W. Adorno: Philosophische Terminologie, Bd. 1, Frankfurt/M. 1973, S. 132.

komische Distanz gerückt wird.[17] Sie ist immer auch, wie Fontanes Romane auf erzählerischem Weg nachweisen, eine gesellschaftlich produzierte und reproduzierte Eigenschaft. Und wie Weisheiten in Dummheiten, so können auch diese in jene umschlagen: Die Literatur nutzt das als kritisches Instrument, namentlich mit den Typen des Narren und des Schelms. Die erasmische[18] oder Rabelaissche Torheit und noch der Flaubertsche »Garçon« erklären sich selbst für dumm und können auf diese Weise den Dummheitsverdacht totalisieren.[19] Die Dummheiten von Angehörigen der Unterklassen oder des als Tölpel maskierten Schelms vom Schweyk-Typ entlarven die herrschenden Weisheiten als Weisheiten der Herrschenden, die allgemein anerkannten Sätze als lächerlich, pathetisch, verlogen und ideologisch. Einen solchen »Schelm« stellt Wilibald Schmidt dar, wenn er mit seiner bourgeoisen Freundin Jenny Treibel sein Spiel treibt (VI 429). In der erzählerischen Inszenierung von subversiv ›dummen Sprüchen‹ ist Dummheit als *dialogisches* Konzept wirksam.[20] Fontane spricht die Dialektik von Weisheit und Dummheit einmal in einem der Aphorismen an, die er der Figur Bülow in *Schach von Wuthenow* in den Mund gelegt hat: »Die höchste Dummheit [. . .] entzieht sich ebenso der Berechnung wie die höchste Klugheit«; leicht zu berechnen sind dagegen »jene ›Mittelklugen‹, die gerade klug genug sind, um von der Lust, ›es auch einmal mit etwas Geistreichem zu probieren‹, angewandelt zu werden« (III 420). Wie klug oder dumm dieses Bülowsche Lobpreis der »echten und unver-

---

17 Ernst Cassirer: Versuch über den Menschen, Frankfurt/M. 1990, S. 231 f.

18 Anton C. Zijderveld: Humor und Gesellschaft. Eine Soziologie des Humors und des Lachens, Graz 1976; Ralf Grüttemeier: Intentionis Laus: Über Nutzen und Grenzen von Intentionalität anhand von Erasmus' *Lob der Torheit*. In: Neophilologus 80 (1996), S. 341-357.

19 Jonathan Culler: Flaubert – The Uses of Uncertainty, London 1974, S. 161.

20 Michail M. Bachtin: Die Ästhetik des Wortes, hg. u. eingel. v. R. Grübel, Frankfurt/M. 1967, S. 282-285.

fälschten Stupidität« immer sein mag, das ihm innewohnende ›antiautoritäre‹ Moment ist charakteristisch für Fontanes ›karnevalistische‹ Inszenierung von Weisheits- und Dummheitssätzen in seiner Prosa.

Wenn das Begriffspaar Weisheit/Dummheit zur Analyse eines charakteristischen Stilzugs der Romane Fontanes herangezogen wird, sollte das also keineswegs auf eine binäre Sortierung hinauslaufen, vielmehr auf eine Subversion der in der Fontane-Rezeption nur wenig gebrochenen Tendenz, aus seinen Werken, sei es anthologisch, sei es interpretierend, allgemein-menschliche Wahrheiten abzuziehen. Manche generischen Sätze, die eine allzu affirmative Fontane-Lektüre als Weisheiten gefeiert hat, könnten sich einer kritischen als Dummheiten zu erkennen geben. Und eine *ästhetische* Lektüre, die sich für die Komplexität dieses Phänomenfeldes in Fontanes Werk offenhält, wird sich hinsichtlich des Weisheits- oder Dummheitsgehalts solcher Sätze nicht selten für Unentscheidbarkeit entscheiden müssen.

Vom Einzelfall aufs Ganze gehen

Dafür, daß aphoristische und generische Sätze in Fontanes Romanen überhaupt ins Blickfeld des Lesers treten, genügt in der Regel, außer der Grammatik der Generalisierung, ihre stilistische Prägnanz. Zudem haben sie oft eine exponierte Stellung im Ablauf erzählter Gespräche. Manchmal werden sie als markierte Figurenzitate ohne Gesprächskontext, z. B. als »Lieblingssätze« einer Figur, vom Erzähler oder von einer anderen Figur angeführt. Der Erzähler kann sie auch direkt als »Weisheitssätze«, »große Sätze« oder ähnlich benennen, wobei ein ironischer Unterton mitschwingen kann wie in Hinblick auf Bürstenmacher Stappenbeck (II 19) oder Geheimrätin Zwicker (VII 270). All das verleiht ihnen, zusammen mit ihrem generischen Inhalt, eine gewisse Herausgehobenheit oder Ästhetizität. Auf der anderen Seite bleiben sie, als Gesprächs- wie als

Textelemente, kontextbezogen und können ihrerseits zur epischen Integration beitragen. So treten Zitate, Anspielungen, aphoristische Sätze in dem Gewebe des Textes »wie Knoten« hervor.[21] Wenn van der Straaten in *L'Adultera* seine Weisheit oder Dummheit zum besten gibt, »daß alles in der Welt eigentlich nur des Fallens wegen da sei: die Sterne, die Engel, und nur die Frauen nicht« (III 168), dann hat das nicht nur massive Folgen für den Handlungsverlauf[22], vielmehr wird mit dem Motiv des Fallens ein Leitmotiv des ganzen Romans wiederaufgenommen, das bereits im zweiten Kapitel mit dem Steigen und Fallen der Schneeflocken angeschlagen wird, die Melanie sehnsuchtsvoll beobachtet (116).

Besonders typisch für Fontanes Romane sind Bonmots, die dadurch verblüffend und witzig wirken, daß etwas Konkretes aus dem Gesprächskontext in den allgemeinen Satz aufgenommen wird: »alles Verzwölffachte tötet einen Menschen«, so philosophiert Leopold Treibel, der von jemand gehört hat, der nach dem Trinken von zwölf Tassen Kaffee tot umgefallen ist; auch zwölf Käsestullen – meint Leopold – hätten gewiß die gleiche Wirkung (VI 364). Andere Sätze nehmen sich nur auf den ersten Blick kontextfrei aus: »alle alten Tanten sind neidisch« (VII 189). Dieser Satz Effis ist zwar, wie ihr Mann bestätigt, insofern allgemein »wahr«, als er eine psychologische Alltagsweisheit ausspricht, aber Innstetten merkt dabei nicht, daß dies nicht die naive, kindhafte Effi, sondern die Ehebrecherin sagt, die ihn auch noch mit anderen Weisheiten einwikkelt[23] und mit dieser *nicht* verrät, was alles den Neid alter Tanten erregen kann, z. B. jung, schön, begehrt zu sein, einen stattlichen Ehemann und – einen leidenschaftlichen Geliebten zu haben. »Landpartien sind immer fröhlich« (VI 380). Ohne den Romankontext ist das nur eine platte *idée reçue*, aufnahmewürdig in Flauberts *Dictionnaire*, aber Treibel zitiert diesen Gemeinplatz

21 Schulz: »Das Literarische macht frei . . .«, S. 157.
22 Vgl. Kap. VI, S. 245-248.
23 Vgl. Kap. VII, S. 276 f.

über Landpartien *während* einer Landpartie seinem Freund Krola gegenüber und ironisiert damit seine Geltung: Denn zum einen hat bei aller gemeinsamen Fröhlichkeit jeder Teilnehmer seine eigenen Freuden im Sinn, so Adolar Krola das Bier, zum anderen wirft der Satz den Schatten des Zwanges, der gesellschaftlichen Norm, die er formuliert, um jeden Preis – auch um den wirklicher Fröhlichkeit – zu entsprechen.

Der Einsatz von Sentenzen gehört zu Fontanes Kunst der Gesprächsgestaltung, der Nuancierung und Polyphonie der Stimmen, Töne und Themen. Dabei existiert, wie der Autor sehr exakt sein Verfahren gekennzeichnet hat, ein »linker Flügel, der auf der Trivialität, und ein rechter, der auf dem Esprit steht«.[24] Doch die Figuren und ihre Aussprüche sind ebensowenig immer nur auf *einem* dieser beiden »Flügel« zu finden, wie die Zugehörigkeit einer Äußerung zur »Geistreichigkeitssprache« oder zur »Simplizitätssprache« (B II 185) ihren Wahrheitsgehalt anzeigt. Fontane verwendet sentenzhafte Sätze und Redensarten sowohl zu individueller Charakterisierung seiner Figuren als auch zur Modellierung ihres Sozialcharakters und der kulturellen Distinktion zwischen den Klassen und Schichten, besonders deutlich dort, wo deren Vertreter allgemeine wertende Sätze von sich geben.[25] Wie es nicht nur vulgäre, sondern auch elitäre Banalitäten gibt – deren eine darin besteht, sich über jene zu mokieren –, so gibt es auch Dummheiten, besonders bei Figuren der Unterklassen, in denen sich Weisheiten verstecken, die allerdings wenig gemein haben mit denen, welche in Sprichwörtern der ›Volkskultur‹ kodifiziert sind. Dem bildungshumanistisch hochtönenden »Werde, der du bist« im Munde des Professors Schmidt tritt als leise skeptische Korrektur Haushälterin Schmolkes Spruch an die Seite: »der Mensch is am Ende, wie er is«, d. h., wie er *geworden* ist,

24 Theodor Fontane: Literarische Essays und Studien, Nymphenburger Ausgabe, Bd. 21/2, München 1974, S. 227.

25 Vgl. Peter Pütz: Der Superlativ bei Fontane. In: Oxford German Studies 10 (1979), S. 141 f.

»denn er hat sich ja nich selber gemacht« (VI 450).[26] Der Satz der dummen Suse Dörr: »Immer wenn das Einbilden anfängt, fängt auch das Schlimme an« (V 9), so wenig er auf Lene paßt, gehört zu den typischen Resignationsweisheiten der kleinen Leute in Fontanes Romanen, die oft Ansichten und Sprüchen nahestehen, die der Autor selbst als Lebensweisheiten zu empfehlen geneigt war.

Die Geltung allgemeiner Sprüche kann dialogisch relativiert werden, was nicht immer so simpel ausfallen muß wie im Gespräch von »Margot« und »Johanna« über ihre korpulente Demimonde-Kollegin »Königin Isabeau«:

> »Wer so dick ist, ist nie gut.«
> »Jott, Johanna, was du nur redst. Umgekehrt is es, die Dicken sind immer gut.« (89)

Und die Problematik der »großen Sätze« (VI 378) wird in Sätzen über Sätze reflektiert, die Fontanes Neigung entspringen, Sprache zu thematisieren: »die meisten Zitate sind falsch« (VII 389). Oder:

> »Ein jeder schafft sich seine Stellung.«
> »Um Gottes willen, meine Gnädigste, nur nicht das. Unter allen redensartlichen Sätzen ist das der redensartlichste.« (H 31)

Jede Fontanesche Sentenz wird gleichsam von der Schatten-Sentenz begleitet, daß alle großen Sätze unwahr sind.

Das problematisierende Vorführen »großer Sätze« gehört zum Verfahren der literarischen Sprachkritik in Form von satirischer Sprachreproduktion, das Fontanes Texte stellenweise denen von Heine und Nestroy, Ferdinand Kürnberger und Karl Kraus[27] annähert. Dabei gilt Fontanes sprachkritische Aufmerksamkeit in erster Linie der zeitgenössischen mündlichen Kommunikation und der Vorherrschaft der »Phrase« in ihr. Umgekehrt lassen die vielen geistreichen Aphorismen, die

---

26 Schulz: »Das Literarische macht frei. . .«, S. 157 f.

27 Hannelore Ederer: Die literarische Mimesis entfremdeter Sprache. Zur sprachkritischen Literatur von Heinrich Heine bis Karl Kraus, Köln 1979.

gleichfalls fast immer *gesprochene* sind, die Gespräche in Fontanes Romanen als *fingierte* Mündlichkeit erkennen: So sentenzenblitzend wie bei Fontane liefen und laufen reale Konversationen in der Regel nicht ab. Diejenigen generischen Sätze in seinen Romangesprächen, die in Richtung Dummheit tendieren, wirken oft wie unmittelbar aus realen Gesprächen übernommen, wie Zitate mündlicher Wissensformen[28], während die gehaltvollen Aphorismen größtenteils originale Erfindungen des Autors Fontane sein dürften. Ein kritisches Sensorium für »gedrucktes Geschwätz«, das schon Fritz Mauthner wie später Karl Kraus für schlimmer hielt als das gesprochene der dummen Leute[29], spielt in Fontanes Romanen wie in denen Flauberts oder Dostojewskijs noch eine vergleichsweise geringe Rolle. Allerdings weist die Frage, was alles an Weisheiten und Dummheiten Fontane seiner extensiven Buch- und Presselektüre entnommen und in Form von Diskurszitaten und Ideologemen in die mündliche Rede seiner Figuren transformiert hat, auf ein erst wenig aufgehelltes Feld der Fontane-Philologie.

An Fontanes erzählerischem Umgang mit generischen Sätzen lassen sich vier Hauptfaktoren herausstellen: Erstens besaß er eine außergewöhnliche Zuhörfähigkeit, der er ungezählte Sätze dieser Art verdanken dürfte. Zweitens hatte der Causeur Fontane selber eine große aphoristische Begabung und eine Passion für zugespitzte Sentenzen und gewagte Verallgemeinerungen. Das belegen neben seinen Romanen vor allem seine Briefe glänzend. Er selbst hat wiederholt von seiner Neigung, vom Einzelfall aufs Ganze zu gehen, seinem »Generalisierungshange«, gesprochen (H 87). Der »Fontane-Ton« ist in seinen Romanen vielleicht am sichersten dort zu vernehmen, wo der *Erzähler* ganz ähnliche generische Sätze formuliert wie die Figuren. Zwei kleine Beispiele: Botho von Rienäcker – so

28 Vgl. Kap. III.

29 Vgl. Helmut Arntzen: Sprachdenken und Sprachkritik um die Jahrhundertwende. In: H. A.: Zur Sprache kommen, Münster 1983, S. 94-104; hier S. 103.

teilt er mit – hat den »hübschen und herzerquickenden Zug aller märkischen Edelleute«, lieber mit Leuten aus dem Volk als mit ›Gebildeten‹ zu plaudern (V 141); die Schmolke hält, »wie die meisten alten Berlinerinnen, außerordentlich viel von ›sich aussprechen‹« (VI 434). Drittens hatte Fontane, über sein Zuhör- und Causeurtalent hinaus, einen ebenso scharfen wie neugierigen Blick für Symptomatisches in allen menschlichen Lebensbereichen, den ältere Fontane-Forscher treffend, jedoch zu sehr von klassischem Symboldenken her beschrieben haben: Der Dichter sehe eben »mehr als der Laie, im Zufälligen erkennt er das Gesetz, im Einzelnen das Allgemeine«[30]; er erblicke in den Dingen »zeichenhafte Kräfte«.[31] Diesem symptomatologischen Scharfblick Fontanes verdanken sich die gehaltvollsten aphoristischen Weisheiten in seinem Erzählwerk. Die jeweilige Haltbarkeitsprüfung aber bleibt Sache des Lesers.

Viertens besteht zwischen generalisierenden Sentenzen, die Fontane seinem Erzähler und seinen Figuren in den Mund legt, und solchen, die er außerhalb seines Erzählwerks formuliert hat, eine frappierende Familienähnlichkeit, des öfteren Sinnidentität. Es gibt sogar eine ganze Reihe von Parallelstellen zwischen Romanen und Briefen. Kommt diese Verwandtschaft der Neigung der Anthologisten entgegen, all solche Sätze über den gleichen Kamm Fontanescher Lebensweisheit zu scheren, so müßte dieser Neigung jedoch die unübersehbare Fülle solcher Äußerungen Einhalt gebieten, die in Fontanes Romanen bald mehr, bald weniger deutlich als Dummheiten vorgeführt werden. Hier verdient eine wichtige Unterscheidung Bachtins angemessene Beachtung: In Romane eingebettete Sentenzen, Aphorismen, Redensarten usw. geben eine Autorintention immer nur gebrochen wieder. Sie lassen sich darum nach dem Grad der Brechung auf einer Skala zwischen den Polen des

---

30 Erich Wenger: Theodor Fontane. Sprache und Stil in seinen modernen Romanen, Diss. Greifswald 1913, S. 118.

31 Walther Killy: Abschied vom Jahrhundert. Fontane: *Irrungen, Wirrungen.* In: Theodor Fontane, hg. v. W. Preisendanz, Darmstadt 1973, S. 277.

objekthaften Wortes, das oft mit ironischem oder parodistischem Akzent versehen ist, und des *intentionalen* Wortes, das ohne Vorbehalt und Distanzierung gesagt wird, einordnen.[32]

Wendet man diese Unterscheidung auf Romansentenzen bei Fontane an, so muß man allerdings zweierlei bedenken: Zum einen verbürgt die Positionierung einer Romansentenz auf dieser Skala keineswegs eine sichere Diagnose über deren Weisheit oder Dummheit. Die kluge Melusine schwärmt, ihre Modernität demonstrierend, für Ingenieurs- und Industriellen-Heldentaten (VIII 165), doch das tut auch Käthe von Sellenthin (V 123). Sie erscheint meist als oberflächlich und albern, aber in diesem Fall soll sie das gewiß nicht, denn Fontane hat ihr seine eigene Schwärmerei in den Mund gelegt (B II 120) – eine moderne Weisheit oder eine modische Torheit? – Zum anderen ›dekonstruiert‹ der Spielcharakter literarischer Erzählexte die Unterscheidung von objekthaftem Anführen und intentionalem Verwenden insofern, als *alle* von den Figuren – ernsthaft oder ironisch – *verwendeten* Worte gleichzeitig vom Erzähler bzw. vom Text *angeführte* Worte sind; der Fiktionscharakter und die ästhetische Differenz lassen keinen Geltungsanspruch ungebrochen, auch nicht den solcher romaninternen Sentenzen, die romanexternen Sentenzen des Autors aufs Haar gleichen. Vielmehr ermöglicht es die Dialektik von »Psychographie und Kritik« (B II 123), daß Ansichten, die der Autor ernsthaft vertreten hat, im Romankontext deutlich problematisiert sind. Die Ansichten z. B., die Fontane über Judenemanzipation und Lessings *Nathan* brieflich vertreten hat, werden im Munde einer Figur aus *Effi Briest* als ideologische Denkmuster kenntlich[33]; was der Autor als Einsicht oder sogar als Weisheit gemeint hat, stellt sein Roman als Blindheit und Dummheit bloß.

32 Bachtin: Die Ästhetik des Wortes, S. 211.

33 Vgl. Kap II, S. 93-97.

Diese scheinbare Standpunktlosigkeit Fontanes sollte nicht moralisch oder intellektuell, sondern ästhetisch und psychologisch beurteilt werden. Das erzählerische Relativitätsprinzip erlaubt es nicht nur, daß der Erzähler wissender und weiser ist als seine Figuren, sondern auch, daß die Erzählung weiser ist als der Autor, daß also der Text mehr und andere Einsichten vermittelt, als der Autor intendiert hat. Wenn Fontane eigene Meinungen so als Figurenrede präsentiert, daß diese Kritik auf sich ziehen muß, dann ist darin ein Verfahren literarischer Selbstdistanzierung und -objektivierung zu sehen. Fontanes Umgang mit Allgemeinaussagen unterscheidet sich damit sehr von Flauberts Versuch einer literarischen Enzyklopädie der Dummheit in seinem Romanprojekt *Bouvard und Pécuchet,* für dessen geplanten zweiten Teil er das *Dictionnaire des idées reçues* als Beleg für die Stupidität der »bêtise humaine« zusammenstellte. Die von Flaubert angeführten generischen Sätze sind von gleichem Schlage wie die, welche sich – in viel reicherer Fülle – in Fontanes Romanen finden: Alle Zigeuner stammen aus Böhmen. Alle Jäger sind Aufschneider. Alle Frauen im Orient sind Bajaderen. In Peru ist alles aus Gold und Silber usw.[34] Flauberts haßvoller literarischer Kampf galt der universellen Ausbreitung der Verdinglichung von Denken und Sprache in der bürgerlichen Gesellschaft, der gesellschaftlichen Produktion von Dummheit durch Sprache.

Radikaler als Fontane folgte Flaubert der desillusionierenden Erkenntnis, daß der sprechende Mensch weitgehend der gesprochene Mensch ist. Doch gleichzeitig gab er sich der Illusion hin, in positivistischem Faktenglauben und ästhetizistisch gereinigter, jedoch nichtdialogischer[35] ›Metasprache‹ haltbare Gegenpositionen zum ubiquitären Meinungs- und

34 Gustave Flaubert: Wörterbuch der Gemeinplätze, übers. v. M. Petzenhauser, München 1985, S. 170, 88, 27, 126.

35 Bachtin: Probleme, S. 20.

Sprachmüll finden zu können. Bei solchem Anspruch muß es um so problematischer erscheinen, daß viele der von Flaubert fixierten Gemeinplätze – ganz wie bei Fontane – seine eigenen sind oder Mustern folgen, die auch er selbst verwendete.[36] Gegenüber diesem aporetischen, selbstwidersprüchlichen Moment bei Flaubert, das mit Nietzsches ›semantischem Nihilismus‹ verwandt ist, nimmt sich aus einer Sicht *nach* der Postmoderne, die ja eher Flaubert und Nietzsche favorisiert hat, Fontanes Verfahren psychographisch-kritischer Selbstobjektivierung zwar weniger modern, aber auf Dauer glaubwürdiger aus. Denn im Wissen darum, daß die eigene Rede immer schon von fremder Rede – als sozialer Redevielfalt – besetzt ist, inszeniert er erzählend fremde Rede – als Figurenrede – in der Weise, daß er dabei auch gegenüber eigenen Meinungen Distanz gewinnen kann. Das betrifft gewiß auch die Figurenrede des Originals Distelmeier aus *Allerlei Glück*, die in vielem ein Selbstporträt des Autors ist, deren Satz: »alles ist zuletzt relativ«, jedoch allein dadurch relativiert wird, daß Fontane ihn als stehende »Redewendung« bezeichnet (H 265). Der ›Relativismus‹ des literarischen Verfahrens ironisiert hier also den weltanschaulichen Relativismus.

War Fontane bei seinem literarischen Spiel mit Weisheiten und Dummheiten wirklich nur in diesem begrenzten methodischen Sinn Relativist? Machte ihn sein Konversationstalent nicht zu einem geborenen Causeur, als den er sich, nicht ohne Stolz auf dieses Erbe seines Vaters, selbst gesehen hat, zu einem Flaneur der Gemeinplätze? Sogar Kenner und Verehrer Fontanes, die hinter die Deutungsstufe, welche die Formel »Verbindlichkeit des Unverbindlichen« markiert, gewiß nicht zurückfallen wollen, wenden ein, er habe manchmal allzu unverbindlich gesprochen: »das Gegenteil hätte auch gesagt werden können«?[37] Man hat den Typus des Causeurs, der mit

---

36 Culler: Flaubert, S. 159.

37 Henry H. H. Remak: Fontane und wir: Gedanken und Erinnerungen. In: FBl 58 (1994), S. 303.

der Vertauschbarkeit der Wort-Werte spielt, als den Antityp des Ideologen definiert, der die heile Welt des eindeutigen Wortes propagiert.[38] Da Fontane nun gewiß alles andere als ein Ideologe war, war er ein Causeur in dem so definierten Sinne? Die zahlreichen Wechsel und Widersprüche seiner Meinungen scheinen darauf hinzudeuten. In der Tat hat Fontane in seinem langen Leben viele sehr unterschiedliche Denkpositionen durchlaufen, und er hat dabei gelernt, perspektivisch, mehrdimensional und relativierend zu denken, aber er ist darüber kein dogmatischer Skeptiker oder Relativist geworden. »Alle Weisheit ist nur so lange weise, bis sie widerlegt wird.« (B II 106) Das ist kein Relativismus, sondern Realismus, um nicht anachronistisch zu sagen: kritischer Rationalismus.

Gewiß nahm er deutlich Anteil an der Orientierungskrise seiner Zeit. Er kannte Nietzsches Diagnose der Entwertung der obersten und der Umwertung aller Werte (372).[39] Er hat dieses wache Krisenbewußtsein an vielen einzelnen Fragen demonstriert und auch grundsätzlich artikuliert: Es gibt vielerlei Glück und vielerlei Moral, große Fragen sind relativ (H 265); Groß und Klein sind überhaupt vage Begriffe (B II 318); ein einziges gültiges »Ideal des Daseins« gibt es ebensowenig wie eine allgemein verbindliche »Norm« in irgendeinem Lebensbereich (221 f.). Aber Fontanes relativierendes Denken mündete nicht in totale Denk- und Sprachskepsis, sondern richtete sich kritisch gegen die Autorität überlieferter wie gegen die Herrschaft neuer Ideen und Meinungen und selbstkritisch gegen Einseitigkeit oder Zuweitgehen bei eigenen Behauptungen. Seine kritische Reflexion setzte bei solchen Ansichten an, die ihm relativierens*wert* erschienen, weil sie allgemein für belangvoll gehalten wurden oder weil sie es – seiner Einschätzung nach – wirklich waren. (Die Frage, ob Dicke immer gut sind

---

38 Peter V. Zima: Roman und Ideologie. Zur Sozialgeschichte des modernen Romans, München 1986, S. 132.

39 Vgl. auch Brief an Karl Zöllner v. 31.8.1895; Hanser-Ausgabe, Abt. IV: Briefe, Bd. 4, S. 477.

oder nicht, hat zweifellos nicht viel Belang und wirkt darum komisch.) Was in dieser Weise relativiert und relationiert wird, verliert dadurch nicht seinen Wahrheitsgehalt. Dieser kann vielmehr gerade durch Einschränkung differenziert und verstärkt werden. Relativierung läuft darum bei Fontane häufig auf Differenzierung hinaus.

Selbstkritisch war Fontane – und ebenso sind es die reflektierenden unter seinen Figuren – auch in dem Sinne, daß er sich der Unsicherheit und Wandelbarkeit eigener Urteile bewußt war. Seine Erzählkunst besteht nicht zuletzt darin, aus dieser Not eine Tugend zu machen und Fragen, über deren Beantwortung er selbst in Zweifel war, an seine Figuren und ihre Gespräche weiterzugeben. Ganz ähnlich hat Turgenjew erklärt, wenn er selbst über etwas rede, so komme es ihm oft vor, »als ob man jedesmal mit gleichem Recht das Entgegengesetzte behaupten könnte von alledem, was ich sage«, und darum lasse er das lieber seine Romanfiguren unter sich ausmachen.[40]

Sieht man relativistisch angehauchte Passagen in Fontanes Erzählwerken genauer an, insbesondere die oft wiederkehrende Formel vom Gegenteil, das ebenso wahr sei, so relativiert sich der Relativismusverdacht noch mehr. »Eine Offiziershaltung muß *schneidig*, ein Boot muß ›flott‹ und eine Erzählung muß ›straff‹ sein. Ja, ja. Aber das Gegenteil ist wenigstens ebenso richtig.« (H 389) Das ist nicht causeurhaftes, relativistisches Spiel mit Wort-Werten, sondern kritisches Infragestellen geltender Normen, hier vor allem der künstlerischen Norm der ›Straffheit‹ von Erzählungen, einer Norm, der Paul Heyses Novellen gewiß mehr entsprachen als Fontanes Romane. Und wenn aus der Behauptung, Ehe- und Sexualmoral seien bloß Konvention, gefolgert wird: »Das Gegenteil wäre grade eben so gut« (H 446 f.), dann changiert diese Folgerung je nachdem, ob man sie mehr *objekthaft* als allzu flotte Phrase eines sexualrevo-

40 Zitiert von Erich Heller: Fontane und die Kunst des Romanciers. In: Jb. d. Dt. Akademie f. Sprache u. Dichtung, Heidelberg 1979, S. 56-71; hier S. 65.

lutionären Immoralismus (der Sprecher war mal Junghegelianer mit den »›unglaublichsten Anschauungen‹«) oder mehr *intentional* als Hinterfragen der herrschenden Moral und des kulturzentrischen Denkens interpretiert – im Sinne der liberalen Fontane-Formel »allerlei Moral« (268 f.). So sehr aber diese Textstelle und die ganze sie umgebende Figurenrede schillern, ihr kritischer Gestus löst sich nicht in reinen Relativismus auf.

Wenn man aus *Irrungen, Wirrungen* im Ohr hat, wie dort die Wendung: »Und ›ja‹ ist geradesoviel wie ›nein‹« von Botho kritisch gegen leerlaufende *Adels*konversation angeführt wird (V 28), dann wird man beim Lesen von Dubslavs charakteristischer Causeur-Formel: »Wenn ich das Gegenteil gesagt hätte, wäre es ebenso richtig« (VIII 28), eine ähnliche Mentalitätskritik nicht ganz ausschließen können. Die sympathisierende Nähe des Autors zum alten *Stechlin* braucht man dabei nicht zu leugnen. Denn *wie* Dubslav die Gegenteil-Formel verwendet, darin zeigt sich auch seine Fähigkeit zu Selbstrelativierung und sein aphoristisches Vergnügen an kleinen Denkexperimenten, deren Reichweite er keineswegs überschätzt. Als Freund von zugespitzten Sätzen weiß er mindestens so gut wie sein Sohn, daß man sie, wie dieser sagt, »nie wörtlich nehmen« darf (251). Wenn er solche Sätze ausspricht, pflegt er zu schmunzeln, »seine Hörer jedesmal in Zweifel darüber lassend, ob er's ernsthaft oder scherzhaft gemeint habe« (10). Dies ist gewiß nicht die Haltung eines notorischen Relativisten, eher die eines bescheidenen Gedankenspielers. Zugleich darf man die hier beschriebene kommunikative Beziehung Dubslavs zu seinen Hörern auf diejenige übertragen, die Fontane gegenüber seinen Lesern vermutlich intendierte.

»Paradoxen waren seine Passion« (10), heißt es von Dubslav. Darin ist ihm – in einem Romanfragment – ein »geistreicher Kerl« verwandt, der gleichfalls gern Paradoxa formuliert, z. B. eines, das auch Dubslavs und Fontanes Meinung wiedergibt: »aller Schulunterricht ist ein Unsinn und ein Ruin« (H 578). Als Paradoxon versteht Fontane, wie die Textstellen zeigen, weniger eine Stilfigur als die Neigung, immer das Gegenteil von dem zu behaupten, was allgemein akzeptiert ist, einen Impuls zu subversivem Denken. Doch auch diese Neigung kann sich aus einer Weisheit in eine Dummheit verkehren: wenn jemand »dieselben Paradoxen, mit denen er eben noch spielte«, kurz darauf wie Offenbarungen behandelt, »an denen zu zweifeln Sakrilegium sei« (266). Hier zeigt Fontane, wie die Produktion witziger, paradoxer Aphorismen zu einem dummen und komischen Ritual verkommen kann: Relativismus und Dogmatismus erweisen sich als zwei Seiten derselben Medaille. Jenseits dieser schlechten Alternative gibt es bei Fontane indessen keine autonome »Wahrheit des Romans«, die alle »Wahrheiten von Meinungen und Überzeugungen transzendiert«.[41] Den Relativismus überwindet er allein dadurch, daß er die soziale Redevielfalt und die in ihr enthaltenen Weisheiten und Dummheiten aller Art in seinen Romanen keineswegs intentionslos oder beliebig, vielmehr differenzierend und kritisch darbietet.

Witz und Komik

Die generischen Sätze in Fontanes Romanen sind teils witzig, teils komisch: Teils gibt es über den Satz, seine Formulierung, zu lachen, teils über den, der ihn ausspricht. Doch auch das korreliert nicht einfach mit Weisheit und Dummheit, denn nicht selten vermischen sich Witz und Komik in *einem* Satz. *Nur* komisch bis zur Lächerlichkeit sind solche Sätze, die ein Vorurteil durch Übertreibung kenntlich machen. So kann aus einem bald mehr, bald weniger haltbaren Element kulturellen Wissens durch absurde Verallgemeinerung reiner Nonsens werden: »alle Portugiesen sind eigentlich Juden« (VI 77). Oft rückt erst der Kontext eines Satzes dessen schiefe Schlüssigkeit in ein komisches Licht: »weimern is ungebildet« (VII 473).[42] Auch der

41 So sieht es Erich Heller (Fontane und die Kunst des Romanciers, S. 65).

42 Vgl. Kap. V, S. 224 f.

Witz einer Sentenz kommt nur gelegentlich aus ihr selbst, ihrer stilistischen Formung: Stiftsdamen »sterben selten« (VIII 83) – als stürben die meisten von ihnen gar nicht. Häufiger entsteht das Witzige daraus, daß ein allzu spezielles Kontextelement in einer allzu kühnen Generalisierung stehenbleibt: »alles Verzwölffachte tötet einen Menschen« (VI 364), oder: »Eulengesichtsmenschen sind anderen Menschen fast immer überlegen.« (VIII 76) In *Irrungen, Wirrungen* kommentiert ein Freund, vermutlich Serge, der für seine »großen Sätze« berühmt ist, die Erwartung, daß Botho von Rienäcker wohl bald eine reiche Cousine heiraten werde: »Retterin und Cousine sind heutzutage fast identisch. Und ich wette, daß sie Paula heißt. Alle Cousinen heißen jetzt Paula.« (V 51) Die spezielle – übrigens falsche – Vermutung über den Namen von Bothos Zukünftiger wird hier gleich von zwei allgemeinen Sentenzen begleitet. Die erste, sozialdiagnostische Sentenz ist nur vom Kontext her verständlich: Botho heiratet, um die wirtschaftliche Lage des Familienbesitzes zu sanieren. Die zweite Sentenz erhält ihren Witz dadurch, daß eine vermutlich treffende Beobachtung zur aktuellen Namenmode gezielt unsinnig formuliert ist, als wäre ›Cousine‹ kein Beziehungs-, sondern ein Gattungsausdruck (Cousinen heißen Paula, Nichten heißen Martha usw.).

Mit ebenfalls gleich zwei generischen Sätzen charakterisiert der *Stechlin*-Erzähler die Frau des Barbyschen Kutschers, eines martialisch und zugleich gutmütig aussehenden Mecklenburgers mit Sappeurbart, d. h. der Barttracht der französischen Pioniere (VIII 146), Frau Imme, »die, wie die meisten kinderlosen Frauen (und Frauen mit Sappeurbartmännern sind fast immer kinderlos), einen großen Wirtschafts- und Sauberkeitssinn hatte« (152). Während die umrahmende Aussage kompensationspsychologisches Alltagswissen über eine *Folge* von Kinderlosigkeit heranzieht, versteigt sich die eingeklammerte zu einer scheinbar vorsichtigen (»*fast* immer«), in Wahrheit jedoch sehr windigen Hypothese über deren *Ursache*. Dabei installiert sie eine Optik der Entlarvung, die – wie in Fontanes

Aphoristik häufig – mit der Opposition von Schein und Sein operiert: Obwohl der Sappeurbart martialische, potente Männlichkeit symbolisiert, seien dessen Träger fast immer zeugungsunfähig. So jedenfalls wird man diesen Weisheitssatz entschlüsseln müssen. Und man wird gleichzeitig zweifeln, ob das der Erzähler, der sich hier offenbar von Dubslav hat anstecken lassen, »ernsthaft oder scherzhaft gemeint habe«. Die genau komplementäre Weisheit schärft in *Stine* der Onkel dem liebesunglücklichen Waldemar ein, indem er ihn vor »Nachkommenschaft« warnt, »die bei kränklichen Leuten wie du nie ausbleibt« (V 237).

Optik der Entlarvung, Gegensatz von Schein und Sein – unter den Fontaneschen Allgemeinsätzen, die eher in Weisheits- als in Dummheitsrichtung gehen, ragen solche heraus, die diesen Konzepten der aphoristischen Tradition folgen und Widersprüche des menschlichen Lebens durch komische Kontrastierung aufdecken. Dazu zählen auch manche der verallgemeinernden Wendungen des Erzählers, z. B. über Gärtner Dörr, »der, wie alle Geizhälse, mitunter etwas lächerlich Teures kaufte« (V 53), oder über Jenny Treibel, die, »wie die meisten ohnmächtigen Frauen, doch nicht ohnmächtig genug [war], um nicht genau zu wissen, was um sie her vorging« (VI 410). »Alle schönen Männer sind schwach« (V 35), hält Lene ihrem schönen Botho vor, und die Romanhandlung bestätigt das in diesem Fall. Was wie ein Paradox klingt – zu männlicher Schönheit zählen Stattlichkeit und Stärke –, erweist sich, wenn man Fontanes Sprachgebrauch kennt, als Spiel mit der Doppelbedeutung des Wortes ›schwach‹, das hier nicht physisch, sondern moralisch gemeint ist: Schöne Männer sind aufgrund von Verwöhnung und Eitelkeit oft Egoisten ohne Willens- und Widerstandskraft. In *Schach von Wuthenow* hat Fontane den ganzen Charakter der Titelfigur, der den Handlungskonflikt auslöst, danach angelegt.

»Alle Logiker verstehen gar nichts« (VII 436); »viele Tragödienschreiber« sind »heiteren Gemütes« (I 317): Der entlarvende Witz liegt hier und bei ähnlichen Sentenzen jeweils in der übertreibenden logischen Transformation aus ›Nicht alle X sind a‹ (Nicht alle Logiker denken immer logisch; nicht alle Tragödienschreiber sind traurigen Gemütes) in ›Alle X sind nicht-a‹. Hier richtet sich das zweite Bonmot gegen eine naive Vorstellung von der Ausdrucksfunktion der Dichtung, das erste gegen die Weltfremdheit abstrakten Denkens. Ebenso gefährlich wie lächerlich wird diese Weltfremdheit, wenn sie sich kompensatorisch in verbalen Forschheiten gefällt: »Alle Stubenhocker dringen beständig auf ›Opfertod‹« (165) – dieses Aperçu hat sich der *Vor dem Sturm*-Erzähler vom Autor der *Wanderungen* geliehen: »Nur die Leute hinterm warmen Ofen dringen auf beständiges Heldentum.« (W II 451) Grundsätzliches über Widersprüche menschlichen Handelns formuliert geradezu klassisch, in moralistischer Tradition, der Verleger Sander in *Schach von Wuthenow*: »Unsere Prinzipien dauern gerade so lange, bis sie mit unsern Leidenschaften oder Eitelkeiten in Konflikt geraten, und ziehen dann jedesmal den kürzeren.« (III 383) (Das zielt konkret auf den Freimaurer Iffland, der die Hauptrolle in Zacharias Werners Lutherdrama spielte, obwohl bei diesem überall der »Pferdefuß des Jesuitismus« hervorguckte.) Sander führt aber auch, mit gleichem skeptisch-pessimistischen Zungenschlag, fast anachronistisch moderne Weisheiten im Munde: »Die Surrogate bedeuten überhaupt alles im Leben und sind recht eigentlich die letzte Weisheitsessenz.« (429) Die rhetorische Redundanz der zweiten Aphorismushälfte freilich zieht den kühnen Spruch, der »Weisheitsessenz« zugleich anbietet und thematisiert, wieder ein wenig ins Lächerliche: Surrogate können alles mögliche sein, nur nichts ›Eigentliches‹, nichts ›Letztes‹ und erst recht keine ›Essenz‹.

Äußerungen mit Dummheitstendenz sind in Fontanes Erzählwerk realistischerweise häufiger und nach Formen und Themen vielfältiger als die mit Weisheitspotential. Der Konvention des humoristischen Romans und der Komödie entnommen ist die Technik, einzelne Nebenfiguren dadurch in ein komisches Licht zu rücken, daß sie ständig dieselben Sätze und Redensarten äußern. Das »weite Feld« des alten Briest ist das berühmteste Beispiel[43], das freilich ebensowenig einfach als dumm bewertet werden darf wie Effis Vater, denn es ist »keineswegs ausgemacht«, ob mit Herrn von Briests »agrarischer Metapher« nur die Floskel eines »geistigen Eskapismus« vorgeführt wird oder »tiefes Wissen um das Fehlen letztgültiger Maßstäbe, um den Irrtum, der jedes Urteil wie ein Schatten begleitet«.[44] Witwe Schmolke in *Frau Jenny Treibel* sagt ständig: »Das hat Schmolke auch immer gesagt.« Doch täuscht diese Komik insofern, als Rosalie Schmolke durchaus Eigenes und Kluges zu sagen hat, wie ihre Gespräche mit Corinna zeigen. Säge*mühlen*besitzer Gundermann dagegen, von Pastor Lorenzen als dumm eingestuft (VIII 186), besteht praktisch nur aus seiner ewigen Wendung »Wasser auf die *Mühlen* der Sozialdemokratie«. Aber Fontane wagt es auch, eine Hauptfigur auf diese Weise in ein komisches Licht zu rücken. So äußert Schach von Wuthenow mit automatenhafter Vorhersagbarkeit (III 393) seine preußischen Grundsätze wie z. B. jenen friderizianischen, daß »die Welt nicht sichrer auf den Schultern des Atlas ruht als Preußen auf den Schultern seiner Armee« (405).

Bei vielen der geradezu grotesken Dummheiten, die Fontanes Romane streckenweise zu Satiren des Alltagsbewußtseins machen, dürfte es sich um sprachliche *objets trouvés* handeln, wie sie der Autor mit seinem feinen Gehör für symptomatisches Sprechen überall aufgenommen und in literarischer und anderer Form aufgezeichnet hat. So die folgende Mitteilung von einer Italienreise: »Wir sind stolz, ein Erdbeben erlebt zu haben.« (B II 364) Ein elementares Naturgeschehen, das des öfteren für viele Beteiligte tödlich endet, wird hier nach dem gleichen bourgeoisen Distinktionsmuster taxiert, dem der Stolz auf gesellschaftliche Verdienste, Auszeichnungen oder Privile-

43 Manfred Rösel: »Das ist ein weites Feld.« Wahrheit und Weisheit einer Fontaneschen Sentenz, Frankfurt/M. 1997. – Leider läuft diese Studie auf die einseitig affirmative Weisheit gläubiger Fontane-Verehrung hinaus, auch dieser Spruch biete die »Quintessenz Fontanescher Alters-Skepsis« (S. 125).

44 Helmuth Nürnberger: Fontanes Welt, Berlin 1997, S. 23.

gien folgt: Vom Herrgott selbst zu einer Veranstaltung eingeladen zu werden, kommt einem Aufstieg in allerhöchste Kreise gleich. In einem epischen Entwurf Fontanes serviert man einer Dame im Café versehentlich unbestellten Mohnkuchen, was diese mit einer grotesk abergläubischen Generalisierung kommentiert: »ja das hab ich erfahren, immer wenn ich ganz unversehens Mohnstrietzel kriegte, dann passierte was«. Und tatsächlich passiert dann was: Ihre Tochter verlobt sich (H 503 f.). Im *Stechlin* wundert sich die Hagelversicherungssekretärswitwe Schickedanz darüber, daß ihr Mann keinen Orden erhalten habe, und demonstriert dabei ebenso symptomatisch wie komisch den Stand politischer Bildung im wilhelminischen Reich: »Gott, er hat doch immer so treu gewählt.« (VIII 126)

Hauptobjekte satirischer Sprach- und Bewußtseinsdarstellung bei Fontane sind jedoch nicht beliebige Alltagsdummheiten, sondern die »Lüge«, die Diskrepanz von Schein und Sein in moralischen Fragen; die idealistische oder sentimentale »Phrase«; ein borniertes, ideologie- oder ressentimentgefärbtes Reden über Themen aus Politik und Gesellschaft, Geschichte und Kunst; das Gesprochenwerden der Sprechenden, ihre Determination durch die herrschenden Diskurse der Zeit. [»]wir haben den Träger einer Idee in ihm verloren« (H 510) – so wird, in geradezu bundesrepublikanischem Neudeutsch, von Schulze, dem Helden des Entwurfs *Die preußische Idee*, bei seiner Beerdigung gesprochen – ein Text, der mit seinem satirisch ›herzlosen‹ Humor wie eine Vorwegnahme der *Lebensläufe*-Prosa Alexander Kluges anmutet. Schulzes Mentor Stägemann hatte dekretiert: »In dem kategorischen Imperativ steckt alles Heil.« (307) Gymnasialdirektor Distelkamp in *Frau Jenny Treibel* sieht diesen dann leider »immer mehr hinschwinden« (VI 326). Solchen ausgedörrten spätidealistischen Sprüchen der Bildungsbürger steht die üppige Blütenpracht sentimentaler Phrasen der bourgeoisen Titelfigur gleichermaßen komisch gegenüber.

Aber auch eine so kluge und modern denkende Dame wie Melusine von Barby sentimentalisiert ziemlich Jenny-haft – vielleicht weil sie gerade mit einem Pastor redet – über Schwärmen und Fliegen als »himmlische Bewegung nach oben« (VIII 286). Dieses Bildmuster nahm auch der Autor selbst immerhin so ernst, daß er nach ihm das Lebensende seiner »armen Effi« gestaltet hat (VII 306). Eindeutig kritisch-komisch wirkt es dagegen, wie er im *Stechlin* ein Element des Geschlechterdiskurses, den Topos vom ›Rätsel Frau‹, dialogisiert: Das eine Mal *affirmiert* die patriarchalischen Weisheiten, die Diener Jeserich über die Weiber parathält – »Mit Damen weiß man ja nie« –, ausgerechnet seine eigene Frau: »Ja, Jeserich, was du dir bloß denkst; wir sind eben ein Rätsel.« (VIII 121) Das andere Mal *ironisiert* die Baronin Berchtesgaden »die beliebte Wendung ›rätselhafte Frau‹«, indem sie sich selbst, scheinbar bedauernd, diese Eigenschaft abspricht: »eine Frau, die nicht rätselhaft ist, ist eigentlich gar keine, womit ich mir persönlich freilich eine Art Todesurteil ausspreche« (244).

»Alle Naturgesetze schwanken heutzutage« (VI 381), sagt Kommerzienrat Treibel. Was sich wie eine vage Vorwegnahme der modernen Physik ausnimmt, erweist der Kontext jedoch als komischen Kalauer. Treibel mokiert sich über seinen ›degenerierten‹ Sohn Leopold: Der Apfel falle mitunter *doch* weit vom Stamm. Dieses Abweichen von einem sprichwörtlich-metaphorischen ›Fallgesetz‹ überträgt er verallgemeinernd auf die eigentlichen Naturgesetze. Dennoch klingt auch in dieser puren Blödelei ein Topos des Zeitgeistes mit. Schon in Fontanes erstem Ansatz zu einem modernen Gesellschaftsroman heißt es: »wissenschaftlich steht gar nichts fest«.[45] Mit dieser modernen Phrase lassen sich die beschleunigte Entwicklung von Wissenschaft, besonders Naturwissenschaft, und Technik, das Schwanken der Kurse (VIII 28) und das Wackeln der Staatsloyalität (48) zu einem Makrosymbol gesellschaftlicher Instabilität zusammenfassen. Auch was Rentmeister Fix den erschrockenen Stiftsdamen in Wutz über die nötige »Umwer-

45 Julius Petersen: Fontanes erster Berliner Gesellschaftsroman (1929). In: Theodor Fontane: Sämtliche Werke. Nymphenburger Ausgabe, Bd. 24, München 1975, S. 779.

tung« der Werte und Worte und also auch des Wortlauts von Bibel und Bekenntnis sagt (103), gehört in diesen Umkreis; der Theologe Ernst Troeltsch bekannte gleichfalls: »Alles wackelt.« Dieses Bild des Schwankens und Wackelns gehört zur Gruppe zeittypischer Bewegungsmetaphern, der auch die Rede vom Konservatismus als einer »Bremse« zugezählt werden kann, die Dubslav, ein am herrschenden Konservatismus zweifelnder Konservativer, halb ironisch-distanziert, halb nachdenklich-ernsthaft zitiert (19).

In dem Entwurf *Die preußische Idee* produziert sich Ideenträger Schulze einmal als Kritiker Heinrich Heines, der »Deutschland ruiniert« habe. Heine sei »das Gegenteil von Dante oder wie der Teufel zu Gott stände, so stände Heine zu Dante«. Hierin weiß Schulze sich mit »Prof. Victor Hehnchen« einig (H 509). Die paradigmatische Bedeutung dieser Phrase eines literarischen Konservatismus ist hier syntagmatisch unterstrichen durch den versteckten und komisch verfremdeten – (Hehn*chen*) – Hinweis auf den Berliner Privatgelehrten und Italienkenner Victor Hehn (1813-1890), dessen Buch *Gedanken über Goethe* (1888) eine geifernd antisemitische Heine-Kritik enthält[46], der gegenüber die Expektorationen Schulzes geradezu harmlos, wenn nicht verharmlosend klingen.

In dem umfangreichen Material zu dem Projekt *Allerlei Glück* finden sich auf mehreren Blättern Notizen zu der Figur eines Germanisten.[47] Unter diesen Notizen dominieren mit weitem Abstand solche über seine deutschtümelnde *Redeweise*, teils

---

46 Victor Hehn: Gedanken über Goethe, Darmstadt 1921, S. 208-214. – Es kann nicht anders als skandalös genannt werden, daß hundert Jahre später ein Auszug aus diesem Buch herausgegeben wurde, in dem Hehns vehementer Antisemitismus dadurch völlig verschwiegen werden kann, daß der Herausgeber diese Passagen einfach wegläßt und seine Fälschung irreführend verharmlosend zu rechtfertigen sucht. Warum die Reihenherausgeber Karl Konrad Polheim und Hans Rothe diesem Treiben eines Eugen Thurnher nicht Einhalt geboten haben, ist mir unerfindlich. Vgl. Victor Hehn: Goethe und das Publikum. Eine Literaturgeschichte im Kleinen, hg. v. E. Thurnher, Berlin 1988.

47 Petersen: Fontanes erster Berliner Gesellschaftsroman, S. 773 f.

stichwortartig zusammengefaßt, teils mit wörtlichen Figurenzitaten, darunter typische Generalisierungen. Die Figur wird als Sprechporträt, als sprachlicher »Steckbrief«[48], modelliert:

> Überall spukt bei ihm der »germanische Geist«, Shakespeare, Elisabeth, Cromwell, Milton, Gustav Adolf, Tycho de Brahe etc. Dann die Leoschen Redensarten. »Jeder Deutsche ist edel von Geburt, er hat einen Geburtsadel, er kennt das Ideal und er vertritt es.« Sein Opponent ridikülisiert dies natürlich alles. [. . .]
> Deutsch*tümler*, Klappkragen, Turner, halb Maßmann halb Leo. »Bedenke du bist ein Deutscher,« »*Wahre* Idealität findet sich nur in Deutschland.« *Wahre* Wissenschaftlichkeit, *wahre* Lyrik, wahre Religiosität, wahre Humanität, *wahrer* Mut, *wahre* Treue, *wahres* Familienleben, *wahre* Ehe, *wahre* Ehre etc. etc. finden sich nur in Deutschland.

Mit dem Hinweis: »Prof. Leos Anschauungen sind auch die seinen« wird – ganz ähnlich wie im Fall Schulze/Hehn(chen) – die paradigmatische Vorführung dieses teutomanen Ideologen durch zitierende Bezugnahme auf den konservativen Politiker, Historiker und Germanisten Heinrich Leo (1799-1878) syntagmatisch verankert. Das Sprechporträt einer Figur markiert eine Stimme auf dem gesellschaftlichen Diskursfeld. Eine Fülle weiterer Stimmen macht diesen Romanentwurf zu einem besonders ergiebigen Objekt für eine Analyse der Vielstimmigkeit bei Fontane.

Auch die »Weisheitssätze« der Geheimrätin Zwicker, die ihrer Kurpartnerin Effi Skepsis gegen die ganze Männerwelt einimpfen möchte, sind im Ansatz als Sprechporträt angelegt (VII 270). Dieses Verfahren nähert sich an manchen Stellen einer sprachdokumentarischen Satire. Was in dem Romanentwurf *Storch v. Adebar* der zum Prediger erweckte Bäcker Knovenagel über die Macht des Gebets ausführt, kommt bei aller grotesk-komischen Überzeichnung der rhetorischen Realität noch heutiger Rundfunkandachten nahe: »Es gibt einen Fernsprecher, meine Freunde, wie's keinen zweiten gibt und dieser Fernsprecher heißt das Gebet.« (H 414) Als Teiltechnik kann

---

48 Herman Meyer: Theodor Fontane *L'Adultera* und *Der Stechlin*. In: Theodor Fontane, hg. v. W. Preisendanz, Darmstadt 1973, S. 204.

das Verfahren des komisch-satirischen Sprechporträts sogar ganze Texte kennzeichnen. Der Entwurf für einen Briefroman *Ehen werden im Himmel geschlossen* zeigt schon mit seinem Titel, der einen Gemeinplatz zitiert, das leitende Konzept an: Fontanes *Bouvard und Pécuchet* wäre eine Phrasensammlung in Form von Briefen geworden, die zwei adlige ›höhere Töchter‹ einander schreiben, bevor (und nachdem?) sie zwei Unternehmer heiraten (496-504).

An vielen Stellen seiner Romane und Entwürfe sammelt und mischt Fontane scheinbar beliebig, in der Regel jedoch mit genauem Symptomblick für die gesellschaftliche Produktion von Dummheiten die Allgemeinsätze, Redensarten und anderen Aussprüche einzelner Figuren und kombiniert sie zu Sprechporträts. Wie besonders deutlich die Entwürfe und Skizzen zeigen, entstehen und bestehen seine Figuren oft geradezu aus solchen Sätzen. Die literarische Person, semiotisch gesehen ein Merkmalbündel, erscheint in diesem Fall als Phrasenbündel und damit als Inbegriff des Gesprochenwerdens. Das gilt natürlich besonders für Figuren, deren Modellierung satirisch intendiert ist. Oft sind das nur Nebenfiguren, aber mit *Frau Jenny Treibel* hat Fontane einen Roman geschrieben, der insgesamt als vernichtendes Sprechporträt seiner Titelfigur angelegt ist; ihre Gemeinplätze durchziehen den ganzen Text.

Adelheids Dummheiten und Dubslavs Weisheiten

Auch die Figur der Adelheid von Stechlin ist nahezu ausschließlich satirisch-kritisch angelegt, als Gegenfigur zu ihrem Bruder und als Inbegriff adlig-märkisch-lutherischer Borniertheit. Obwohl sie keineswegs dumm ist, vielmehr einen »guten Verstand« hat (VIII 308, 382), tritt sie als Ideologin im Bachtinschen Sinne, als Sprachrohr gesellschaftlich produzierter Dummheit auf. Exemplarisch zeigt sich das an ihrem Vortrag über England und die Engländer, einem grotesk-komischen Sprechporträt, das von Stereotypen und Vorurteilen strotzt:

»[. . .] und weil sie rundum von Wasser umgeben sind, ist alles so kalt und feucht, und die Frauen, bis in die höchsten Stände hinauf, sind beinah immer in einem Zustand, den ich hier nicht bei Namen nennen mag. So wenigstens hat man mir erzählt. Und wenn es dann neblig ist, dann kriegen sie das, was sie den Spleen nennen, und fallen zu Hunderten ins Wasser, und keiner weiß, wo sie geblieben sind. Denn, wie mir unser Rentmeister Fix, der drüben war, aufs Wort versichert hat, sie stehen in keinem Buch und haben auch nicht einmal das, was wir Einwohnermeldeamt nennen, so daß man beinah sagen kann, sie sind so gut wie gar nicht da. Und wie sie kochen und braten! Alles fast noch blutig, besonders das, was wir hier ›englische Beefsteaks‹ nennen. Und kann auch nicht anders sein, weil sie soviel mit Wilden umgehn und gar keine Gelegenheit haben, sich einer feineren Gesittung anzuschließen.« (VIII 271 f.)

Exemplarisch zeigt sich hier auch, welchen Weg der Prosaautor Fontane vom Journalisten der fünfziger zum Romancier der neunziger Jahre zurückgelegt hat. Der Journalist und Englandkenner, der extensiv und informativ über viele Aspekte des Insellandes und -volkes zu berichten wußte, scheute sich nicht, als Summe und Verallgemeinerung seiner Englandansichten eine geistreich gemeinte, jedoch öde vorurteilsverhaftete binäre Liste von generischen Sätzen anzubieten. Diese definieren den Unterschied von England und Deutschland als den von Form und Inhalt, Schein und Sein, Repräsentation und Gemütlichkeit, Kadettenhaus und Gymnasium, Geburtsprivileg und Geistesaristokratie, praktischer und idealer Orientierung.[49] Fontane schreibt hier – trotz vorausgeschickter Selbstrelativierung – unbekümmert und unkritisch völkerpsychologische Stereotype auf der Linie eines kulturkritischen Musters fort, das sich später, in den »Ideen von 1914«, zu der Antithese von »Händlern« und »Helden« ideologisch aufladen sollte.

Gegenüber solcher monologischen, konkrete Erfahrung unter abstrakte Begriffspaare zwingenden Ideologierede findet der späte Fontane im Verfahren der Dialogisierung einen angemesseneren Weg, um Einsichten und Blindheiten gegenein-

49 Theodor Fontane: Ein Sommer in London, Frankfurt/M. 1995, S. 223-230.

anderzustellen. Er orchestriert das England-Thema im *Stechlin*[50] mehrstimmig: Adelheids Erguß wird provoziert von Darlegungen des Kirchenfunktionärs Koseleger, die ihrerseits durch Dubslavs These, England sei »das vorbildliche Land« (VIII 270), angeregt sind und in denen eine zwar weltmännische, aber gleichfalls erfahrungslose Anglophilie zum Ausdruck kommt, die darin gipfelt, England als das Land der am weitesten »verfeinerten Sitte« zu preisen (271). Genau darauf erfolgt, in wörtlicher Wiederaufnahme, Adelheids mißtönendes Echo. Neben diesen dissonanten Hauptstimmen erklingen zum England-Thema noch Nebenstimmen wie diejenige Woldemars, der sich auf einen kleinen Sightseeing-Katechismus beschränkt (257 ff.), und die Stimme Lorenzens, die jedoch, charakteristisch für diese Figur, eigentümlich gebrochen ist. Denn in Widerspruch mit seiner lebhaften Zustimmung zu Dubslavs Englandlob steht seine schon vorher ausgesprochene scharfe Englandkritik, die zugleich eine Absage an eigene frühere Englandschwärmerei ist. Obwohl sie der Autorintention sehr nahesteht – Fontane legte Lorenzen sogar eine eigene Sentenz in den Mund[51] –, kann sie keineswegs als letzte Wahrheit über England auftreten, dafür generalisiert auch Lorenzen zu stark: »Sie sind drüben schrecklich runtergekommen, weil der Kult vor dem Goldenen Kalbe beständig wächst; lauter Jobber und die vornehme Welt obenan. Und dabei so heuchlerisch; sie sagen ›Christus‹ und meinen Kattun.« (VIII 239)

Sogar komplexer, ernsthafter oder sympathischer modellierte Hauptfiguren und ihre Sprechporträts, von Schach von Wuthenow, der sehr wenig, bis zu Dubslav von Stechlin, der sehr viel spricht, tragen oft etwas von einem Phrasenbündel an sich. Das gehörte für Fontane offenbar dazu, Menschen *realistisch* zu gestalten. Dubslav reflektiert über seine causeurhafte

---

50 Vgl. Stefan Neuhaus: Freiheit, Ungleichheit, Selbstsucht? Fontane und Großbritannien, Frankfurt/M. 1996, S. 363-400.

51 Vgl. das Gedicht *Britannia an ihren Sohn John Bull* (G I 72): »Christi willn und cottons wegen«.

Plauderneigung selbstironisch und causeurhaft[52], indem er aus dem anthropologischen Merkmal der Sprachlichkeit den komischen Fehlschluß zieht: »wer am meisten redt, ist der reinste Mensch« (VIII 24). Diese sympathische Selbstironie, verbunden mit Humor, Liebenswürdigkeit und Freude an geistreicher Konversation über Kleines und Großes, »Gott und die Welt«, sollte Dubslav davor bewahren, *nur* als Sozialcharakter, als etwas zurückgebliebener märkischer Landjunker abqualifiziert zu werden, dessen unzeitgemäße Humanität sich auf solche kritischen Reflexionen beschränkt, die folgenlos und unverbindlich bleiben.[53] Andererseits reicht diese Selbstironie nicht dazu aus, um ihn zum großen Weisen vom Stechlin-See zu erhöhen, der Anteil an dessen geheimen Weltbeziehungen hat, oder ihn – moderner ausgedrückt – als Vorbild kommunikativer Kompetenz hinzustellen.[54] Am wenigsten wird der Stechlin-Figur und ihrem Sprechen wohl die postmodern angehauchte These gerecht, daß sie nur haltloses Gerede, die »polierte Oberfläche« einer »abgründigen Sprachstruktur« böten, »in der das ›Ich‹ und die in ihm verankerte ›realistische‹ Perspektive versinken«.[55] Fontane hätte dazu gewiß nur ein Wort gesagt: Gequackel.

Dubslavs Urteil – so notierte der Autor nüchtern – ist »mittelmäßig«. Seiner politischen Gesinnung nach ganz Junker, wie sich vor allem in seinen letzten Gesprächen mit Polizist Uncke und Pastor Lorenzen zeigt, zweifelt er jedoch an der Lebensform und ›staatstragenden‹ Rolle des Adels (430). Demgemäß umfassen seine Sentenzen und Aperçus die ganze Skala zwi-

---

52 Ähnlich schon die Prinzessin in *Unwiederbringlich* (VI 99).

53 Kolk: Beschädigte Individualität, S. 180 f.

54 Werner Schwan: Fontanes *Stechlin* als Roman einer sozialen Lebensweise. In: Text & Kontext 12 (1984), S. 64-100; hier S. 79.

55 Erich Meuthen: Poesie des Neben-Sächlichen. Über Fontanes *Stechlin* und die Kunst der Rede. In: Jb. d. dt. Schillerges. 38 (1994), S. 147-170; hier S. 165.

schen Weisheit und Dummheit, zwischen kritischen Einsichten und konservativen Blindheiten. Wenn er alle Lehrer für »verrückt« erklärt, schwingt wohl Fontanes eigene Schulkritik intentional mit, aber der Ausspruch Dubslavs wird dadurch wieder zwielichtig, daß er in dialogische Beziehung zu einem ähnlichen Satz tritt, den der glatte Phrasendrescher von Rex formuliert: »Alle Lehrer sind ein Schrecknis.« (56) Wenn Stechlin eine Anekdote über Friedrich Wilhelm IV. unter das Aperçu stellt, den »guten Einfall« eines Königs ziehe er einer guten Verfassung vor (46), gibt sich krasser Antiliberalismus als Humor aus, der, ein Muster späterer Fontane-Deutung vorwegnehmend, das ›Menschliche‹ über das ›Gesellschaftliche‹ stellt. Unzeitgemäß adelsbewußt ist gewiß auch der Satz von Dubslav gemeint: »Die reine Rasse, das ist das eigentlich Legitime« (52), und doch klingt das in der Geburtsepoche des politischen Rassismus häßlich zeitgemäß.

Es ist jedoch nicht so, daß die politisch-gesellschaftlichen Meinungen Dubslavs eher zur Dummheits-, die auf unpolitische Themen bezogenen eher zur Weisheitsseite neigen. Wie der alte Adlige in gesellschaftlicher Hinsicht gelegentlich souveräne Kritik am ›Alten‹ und bewundernswerte Offenheit für das ›Neue‹ zum Ausdruck bringt, und sei es nur mit der Sympathie für seinen progressiven Pastor und für die modern denkende Melusine, so sind seine Äußerungen über ›allgemeinmenschliche‹ Fragen keineswegs frei von Redensartlichkeit und Phrase. Scheint das Authentisch-Menschliche an dieser Figur am ehesten gerade dort auf, wo sie sich dem Inauthentisch-Alltäglichen zugewandt zeigt, so klingen ihre Weisheiten bisweilen ziemlich dürftig und aufgesetzt, wo sie sich um sogenannte letzte Fragen drehen. Dubslavs Plädoyer für eine Ethik des Selbsteinsatzes, die er mit Luther belegt, der »für seine Sache sterben wollte«, erhält etwas selbstsubversiv Komisches durch den Zusatz: »Und es dann aber auch tut.« (348) (Luther tat es bekanntlich *nicht*, sondern ließ sich von seinem Landesherrn retten und beschützen.) Und selbst die Todesweisheit vom »ewig Gesetzlichen«, zu der der sterbenskranke Dubslav in einem einsamen Selbstgespräch Zuflucht sucht, ist nicht ohne einen Nebenton von philosophischer Phrase.[56]

Die »großen Sätze«, das Erbe der Moralistik an die Erzählkunst, sind in der Moderne allesamt fragwürdig geworden. Fontanes Werk, auf der Schwelle zum modernen Erzählen, ersetzt ihre alteuropäischen Weisheiten nicht durch die mit bösem Blick gesammelten und vorgeführten neuen Dummheiten, die in der modernen Gesellschaft umlaufen. Auch treten die in Fontanes Romane eingelagerten Aphorismen und die darin geäußerten lebensphilosophischen oder ethischen Reflexionen in keiner Weise autoritativ oder dogmatisch auf, sondern dialogisch offen und gebrochen: durch ihre oft selbstsubversiv ironische und scherzhafte Darbietungsweise, durch den jeweiligen Gesprächs- und Werkkontext, durch ihre Verankerung in der sozialen Redevielfalt. Damit stehen die weltanschaulich-ethischen Sätze in Fontanes Erzählprosa weder so autonom da wie literarische Aphorismen, noch tragen sie irgendwelche Spuren systematischer, philosophischer Begründung. Selten formulieren sie allgemeinverbindliche Handlungsnormen und -maximen. Jedoch sind sie fast immer, zumindest indirekt, auf konkretes Handeln bezogen, denn sie werden jeweils im Rahmen von *Geschichten* artikuliert und erprobt.

Dennoch predigt Fontanes Werk keinen ethischen Relativismus, sondern legt die Anerkennung sozialer Grundwerte nahe. Der Autor selbst hat einmal, mit der für ihn typischen locker sentenzhaften Zuspitzung, erklärt, die ganze Weisheit des Christentums stecke allein in den »paar Aussprüchen« der Bergpredigt; so könne alles, was sonst an Weisheiten aufgeschrieben worden ist, verbrannt werden, »wenn nur zehn oder zwölf Sätze, in denen die Menschenordnung liegt [. . .], übrigbleiben« (B II 304). Hinter der kolloquial leichthändigen Zahlenangabe verbergen sich Beschwörung und Bestreitung einer weiteren altehrwürdigen ethischen Autorität aus der Bibel: Für eine rich-

56 Vgl. Kap. VIII, S. 305 ff.

tige Menschenordnung genügen wenige Grund-Sätze, zwei Handvoll bis ein Dutzend, es müssen nicht genau zehn sein, also auch nicht jene biblischen Zehn Gebote.

Zwischen dieser Ansicht Fontanes und seinem Romanwerk öffnet sich für dessen Leser eine Lücke: Die Fragen bleiben offen, ob es solche Grund-Sätze wirklich gibt, welche das wären, wie man sie finden soll. Denn sie werden bei Fontane bewußt unauffällig und beiläufig formuliert, und sie sind versteckt und verstreut zwischen unzähligen anderen verallgemeinernden Sätzen, zwischen Weisheiten und Dummheiten über »Gott und die Welt«, über »allerlei Glück«, »allerlei Moral« und »allerlei Widersprüche« des menschlichen Herzens.

V. Erzählkunst der feinen Unterschiede

Kleine Kommentare zu zwei Romanen und einem Novellenentwurf

Der Mechanismus der Distinktion

Ein Leitbegriff gegenwärtiger Literatur- und Kulturtheorien ist der Begriff der Differenz. Sucht man neue Wege für Fontane-Studien, so kann man im Umkreis dieser Theorien verschiedene Anregungen finden, ohne daß man sich dabei einer modisch postmodernen ›Ästhetik der Differenz‹ verschreiben müßte. Fontanes Schreibweise als eine Erzählkunst der Differenz, der feinen Unterschiede herausstellen heißt zunächst, seine Kunst der Differenzierung und Nuancierung würdigen, die Inhalt und Form, das Was und das Wie der Erzählung, die *histoire* und den *discours* umfaßt. Diese Kunst besteht nicht nur aus »Finessen«, die der epischen Integration dienen, sondern gleichermaßen aus solchen, die den Roman zur gesellschaftlichen Wirklichkeit öffnen, von der er, als Gesellschaftsroman, Ansichten bietet. Um diese Leistung zu erfassen, kann man dem von Michail Bachtin entwickelten romantheoretischen Konzept der sozialen Redevielfalt ein von Pierre Bourdieu ausgearbeitetes gesellschaftstheoretisches Konzept an die Seite stellen: das der *distinction* – so der Originaltitel des Buches, das auf deutsch unter dem Titel *Die feinen Unterschiede* erschienen ist.[1] Der Begriff der Distinktion ist hier im Sinne einer sozialen Abgrenzung und Differenzierung zu verstehen, die sich kultureller Muster und Phänomene bedient. Von diesem Ansatz Bourdieus her lassen sich die Fontaneschen »Finessen«, die feinen Unterschiede der sprachlichen und erzählerischen Gestaltung, in der Weise interpretieren, daß sie auf die feinen Unterschiede

1 Pierre Bourdieu: Die feinen Unterschiede. Kritik der gesellschaftlichen Urteilskraft, Frankfurt/M. 1982.

in der Gesellschaft verweisen, von der Fontanes Romane vielfältige Ansichten bieten.

So wimmelt es beispielsweise in ihnen von Textstellen, die auf ein gesellschaftliches Bewußtsein verweisen, das man als taxierendes Denken bezeichnen könnte. Taxierendes Denken heißt, Dinge und Menschen immer gleich auf einer Wertskala oder -hierarchie einstufen. Sozialhistorisch gesehen, überschneiden sich in solcher Mentalität zwei Gesellschaftsformationen: die traditionale, stratifikatorische Gesellschaft und die moderne, funktionale Gesellschaft. In der einen wird taxiert nach dem Schlüssel ständischer Hierarchie und Klassenschichtung, in der anderen nach dem Wertäquivalent, in das alles umgerechnet werden kann, nach dem Tauschwert, dem Geld. In Fontanes Zeit wurden die alten Hierarchien der ständischen von den neuen der bürgerlichen Gesellschaft überlagert, so daß sich mit – vorübergehender – Distinktionsunsicherheit die Distinktionssucht besonders steigerte. Im zweiten Deutschen Kaiserreich, wo Adel und Bourgeoisie sich einander ›staatstragend‹ annäherten, um den vierten Stand, das Proletariat, solange es irgend ging, unten zu halten, fanden diese Sucht und das ihr entspringende taxierende Denken besondere Verbreitung. Ein differenziertes System sehr ausgeprägter Rangunterschiede war in Geltung, das sich z. B. in der Jagd nach Orden und Titeln – wie ›Kommerzienrat‹ – auswirkte und das bürgerliche Schichten aristokratischen Mustern bis zu einem gewissen Grad folgen ließ – zur Not eben ›geistesaristokratischen‹.[2]

Kritik an solchem Denken findet man wie bei vielen anderen bürgerlich-realistischen Erzählern des 19. Jahrhunderts auch bei Fontane. 1853 freilich, zu Beginn seiner konservativsten Phase, hatte er noch Storms abfällige Kritik an der Sucht nach Rang, Titel, Orden »und dergleichen Nipps« aus Angst vor

---

2 Richard Hamann/Jost Hermand: Gründerzeit, Frankfurt/M. 1977, S. 129 ff.

»Nivellement« zurückgewiesen.[3] Später hat er dann diese Kritik umfassender geübt als der Husumer, allein nicht ohne in einem Winkel seiner Seele an jener Sucht selber ein wenig teilzuhaben. Literaturgeschichtlich gesehen wäre es allerdings zu kurz gegriffen, diese Kritik als moralistisch im alteuropäischen Sinn zu bezeichnen, also als Kritik an dem ›ewigen‹ Widerstreit zwischen gesellschaftlichem Schein und menschlichem Sein. Fontane verwendet vielmehr, so sehr diese Tradition auch bei ihm noch nachwirkt, eine präzis auf die zeitgenössische Gesellschaft ausgerichtete sozialdiagnostische Sonde, wenn er die Formen und Gegenstände des taxierenden Denkens erzählerisch vorführt.

Unter den unzähligen Textbeispielen für dieses Denken fallen besonders diejenigen als ›typisch fontanisch‹ auf, die in die Form einer witzig bis grotesk zugespitzten Sentenz gebracht sind – Alltagswissen als gleichsam kultursoziologische Anwendung der simplen Grammatik von Komparativ und Superlativ. Aus der Vielzahl der Beispiele vom Typ ›A ist besser als B‹ oder ›C ist das Beste‹ hier eine kleine Anthologie: Eine Großfürstin ist mehr als eine Prinzessin, eine Damenstift-Domina ist mehr als ein Major, Spuk ist ein Vorzug wie Stammbaum, die sechsten stehen höher als die siebenten Kürassiere, Spichern ist gar nichts gegen Düppel, *Lacrimae Christi* steht höher als *Montefiascone*, Kirschwasser ist besser als Punschextrakt, *widow* mehr als *virgin*, ›Hydropsie‹ ist ein besserer Ausdruck als ›Wassersucht‹, Lemberg ist besser als Krakau, Colchester steht höher als Astrachan, Hummer steht gegen Krebs, Efeu und Azalie stehen gegen Immortellen, weiße Kamelien stehen noch höher, ein Oberförster darf keinen Weinkühler haben, ein Geheimrat kein Trockenwohner sein, Moses geht vor Gendarm, Kögel ist noch mehr als Brückner, Gideon ist besser als Botho, Melusine ist fast noch mehr als Ruth, Ermyntrud mehr als Armgard, Baczko besser als Czako, auch Rex ist mehr als Czako, aber

3 Theodor Storm – Theodor Fontane: Briefwechsel, hg. v. J. Steiner, Berlin 1981, S. 25 f.

Möhring ist doch zu wenig, Palme ist immer das Feinste, Maupassant ist jetzt das Feinste, und das Bild des Tubabläsers von Cornelius ist besser als fünf ganze Ausstellungen.

Die letzten Beispiele gehören zu demjenigen Bereich, auf dem sich das Denken in sozialen Klassifikationsmustern am meisten tummelt: dem der Kultur. Denn Kultur als solche hat in Klassengesellschaften, der bürgerlichen wie der feudalen, eine soziale Distinktionsfunktion: Sie wird zu einem Medium der Abgrenzung der oberen Klassen von den unteren sowie weiterer, klasseninterner Unterscheidung. Je ausdifferenzierter die Gesellschaft ist, desto feiner werden diese Unterscheidungen. Sie lassen sich im Rahmen einer strukturalen Kultursoziologie, wie Pierre Bourdieu sie entwickelt hat, rekonstruieren und unter Zuhilfenahme einer Kultursemiotik, die untersucht, aufgrund welcher Merkmale den Phänomenen der Kultur welcher symbolische und differentielle Wert zugeschrieben wird.

Bourdieus Hauptthese ist, daß die Kultur soziale Unterschiede nicht nur ausdrückt, vielmehr selber die Funktion der Unterscheidung, der Distinktion hat; auf diese Weise konstituiert sie Sozialstatus und Klassenzugehörigkeit. Sie wird damit das entscheidende Medium zur Reproduktion von Klassenstrukturen. Die Position des Individuums im sozialen Raum bestimmt seinen *Habitus*, d. h. seine Denk- und Handlungsschemata, seine Klassifikationsmuster, ethischen Normen und ästhetischen Maßstäbe, kurz: den gesamten Lebensstil. Alle Phänomene der Lebensweise haben einen symbolischen, differentiellen Wert, d. h. sie dienen der sozialen Distinktion: objektiv-strukturbedingt, unbewußt und im Habitus verinnerlicht oder als bewußtes Distinktions*streben*, als kulturelle Abgrenzung ›nach unten‹ und Anschlußsuche ›nach oben‹. Seinem Habitus gemäß bewegt sich das Individuum auf verschiedenen sozialen *Feldern* und bringt dabei sein *Kapital* zum Einsatz: ökonomisches und soziales (Familie, Standesgruppen usw.), symbolisches (Ehre, Prestige usw.) und *kulturelles Kapital.* Dieses ist *objektiviert*, z. B. in Buch- oder Gemäldebesitz, oder *inkorporiert*, vor allem im *Bildungskapital*, das durch familiale Sozialisation und Schulbesuch erworben wird. So korrelieren mit den gesellschaftlichen Klassen auch verschiedene *Geschmacksarten*: der ›legitime‹ Geschmack der Oberklasse, der Distinktionskompetenz einschließt, der ›prätentiöse‹ der Mittelschicht, besonders des Kleinbürgertums, der ›illegitime‹ der Unterklassen, der von den oberen als vulgär und barbarisch diskriminiert wird.[4]

Fontanes Gesellschaftsromane haben mit Bourdieus soziologischen Studien zweierlei gemeinsam: Zum einen stellen sie an den gleichen Phänomenen der Alltags- und der ›höheren‹ Kultur die gesellschaftliche Determination des Individuums dar, wobei beide dem Mechanismus der Distinktion, den ›feinen Unterschieden‹, besondere Aufmerksamkeit widmen. Zum anderen lassen beide ihre Darstellung von dem aufklärerischen Impuls leiten, durch Aufweis der Determinanten auch den Freiheitsspielraum des Individuums realitätsgerecht erkennbar zu machen. Nun kann es freilich nicht darum gehen, die Erkenntnisse eines modernen Soziologen, der erklärtermaßen bei Romanautoren wie Balzac, Flaubert, Proust in die Schule gegangen ist, auch bei Fontane vorgebildet zu finden – damit gewönne man nichts für die Lektüre seiner Romane. Diese verwickeln den Leser in ein *erzählerisches Spiel* mit feinen Unterschieden, und Bourdieus Theorie stellt nur einen Scheinwerfer bereit, der einige Aspekte dieses Spiels schärfer beleuchtet. Anders als der Soziologe bietet der Romancier keine empirisch geprüften Theoreme, sondern erfundene Geschichten über den vergesellschafteten Menschen. Deren Realitätsbezug und sozialdiagnostischen Gehalt muß der Leser selber erkunden und prüfen. Dabei kann Bourdieu jedoch gute Hilfe leisten. Aber mit der ihnen eingeschriebenen ethischen Reflexion gehen diese Geschichten über bloße Diagnostik hinaus. Sie werden

4 Eine gute Zusammenfassung gibt Markus Schwingel: Bourdieu zur Einführung, Hamburg 1995. Vgl. auch Hans-Peter Müller: Kultur, Geschmack und Distinktion. Grundzüge der Kultursoziologie Pierre Bourdieus. In: Kultur und Gesellschaft, hg. v. F. Neidhardt (u. a.), Opladen 1986 (= Kölner Zs. f. Soziologie, Sonderh. f. René König z. 80. Geb.), S. 162-190.

erzählt am Leitfaden der Frage, wie sich das Individuum zu seinen sozialen Determinationen stellen und was es aus seinem Freiheitsspielraum machen soll.

Für ein Durchdenken dieser Frage, die sie an den Leser weitergeben, bieten Fontanes Texte außerordentlich reichhaltiges Anschauungsmaterial. Sie arbeiten intensiv mit den kulturellen Mustern, nach denen sich die sozialen Schichten gegeneinander abheben: Sie registrieren diese ›feinen Unterschiede‹ mit seismographischer Präzision, durchleuchten sie analytisch, unterlaufen sie relativierend und machen sie auf diese Weise bewußt und kritischer Reflexion zugänglich. Unter den deutschen Erzählern des bürgerlichen Realismus hat Fontane das differenzierteste Sensorium wie Darstellungsverfahren für diese Muster entwickelt. Seine Aufmerksamkeit gilt dabei allen Phänomenen der Lebenswelt, von den Requisiten der Wohnungseinrichtung bis zum Prestigewert von Adresse (Straßenname), Ort und Region (bei Militärpersonen: auch Truppenteil), von Vorlieben für bestimmte Kunstrichtungen und Künstler bis zu Vorlieben für bestimmte Speisen, von der Konversationskultur und Redeweise der Figuren bis zum sozialen Symbolwert von Modewörtern und Namen, und sei es die Schreibweise eines Hundenamens: Fips oder Phips – »mit ph ist englisch, also vornehmer« (VI 331). Auf allen Ebenen des Erzählens treten die ›feinen Unterschiede‹ zutage. Kulturelles Kapital ist zwar nicht so fest kodifiziert wie jenes soziale, das besitzt, wer im »Genealogischen« (IV 361) steht, d. h. in dem nach seinem Erscheinungsort auch ›Gotha‹ genannten Adelskalender, oder im »Staatskalender«, der Adlige und höhere Beamte, oder in der »Rangliste« (V 239), die Offiziere verzeichnete. Aber auch Verteilung und Einsatz kulturellen Kapitals folgen gewissen Regeln. Fontanes Romane helfen, sie durchsichtig zu machen.

Major a. D. von Stechlin hat bei den sechsten Kürassieren gedient, Bismarck bei den siebenten, und »die kleinere Zahl ist in Preußen bekanntlich immer die größere«, also ist Dubslav – wie er nicht ohne Selbstironie konstatiert – dem ehemaligen

Reichskanzler »einen über« (VIII 12). Außerdem hat er dem Alten in Friedrichsruh noch den Stechlin-See voraus. Hier in der Rheinsberger Gegend zu wohnen, nennt er einen »Vorzug«, denn wo ist sonst so etwas? »Erst der große König, und dann Prinz Heinrich, der nie 'ne Schlacht verloren.« Das sagt Dubslav mit Überzeugung, doch gleichfalls nicht ganz ohne Ironie: In dieser Gegend »versauert« einer leicht (38).

»Tee ist sozusagen Kultursache, man erkennt die Klasse daran«, doziert Prof. Lezius beim Tee (H 117). Treibel erbittet sich auf Jennys Frage »Eins oder zwei?« *zwei* Zuckerstücke zum Frühstücksgetränk, weil er – so wenigstens sagt er – die »billigen Zuckerzeiten« fröhlich mitmachen will (VI 348), in Wahrheit weil dieser kleine Unterschied den Luxus anzeigt, der einem Kommerzienrat ansteht. Auch Zucker ist »Kultursache«. Denn bei kleinen Leuten sieht es anders aus: In den »vier Krümeln«, zu denen Mathilde Möhring *ein* Stück Zucker zweimal zerbricht, hat sie symbolisch »ihr Leben« vor sich, das – nach dem Tod ihres Mannes – wieder ganz klein anfängt (VII 515 f.).

Einem anderen feinen Unterschied kulinarischer Art, nämlich zwischen Hummer und Krebs, gibt Professor Schmidt bei seinem Oderkrebsessen eine hochfliegend symbolische Auslegung. Diese steigert sich von einer Apologie des bescheideneren Schalentiers, die unausgesprochen die Differenz von besitz- und bildungsbürgerlicher Küche eingesteht, zu einer subversiven Umkehr der herrschenden Taxonomie. Denn Schmidt hält ein komisch-pathetisches Plädoyer für das Kleine und gegen das Große, für den Krebs, der zwar nicht das »Maß« hat, »was, in einem Militärstaate wie Preußen, immerhin etwas bedeutet«, aber sozusagen das »natürlich Gegebene« ist, und gegen den Hummer, für den jeder ist, »schon weil er sich auf Kaiser Wilhelm berufen kann«. Hummer oder Krebs – auch das also ist »Kultursache«. Und daß Schmidt über »Kochbuchliches« und »Menufragen« mit so viel Lust und Eifer *redet,* enthüllt einen weiteren feinen Unterschied: Für die »Herren von der hohen Finanz« wäre das – wie Distelkamp richtig bemerkt – unfein (VI 337 f.). In einem anderen Roman Fontanes wird das Essen zu einer »symbolischen Handlung« erklärt (III 390).[5] Das entspricht nicht nur allgemeinen Annahmen heutiger Kulturforschung, sondern auch den speziellen Analysen Bourdieus, die das Essen als distinktive Praxis durchleuchten, indem sie mit frappierenden Korrelationen von Speisegewohnheiten und sozialem Status aufwarten.

Auch Sprache und Kommunikationsformen, literarische Bildung und Lektüre werden in Fontanes Romanen als kulturelles Kapital kenntlich. Wer spricht, bezieht Position in der Hierarchie der Sprachstile und damit auch gesellschaftlich Position, denn Sprache ist die symbolische Ordnung sozialer Differenzen. Die *legitime Sprache* übersetzt diese in die Logik der Distinktion. Korrektes, feines, gebildetes Sprechen grenzt sich ab gegen gewöhnliches, fehlerhaftes, vulgäres.[6] Die Konversationskultur der ›guten Gesellschaft‹ – ob adlig, ob bürgerlich – dient mit ihren Gesprächsformen wie -themen der Abgrenzung nach unten, sie hat eine sozialdistinktive Funktion.[7] Und der an Fontanes Romangesprächen überall beobachtbare Gebrauch von Literaturzitaten, ob feinsinnig oder kalauernd, indiziert in jedem Fall Zugehörigkeit zur Gruppe der Gebildeten.[8] Der alte Dubslav stellt – aus der Distanz des Abseits- und Darüberstehenden – Beobachtungen zu feinsten sprachlichen Unterschieden an und unterläuft dabei durch Ironie und lässige Sprechweise die Normen der legitimen Sprache: ob er über ›Frack‹ oder ›Schniepel‹, über Telegrammstil und »feinere Sitte« (VIII 27), über neue Wörter wie ›opportun‹ und ›Enquête‹ philosophiert oder ob er einen witzigen Kurzschluß zwischen dem

5 Vgl. Rolf Selbmann: Alles »reine Menufragen«? Über das Essen und Trinken in Theodor Fontanes Roman *Frau Jenny Treibel*. In: FBl 60 (1995), S. 103-117.

6 Pierre Bourdieu: Was heißt Sprechen? Die Ökonomie des sprachlichen Tauschs, Wien 1990, S. 29-35.

7 Angelika Linke: Sprachkultur und Bürgertum. Zur Mentalitätsgeschichte des 19. Jahrhunderts, Stuttgart 1996, S. 150, 194, 198, 318.

8 Wolfgang Frühwald: Büchmann und die Folgen. In: Bildungsbürgertum im 19. Jahrhundert, hg. v. R. Koselleck, Bd. 2, Stuttgart 1990, S. 208.

symbolischen Kapital des Eigennamens und dem ökonomischen herstellt:

> »Ja, Schwester, du hast gut reden. So sicher wie du wohnt eben nicht jeder. Adelheid! das ist ein Name, der paßt immer. Und im Kirchenbuche [. . .] steht sogar Adelheide. Das Schluß-›e‹ ist bei der schlechten Wirtschaft in unserm Hause so mit draufgegangen. Die Stechline haben immer alles verurscht.« (303).

(Natürlich kann Adelheid(e) das vulgäre Wort ›verurscht‹ nicht unmoniert lassen, doch Dubslav weiß sich zu wehren.)

In *Cécile* hat sich die Titelheldin mal wieder mit ihrer Unwissenheit blamiert: Sie kennt nicht einmal Rosa Bonheur! Auf ihre Frage, ob man das wissen müsse, antwortet ihr Mann, seinem persönlichen Geschmack nach brauchten Damen, zumal schöne wie Cécile, »überhaupt nichts zu wissen«, jedenfalls lieber zuwenig als zuviel. Aber »die Welt«, die Gesellschaft, verlange einen Hauch von Bildung auch bei Damen, sie solle also doch mehr lesen. Und auf ihren zaghaften Einwand, sie lese ja viel, antwortet er: »Aber nicht das Rechte.« Was habe er in ihrem Bücherschrank gefunden? Einen gelben französischen Roman und *Ehrenström, ein Lebensbild*, religiöse Traktätchenliteratur. Der französische Roman – das denkt St. Arnaud, aber sagt es nicht – ist natürlich für junge Damen unerlaubt, weil gefährlich, und das religiöse Büchlein ist vielleicht Seelenmassage, aber kein kulturelles Kapital: »was hast du gesellschaftlich von Ehrenström?« Denn für *die* Kreise, welche die kulturellen Taxonomien bestimmen, »bedeutet Ehrenström nichts, Rosa Bonheur aber sehr viel« (IV 342 f.).

In *Frau Jenny Treibel* enthüllt das taxierende Denken seinen Kern, die Verdinglichung menschlicher Beziehungen, vollends dadurch, daß Jenny nicht nur Sachen, sondern in einem Atemzug auch Menschen – in diesem Fall ihre Gesellschafterin – zum kulturellen Kapital zählt, auch wenn sie das durch Sentimentalität verschleiert: »Viele beneiden mich, aber was hab ich am Ende? Stuck und Goldleisten und die Honig mit ihrem sauersüßen Gesicht.« (VI 408) Ironischerweise wird auch sie selbst in gleicher Weise als Renommierobjekt eingestuft, wenn ihr Freund Krola ihrem Mann auf zweideutige Weise schmeichelt: »Sie haben eine charmante Frau, gefühlvoll und hochpoetisch, und haben eine Villa wie diese, darin wir eben ein Ragout fin einnehmen, das seinesgleichen sucht, und haben draußen im Garten einen Springbrunnen und einen Kakadu, um den ich Sie beneiden könnte.« (294)

Überblickt man Fontanes Romanwerk, so findet sich der gesellschaftliche Mechanismus der Distinktion zwar überall erzählerisch behandelt, aber bei einigen Romanen, *Frau Jenny Treibel* an der Spitze, bestimmt er sogar mehr oder weniger die Gesamtkonzeption und -gestaltung. In *Irrungen, Wirrungen* geht es, oberflächlich gesehen, nur um das traditionelle Motiv des Standesunterschieds, der die Liebenden, den adligen Premierleutnant und die elternlose Näherin, nicht beieinander bleiben läßt. Bei genauerer Betrachtung zeigt sich jedoch, daß Figurenkonstellation und Fabelkonstruktion Raum geben für die exemplarische epische Konfrontation zweier differenter sozialer Lebensweisen. Der Leser wird geradezu schmerzhaft hineingezogen in die Kette der Kränkungen, der *Distinktionsschocks*, die Lene, die einfache Arbeiterin, die bei all ihren Rechtschreibproblemen und Bildungslücken der reifste und feinste Mensch ist, während ihrer ›illegitimen‹, vor der Gesellschaft abgeschirmten Liebesbeziehung erfährt, und zwar von ihrem Geliebten selbst, gipfelnd in der diskriminierenden Abschiebung zu den Demimonde-Damen der adligen Freunde Bothos.[9]

In dem Roman einer vaterlosen Adelsfamilie *Die Poggenpuhls* geht es, aufgrund gewandelter Klassenverhältnisse, um eine umgekehrte Kränkungserfahrung: Die pommersche Familie, die sich mit den berühmten märkischen Quitzows gleichstellen darf, wird vom Portier als »Adelspackage« (VII 315) oder als das »pauvre Volk da oben« (411) bezeichnet. Das symbolische Kapital der Ehre einer zum ›Schwertadel‹ zählenden Familie, das von der ältesten Tochter Therese fetischartig hochgehalten wird, zählt nicht viel, wenn es in Hinblick auf die trivialste

9 Vgl. Kap. VI, S. 258-261.

Kapitalform, das Geld, um das Minimum zu einem Überleben mit Anstand geht. Der anmutige kleine Roman lebt weitgehend von der komischen Konfrontation dieser beiden Kapitalsorten. Das Happy-End ist bescheiden: Frau Albertine Pogge von Poggenpuhl, geb. Pütter, hat zwar drei Töchter und zwei Söhne in heiratsfähigem Alter, aber es gibt weder Hochzeit noch Verlobung. Dafür gibt es die Beerdigung eines Onkels und eine Kapitalschenkung, welche die Familie vor Abstieg in materielle Not bewahrt. Sie ist der Großzügigkeit der Witwe zu danken, die von Therese als »›Bourgeoise‹« (337) verachtet worden ist (dem adelsstolzen Fräulein ist schon das *Wort* ›Bourgeoise‹ zu unfein, so ›spricht‹ sie es in Gänsefüßchen). Beiläufig und doch nachdrücklich plädiert der Roman für Werte, die im System der ›feinen Unterschiede‹ nicht vorkommen: Lebensklugheit und Lebensfreude, Natürlichkeit, Selbstlosigkeit, die rechte Gesinnung und, verkörpert von Sophie, der mittleren Tochter: »das Liebe, Freundliche, Demütige« (407).

Frau Jenny Treibel ist ausdrücklich und wohlkalkuliert auf die ›feinen Unterschiede‹ hin konstruiert und erzählt; darum würde ein Beweis dieser These, für die sich auf jeder Seite Lektüre-Evidenz findet, eine Gesamtinterpretation des Romans erfordern.[10] Besonders nahe kommt Fontanes satirisch-humoristisches Erzählen hier den Analysen Bourdieus darin, daß es *zwei* Fraktionen der *bürgerlichen* Oberschicht miteinander konfrontiert, indem es, durch Parallelerzählungen aus dem Hause des Kommerzienrats Treibel und der Wohnung des Studienrats Schmidt und durch die ›Verlobungsintrige‹ Corinna Schmidts mit Leopold Treibel in vielfältiger Weise die feinen Unterschiede zwischen Besitz- und Bildungsbürgertum herausarbeitet. Deren erzählerische Modellierung entspricht genau dem, was heutige Historiker über das Kaiserreich wissen: »Bildung war

10 Vgl. Dieter Kafitz: Die Kritik am Bildungsbürgertum in Fontanes Roman *Frau Jenny Treibel*. In: Zeitschr. f. dt. Philologie 92 (1973), Sonderh. S. 74-101.

ein Abgrenzungskriterium.«[11] Der »Exklusivgewinn« der Bildung wurde vom Bildungsbürgertum als kulturelles Kapital eingesetzt, um die »verschärfte Konkurrenz mit den steil aufsteigenden wirtschaftsbürgerlichen Oberklassen« kompensatorisch zu bestehen.[12]

Was Jenny Treibel im Großen mit Erfolg gelingt, mißlingt Mathilde Möhring – jedenfalls beim ersten Anlauf, das Romanende ist hierin offen – im Kleinen: der bürgerliche Aufstieg. An beiden weiblichen Titelfiguren wird jedoch gleichermaßen das Distinktionsstreben satirisch beleuchtet und moralisch verurteilt. In *L'Adultera* und in dem Novellenentwurf *Rr* wird an den männlichen Hauptfiguren gezeigt, wie die allgemeine Distinktion in eine ganz spezielle Diskriminierung mündet.

Ezechiel van der Straaten und Ebenezer Rubehn

Fontanes erster Gesellschaftsroman *L'Adultera*, stofflich eng angelehnt an den Berliner Skandalfall Ravené, ist zugleich ein Frauen-, Ehe- und Ehebruchsroman. Die noch relativ junge, adlige Melanie steigt aus ihrer Mesalliance mit dem beträchtlich älteren Börsenmann van der Straaten aus und geht mit ihrem Geliebten, dem Bankkaufmann Rubehn, eine neue, glückliche Ehe ein. Diese Story, so provozierend sie damals wirkte, so trivial sie heute anmutet, erhält erzählerisch dadurch Gewicht, daß Fontane hier erstmals im Genre eines Gegenwartsromans aus der ›guten Gesellschaft‹ auch die ›feinen Unterschiede‹, die Mechanismen kultureller Distinktion, herausmodelliert hat.

Major geht vor Polizeirat – das steht so nicht wörtlich im Text, aber ›geht vor‹ ist dort ganz wörtlich gemeint: Der Major von Gryczinski, mit Melanies Schwester verheiratet, geht beim

11 Thomas Nipperdey: Deutsche Geschichte 1866-1918, Bd. 1, München 1990, S. 389.

12 Hans-Ulrich Wehler: Deutsche Gesellschaftsgeschichte, Bd. 3, München 1995, S. 733, 749.

Diner im Hause van der Straaten nicht mit dem Polizeirat Reiff gemeinsam zu Tisch, sondern weiß ihn geschickt zu vermeiden, denn er möchte nicht in Verlegenheit kommen, ihm »ebenbürtig den Arm zu bieten«, weil er »ganz in den Anschauungen seines Standes« steht, zu denen die Distinktion des – gesellschaftlich höher rangierenden – Militärs von der Polizei gehört (III 130). Und innerhalb des Militärs gibt es natürlich noch viel feinere Distinktionen. So hält Gryczinski als Generalstäbler »an dem Glauben fest, daß es in der ganzen Welt nicht zwei so grundverschiedene Farben gäbe wie das allgemeine preußische Militär-Rot und das Generalstabs-Rot« (127).

Im zivilen Bereich müssen Kommerzienratsgläser edler geformt sein als Rechnungsratsgläser (137), so taxiert Kommerzienrat van der Straaten selbstbewußt. Aber ihn selbst taxiert man gleichfalls, z. B. in dem Gespräch, das Legationsrat von Duquede und Polizeirat Reiff auf dem Rückweg vom Diner über van der Straatens führen, sehr direkt und einfach Duquede: »Ich taxier ihn auf eine Million« (144), indirekter und komplizierter Reiff: Er taxiert Gryczinski so, daß dieser seinen Schwager so taxiere: Ein »Schwager-Kommerzienrat ist nicht viel weniger wert als ein Schwiegervater-Kommerzienrat und rangiert wenigstens gleich dahinter« (147). Geringere gesellschaftliche Geltung und niedrigerer Rang sind teilweise kompensierbar: Wer katholisch ist, konvertiert im Kulturkampf-Preußen und wird überprotestantisch wie Gryczinski; wer katholisch bleibt wie der Polizeirat, kommt damit fast »etwas Unterlaubtem« nahe (141). Wer in einem Mietshaus sehr hoch oben wohnen muß (weil es billiger ist), was von niedrigerem Rang zeugt, sucht sich wie Reiff sein Dachgeschoß dafür in einem möglichst vornehmen Haus (147). Und wenn man gar jüdischer Herkunft ist wie Ebenezer Rubehn, dann muß man zum Ausgleich zumindest reich und Reserveoffizier sein, und ist man dies nicht etwa nur bei der Landwehr, sondern bei den Dragonern, so hat man einen ausgleichenden Pluspunkt mehr.

In dem taxierenden Gespräch Duquedes und Reiffs über die van der Straatens geht es auch um deren Bildung. Melanie, die von Reiff als klug eingeschätzt wird, kommt bei dem »Negationsrat« (128), der alles für »überschätzt« hält, nicht gut weg: Was hat sie denn schon? Ein »bißchen Genfer Chic« – aber »was die Genfer haben, ist doch auch bloß aus zweiter Hand« –, »'ne französische Vokabel«, den *Erlkönig* und »ein paar niedliche Manierchen«. Reiff dagegen meint, es fehle eher dem Kommerzienrat an »Bildung und Erziehung«. Das provoziert Duquede zu einer vehementen Philippika, in deren Zentrum eine Sentenz steht, die Bildung als Kompensation für anderen Besitz, d. h. exakt im Bourdieuschen Sinne als kulturelles Kapital, anspricht: »Wer gar nichts hat, der ist gebildet.« Wer aber so viel wie van der Straaten hat, vor allem: einen guten Kredit, der brauche »all die Dummheiten« nicht (145). Doch damit überschätzt der Rat, und zwar nicht nur im Sinne der Theorie Bourdieus, sondern auch der Figurenmodellierung Fontanes, die ökonomische Kapitalsorte, denn dank ihrer gilt van der Straaten »bedingungslos« nur an der Börse, nicht jedoch in der Gesellschaft (111).

Die gesellschaftlich feinen Unterschiede werden bei Fontane gelegentlich an feinsten sprachlichen Unterschieden festgemacht. Denn das Distinktionsstreben kann sich auf kleinstmögliche distinktive Merkmale stützen: solche zwischen einzelnen Wörtern, Lauten, Buchstaben oder Akzenten. »Denn die Akzente machen's im Leben und in der Kunst«, meint Graf Haldern in *Stine* gönnerhaft, als Wanda den Namen ›Hermione‹ falsch akzentuiert (V 195). ›Matschwetter‹ ist ein unfeines Wort, das man nicht benutzen sollte. Phips mit ph ist vornehmer, obwohl es lautlich äquivalent ist mit Fips mit f und obwohl Hundenamen ja wohl meistens gerufen und kaum geschrieben werden. »Unser Hund heißt Phips, aber mit ph« – das klänge ziemlich lächerlich, und genau um solcher Lächerlichkeit willen hat Fontane diese Feinheitsregel registriert oder erfunden. Ernster wird es schon, wenn ein Buchstabe zu einer anderen Aussprache eines Eigennamens führt, d. h. einer gegen Mißbrauch besonders sensiblen Wortart: Baron Duquede haßt die französisierenden Berliner, weil sie seinen altmärkischen

Adelsnamen zu verunstalten pflegen, indem sie das qu, mit dem er sich schreibt, nach der Analogie von Admiral Duquesne französisch aussprechen und ihn damit zu einem Kolonie-Franzosen machen (III 128).

Das Dehnungs-h in dem Nachnamen von Ebenezer Rubehn dagegen ist in Unterschied zu dem altmärkisch soliden qu Duquedes hoch verdächtig. Als van der Straaten seiner Frau den Namen ihres neuen Hausgenossen nennt, reagiert sie sehr irritiert, und es entspinnt sich eines der vielen Fontaneschen Gespräche über Namen, in denen Kultursemiotik und soziale Distinktion fast immer eine wichtige Rolle spielen:

> »Ebenezer Rubehn«, wiederholte Melanie langsam und jede Silbe betonend. »Ich bekenne dir offen, daß mir etwas Christlich-Germanisches lieber gewesen wäre. Viel lieber. Als ob wir an deinem Ezechiel nicht schon gerade genug hätten! Und nun Ebenezer. Ebenezer Rubehn! Ich bitte dich, was soll dieser Accent grave, dieser Ton auf der letzten Silbe? Suspekt, im höchsten Grade suspekt!«
> »Du mußt wissen, er schreibt sich mit einem h.«
> »Mit einem h! Du wirst doch nicht verlangen, daß ich dies h für echt und ursprünglich nehmen soll? Einschiebsel, versuchte Leugnung des Tatsächlichen, absichtliche Verschleierung, hinter der ich nichtsdestoweniger alle zwölf Söhne Jakobs stehen sehe. Und er selber als Flügelmann.«
> »Und doch irrst du, Lanni. Wie stand es denn mit Rubens? Ich meine mit dem großen Peter Paul? Nun, der hatte freilich ein s. Aber was dem s recht ist, ist dem h billig. Und kurz und gut, er ist getauft. Ob durch einen Bischof [wie van der Straaten selbst; N. M.], stehe dahin; ich weiß es nicht und wünsch es nicht, denn ich möcht etwas vor ihm voraushaben. Aber allen Ernstes, du tust ihm unrecht. Er ist nicht bloß christlich, er ist auch protestantisch, so gut wie du und ich. Und wenn du noch zweifelst, so lasse dich durch den Augenschein überzeugen.« Und hierbei versuchte van der Straaten aus einem kleinen gelben Couvert, das er schon bereithielt, eine Visitenkarten-Photographie herauszunehmen. (124)

Wie man sich durch »Augenschein« davon sollte überzeugen können, daß der Photographierte christlich oder protestantisch ist, das gibt nur einen Reim – allerdings einen schlechten, weil antisemitischen –, wenn man voraussetzt, daß jemand, der *nicht* christlich, nämlich jüdisch ist, an seiner Physiognomie zu erkennen sei. Rubehn ist das nicht, aber er verrät sich durch seinen Namen, auch wenn er sich durch das eingeschobene h zu tarnen versucht – darauf läuft Melanies Diagnose hinaus. Es geht hier also um das besondere und besonders distinktionsempfindliche Phänomen jüdischer Namen, um den Namen als Stigma. Juden waren in der preußisch-deutschen Gesellschaft des späten 19. Jahrhunderts mit deren offenem oder latentem Alltagsantisemitismus oft schon durch ihren Namen stigmatisiert; kein Wunder, daß sie vielfach ihre jüdischen Namen änderten.[13] Durch die Akzentverlagerung Rúben–Rubéhn klingt der alttestamentliche Name weniger ›jüdisch‹. Die Namensänderung besiegelt sozusagen die Taufe. Aber Melanie ist gerade dieser Name »suspekt«, sie durchschaut die »absichtliche Verschleierung«: Hinter dem Buchstaben h sieht sie »alle zwölf Söhne Jakobs« sich mehr schlecht als recht verstecken. »Und er selber als Flügelmann«: d. h. Ruben, der älteste der Jakobsöhne. Diese Diagnose findet sie – und mit ihr der Leser – bestätigt, als sie später auf der Visitenkarte liest: »Ebenezer Rubehn (Firma Jakob Rubehn und Söhne)« (152).

Melanie hat ein feines Organ für die feinen Unterschiede, und darum tauft sie Rubehn für ihre speziellen Zwecke noch einmal um, und zwar durch »Um- und Rückformung des abstrusen Familiennamens« in den guten alten biblischen Vornamen ›Ruben‹ (178). Wie der so Um- und Rückbenannte es aufnimmt, daß sein Name abstrus genannt wird, darüber verlautet nichts. Warum aber manipuliert Melanie den Namen ihres Gastes, der ihr Geliebter und dann ihr neuer Ehemann werden wird? Einmal, weil ihr der Vorname ›Ebenezer‹ wie der ebenso seltene und auffällige ihres Mannes, ›Ezechiel‹, peinlich ist, vor allem durch den alttestamentlichen, also ›jüdischen‹ Anstrich. Zweitens benötigt ihr – schon erotisch gefärbter – Annäherungswunsch einen Vornamen, die Anredeform der Intimität. Drittens kann sie mit dem Namen ›Ruben‹ auf dessen

13 Dietz Bering: Der Name als Stigma. Antisemitismus im deutschen Alltag 1812-1933, Stuttgart 1987.

biblischen Träger anspielen, dessen »Schwäche« (gemeint ist Rubens Ehebruch mit der Nebenfrau seines Vaters Jakob) als »Fehler seiner Tugenden« hinstellen und damit Rubehn und sich selbst den Weg in den Ehebruch symbolisch ebnen (179). Melanies offen ausgesprochene Abneigung gegen jüdische Assimilationsverrenkungen könnte schließlich auch auf eine unverkrampfte Haltung im persönlichen Umgang mit Menschen jüdischer Herkunft schließen lassen, eine Haltung, ohne die sich die Liebe und Ehe zwischen ihr und Rubehn nicht gut vorstellen läßt. Auf der anderen Seite hat sie jedoch, wie das Gespräch mit van der Straaten zeigt, einen generellen Vorbehalt gegen eine jüdische Herkunft, und es bleibt am Romanende offen, ob sie diesen Vorbehalt überwinden und den Namen ›Rubehn‹ künftig freudig annehmen und tragen wird.

Ebenezer Rubehn aber mag noch so feine Manieren haben, das antisemitische Vorurteil trifft ihn doch und weist ihn in gesellschaftliche Schranken: Er ist und bleibt »man en Jüdscher« (142). Denn die Änderung eines stigmatisierenden jüdischen Namens löscht mitnichten das Stigma der jüdischen Herkunft. Sechzig Jahre später hätte Rubehn zwecks Aufhebung der »Verschleierung« den zusätzlichen Vornamen ›Israel‹ annehmen müssen und ein »J« in seinen Paß gestempelt bekommen.

Und warum möchte van der Straaten etwas vor Rubehn »voraushaben«? Nicht nur weil er, in obsessiver Sorge um die Treue seiner Frau, vielleicht den Nebenbuhler vorauswittert, sondern auch darum, weil er, bei all seinem Reichtum und aller zur Schau gestellten Unabhängigkeit, in der Gesellschaft keineswegs, wie an der Börse, bedingungslos gilt; weil sein persönliches hinter seinem geschäftlichen Ansehen zurücksteht; weil sein Parvenü-Habitus mit den entsprechenden Lücken an Bildung, »Weltschliff« und Anstand seine Umgebung, namentlich seine Frau, indigniert. Vor allem aber möchte er vor dem neuen Hausgast deshalb etwas voraushaben, weil er ganz wie Rubehn einen gesellschaftlichen Makel trägt, den er nie wird löschen können: eine jüdische Herkunft.[14] Obwohl Figuren und Erzähler diese mit keinem Wort ansprechen, geht sie aus Indizien hervor, die gezielt im Text untergebracht sind. Das erzählerische Verschweigen aber bildet das reale Verdrängen nach und damit indirekt die Last des Verdrängten. Bereits im ersten Kapitel gibt van der Straaten selber ohne Not den geheimen Makel seiner Herkunft preis, gerade indem er dessen Vorhandensein durch Hinweis auf seine Taufe ausdrücklich dementiert. Denn diese Taufe durch einen *Bischof* hat nicht nur einen hohen gesellschaftlichen Kurswert – und *den* möchte van der Straaten Rubehn voraushaben –, sondern die namentliche Nennung des Bischofs Roß impliziert aus chronologischen Gründen, daß van der Straaten frühestens mit zwölf, dreizehn Jahren, vielleicht noch später, getauft worden ist, was in Hinblick auf die damaligen Gepflogenheiten sicher auf eine jüdische Herkunft schließen läßt.[15]

Ezechiel van der Straaten ist eine komplex angelegte Figur. Selbständigkeit und Dünkel, Freimut und Kurzsichtigkeit mischen sich in ihm. Was die ›feinen Unterschiede‹ betrifft, so mangelt es ihm, »absolut unerzogen«, wie er ist (139), nach der Anstandsseite hin entschieden an Taktgefühl, so daß sich seine Frau, die ihn auch sexuell ablehnt, infolge seiner notorischen Zweideutigkeiten ihm endgültig entfremdet.[16] Was ihm an feinen Manieren fehlt, sucht er durch Kunstkennerschaft zu kompensieren. Doch auch sein Geschmack ist ein Gemisch aus echtem Verständnis und Anpassung an herrschende Vorlieben, kritischer Kompetenz und primitiver Reizästhetik. Er zieht Maler als Renommierstücke in seinen engeren Zirkel und transferiert einen Teil seines ökonomischen in kulturelles Kapital:

---

14 Manche Interpreten haben bei diesem Komplex offenbar solche Berührungsscheu, daß sie ihn einfach ignorieren, z. B. Walter Müller-Seidel: Theodor Fontane. Soziale Romankunst in Deutschland, Stuttgart ²1980, S. 166-181.

15 Elisabeth Hoffmann: *L'Adultera* und die ›Judenfrage‹ (noch nicht gedrucktes Vortragsmanuskript), S. 7.

16 Vgl. Kap. VI, S. 244-251.

eine eigene Gemäldegalerie – ein Statussymbol wie die Sommervilla am Tiergarten; bei alten Meistern wie Tintoretto oder Veronese muß er sich allerdings mit Kopien begnügen (117, 130).

In geselliger Konversation gibt er gern mit seiner Kunstkennerschaft an, ohne sich viel daran zu stören, daß sein Geschmack diese Kennerschaft sehr in Frage stellt und daß sein Bildungswissen hier und da kleine Mängel hat – er sagt z. B. »Santa Maria Saluta« statt »Salute« (164), vielleicht weil er ›Valuta‹ im Kopf hat. An seinen Hummer-, Lachs- und Makrelen-Stilleben in Barockrahmen bewundert er deren »absolute Naturwahrheit«, es werde ihm, als ob er »taschentuchlos über den Cöllnischen Fischmarkt gehe« (130 f.). Er unterscheidet bei Murillo und anderen Malern »kalte und warme Madonnen«, wobei er nur die warmen liebt: »die berauschen mich, und ich fühl es in allen Fingerspitzen, als ob es elfer Rheinwein wäre« (135). Er lobt an Tizian dessen Venusdarstellungen: »Das ist seine Sache. Fleisch, Fleisch.« (137) Und noch in einem Epigramm über eine Venusstatue reizt ihn ein gewagter Vergleich: »man fühl ihn ordentlich«, den »Pfirsichpflaum« (170 f.). Vom Geruchs- bis zum Tastsinn – alle Sinne scheinen am Kunstgenuß des Kommerzienrats beteiligt zu sein, nur nicht der ästhetische. Ihm fehlt, was Bourdieu den »legitimen Geschmack« nennt, den die Oberklasse zur Abgrenzung von der Unterklasse kultiviert, deren Geschmack sie als unrein, roh, primitiv, vulgär, barbarisch diskriminiert.

Nun wird interessanterweise van der Straaten mit seinem in der Tat alles andere als reinen Geschmack zwar in ein komisches Licht gerückt, jedoch keineswegs diskriminiert. Der Erzähler sympathisiert deutlich mit seiner Attacke auf Wagner-Musik und Wagner-Schwärmerei. Dieser Angriff entspricht nicht nur van der Straatens Taxierung der Malerei als »höhere Rangstufe« (129), d. h. konträr zur bürgerlichen Hierarchie der Künste, an deren Spitze die ›reine‹ Musik steht[17], sondern stellt

17 Bourdieu: Die feinen Unterschiede, S. 41 ff.

auch eine scharfsichtige »Vulgärkritik« (Bourdieu) dar: »Oder wollt ihr mir das alles als himmlischen Zauber kredenzen? Ich sag euch, fauler Zauber.« (139) Dieser ungewöhnliche Börsianer durchschaut das Bayreuther Spektakel, das – wie Fontane in Vorwegnahme von Bourdieus Diagnose schrieb – »doch nur für Lords und Bankiers inszeniert« sei.[18] Van der Straaten, der bei seinem Hang zu »Größen-Niedermetzelung und Generalnivellierung« sonst die eigene Person gern ausgenommen sieht (III 135), gelangt hier mit seinem liberalen Appell, zwischen Murillo- und Wagner-Zauber »wenigstens keinen Unterschied« zu machen (139), über seinen sozialen Status und das dazugehörige Distinktionsstreben souverän hinaus. Er erweist sich als eine »selbständige Natur« – so bezeichnet ihn der Erzähler im Schlußkapitel des Romans ausdrücklich: »Er hatte sich selbst zu skeptisch und unerbittlich durchforscht, als daß er über die Wandlungen in dem Geschmacke der Gesellschaft, über ihr Götzen-Schaffen und Götzen-Stürzen auch nur einen Augenblick erstaunt gewesen wäre.« (248)

Im folgenden analysiere ich in Form von zwei weiteren Beispielen die Inszenierung gesellschaftlich feiner Unterschiede, d. h. von Unterschieden an gesellschaftlicher ›Feinheit‹, durch ein erzählerisches Verfahren, das – wie im Fall des eben analysierten Namengesprächs – mit feinsten, mit minimalen sprachlichen und erzählerischen Mitteln arbeitet. Bei dem ersten Beispiel geht es erneut, wie bei ›Rube*h*n‹, um einen einzigen Buchstaben, der diesmal aber nur ein Geräusch bezeichnet: »rr«. Es geht zugleich um ein ähnliches gesellschaftliches Problemfeld. Bei dem zweiten handelt es sich um ein einziges Wort, sogar nur um ein Beiwort, welches das Hauptwort mit einem Vorbehalt versieht: »*sogenanntes* Matschwetter«. Dabei soll keineswegs textanalytische Mikrologie um ihrer selbst willen betrieben, vielmehr gezeigt werden, daß die Analyse des einzelnen Textelements jeweils ins Zentrum des ganzen

18 Brief an Emilie Fontane v. 27.7.1889; Hanser-Ausgabe, Abt. IV: Briefe, Bd. 3, S. 706.

Textes und seiner Botschaft führt. Es sind zwei weitere Versuche in hermeneutischer *Minimal art.*

Die Geschichte eines Räusperns

Den ebenso feinen wie folgenreichen Unterschied kann – wie bei ›Rubehn‹ – ein einziger Buchstabe oder Laut markieren oder sogar nur ein Geräusch, das überhaupt kein sprachliches Zeichen ist: z. B. Schneuzen, Schnarchen, Husten, Räuspern usw. Solche und andere Körpergeräusche sind zwar nicht im Sprachsystem kodiert, aber dennoch sind sie nicht jenseits der Semiotik. Manche von ihnen, die mehr oder weniger willkürlich hervorgebracht und unterdrückt werden können, haben direkt etwas mit dem Prozeß der Zivilisation, der sozialen Disziplinierung und Selbstdisziplinierung des Individuums, zu tun und also auch mit den feinen Unterschieden des Umgangs, Anstands und Geschmacks. Sie gelten in verschiedenem Grad als häßlich, unfein, unanständig oder vulgär. Räuspern kann jedoch auch, wie Stimmton, Mimik und Gestik, als paralinguistisches Zeichen Verwendung finden, z. B. als Signal einer Bitte um Aufmerksamkeit oder eines Einspruchswunsches. Doch selbst wenn sich jemand ganz unwillkürlich räuspert, muß das nicht bedeutungslos sein: Wer das hört, kann es als Symptom verstehen, z. B. von Heiserkeit oder Verlegenheit. Und wenn solch ein Räuspern von einer *Romanfigur* ausgeht, also kein wirkliches, hörbares Geräusch, sondern ein literarisches Textelement ist, vermag der Leser es gegebenenfalls als ein komplexes symbolisches Zeichen zu entschlüsseln, das außer der primären eine oder sogar mehrere sekundäre Bedeutungen haben kann.

Nur aufgrund dieser Möglichkeit der sekundären Semantisierung eines asemantischen Geräusches, wie es das Symptomverhalten des Räusperns darstellt, war Fontane in der Lage, eine ganze Erzählung zu entwerfen, deren zentrales Motiv das Räuspern und deren Hauptfigur ein Räusperer ist. Der Titel dieses Novellenentwurfs ist darum denkbar kurz ausgefallen: er besteht aus einem bloßen r, allerdings verdoppelt: *rr.* Dadurch wird angezeigt, daß es sich hier nicht um eine Abkürzung handelt, etwa eines Namens, sondern um lautmalende Fixierung des Räuspergeräusches. Ein erweiterter allegorischer Titel, den der Autor erwogen hat, gibt die Richtung an, in der man die Handlung um solch ein merkwürdiges Motiv zu suchen hat: *»Rr« oder Gefährdet Glück.*[19] Das Glück, dessen Gefährdung in dieser Erzählung um ein junges Ehepaar dargestellt werden sollte, ist das Eheglück. Dieses, ja beinahe sogar die Ehe selbst, wird tatsächlich durch Räuspern gefährdet, aber nicht nur dadurch. Hinter dem häßlichen Symptom verbirgt sich noch anderes.

Dr. Hugo Berner, Industriellensohn und Physiker, lebt seit einigen Jahren mit Sophie von Schlichtekrull, Tochter eines Generals, in, wie es scheint, glücklicher, jedoch kinderloser Ehe in einer sehr vornehmen Villa in Berlin. Wie sein Namensvetter in *Mathilde Möhring* zieht sich auch dieser Hugo auf einem Winterausflug eine Lungenentzündung zu, doch in Unterschied zu jenem stirbt er nicht daran, sondern leidet fortan nur an einem »kleinen Reiz im Halse«. Dieser verursacht oft »ein kleines kurzes Räuspern; ›rr‹ oder mitunter war es noch weniger und blos ein kurz ausgestoßenes ›hm‹« (481). Das macht seine Frau nervös, und es ergeben sich daraus eheliche Gespräche, die zunehmend gereizter werden:

> »Du räusperst so, Hugo«. »Ja; es ist wohl etwas kalt hier.« »Dann geh aber doch hinein.« »Nein; ich will mich abhärten; diese Empfindlichkeit in den Schleimhäuten muß wieder fort.«
> »In den Schleimhäuten?« »Ja«. »Es ist ein recht häßliches Wort.« »Ja; ich

19 Hans Werner Seiffert: Zwei handschriftliche Entwürfe Theodor Fontanes. In: Fontanes Realismus, hg. v. H.-E. Teitge u. J. Schobeß, Berlin 1972, S. 65-86; Der von Seiffert zuerst veröffentlichte Text ist abgedruckt in der Hanser-Fontane-Ausgabe, Abteilung I, Bd. 7, München ^{2}1984, S. 477-489, 756-760. – Auf diesen Band beziehen sich die im folgenden in Klammern eingefügten Seitenzahlen, denen nötigenfalls die Abkürzung H vorangestellt ist.

will es nicht schön finden. Aber man hat kein anderes; Schnupfen oder gar Stockschnupfen ist auch kein schönes Wort aber wie willst du's anders ausdrücken?« »Ich meine, man braucht dergleichen gar nicht zu nennen.« »Das ist Überfeinerung; und ist auch nicht durchzuführen; zuletzt muß man doch mal mit der Sprache heraus.« »Ja, zuletzt, aber was heißt zuletzt?« »Zuletzt heißt, wenn's ernst wird, wenns immer weh tut, wenn man nicht mehr anders kann.«
Sie schwiegen eine Weile. Dann sagte sie: »Weißt du, Hugo, die Engländer so Gewisses hat mir Mrs. Chupperworth erzählt, gehen davon aus man könne alles unterdrücken, und wenn man es nicht mehr könne . . .[«]
[»] Ach, das ist solch englischer Unsinn. Das ist alles Unnatur aufgesteift. Ich bin auch für Anstand und gute Sitte und werde die gesellschaftliche Rüpelhaftigkeit . . .[«]
»Aber wie du immer sprichst . . .«
»Rede der gesellschaftlichen Rüpelhaftigkeit nicht das Wort, aber Natur bleibt Natur, und wenn ich hier ein Kitzel kriege . . .«
[»] Aber ich bitte dich . . .[«]
[»] Wenn ich mein Kitzel kriege und husten muß, nun, dann muß ich husten, da hilft nichts.[«]
[»] Ja husten ginge vielleicht noch. Wiewohl ich dir bekenne, husten ist auch schrecklich. Aber dies kurze ›hm‹ und ›rr‹ du hast es dir seit einiger Zeit angewöhnt und es schien mir doch Zeit mit dir darüber zu sprechen.« (481 f.)

Sophie leidet unter Hugos Räuspern, dessen Nichtunterdrükken sie als einen Mangel an Liebe ansieht, und wird immer unglücklicher, gereizter und aggressiver. Denn ihr Mann unternimmt nichts gegen seine Halsstörung, er lutscht nicht die verordneten Pastillen, und er geht nicht zur Kur nach Bad Ems. Erst als Sophie durchsetzt, daß sie getrennt schlafen, entschließt sich Hugo, etwas Unerwartetes zu tun: »Ems habe ich versäumt. Ich will nun an die Riviera. Da will ich bleiben, bis ich es los bin und wenn das nicht erquickt, ja Sophie, dann weiß ich nicht.« (487)

In Italien geht es ihm gut, doch das Leiden hält sich, ihr aber geht es daheim nicht gut. Sie fühlt sich einsam und langweilt sich und zieht darum in die Wohnung ihres Vaters. Dort kommt sie vom Regen in die Traufe. Denn nun spricht »die Berliner Nacht ihre Sprache zu ihr«: auf der Straße Dampfkesselrütteln und bimmelnde Bahnen, von zwei Bahnhöfen Lokomotivenpfiffe. In der Wand hört sie Rauschen und Gurgeln in den Wasserleitungen, und von jenseits der dünnen Wand – denn dort schläft der Papa – dringt »eine Fülle der Geräusche« an ihr gequältes Ohr. Um vier Uhr früh picken die Spatzen aufs Zinkblech des Fensterbretts (488). Und morgens beim Frühstück – so eine Entwurfsvariante – spielt der General mit seiner Streichholzdose: »knaps knips, ging es in einem fort«, eine Viertelstunde lang; »daneben ist rr Musik«, meint die total zermürbte Sophie (759 f.). So bittet sie in einem reumütig-sehnsuchtsvollen Brief ihren Hugo um Aussöhnung und eheliche Wiedervereinigung in Lugano: »und wenn du mir einen Kuß giebst, werde ich wohl das ›rr‹ nicht mehr hören« (489).

So weit zunächst die Handlung der *Rr*-Novelle. Danach nimmt sich diese aus wie die humoristische Geschichte einer leichten Ehekrise mit guter Aussicht auf glücklichen Ausgang. Zwar wird gesprächsweise das Thema Ehescheidung ominös angeschlagen: »Ja, was ist der Grund? Man weiß es nicht recht. Einige sagen dies, andere sagen das, alles Kleinigkeiten.« (481) Und die Ehekrisengespräche enthalten bei aller Ironie (»Witwen leben auch . . .« 486) Hinweise auf ernste Verstimmung und auf Unglücklichsein über »mangelnde Liebe« (485). Aber diese Krise beruht nicht, wie in anderen Eheerzählungen Fontanes, auf außerehelichen Liebesaffären, sondern auf »Kleinigkeiten«, wie es scheint, auf den typischen allzumenschlich-banalen Reibereien eines Ehealltags. Statt einer tragischen Wendung nach der Formel »heute Flocke, morgen Lawine« (481) nimmt die Krise einen komischen Verlauf, wie sie einen komischen Anlaß hat.

Doch der Schein des bloß Komischen bei diesem Entwurf einer Räusperer-Novelle trügt. Hinter dem Scherzhaften verbirgt sich durchaus Ernstes, der harmlose, lächerliche Konflikt*anlaß* verweist auf tieferliegende Konflikt*ursachen*. Diese treten jedoch, gezielt oder nur aufgrund der skizzenhaften Offenheit und Plastizität des Erzählmaterials, dadurch in den Hintergrund, daß sich der Schwerpunkt der Darstellung von der

Leidensgeschichte des Räusperers Hugo zu derjenigen seiner Frau Sophie zu verschieben scheint: Diese wird von ihrem unduldsam-überempfindlichen Verhalten einfach dadurch ›geheilt‹, daß sie es bei ihrem Vater noch schlimmer antrifft. Das ist in humoristischer Abwandlung des Schemas Sünde – Strafe – Reue erzählt, so daß Versöhnung und Happy-End winken. Es fragt sich indessen, wozu solch eine leichthändig entworfene, episodenhafte Humoreske den in Fontanes Entwurf relativ aufwendig skizzierten Unterbau benötigen sollte, der deutlich einen gesellschaftlichen Gegensatz und Konflikt herausstellt.[20]

Welche Konfliktursachen sind es nun aber, die durch Schwerpunktverschiebung und Handlungsschema verdeckt werden? Um das zu beantworten, könnte man diese zentrale Leerstelle des Entwurfs mit Wissen über die literarische und psychologische Symptomatik weiblicher ›Nervosität‹ im 19. Jahrhundert füllen und z. B. ein generelles Ungenügen Sophies, der Zeitgenossin von Ibsens Nora, an ihrer Rolle als Ehefrau diagnostizieren, das sich in Gereiztheit gegenüber ihrem Mann ausdrücke. Doch eine so allgemein ansetzende Deutung würde dem konkreten Textmaterial nicht gerecht. Dieses weist eine Suche nach den eigentlichen Ursachen des Bernerschen Ehekonflikts unauffällig, aber deutlich in zwei verschiedene, jedoch ehepsychologisch miteinander eng verbundene Richtungen: in die Richtung der *erotischen* und in die der *gesellschaftlichen* Aspekte dieser Ehe.

Die weitgehende Aussparung der erotischen und sexuellen Seite des Ehelebens entspricht der bei Fontane üblichen Diskretion eines Erzählens in Andeutungen. Man muß die im Text verstreuten Indizien sammeln. Bereits die Anfangsszene – Sophie erwartet auf dem Balkon die Heimkehr ihres Mannes – stellt, lange vor dem Beginn der Räuspergeschichte, einen Mangel heraus: Bevor der sehr unpünktliche Hugo in einem »etwas dürftig« aussehenden Pferdebahnwagen um eine Stunde verspätet eintrifft, erscheinen zwei adlige Gardeoffiziere und

20 Seiffert: Entwürfe, S. 68.

grüßen huldigend zu der schlanken Dame im roten Kleid mit der wundervollen Taille und dem leuchtend blonden Haar hinauf (H 480) – eine zweifellos symbolische Anfangsszene. Ohne daß damit gleich ein »Schritt vom Wege« angedeutet sein müßte[21]: Das Gardemaß paßt besser zu Größe und Stand der Hausherrin als die etwas dürftige Physis des Physikers Hugo Berner, der zwar gutaussehend, aber kleingewachsen ist, kleiner jedenfalls als seine Frau, und offenbar nicht sehr robust, auch wenn er auf komische Weise darauf aus ist, sich abzuhärten. Daß die Kinderlosigkeit des Paars nur von Hugo, nicht von seiner Frau bedauert wird (H 483), darf gleichfalls symbolisch verstanden werden. Und wenn man mit Sigmund Freuds Brille symbolisch liest, könnte man auch die von Sophie anklagend ausgemalte Szene nächtlicher ›Unpünktlichkeit‹ Hugos, ihr nervenzerrendes Warten, wann es wohl kommt, das Räuspern, nicht nur als das traurige *Gegenteil* einer Szene *erfüllten* Liebeslebens lesen, sondern zugleich auch als *Analogon* zu einem – jedenfalls für die Frau – *unbefriedigenden*: »Aber wenn ich nun da liege und denk jetzt kommt es dann kommt es nicht und so vergeht eine Stunde und ich liege da und warte daß es kommt aber es kommt immer noch nicht.« (487)

Erscheinungsbild und Charakterzüge der Ehepartner sind recht verschieden: Hugos Mangel an einer stattlichen Männlichkeit steht Sophies ausgesprochen attraktive Weiblichkeit gegenüber, umgekehrt dem repressiven Fixiertsein der adligen Generalstochter auf Tugenden wie Pünktlichkeit, Anstand, Selbstdisziplin (möglichst »alles unterdrücken«) das liberale Eintreten des bürgerlichen Naturwissenschaftlers für Natur und Natürlichkeit und gegen »Überfeinerung« (482). Ebenso decken sich die Lebenssphären und Bedürfnisse des begabten Nachwuchsgelehrten und der verwöhnten Dame der Gesellschaft nur zum Teil. Nun müssen diese Gegensätze keineswegs eine Ehe gefährden, die im ganzen als glücklich und auf wechselseitiger Liebe beruhend skizziert ist. Der Schlußbrief So-

21 Ebd., S. 71.

phies, in dem sie von Sehnsucht, Kuß, Umarmung und sogar, Hugos Einstellung übernehmend, von Natur und Natürlichkeit spricht, zeigt, daß die emotionale und sexuelle Basis dieser Ehe keineswegs zerstört ist. Auch die erotischen Alternativen – hier die schmucken Gardeleutnants, dort die ›superieuren‹ italienischen Mädchen (488) – müssen sie nicht bedrohen. Es sei denn, es gibt einen Störfaktor von besonderer Art . . .

Sophie schätzt ihren Mann zwar als »Gelehrtennummer«, fühlt sich ihm »in Leben, Gesellschaft und Temperament aber doch überlegen« (478). Aus solchem Überlegenheitsgefühl mag ein permanentes Gefühl des Ungenügens am Partner erwachsen, und *weibliche* Überlegenheit ist nach herkömmlich patriarchalischer Geschlechterpsychologie, der Fontane hier wie anderswo unkritisch folgt, nicht ehedienlich. Doch davon abgesehen wird in der Reihung »Leben, Gesellschaft und Temperament« ein Faktor in die Mitte gerückt, der die zweite Richtung angibt, in der Quellen für den Bernerschen Ehekonflikt zu suchen wären: die gesellschaftliche. Wird eine – bloß potentielle – erotische Quelle hinter diskreten Andeutungen, so wird die – faktisch vorhandene – gesellschaftliche Quelle paradoxerweise dadurch versteckt, daß ihr Umfeld in der Art des Fontaneschen Gesellschaftsromans recht breit ausgemalt wird. Welches aber ist diese Konfliktquelle?

Es kann nicht das soziale Gefälle zwischen Adel und Bürgertum als solches sein oder – mit Friedrich Fontanes Worten – der »Kontrast zwischen militärisch-adliger Erziehung und wohlhabender Gelehrtenwelt«.[22] Dieser Kontrast ist in Fontanes Skizze wie in der Sozialgeschichte des Deutschen Kaiserreichs keineswegs mehr ein unüberwindlicher Konflikt. Die soziogene eheliche Konfliktquelle kann auch nicht allein in einem adlig-bürgerlichen Habitus-Unterschied liegen, denn das Defizit an Feinheit, das Sophie ihrem Mann vorhält, versteht sie moralisch und nicht sozial. Und das tut auch der Erzähler, indem er die Geschichte – wenigstens an der Oberfläche – so

22 Ebd., S. 67.

modelliert, daß ein *Ausgleich* zwischen »Anstand« und »Natürlichkeit« möglich und erstrebenswert scheint. Die Quelle von Sophies Gefühl der Überlegenheit und zugleich eines permanenten Ungenügens ist vielmehr etwas, das in keiner Weise überwunden oder ausgeglichen werden kann und das darum verschwiegen und verdrängt werden muß: das Stigma der jüdischen Herkunft Hugo Berners.

Betrachtet man das Figureninventar des Entwurfs, so findet man zwei für die humoristische Ehegeschichte völlig überflüssige Figuren: den Bruder und die Tante von Sophie. Wozu braucht der Erzähler sie? Astolf von Schlichtekrull steht als »Judenfreund«, der er ist, »ewig in einem scherzhaften Krieg« mit der Tante, denn die ist stockkonservativ, Anhängerin des Hofpredigers Adolf Stoecker mit seiner Christlich-Sozialen Partei und dazu passend auch »Antisemitin« (H 478). Durch gezielte Nennung historischer Personen in Zusammenhang mit der Vorstellung Dr. Berners und seines Schwiegervaters v. Schlichtekrull symbolisiert Fontane neben dem politisch-sozialen auch die Diskursfelder von Kunst und Wissenschaft. Daß der General die Aphorismen des Historienmalers Otto Knille schätzt, die Fontane nicht schätzte, vielmehr in die Nähe des völkischen Denkers Julius Langbehn rückte[23], ist ebenso bezeichnend wie Berners fortschrittlich-liberales Bekenntnis zu Helmholtz als Leitfigur des Zeitalters statt zu Bismarck oder Darwin (H 477 f.). In Zusammenhang mit Schlichtekrulls Interesse für »Pfahlbauwesen« und »Schädelausmessungen« wird auch Rudolf Virchow genannt, den der General persönlich kennt (478). Auf diese Weise wird der verwickelte diskursive Hintergrund noch feiner differenziert: Virchow, ehemaliger Achtundvierziger und Linksliberaler, bekämpfte später, immer konservativer werdend, Darwin, weil seine Abstammungslehre – um es mit Gundermann zu sagen – Wasser auf die Mühlen der Sozialdemokratie sei. Er selbst hatte gleichfalls prähistorische Studien getrieben, u. a. über Hünengräber und Pfahlbauten,

23 Ebd., S. 73.

und in die lebhafte Debatte mit der These eingegriffen, die Pfahlbauern der Steinzeit seien Kurzköpfe, die der Bronzezeit Langköpfe gewesen. Während die Antisemiten, die auch gegen Virchow und Helmholtz polemisierten, das auf Darwin zurückgehende Schlagwort vom Kampf ums Dasein politisch gegen die »Fremdherrschaft des Judentums« gebrauchten, beteiligte sich Virchow 1880 am Protest gegen die Antisemitenpetition.

Indirekt wird durch die Nennung historischer Personen ein Diskursfeld umrissen, auf dem mehr und mehr die ›Judenfrage‹, d. h. die zeitgenössischen Auseinandersetzungen um jüdische Assimilation und Antisemitismus, eine Rolle spielte. Direkt wird dieses Thema über die Figuren der judenfeindlichen Tante und des judenfreundlichen Bruders in den Text hineingezogen. Damit ist der soziale Konfliktherd skizziert, den Berners Herkunft in sich birgt. Auffälligerweise fehlen zwei andere Personen: Die Eltern Berners läßt der Autor »vor Kurzem gestorben« sein (477), und auch sonst tritt niemand aus seiner Familie auf. Dadurch, daß diese fehlt, kann Berners jüdische Herkunft erzählerisch ›versteckt‹ bleiben. Weil es um die Wirkungsweise eines *unsichtbaren* Stigmas geht, wird diese Herkunft im Text zwar eindeutig, aber nur unauffällig und indirekt markiert.

Die antisemitische Tante drückt ihren gesellschaftlichen Vorbehalt gegenüber Berner ebenso eindeutig wie unbestimmt aus: Hugo, den sie »persönlich sehr gern hat«, ist zwar ein »perfekter Gentleman. Aber das ist mir nicht genug. Es fehlt doch immer noch was.« (479) Was dem reichen, gutaussehenden, eleganten, liebenswürdigen, als Wissenschaftler vielversprechenden Dr. Hugo Berner »immer noch« fehlt und immer fehlen wird, ist eben eine ›christlich-germanische‹ Herkunft. Es gibt nur eine einzige Textstelle, die das beweist, während andere es indirekt stützen. So stellt Sophie in ihrem Brief ihrem Mann »Dr. Brahm« als Reisegesellschaft in Lugano in Aussicht (489), also den mit Fontane befreundeten Theatermann, der jüdischer Herkunft und überdies, wie Hugo, ganz unmilitärisch kleinwüchsig war, worüber sich Fontane gelegentlich lustig machte; in seinen Briefen nennt er ihn wiederholt den »kleinen Brahm«

oder den »kleinen Doktor«. Der kleine Dr. Brahm und der kleine Dr. Berner – die passen zusammen, obwohl der eine Germanist, der andere Physiker ist: Sie sind Juden. Brahm, der in Lugano Urlaub zu machen pflegte, ist offenbar ein Bekannter der Familie Berner; Astolf wird ja nicht nur als Judenfreund, sondern auch als »Theatermensch« bezeichnet (479). Mit der »Geschichte von dem Fräulein v. Schobelski«, die Sophie sich von Brahm in Lugano erzählen lassen will (489), wird gewiß auf die öffentliche Auseinandersetzung zwischen dem Schriftsteller Paul Lindau und seiner Geliebten, der Schauspielerin Else von Schabelsky angespielt, einen Streit, in den neben vielen anderen auch Otto Brahm hineingezogen wurde.[24]

An der einzigen Textstelle, die Berners Herkunft eindeutig festlegt, geschieht das gleichwohl auffällig beiläufig und ironisch gebrochen. Sie findet sich in dem schon teilweise zitierten ersten Gespräch zwischen Sophie und Hugo über sein Räuspern. Als Sophie ihm vorhält, auch der Tante sei dieses häßliche Räuspern aufgefallen, antwortet er:

> »Ach nun komm mir auch noch mit der Tante. Die wird mir noch beweisen das käme vom Judentum oder sei unaristokratisch. Ich sage dir ich habe Aristokraten Leute vom ältesten Adel husten hören, daß man von phänomenal sprechen könnte . . .« (H 482)

Die sozialpsychologische Quelle des Bernerschen Ehekonflikts wird hier versteckt, indem sie benannt wird, nämlich dadurch, daß Hugo sie als mögliche Erklärung für sein Räuspern in ihrer Absurdität lächerlich macht. Allein, sein Räuspern kommt zwar nicht vom Judentum, sondern von einer Lungenentzündung, aber wohl läßt sich denken, daß Sophie unbewußt ihr Unbehagen an der gewußten und permanent verdrängten jüdischen Herkunft ihres Mannes auf das Unbehagen an seinem Räuspern *verschiebt*. Eine solche Verschiebung kann dadurch motiviert sein, daß Sophie das Räuspern als unterdrückbare Unfeinheit, Hugo dagegen als nicht unterdrückbare Natur

24 Vgl. Hanser-Ausgabe, Abt. IV: Briefe, Bd. 5/2: Kommentar, München 1994, S. 719, 722; sowie FBl 39 (1985), S. 28.

auffaßt. Beides vermengt, ergibt ein typisches antisemitisches Vorurteil: Juden sind von Natur unfein und können durch noch so viel Eleganz, Anstand und gute Sitte ihre »gesellschaftliche Rüpelhaftigkeit« nicht ganz verbergen – selbst und gerade dann nicht, wenn sie einen so unfeinen Ausdruck nur in den Mund nehmen, um sich von dem, was er bezeichnet, zu distanzieren (482). Fontane selbst hat zwar in seinem Aufsatzentwurf über Adel und Judentum in der Berliner Gesellschaft von 1879 gerade die Juden vielfach als »Träger feiner Bildung und Sitte« herausgestellt, aber schon damals nicht ganz ohne Vorbehalt (»vielfach nicht«).[25] Wenn er 1898 so weit war, dem ganzen Volk der Juden etwas »dünkelhaft Niedriges« zuzuschreiben[26], dann wird er in der Zwischenzeit ähnlich wie Victor Hehn gedacht haben, bei dem er las, überall blicke bei den Juden doch »für das schärfere Auge ein Grund von Unfeinheit durch«.[27] Wie dem auch sei – Fontane hat seinem Novellenentwurf dieses antisemitische Vorurteil *objektivierend* eingeschrieben, d. h. so, daß nicht die jüdische Figur bloßgestellt wird, vielmehr diejenigen, die an ihr Ärgernis nehmen.

Ein Mechanismus der Verschiebung läßt sich auch in dem Gespräch zwischen Hugo und seiner antisemitischen Tante über den Ehezwist beobachten, einem Gespräch, dessen feine Konfliktlinien unmerklich Tante und Nichte zu *einer* Partei gegen Berner verbinden (H 483 f.). Es geht zuerst um die Kinderlosigkeit des Paars, wobei Hugo der adligen Tante wie seiner Frau die Meinung unterstellt: »Ob die Berners aussterben, ist gleichgültig.« Es geht sodann, anläßlich der Konfrontation von Hugos Mangel an Robustheit mit der Ausdauer eines Herrn von Schneevogel, um Hugos Nichtzugehörigkeit zum Adel, um das »von«, das ihn aber, wie er sagt, »auch nicht

---

25 Jost Schillemeit: Berlin und die Berliner. Neuaufgefundene Fontane-Manuskripte. In: Jb. der dt. Schillerges. 30 (1986), S. 38 f.

26 Brief an Friedrich Paulsen v. 12. 5. 1898; Hanser-Ausgabe, Abt. IV: Briefe, Bd. 4, S. 714.

27 Victor Hehn: Briefe an seinen Freund Hermann Wichmann, Stuttgart 1890, S. 64.

glücklich machen« würde, was ihm ein protestierendes Pochen der Tante auf den Standesunterschied einträgt. Ihr betontes »wir« schließt Hugos Frau ein und grenzt ihn als Außenseiter aus. Es geht schließlich um Sophies Gereiztheit über Hugos Räuspern: »Wir streiten uns ja eigentlich um was ganz anders, wir streiten uns um ›hm‹ und ›rr‹«. Ob damit aber wirklich der ›eigentliche‹ Streitpunkt benannt ist, fragt sich sehr. Vielmehr lassen sich alle drei in dem Gespräch durchgenommenen Objekte: die Kinderlosigkeit, das fehlende Adelsprädikat und das »verdammte Gekartze«, so wenig sie an sich miteinander zu tun haben, als Ersatzobjekte für ein anderes, jedoch verschwiegenes Streitobjekt verstehen: die Nichtebenbürtigkeit Hugos aufgrund seiner jüdischen Herkunft.

Der Streit um »rr« ist also ein Symptomstreit. In ihm schwingt latent ein ganzes sozialpsychologisches Spannungsfeld mit. Dieses wird einmal auf bezeichnende Weise manifest, nämlich als Sophie Hugo vorhält: »Aber das sind so die Manieren aus eurer Geldsphäre, nur immer anschaffen.« (486) Wenn man berücksichtigt, wie sehr sich der Gelehrte und Gentleman Berner von solcher Sphäre abhebt, dann läßt diese Vorhaltung, die Sophie im Ärger herausrutscht, weniger auf ein antibourgeoises als auf ein antisemitisches Denkmuster schließen: Da die »Geldsphäre« – wie die Unfeinheit – zur ›Natur‹ der Juden gehört, können sie sie auch dann nicht ganz verleugnen, wenn sie in eine andere Sphäre wie die der Wissenschaft übertreten. So etwas ›weiß‹ eine geborene von Schlichtekrull, und ihr Mann weiß, daß sie das weiß. Vielleicht hat darum sein belustigtes Verbinden von Räusperei und Judentum auch einen bitter-sarkastischen Unterton. Muß er doch bei *allem*, was Sophie, ihrer Familie und ihrer Klasse an ihm nicht paßt, und sei es ein kleines körperliches Gebrechen, damit rechnen, womöglich das geflissentlich und gemeinsam verdrängte jüdische Stigma vorgehalten zu bekommen! Das dürfte ihn desto mehr quälen, je weniger er, wie in diesem Fall, mit der Sprache herauskann, um zu sagen, »wenns immer weh tut« (482). Und vielleicht hängt auch sein etwas lächerlicher Wunsch, sich zu beweisen, mit diesem versteckten Leiden daran zusammen, niemals ganz akzeptiert zu sein.

Nach dem Dargelegten geht es also in diesem Entwurf keineswegs nur um ironische Bloßstellung einer Nebenfigur, der antisemitischen Tante[28], die komischerweise ausgerechnet Rahel heißt. Die im Text sorgsam verteilten Indizien sprechen dafür, daß nicht nur die Tante, sondern auch ihre Nichte Probleme mit der jüdischen Herkunft Hugo Berners hat und daß darin eine Ursache der ehelichen Disharmonie besteht. Die Latenz dieser Ursache macht ihr Wirken desto unangenehmer. Der feine Unterschied ist hier so fein, daß er überhaupt nicht in Erscheinung tritt. Obwohl er nur im Kopf der Beteiligten besteht, bildet er einen permanent schwelenden zwischenmenschlichen Störungsherd.

Fontanes Entwurf, der Anfang der neunziger Jahre entstanden ist, wäre in Zusammenhang mit anderen Arbeiten des Autors zu betrachten, in denen adlig-jüdische Ehen thematisiert sind (*Die Poggenpuhls*, *Storch v. Adebar*). Er verdient dadurch besondere Beachtung, daß er von der antisemitischen Einstellung frei ist, die sich bei Fontane mit zunehmender Tendenz seit Beginn der achtziger Jahre feststellen läßt. Hugo Berner erscheint im ganzen als sehr sympathischer Mensch, sogar mehr als seine gleichfalls liebenswürdige Frau, die ja erst lernen muß, ihre repressive Feinheitsnorm zugunsten menschlicher »Natürlichkeit« zu relativieren. Auch ist seine Figur deutlich noch positiver angelegt als die beiden Figuren, von denen sie sowohl Gemeinsames als auch Unterschiedliches ›geerbt‹ hat: Ezechiel van der Straaten und Ebenezer Rubehn aus *L'Adultera*.

Der Entwurf führt auf literarisch subtile Weise das psychologisch subtile Wirken des sozialen Vorurteils vor, ironisiert es an der Figur der Tante und beschwört zu seinem möglichen Abbau die individualethischen Werte des Geltenlassens, der Selbstüberwindung und der reifen Liebe. Wieweit solche Werte bei dieser Art von Vorurteil helfen können, ist allerdings frag-

---

28 Seiffert: Entwürfe, S. 74.

lich. Doch im Gegenzug zu seinem humoristisch-harmonisierenden und optimistischen Oberflächendiskurs enthüllt dieses Erzählfragment auch das Tückische des rassistischen, antisemitischen Distinktionsmechanismus: Keinerlei Einsatz von sozialem oder kulturellem Kapital kann ihn abstellen. Dagegen kann ihn die geringfügigste Störung oder Abweichung in Gang setzen, und das endet dann nur ausnahmsweise oder nur in der Fiktion so glücklich wie die Geschichte vom jüdischen Räusperer Berner oder vom jüdischen Ehebrecher Rubehn – die geringfügigste Störung oder Abweichung: sei es ein häßliches Räuspern, sei es ein auffälliger Buchstabe: ein h wie in ›Rubehn‹, ein »J« in einem Paß.

Sogenanntes Matschwetter

Der Unterschied zwischen eigener und fremder Rede kann durch Anführungszeichen oder auch durch andere Signale markiert werden. So schrieb man seinerzeit die DDR in Gänsefüßchen oder sprach von der »sogenannten DDR«. Wenn der Erzähler von den Poggenpuhls sagt, sie hätten ihre Wohnung angeblich »um der sogenannten ›wundervollen Aussicht‹ willen gewählt«, dann benutzt er damit sogar beide Markierungsformen zugleich, denn die Aussicht hat in Wahrheit gar nichts Wundervolles (VII 313). In Fontanes erst postum veröffentlichtem Roman *Mathilde Möhring* teilt der Erzähler an einer Stelle mit, es sei »grade sogenanntes Matschwetter« gewesen (458). Das Distanzierungssignal in Form des Beiwortes wäre nun nicht weiter auffällig, denn das Wort ›Matschwetter‹, nach dem Grimmschen Wörterbuch Ausdruck für ein Wetter, das »den erdboden kotig macht«, gehörte im 19. Jahrhundert nicht zur Schrift- und Literatursprache, vielmehr zur regionalen Sprache in Norddeutschland, wo solches Wetter häufig vorkommt, und dort zur Umgangssprache der kleinen Leute. Feinere Leute vermieden tunlichst solch ein Wort, durch dessen Gebrauch man sich beschmutzte wie durch das, was es bezeichnet.

So gebraucht der Erzähler in *Mathilde Möhring* das Wort ›Matschwetter‹ auch nicht selbst, sondern er zitiert die Figuren, von denen er an dieser Stelle erzählt: Mutter und Tochter Möhring. Nicht zu seiner, sondern zu ihrer Sprache gehört dieses Wort. Sie sind in der Tat kleine Leute, die Mutter: eine arme Buchhalterwitwe, die dreiundzwanzigjährige Tochter Mathilde: gebildet, aber mittellos und zudem »ganz ohne Reiz« (421). So ergibt sich, zu Beginn des Romans, die Frage, ob und wie es dieser Mathilde wohl gelingen werde, einen Mann zu angeln, durch den sie sozial aufsteigen könnte.

So weit ist nichts auffällig an dieser Stelle. Wenn man aber weiß, daß der Erzähler Fontane, besonders in den späten Werken, keine Scheu, vielmehr geradezu eine Neigung hat, umgangssprachliche und als sozial niedrig eingestufte Ausdrücke der Sprache seiner Figuren wie ›Matschwetter‹ oder ›Modder‹ (494), ›patscheln‹ (431), ›weimern‹ oder ›simpern‹ gelegentlich auch selber zu benutzen, dann fragt es sich, warum er das an dieser Stelle gerade nicht tut: Welche Funktion hat es, daß hier durch das Distanzierungssignal, durch den *sprachlich* feinen Unterschied ein Unterschied an *gesellschaftlicher* Feinheit hervorgehoben wird? Sieht man nun, um diese Frage zu beantworten, die Textstelle genauer an, dann stellt sich heraus, daß das, was hier durch das Erzählerverhalten an einem sprachlichen Ausdruck exemplarisch vorgeführt wird, zugleich als Verhalten der erzählten Figuren thematisiert und problematisiert wird: der gesellschaftliche Mechanismus der Distinktion, der Abgrenzung nach unten. Durch das winterliche Matschwetter kommt Mathilde bei dem von ihr zielstrebig betriebenen Heirats- und Aufstiegsprojekt in gewisse »Schwierigkeiten«: Denn gerade die Person, die von Möhrings nur um der Distinguiertheit willen eingestellt worden ist, die Zugehfrau Runtsch, wird durch das Matschwetter »in ihrer Erscheinung auf ein niedrigstes Maß« herabgedrückt:

> Für eine reine Schürze war zwar immer gesorgt, und den Kiepenhut, mit dem sie wie verwachsen war, mußte sie abnehmen, aber man kann nicht sagen, daß dies viel half, fast im Gegenteil, weil die Mannsstiefel,

die die Runtschen bei solchem Wetter trug, in einem beleidigenden Gegensatze zu der weißen Schürze standen. (458)

Es ist namentlich Mathildes künftiger Verlobter, der Jurastudent und Literaturliebhaber Hugo Großmann, der durch solchen Anblick der Runtschen beleidigt, ästhetisch und damit eben auch sozial abgestoßen wird. Denn der Mechanismus der Distinktion besteht ja darin, daß gesellschaftliche Abgrenzung ins Kulturelle und Ästhetische übersetzt, daß der *Klassen*unterschied als *Geschmacks*unterschied inszeniert wird. Das Matschwetter bringt die Runtschen auf ihre niedrigste Erscheinungsstufe, und das wiederholte Erscheinen dieser niedrigstehenden Person im Text von *Mathilde Möhring* weist unauffällig, aber exakt wie wenige andere Textelemente auf die zentrale Sinnebene des Romans hin, der wie viele frühere und doch anders ein Frauenroman ist. Dieser betreibt weder, wie es auf den ersten Blick aussehen könnte, eine misogyne Diffamierung noch, wie eine feministische Lektüre es erzwingen wollte, eine emanzipatorische Aufwertung des Mathilde-Typs, vielmehr folgt er der Intention, mit erzählerischen Mitteln den Mechanismus der Distinktion soziographisch zu beschreiben und ethisch zu kritisieren.[29]

Die Handlung besteht darin, daß das zielstrebige Bemühen der Berliner Kleinbürgerin Mathilde Möhring, durch Heirat und Ehe mit dem Juristen Hugo Großmann sozial aufzusteigen, zunächst Erfolg hat – Hugo wird Bürgermeister in einer ostpreußischen Kleinstadt –, dann aber durch Hugos unerwarteten Tod scheitert, so daß sich Mathilde in die Sphäre ihrer Herkunft zurückversetzt sieht, wo sie es jedoch mit ihrer Zielstrebigkeit nach einem Studium und glänzendem Examen schafft, eine erfolgreiche Lehrerin zu werden. In diesem Lebenslauf der Mathilde Möhring – oder richtiger: in der erzählerischen Präsentation dieses Lebenslaufs – spielt die Nebenfigur der Frau Runtsch eine bedeutsame Rolle, die von den

29 Günther Mahal: Fontanes *Mathilde Möhring*. In: Euphorion 69 (1975), S. 26 f.

Interpreten des Romans zuwenig oder gar nicht beachtet worden ist.[30] Es ergeben sich erste gesellschaftliche Kontakte der Möhrings mit ihrem neuen Mieter Großmann, er besorgt ihnen Theaterkarten, wenn auch nur für den zweiten Rang. Mathilde geniert sich aufgrund der bürgerlichen Maxime, daß Hausfrauenarbeit möglichst unsichtbar bleiben müsse[31], von Großmann beim Saubermachen überrascht zu werden, und so stellt man, um dem Fetisch der Reputierlichkeit zu genügen, »die Runtschen« ein (VII 443).[32] Leider ist diese von abstoßend armseliger Erscheinung – mit »Kiepenhut« und schwarzer Augenklappe – und muß darum etwas zurechtgemacht werden. Und kommen soll sie möglichst nur, wenn der Mieter sie »nich zu sehn kriegt«, denn dieser empfindliche Ästhet hat Mathilde »mal gesagt, er graule sich vor der Runtschen« (449).

Nachdem die Klippe des Matschwetters, das die Runtschen auf ein »niedrigstes Maß« herabdrückt, glücklich umrundet ist, kann Verlobung gefeiert werden. Nach der »anständig« verlaufenen Feier wirft die alte Mutter Möhring, die in bezug auf ihre Taprigkeit keinen »Unterschied« zwischen der Runtschen und sich selbst sieht, ihrer Tochter vor, sie hätten die alte Frau gekränkt, indem sie draußen sitzen mußte, weil sie sie vorne nicht mehr hätten sehen wollen. Sie hält der Maxime Mathildes: »Und man muß sich nicht zu klein machen, dann machen einen die Leute immer noch kleiner« die Maxime entgegen: »man soll sich auch nich zu groß machen«, denn »Hochmut kommt vorm Fall«; Mathildes Verhalten gegenüber der Runtschen verrate ein »hartes Herz« und grenze an Grausamkeit (470 f.). Der rück-

30 Müller-Seidel z. B. erwähnt in seinem Kapitel über *Mathilde Möhring* (Theodor Fontane, S. 319-331) zwar Raabe, Heinrich und Thomas Mann, Musil, Benn und andere Autoren, Frau Runtsch jedoch mit keinem Wort.

31 Sibylle Meyer: Das Theater mit der Hausarbeit. Bürgerliche Repräsentation in der Familie der wilhelminischen Zeit, Frankfurt/M. 1982, S. 83.

32 Rainer Kolk: Beschädigte Individualität. Untersuchungen zu den Romanen Theodor Fontanes, Heidelberg 1986, S. 81 f.

sichtslosen Aufsteigermentalität ihrer Tochter stellt die Mutter mahnend und – ohne es zu wissen – vorausdeutend eine Ethik fürsorglicher Mitmenschlichkeit gegenüber. Aber Mathilde schlägt diese Mahnung in den Wind.

Was die Runtschen betrifft, so bringt Mathilde es sogar auf ihre Weise fertig, deren Erscheinung Gutes für ihre großen Pläne mit Hugo Großmann abzugewinnen. Denn der äußerlich stattliche Hugo ist leider recht antriebsschwach. Mathilde muß ihn zum Lernen fürs Examen regelrecht »trainieren« (465). Sein Herz hat »keinen rechten Schlag«, bloß wie »'ne Taschenuhr« (471). So dient die Runtschen nicht nur als *Indikator* für Hugos Charakter, seinen Sinn für das Ästhetische, für »Finessen« (479) und damit für das Höhere, sondern auch als *Stimulans* für ebendiesen ästhetischen Sinn, wenn auch auf negative Weise:

> »Und das einzige Gute ist, und deshalb is das so wichtig mit der Runtschen, wenn er was Häßliches sieht, dann schlägt es besser [nämlich Hugos schwaches Herz; N. M.], und dann hat er ein starkes menschliches Gefühl und beinah männlich, und ein so guter Mensch er ist, das Liebste an ihm ist mir doch, daß er immer einen so furchtbaren Schreck kriegt, wenn er den Runtsch[sch]en Kiepenhut sieht und all das andre.« (471)

Daß Hugo »so gegen die Runtschen is«, das nennt Mathilde geradezu ihren »Hoffnungsanker« (472), den sie auch später noch auswirft. Als Hugo, nunmehr Bürgermeister in Woldenstein, Mathildes Mutter zum Weihnachtsfest einzuladen vorschlägt, kann die Bürgermeistersgattin, die Angst hat, ihre kleinbürgerliche Berliner Mutter werde unter den Provinzstadt-Honoratioren eine schlechte Figur machen, ihren Mann leicht von diesem Vorschlag abbringen, allein dadurch daß sie die Runtschen erwähnt, mit der wohlberechneten Folge, daß dem schreckhaften Hugo schon »bei dem bloßen Namen der alte Schrecken« wiederkommt (500). Ironischerweise stellt kurz darauf dann ausgerechnet die Runtschen die zutreffende Ferndiagnose, daß Hugos Lungenentzündung ihn das Leben kosten werde: »Glauben Sie mir, Frau Möhring, es sitzt ihm hier.« (508)

Nachdem durch Hugos Tod Mathildes gesellschaftlicher Hochmut zu Fall gekommen ist und sie sich statt groß wieder klein machen muß, vollzieht sich eine innere Wandlung bei ihr. Diese wird durch zwei erneute Bezugnahmen auf die Runtschen angezeigt: Das erste Mal gilt Mathildes neue Fürsorglichkeit ihrer alten Mutter und deren Angst vor sozialem Abstieg; sie versichert ihr, daß sie auch zukünftig »nicht ins Spital kommen und nicht wie die alte Runtschen rein machen und einholen« gehen müsse (511). Das zweite Mal setzt sich Mathilde sogar für die Runtschen selbst ein: Sie sitzt mit ihrer Mutter wieder in der alten Berliner Wohnstube beim Kaffee. Als die alte Möhring zu rechnen anfängt, was für Unkosten Krankheit und Tod des armen Hugo gemacht hätten, da ist ihr das doch zuviel, so nüchtern sie selber ist: »Mutter, bringe der Runtschen den Kaffee raus, sie wird wohl noch nichts Warmes genossen haben. Die Runtschen is wirklich arm.« (515) Und auf der Linie dieser Regung faßt Mathilde einen guten Vorsatz: »Rechnen werd ich wohl immer, das steckt mal drin, aber nicht zu scharf, und will hülfreich sein und für die Runtschen sorgen.« (516)

An diesem etwas erbaulich klingenden Vorsatz zu mehr Mitmenschlichkeit merkt man die Absicht des Autors überdeutlich. So wie Mathilde vor ihrem Fall und der darauf folgenden inneren Wandlung die Runtschen braucht, um ihre soziale Distinktion und ihren Aufstieg zu inszenieren, so braucht der Erzähler die Runtschen, um dieses Verhaltensmuster sozialdiagnostisch zu analysieren und moralisch zu kritisieren und um diese beiden Intentionen im Medium erzählerischer Komik zu verbinden. Wie die Anstellung der unreputierlichen Person um der Reputation willen tritt der ganze Fetischismus der Reputationssucht, der verbissenen Abgrenzung nach unten, von den »kleinen Leuten«, samt ihrem Mißlingen in ein komisches Licht. Als Kehrseite des kleinbürgerlichen Drangs nach oben wird kleinbürgerliche Angst vor Deklassierung sichtbar; bloß nicht auf die soziale Stufe der Runtschen hinabsinken! (511) Fontane legte Wert darauf, daß dem Leser »Möhrings Vermögensverhältnisse bis zuletzt immer nur einen unsichren Eindruck machen müssen« (626).

Die epische Diagnostik Fontanes richtet sich indessen nicht nur auf *eine* Kleinbürgerin oder auf *das* Kleinbürgertum, sondern auf den Mechanismus der Distinktion als solchen. Die verschiedenen Distinktionspraktiken: das taxierende Denken, der restlose Einsatz der geringen materiellen und immateriellen Ressourcen für Reputation, Sozialstatus und Aufstieg – all das wird an der Titelfigur erzählerisch demonstriert. Das Rechnen verbindet Mutter und Tochter Möhring, wenn auch mit dem Unterschied, daß jene immer berechnet, was es kostet, und diese immer den Vorteil ausrechnet (516). Man wohnt symbolischerweise im Haus eines Rechnungsrats, und zwar vier Treppen hoch, doch Möhrings rechnen lieber anders: Wenn man Rechnungsrat Schultzes Wohnung nicht, wie auf dessen Karte angegeben, als ersten Stock, sondern als Hochparterre zählt, wohnen sie selber anstatt vier nur drei Treppen hoch, und das ist, nach der gesellschaftlichen Taxonomie des Wohnens, eine Etage vornehmer. »Aber je höhere Treppen man steigt« – so heißt es in dem Fragment *Die Drei-Treppen-hoch-Leute* –, »desto mehr kommt man auf der Rangleiter nach unten« (H 489). Der Erzähler fügt in *Mathilde Möhring* erläuternd hinzu, daß die abweichende Etagenzählung »neben der gesellschaftlichen auch eine gewisse praktische Bedeutung für sie hatte« (VII 419). Was soll das heißen? Die praktische Bedeutung könnte ja nur in weniger Treppensteigen bestehen, aber hier bleibt die Zahl der Stufen ja gleich, egal ob man sein Stockwerk als das dritte oder vierte zählt. Der Erzählerkommentar bietet also nichts als eine komische Verschleierung und zugleich Entlarvung des Möhringschen Distinktionsstrebens.

Für Mathilde wird alles, was sie hat und bekommt, was sie tut und was sie sagt, zum Mittel für den Aufstieg. Sie hat, wie der Erzähler geradezu grausam genau beschreibt, an Schönheit fast nichts zu bieten und entsprechend geringe »Chancen auf Liebe«. Allein ihr Profil kann Profit auf dem Heiratsmarkt abwerfen, denn jemand hat es mal als »Gemmengesicht« bezeichnet –

von diesem Wort »lebte sie seitdem« (421 f.). Materiell ohne Mittel und Mitgift, hat Mathilde aufgrund ihres Schulbesuchs vor allem das kulturelle Kapital der Bildung und versucht es einzusetzen. Doch auf viel mehr als die Kenntnis von Schillers *Räubern* und *Jungfrau* und eine Ablehnung von Ibsens *Gespenstern* als »greuliches Stück« (478) läuft diese Bildung nicht hinaus. An einer Stelle spießt der Erzähler humoristisch auf, wie Mathilde einen ebenso fragwürdigen wie eindrucksvoll klingenden Gemeinplatz des Kunstdiskurses zugunsten ihres Gemmenprofils zu verwenden weiß und wie die hochnäsigen Schultzes das relativieren, nicht ohne sich dabei ihrerseits bloßzustellen:

> Sie hatte deshalb [wegen ihres Profils; N. M.] auch den gebildeten Satz akzeptiert und operierte gern damit: »In der Kunst entscheidet die Reinheit der Linie.« Rechnungsrat Schultze hatte sich anfangs durch diesen Satz blenden lassen. Als er ihn aber nochmals gehört hatte, merkte er die Absicht und wurde verstimmt und sagte zu seiner Frau: »Ich bin mehr fürs Runde.« Das tat der Rechnungsrätin wohl, denn es war das einzige, was sie hatte. (422)

Auch ihre moralischen Qualitäten verplant Mathilde, die sich getreu der Mahnung ihres Vaters »propper« hält, was sie aber wie der Pastor moralisch und nicht wie Schultzes modisch versteht (420, 457). Tugend gehört durchaus zu ihrem Plan (447), jedoch wohldosiert und nicht im Übermaß, denn kleinlich und spießbürgerlich will sie auch nicht wirken. Allerdings ahnt sie nicht, worauf sie sich einläßt, als sie Hugos Wunsch zustimmt, sie möge ihm aus Zolas Roman *Die Sünde des Abbé Mouret* vorlesen (453).[33] Genau durchkalkuliert wird von Mathilde auch die Verwendung der rosafarbenen Ampel, die das Brautpaar für das eheliche Schlafzimmer geschenkt bekommt (490): Im neuen Bürgermeisterwohnsitz hängt sie die Ampel zunächst in den Hausflur, so daß man sie von draußen sehen (492) und den »Schick« der Berliner bewundern kann (495). Als Frau Bürgermeister dann die gesellschaftliche Anerkennung der Woldensteiner findet, hat die Ampel im Flur »ihre Schul-

33 Vgl. Kap. VI, S. 237.

digkeit getan« und kommt doch noch ins Schlafzimmer, denn Mathilde bequemt sich jetzt »zu einer gewissen Koketterie«, um »Frauenreiz« auf Hugo auszuüben. Statt rosa Glas soll es nun sogar – man »kriegt dann so rote Backen« – Rubinglas sein (500), welches auch schon Kaufmann Silberstein seiner Tochter Rebecca versprochen hat (496).

Auch wie Mathilde Möhring redet, wird von ihrem Distinktions- und Aufstiegsstreben bestimmt. Ihre ehrgeizig-anerkennungssüchtige Lobrede auf Bismarcks Redekunst ist ein Musterbeispiel kaiserzeitlich-bourgeoiser Phrase, wie sie auch Jenny Treibel nicht besser dreschen könnte:

> »Ja, Herr Landrat. Je mehr ich die kleinen Verhältnisse fühlte, die mich umgaben, je mehr empfand ich eine Sehnsucht der Auffrischung, die nur, ich will nicht sagen das Ideal, aber doch das Höhere geben kann. Ich darf sagen, daß die Reden des Fürsten erst das aus mir gemacht haben, was ich bin. Es ist so oft von Blut und Eisen gesprochen worden. Aber von seinen Reden möchte ich für mich persönlich sagen dürfen: Eisenquelle, Stahlbad. Ich fühlte mich immer wie erfrischt.« (502)

Hier ist die Präsentation von Mathildes Stimme ausgesprochen satirisch gefärbt. An anderen Stellen klingt sie einfach nur komisch, und zwar sowohl, wenn Mathilde zu gewählt spricht, als auch, wenn ihr die distinguierte Sprechweise nicht ganz gelingt; denn wie sie manchmal Wörter benutzt, die ihr – so jedenfalls fürchtet ihre Mutter – den Ruf verderben können (425), so ist ihre Sprache durch den ganzen Roman hindurch von jenen kleinen Lässigkeiten geprägt, die Fontane regelmäßig Menschen aus unteren Sozialschichten zuschreibt. Ein Beispiel: Thilde muß ihre Mutter immer wieder ermahnen, sich nicht zu den kleinen Leuten wie die Runtschen zu zählen und entsprechend zu benehmen. Sie solle z. B. nicht immer weimern:

> »aber wenn du immer gleich so weimerst, dann sind wir auch ›kleine Leute‹. Wir müssen nu doch ein bißchen forscher sein und so, was man sagt, einen guten Eindruck machen . . .«
> »Ach, Thilde, es kost' ja alles soviel. Wo soll es denn herkommen.«
> »Dafür will ich schon sorgen. Und wenn nicht einen forschen Eindruck, so doch einen anständigen und gebildeten. Aber weimern is ungebildet.« (473)

»Weimern is ungebildet« – das Komische an dieser Mathilde-Möhring-Sentenz besteht nicht nur in der Schiefheit der Schlußfolgerung, auf der sie beruht – weimern ist weder ungebildet noch unanständig, vielmehr unforsch –, sondern auch in dem unfreiwilligen Widerspruch von Inhalt und Form dieses Satzes: Als forsch, anständig, gebildet gelten möchte Mathilde ja nur aus Gründen der Feinheit, der sozialen Abgrenzung nach unten; doch nun ist Weimern zwar nicht un*gebildet*, aber es ist un*fein,* das *Wort* ›weimern‹ zu benutzen.

Die Botschaft, auf welche die negative Exempelgeschichte von Aufstieg und Fall der Mathilde Möhring, verehelichten und verwitweten Großmann, hinzielt, wäre, daß durch Streben nach sozialer Distinktion nicht erreicht oder erhalten werden kann, was bei Fontane das »schön Menschliche« heißt. Nun enthält dieses ja neben der ethischen Komponente, die in Mathildes Bekehrung zu hilfsbereiter Mitmenschlichkeit erzählerisch ziemlich penetrant hervorgehoben ist, deutlich auch eine ästhetische Komponente. Worin bestünde diese aber, wenn sie gerade nicht auf jene Ästhetisierung sozialer Unterschiede hinauslaufen soll, die als Distinktionssucht kritisiert wird? Hugos leidenschaftliches Interesse an Kunst, Literatur, Theater scheint immerhin mehr zu sein als Mathildes permanentes Transferieren ihres kulturellen in soziales Kapital. Hugo würde auch den Roman *Mathilde Möhring* lesen, Mathilde kaum. Oder wäre dieser ästhetische Sinn des jungen Juristen für »Finessen« nur eine feinere Methode der Distinktion? So gewiß das schön Menschliche eine zentrale Leitidee Fontanes ist, so schwer läßt es sich positiv bestimmen.

Die Stelle jedenfalls, an der es in *Mathilde Möhring* angesprochen wird, klingt recht zweideutig: Hugos adliger Freund Hans von Rybinski, der von der Juristerei zur Schauspielerei übergelaufen ist, hat eine Braut oder, wenn man wie Thilde »klarsah« (465), eher eine *sogenannte* Braut – schon zu Thildes Hochzeit kommt er mit einer »neuen Braut« (490) –, die bezeichnenderweise Bella heißt. Sie lobt ihren Hans, dem sie schauspielerische Potenz abspricht: Er wiege ihr zehn sogenannte künstlerische »Talente« auf, denn »sie sei für das schön Menschliche und in der Liebe für das Übermenschliche« (468). Da Bella dieses »Übermenschliche« gewiß weder moralisch noch nietzscheanisch versteht, vielmehr anzüglich sexuell, bekommt auch das »schön Menschliche« einen Schlag ins Erotische.

Das Schöne ist eben nicht nur das moralisch Schöne, es ist zweideutig; wer »gegen das Häßliche« ist und für das Schöne oder für »was sehr Hübsches«, der kann damit »das Höhere« im Sinn haben, aber auch das, »was man das Untre« nennt oder »das Niedre«, von dem es sich gerade sozial und moralisch abzugrenzen gilt (471 f.). So jedenfalls denkt Mathilde, und auch Hugo scheint bei all seinem Sinn für das Schöne ganz einverstanden zu sein mit dem Mangel seiner Braut an Schönheit. Denn dadurch hat sie zum Glück nichts Verführerisches; »wenn sie so was hätte, wohin sollte das sonst führen« (474). Ob diese Einstellung Hugos dem schön Menschlichen näherkommt als Mathildes Streben nach dem Höheren oder ihre spätere Kultivierung der »Gabe des Sichanpassens, des Sichhineinfindens« (516), ist zweifelhaft.

Indem der Erzähler Fontane an seinen Figuren durchspielt, wie sie in verschiedenen Richtungen und Graden verfehlen, was das schön Menschliche wäre, verstrickt er auch den Leser in dieses Spiel, das ein Spiel der Identifikation und der Distanzierung ist. Womit soll man sich identifizieren und wovon distanzieren? Die Identifikation fällt schwer, weil sich das schön Menschliche, das letztlich eine *utopische* Qualität darstellt, dem Leser wie den Figuren immer wieder entzieht. Die Distanzierung aber kann den Leser in eine Falle führen, denn indem er sich von den Figuren distanziert, macht er ihnen ja genau das Distinktionsstreben nach, das der Text einer ironischen Kritik aussetzt. Ist eine rosa Ampel vorzuziehen, wie die Schmädicke sie schenkt, oder eine rubinrote, wie Silbersteins und Großmanns eine haben wollen, oder eine noch feinere Leuchte? (Die Alternative: lieber überhaupt kein Licht im Schlafzimmer, wie Frau von Briest es empfiehlt (32), mag hier auf sich beruhen bleiben.) Sollte man ›niedrige‹ umgangssprachliche Redensarten oder ein ›häßliches‹ Wort wie ›Matschwetter‹ tunlichst vermeiden oder allenfalls von *sogenanntem* Matschwetter sprechen, obwohl man dadurch eine Feinheitssucht zur Schau stellen würde, die der Erzähler von *Mathilde Möhring* lächerlich macht, indem er sie imitiert? Mathilde selbst jedenfalls bricht wenigstens einmal – und das verdient darum besondere Aufmerksamkeit – aus dem Verhaltensmuster zwanghaften Strebens nach ›Höherem‹ aus und bekennt sich trotzig und selbstbewußt zu ihrer einfachen Sprache und Herkunft: »Und was die paar Redensarten sind, na, Mutter, die laß man ruhig. Da halt ich mich dran fest, die tuen mir wohl« (425).

VI. Zweideutigkeiten

Formen und Funktionen erotischer Anspielungen

». . . dann lacht Fix . . .«

Kloster Wutz. Der junge Stechlin stattet zusammen mit zwei Freunden seiner Tante Adelheid, der Domina des dortigen Damenstifts, einen Besuch ab. Einer der beiden Freunde ist Hauptmann von Czako, ein »Äquivokenmensch«, der sich gern in »Nachmitternachtsgeschichten« und anderen Zweideutigkeiten ergeht, besonders in feiner Gesellschaft: »dann kribbelt es ihn ordentlich« (VIII 105). Czako unterhält sich während des Besuchs bevorzugt mit einer der Stiftsdamen, einem Fräulein von Schmargendorf. Sie ist eine nette, aber geistig unbedarfte Mittvierzigerin, von Figur ein »Pummel« (86), doch mit schön geformter Brust (91). Sie mag »vergnügte Herren« wie Czako, und so beginnt sie mit ihm gleich ein wenig zu flirten, worauf er sich gern auf seine Weise einläßt.

In dem latent erotisierten Gespräch, das sich zwischen den beiden entspinnt, geht es um das neckische Partnerspiel »Vielliebchen essen«, um Pflaumen und die in diesem Thema sich bergenden »Wagnisse« (94)[1] – vermutlich obszöne Assoziationen, wie sie in der erotischen Volkssprache kodiert sind[2] –, um den kulinarischen und den symbolischen Wert von »Brust und Flügel«, um einen realen und einen literarischen Holunderbaum – Czakos Anspielung auf letzteren, d. h. auf die Liebesszene in Kleists *Käthchen von Heilbronn*, wird von seiner bildungsschwachen Partnerin jedoch nicht verstanden (VIII

1 Diese »Wagnisse« waren für den Kommentator der Hanser-Ausgabe offenbar immer noch so groß, daß er die Anspielung verharmlosend auf das »Vielliebchen«-Spiel zurückbiegt.

2 Heinz Küpper: Wörterbuch der deutschen Umgangssprache: *Pflaume* als Metapher für Vagina und danach als Metonymie für Frau, Geliebte, Prostituierte.

98). Und es geht um bedenkliche Weinnamen wie *Lacrimae Christi*, *Liebfrauenmilch*. Hierzu meint die Schmargendorf, deren Repliken sich sonst meist auf ein gekitzelt-dümmliches »Hihi« beschränken, »die Weine müßten eigentlich alle anders heißen oder wenigstens sehr, sehr viele« (99). Dabei denkt sie eigentlich nur an einen einzigen Weinnamen, einen sprichwörtlich anstößigen, dem gegenüber – wie Czako mit ironischer Diskretion sagt – »nur noch das Refugium der französischen Aussprache« bleibt. Darauf die Schmargendorf:

> »Hihi . . . Ja, französisch, da geht es. Aber doch auch nicht immer, und jedesmal, wenn Rentmeister Fix unser Gast ist und die Triglaff die Flasche hin und her dreht (und ich habe gesehen, daß sie sie dreimal herumdrehte), dann lacht Fix . . .« (100)

Warum lacht Fix? Warum lacht vermutlich auch Czako, als seine Partnerin ihm diese Szene erzählt? Weil es eine ebenso grotesk-komische wie erotisch anzügliche Szene ist, wenn das götzenbildhafte Fräulein von Triglaff, das nur aus Adelsarroganz und Altersdemenz zu bestehen scheint, jedesmal vor dem männlichen Besucher mit dem sprechenden Namen Fix den – Nacktarsch hin- und herdreht, manchmal sogar dreimal. Demonstriert die altersteife Triglaff hier mit erstaunlich wendiger Hand hartnäckig moralische Entrüstung, oder begeht sie genau umgekehrt, mit Fix kokettierend, eine ungeheuerliche Schamlosigkeit? Denn spielt sie nicht ein gewagtes Spiel mit Signifikant und Signifikat und somit, in der ihr noch möglichen Weise, das »uralte Frau-Eva-Spiel« (IV 489)? So jedenfalls will es die Schmargendorf offenbar verstanden wissen (das aber nicht offen sagen), wenn sie sich ihrerseits über das *dreimalige* Drehen der Flasche – scheinbar – entrüstet. Was die umnachtet-laszive Triglaff dem Inspektor Fix gestisch, was die naiv flirtende Schmargendorf dem Hauptmann von Czako verbal vorführt, führt der Erzähler dem Leser humoristisch vor, indem er es in dem Signifikant-Signifikat-Spiel versteckt: Name, Etikettbild und Flasche des berühmten Moselweins aus Kröv stehen für den unausgesprochenen, unaussprechlichen Körperteil und für das, was dieser wiederum konnotiert.

Die ganze erzählerische Inszenierung dieser Passage ist typisch für die Art, wie Fontane »Zweideutigkeiten« an vielen Stellen seiner Romane unterbringt, wenn auch alles andere als typisch hinsichtlich der Rollenverteilung von weiblichen und männlichen Figuren bei solcher zweideutigen Kommunikation. Im folgenden möchte ich zunächst einen *Überblick* über die Formen der Zweideutigkeiten in Fontanes Erzählwerk geben, danach Fontanes Umgang mit ihrer *Geschlechtsspezifik* in literarischer, psychologischer und biographischer Hinsicht beleuchten, schließlich das Verfahren der erotischen Anspielung exemplarisch an Fontanes erstem Gesellschaftsroman *L'Adultera* sowie an dem Zwillingspaar Berliner Alltagsgeschichten *Stine* und *Irrungen, Wirrungen* analysieren. Dabei wird sich zeigen, daß auch bei diesem unfeinen Thema sowohl die typisch Fontaneschen »Finessen« als auch die gesellschaftlich feinen Unterschiede auf sehr anschauliche Weise ins Blickfeld treten.

Kleine Phänomenologie der Zweideutigkeiten

Erotische und andere tabubesetzte Themen werden in Fontanes Romanen von Erzähler und Figuren mit Hilfe der Techniken angeschlagen, die für sie auch sonst charakteristisch sind: Anspielung, Zitat, Formen der Indirektheit. Nicht die direkte Tabuverletzung, die platt-provokative Zote kommt vor, sondern es dominiert eine »Rhetorik des Verschweigens«[3], ein Aussprechen durch Umschreiben, ein feines Spiel mit Tabuschwellen, das dem erotischen Kitzel ebenso wie dem gesellschaftlichen Anstand genügen möchte. Wenn das einfache Dorfvolk einem Schneidemüller namens Igel, mit »absichtlich undeutlicher Aussprache«, den Spitznamen »Schneidigel« gibt

3 Bettina Plett: ». . . kein Schriftsteller für den Familientisch mit eben eingesegneten Töchtern.« In: Diskussion Deutsch 1995, H. 144, S. 257.

(IV 259), dann versteht man in der guten Gesellschaft dezenter zu schweinigeln: Auch bei unfeinen Themen bleiben die feinen Unterschiede gewahrt. Das sprachliche Versteckspiel der Figuren untereinander ist zugleich eines zwischen Erzähler und Leser(in). Der Interpret läuft dabei natürlich Gefahr, sich selbst bloßzustellen, wenn er zweideutige Stellen eindeutig identifiziert und interpretiert. Das fordert ihm einen besonderen hermeneutischen Balanceakt ab, wie er in diesem Kapitel riskiert wird.

Kommerzienrat Treibel kann sich nicht enthalten, eine »bildersprachliche Wendung« seiner Frau, die schlecht geschlafen hat, weil Leutnant Vogelsang wie ein Alp auf ihr gelegen habe, unter dem Vorwand des Feingefühls anzüglich zu entmetaphorisieren (VI 348). Ebenso anzügliche Zweiergespräche pflegt er mit der Baronin von Ziegenhals, angeblich um »Sittlichkeitsprobleme« zu lösen. »Meist waren es harmlose Sentenzen aus Büchmann oder andere geflügelte Worte, denen erst der Ton, aber dieser oft sehr entschieden, den erotischen Charakter aufdrückte.« (294) Und wie der Besitz-, so auch der Bildungsbürger: Professor Wilibald Schmidt klatscht über seinen Kollegen Schultze, indem er das bekannte Schiller-Gedicht *Das verschleierte Bild zu Sais* appliziert: Schultze, der ein »Schlieker« sei, gebe sich »das Ansehen, als ob er dem Bilde zu Sais irgendwie und -wo unter den Schleier geguckt hätte, wovon er weitab ist. Denn er löst nicht mal das Rätsel von seiner eigenen Frau, an der manches verschleierter oder auch nicht verschleierter sein soll, als ihm, dem Ehesponsen, lieb sein kann« (325).

Die Tabuthemen, die solcherart umspielt werden, sind Körperlichkeit und Sexualität, besonders weibliche, Virginität und Schwangerschaft, eheliche Untreue, uneheliche Kinder, Prostitution, wobei bereits Wörter mit entsprechendem ›Anklang‹ Abwehrgebärden auslösen wie Anziehungskraft ausüben. Graf Petöfy erklärt schon die »Phantasiebeschäftigung« mit einem französischen Badestrand für so reizvoll, daß die Reise selbst darüber ihren Reiz verliere. Dabei kann er von dem Reizobjekt, der – partiellen – Nacktheit der Badenden, wegen der anwesenden Damen jedoch nur metaphorisch umständlich reden: Er benutzt die Ausdrücke »Urzuständlichkeiten«, »das Paradiesische, das Mittelafrikanische, das Mythologische« (IV 57). – Als Förstersfrau Katzler, geborene Prinzessin Ippe-Büchsenstein, die schockierend oft »erwartet«, diese Anstößigkeit erklärt, schiebt sie die Schuld heuchlerisch, schamlos offen, doch verbal verklausuliert ihrem stattlichen Mann zu: Dessen Fähigkeiten hätten »etwas Einseitiges« (VIII 81). – Aber wenn die streng-herbe Adelheid von Stechlin ihrem Halbbruder uneheliche Kinder oder Bordellbesuche anhängen will, kann sie solche Ungeheuerlichkeiten nur hinter allgemeinen Floskeln und Andeutungen versteckt vorbringen: »immer rüber nach Berlin. Na, das kennt man. Ich habe neulich was Statistisches gelesen.« Statistisches worüber? Gewiß über die Folgen eines Verhaltens, das man »kennt« (369). – Um das in einer Herrenrunde reizvolle Tabuthema der Virginität kreist eine exotisch blutige Anekdote, die Rektor Thormeyer unter reger Beteiligung zum besten gibt (208-213). – Das eheliche Geschlechtsleben der Gräfin Melusine verwandelt Rex unter veredelnder Anspielung auf bildende Kunst in pikanten Klatsch, indem er von ihrem Mann sagt: »Seiner Ehe fehlten [. . .] die Himmelstüren« (113 f.), d. h., diese seien ihm von ihr verweigert worden. Die Gründe erfährt der Leser später von Melusine selbst, allerdings in ominöser Andeutung über ihre Hochzeitsreise durch einen langen Apennintunnel (VIII 315 f.).

Das Komische an diesem Spiel der verschämten Schamlosigkeiten tritt besonders deutlich dort zutage, wo schon einzelne Wörter und Namen zweideutige Anklänge erhalten oder bloß zu erhalten drohen. Den »komischen und etwas unanständigen Namen« eines Weißbierlokals, den Käthe von Rienäcker nicht mehr aussprechen mag, obwohl sie und die anderen Mädchen im Pensionat über ihn »immer so schrecklich gelacht« haben (V 160), kann der moderne Leser nur aus dem Kommentar erfahren: »Puperitz«. Der französische Kriegsschauplatz Poupry weckt durch seinen Klang die gleichen verpönten Assoziationen (III 125). Die Geheimrätin Zwicker gibt Effi gegenüber vor, bei den bloßen Namen der Vergnügungsorte rund um Berlin in »Angst und Sorge« zu geraten über die Sittlichkeitszustände der Stadt: Pichelsberg, -dorf, -werder, Kiekebusch, Wuhlheide – »Sie hätten hören sollen, wie Zwicker das Wort aussprach ... « Auf der »Spezialkarte« – der Leser ist versucht, eine solche daraufhin zu studieren – findet man »Namen von geradezu brutalem Charakter, mit denen ich Ihr Ohr nicht verletzen will. Aber natürlich sind das gerade die Plätze, die bevorzugt werden« (VII 264 f.). Fontane selbst hat die Reihe anrüchiger Namen von Berliner Vergnügungsorten um rheinische ergänzt, z. B. Unkel oder Nonnenwerth: »Ich sehe nur Unzüchtigkeiten, wenn ich das Wort höre.« Warum? Weil die Zusammensetzung von ›Nonne‹ und ›Wert‹ Spott herausfordere (B II 222). Welchen, verschweigt er; vermutlich kreiste seine Phantasie um den Kurswert der Virginität.

In der Kurzgeschichte *Wohin?* wird ein jüdischer Börsianer, der seinem Freund gegenüber gerade zu amüsanten Untersuchungen über den Eigennamen ›Meddelhammer‹ bzw. über dessen anzügliche Verschiebung zu ›Mädchenhammer‹ ansetzen will, von seiner Frau gebremst, weil ihre dreizehnjährige Tochter Lulu so etwas nicht hören dürfe. Doch diese ›beruhigt‹ ihre Mutter naiv-taktlos und vorlaut mit der peinlichen Eröffnung, sie habe von Papa schon ganz anderes gehört (H 78). – Die Shakespeare-Figur ›Dortchen Lakenreißer‹ (aus *Heinrich IV.*) darf natürlich nur mit dem Vornamen genannt werden. So hält es diskreterweise der Hofmann Baron Pentz, obwohl er gerade für diese Figur zu schwärmen vorgibt und selber eine wandelnde Chronique scandaleuse ist (VI 131). Als Herr von Klessentin, der Schauspieler geworden ist, den Poggenpuhl-Töchtern von Shakespeare und dem blonden Dor[t]chen »mit einem Zunamen« erzählen möchte, unterbricht ihn die Jüngste, Manon, lachend und eifrig-naiv mit einem: »Oh, ich weiß, ich weiß«, woraufhin die Älteste, die sich für Erziehung und Anstand der Schwester verantwortlich fühlt, diese streng zurückpfeift: »Du weißt es *nicht*« (VII 359).

Wörter, die auch nur einen zweideutigen Anklang erlauben,

sind »in Gegenwart der Damen« unbedingt zu vermeiden, selbst wenn sie in einem ehrwürdig-unverfänglichen Klassikerzitat vorkommen wie dem Schillerschen vom Fluch der bösen Tat, die – Achtung! – »fortzeugend« Böses – nochmals Achtung! – »gebären« muß (VIII 254). Die harmlosesten Wörter können alarmierend wirken, wenn jemand sie benutzt, dessen Hang zu Zweideutigkeiten bekannt ist: Bei einem Tanzvergnügen auf der Hampelbaude im Riesengebirge beobachtet ein Sommergast, wie seine Tochter »die Augen schmeißt«, und sagt stolz zu seiner Frau:

»ich glaube, die wird gut. Wahrhaftig, was ein guter Haken werden will . . .«
»Ich bitte dich, Hermann, keine Unanständigkeiten . . .«
»Aber Ulrike, Haken ist doch nicht unanständig.«
»Nein. Aber besser ist besser. Ich kenne deine Anfänge und deine Schlüsse.« (V 351)

Mathilde Möhring, die auch sonst von den konventionellen Weiblichkeitsmustern abweicht, bringt es fertig, sich den »sittlichen Standpunkt« zu sichern und gleichzeitig, um auf Hugo Großmann Eindruck zu machen, ein Bekenntnis zu Forschheit und gegen Prüderie abzulegen, indem sie Hugo erzählt, wie mutig sie schon als Schülerin mit anstößigen Wörtern aus dem Alten Testament umgegangen sei:

Sie habe früher bei Pastor Messerschmidt aus der Bibel vorlesen müssen. Da wären mitunter furchtbare Worte gekommen, und sie denke noch mitunter mit Schrecken daran zurück. Aber immer, wenn sie gemerkt hätte, »jetzt kommt es«, dann habe sie sich zusammengenommen und die Worte ganz klar und deutlich und mit aller Betonung ausgesprochen. Wie Luther.« (VII 453 f.)

Die »Zweideutigkeiten« in Fontanes Romanen geben häufig ihre Funktion als Zensurventile zu erkennen. Die viktorianische Gesellschaft belegte Erotisches in demselben Ausmaß mit Redeverbot, wie die Spannung von sexuellem Trieb und konventioneller Moral den Menschen zu schaffen machte. Die Kunst und Literatur der Epoche bearbeiteten diese Spannung auf verschiedene Weise. Der bürgerliche Realismus, der sich dem Verbot weitgehend unterwarf, arbeitete vor allem mit Symbolisierungen. Bei Fontane kommt als Charakteristikum Figurenrede mit »Zweideutigkeiten« dazu. Die Spannung von Triebstruktur und Gesellschaft wird im Medium von Gespräch und Bewußtseinsdarstellung erzählerisch inszeniert. In Fontanes Romanen wird realitätsgerecht[4] das Bild einer tabubeladenen bürgerlichen Gesprächskultur entworfen. Die literarisch modellierten Gespräche folgen den Normen, welche für die realen galten.

Dieses Bild erfährt dadurch eine Ergänzung, daß auch Stimmen aus den Unterschichten einbezogen sind. Was Zweideutigkeiten betrifft, so lassen sich solche Stimmen besonders gern in der Form des Klatsches vernehmen. Man munkelt darüber, was man hat »munkeln hören«, sei es über den Bauern Quaas, dessen junge Frau sich in vielen Liebschaften holt, was er ihr, wie der Klatsch und anzügliche Reimereien behaupten, nicht zu geben vermag (IV 222 f.), sei es über das ungleiche Hochzeitspaar Gideon Franke und Lene Nimptsch und das Fehlen eines Kranzes bei der Braut (V 170). Das Bild wird dadurch differenziert, daß in die bürgerliche Kommunikationskultur Reste einer freizügigeren adlig-höfischen hineinragen, wie sie besonders in Fontanes historischem Roman *Vor dem Sturm* vorkommen. Schon dem märkischen Wanderer gefiel ein »heiterer, ungezwungener Ton« früherer Zeiten, in dem »viel Scherz und launige Rede« gewechselt wurden »von Jungfern und Frauen, von Ehebrecherei und anderer Löffelei«. Fontane entnahm seinem literarischen Gewährsmann Bratring erfreut, »angenehme Zweideutigkeiten« seien seit jeher in gebildeter Gesellschaft anzutreffen gewesen (W I 69). Und schließlich erhält das Bild dadurch eine moderne psychologische Verfeinerung, daß Zweideutiges in verbaler Kommunikation ergänzt wird durch zweideutige stumme Verhaltensweisen und Symptomhandlungen der Figuren, z. B. beim Pfänderspiel das Ablegen eines Ehe-

4 Vgl. Angelika Linke: Sprachkultur und Bürgertum, Stuttgart 1996, S. 203.

ringes, das Deponieren eines Taschenmessers im Schoß der Damen, unter »Zerreißung mehrerer Seidenkleider« (I 114), oder auch beim Ballspiel, wenn der dem Ehemann zugeworfene Ball in die Hände des – künftigen – Liebhabers gelangt (III 161).

Erotische Konnotationen können sich, der allgemeinen Psychodynamik wie auch der besonderen Schreibweise Fontanes entsprechend, an alles und jedes anlagern, an das ganze Spektrum gesellschaftlicher Redevielfalt. Im Zentrum stehen natürlich diejenigen, die sich an Worte anschließen, wobei es sich in der Regel um Figurengespräche, seltener um Erzählerrede handelt. So gehören zu den typisch Fontaneschen dezenten Zweideutigkeiten viele Anspielungen, die in Kunst- und Literaturgespräche eingelagert sind. Das Unanständige und Unfeine wird verhüllt in verbalen Demonstrationen von feinem Geschmack, ob man nun über Madonnen- und Venusbilder von Murillo und Tizian plaudert oder über ein Gemälde wie *Die Gefilde der Seligen* von Böcklin[5], ob man für Wagner und seine Musik schwärmt oder einander über die Romanproduktion der Franzosen informiert.

Obwohl Fontane gegen die naturalistische Poetik und damit auch gegen Émile Zola erhebliche Vorbehalte hatte, waren ihm dessen einschlägige Romane und ›Stellen‹ dennoch gut für Anspielungen. Die Treibhaus- und Verführungsszene in *L'Adultera* verweist auf eine sehr viel freizügiger dargebotene, in sexueller Metaphorik schwelgende Episode in Zolas *La curée.*[6] Effi erzählt ihrem Mann brieflich, daß ihr die Zwicker auf ihre neugierig-ängstliche Frage, ob das in Zolas *Nana* Dargebotene »denn wirklich so schrecklich« sei, geantwortet habe, da gebe es »noch ganz anderes«. Obwohl es ihr nicht leichtgefallen sei, habe sie es aber abgelehnt, von der Zwicker mit diesem ›an-

5 Vgl. Kap. VII.

6 Heide Eilert: Im Treibhaus. Motive der europäischen Décadence in Theodor Fontanes Roman *L'Adultera.* In: Jb. d. dt. Schillerges. 22 (1978), S. 505.

deren‹ bekannt gemacht zu werden: »weil ich weiß, daß Du die Unsitte unserer Zeit aus diesem und ähnlichem herleitest, und wohl mit Recht« (VII 236). So sehr Effi hier heuchelt, so sehr verrät sie sich.

In *Mathilde Möhring* zeigt sich die Titelheldin dagegen rührend ahnungslos, als Hugo Großmann sie bittet, ihm aus einer »Geschichte von Zola« vorzulesen, und zwar die Stelle, wo »das Paradies beschrieben« werde. »Freilich, es käme so manches darin vor, und er wisse nicht, ob er an Fräulein Thilde das Ansinnen stellen dürfe . . .« (453) Nicht nur Hugo Großmann und Fontane, sondern auch die – in diesem heiklen Fall wörtlich übereinstimmenden – Fontane-Kommentare in West und Ost schweigen sich darüber aus, daß in der »Paradou«-Episode von Zolas Roman *La Faute de l'Abbé Mouret*, die Hugo gerade liest, die Darstellung einer leidenschaftlichen Liebesvereinigung in eine paradiesische Natur eingebettet ist, die vom Erzähler zu einer einzigen »grande fornication« sexualisiert wird.[7] Adam Graf Petöfy informiert seine beiden Gesprächspartnerinnen Franziska und Phemi sehr viel genauer über diesen Roman vom »Sündenfall« eines jungen Geistlichen, den er etwas abfällig als »Kostüm-Adam« bezeichnet, wie er auch sonst Zolas naturalistische Schreibweise als ebenso fesselndes wie lächerliches Produkt theatralischer französischer Phantasie hinstellt. Aber Phemi möchte das natürlich doch gern lesen, und der alte (Graf) Adam animiert diese Lust zweifellos nur noch mehr mit dem Satz: »Über das Anfechtbare hilft schließlich die fremde Sprache hinweg.« (IV 60 f.) Mit dem scheinbar nur literarisch Anfechtbaren meint er natürlich die erotischen ›Stellen‹ bei Zola, die Leser und Leserin moralischen ›Anfechtungen‹ aussetzen können.

7 Émile Zola: Œuvres complètes, hg. v. H. Mitterand, Bd. 3, Paris 1967, S. 174.

Es versteht sich, daß die Zweideutigkeiten in Fontanes Texten, die überwiegend aus erotisch-sexuellen Anspielungen bestehen, dem Stand patriarchalischer Kultur im 19. Jahrhundert entsprechend, fast ausschließlich aus dem Munde männlicher Figuren kommen. Es gibt in seinem Werk eine ganze Reihe von Männern, die geradezu eine Zweideutigkeitenpassion von der feineren oder gröberen Observanz kultivieren. Da ist der säbelbeinige Generalmajor von Bamme in *Vor dem Sturm*, der gern »zweideutige Anekdoten« erzählt (I 158). Van der Straaten, Hauptfigur in *L'Adultera*, ist noch genauer unter die Lupe zu nehmen. Sein Freund und Anspielungskomplize, Polizeirat Reiff, der bei Anwesenheit von Damen kein Wasser trüben zu können scheint, exzelliert, ganz wie sein Kollege Goldammer in *Frau Jenny Treibel* (VI 307), in Herrenrunden mit pikanten Anekdoten (III 128); über seinen Vorgänger in einem frühen Figurenentwurf zu dem Roman heißt es lakonisch: »Zoten-Erzähler« (544). Da ist Geheimrat Hedemeyer, dessen frivoler Witz Cécile zum Lachen bringen, ihr aber auch schamlos, hinter einem obszönen Mephisto-Zitat (»es ist ihr ewig Weh und Ach . . .«) versteckt, in den Rücken fallen kann (IV 466). Da ist der alte Briest mit seinem notorischen Hang zu »Zweideutigkeiten« (VII 37), den seine Frau ihm am Schluß des Romans als eine Ursache für Effis schiefgelaufenes Leben vorhält (310). Da ist schließlich der Freund des jungen Stechlin, Hauptmann von Czako, dessen Neigung zu Frivolitäten bereits zu Beginn dieses Kapitels erwähnt wurde.

An dieser – zu ergänzenden – Reihe von männlichen Figuren verdient hervorgehoben zu werden, daß der Erzähler auf sie jeweils recht unterschiedlich und gemischt Sympathie- und Antipathiesignale lenkt. Einige, wie Briest und Czako, sind ausgesprochene Sympathieträger und in vielem auch Sprachrohr des Autors. Daneben werden in feiner sozialer Abtönung typische Männertöne als ›objekthafte Rede‹ im Sinne Bachtins vorgeführt: aus Dorfkneipengesprächen (IV 230), aus der Herrenrunde nach dem Diner, in der man sich über Soubretten und die ›sittliche Reinigung‹ der Friedrichstraße unterhält (VI 308), aus Kasino- und anderen Leutnantsunterhaltungen, z. B. wenn Gardeoffizier v. Herbstfelde erzählt, wie er sich in London einer hübschen Mary »klarzumachen« versuchte (VIII 224), oder wenn man über die Folgen eines Kuraufenthalts, der jungen Frauen wegen des Fehlens von Kindersegen verschrieben wird, witzelt: »Es hilft doch nichts. Und wenn es hilft, ist es meist eine sehr sonderbare Hilfe.« (V 125)

Was die Duldung von Unfeinheiten in feiner Gesellschaft betrifft, so unterscheidet der Sittenbeobachter Fontane die neue, bürgerlich-viktorianisch geprägte Ordnung, die die »Rolle der Frau als Garantin von Kommunikations- und Gesprächsdisziplin« festlegt[8] und in Gegenwart von Damen nicht einmal einzelne Wörter wie »fortzeugend« oder »gebären« zuläßt, von einer »alten Schule«, d. h. der höfisch-vorbürgerlichen des 18. und früherer Jahrhunderte, der gemäß man sogar gemeint habe, daß sich »jedes Gespräch mit Damen mehr oder minder deutlich um die geschlechtliche Sphäre drehen müsse« (B I 201). Aus dieser Schule kommt z. B. noch die französische Schauspielerin Demoiselle Alceste in *Vor dem Sturm*, die stets geneigt ist, »auf alles Heitere und Schelmische und, wenn mit Esprit vorgetragen, auch auf alles Zweideutige einzugehen« (I 304). Fontane, der den Beschädigungen der Menschen durch die ebenso rigide wie heuchlerische Sexualmoral seiner Epoche sensibel nachspürt, artikuliert als Mann und Erzähler dieses moderne Unbehagen in der Kultur ziemlich unmodern, seiner Schwäche für alte Adelskultur und altes Preußen entsprechend, in Form von nostalgischen Sympathiebekundungen für die größere konversationelle Freizügigkeit einer früheren Epoche. Über zweideutige Rede, die sich von dieser Tradition herleitet und die zwar nicht keusch, aber auch nicht unanständig sei, meint Fontane: Selbst »die alleranständigsten Frauen haben

8 Linke: Sprachkultur, S. 219.

ihre Freude dran«.[9] Doch damit schreibt er letztlich eine sehr *bürgerlich*-patriarchalische Asymmetrie fest, denn auch hier spielen die Frauen – ganz wie in seiner Darstellung erotischer Begegnungen – als Empfängerinnen die passive, die Männer als Sender die aktive Rolle. Wie Fontane von seinem Vater die Neigung, in scherzhaftem Ton mit jungen Frauen »gelegentlich die verwegensten Themata streifende Wortkämpfe« auszufechten, geerbt und in seine »Schreibweise mit herübergenommen« hat (A I 83), so verkörpert Demoiselle Alceste Fontanes vermutliche Idealvorstellung von der Leserin seiner Romane und der in ihnen enthaltenen Zweideutigkeiten.

Freizügigeres *weibliches* Reden wird entweder wie bei der Schmargendorf in ein komisches Licht gerückt, oder es darf sich nur auf französisch äußern wie bei Käthe von Rienäcker, die mit einem »Nun, cher ami, nous verrons« (V 160) ihren Mann quasi auffordert, gemeinsam auszuprobieren, ob sie nach ihrer Kur wohl zu einer Schwangerschaft werde gelangen können. Zweideutigkeiten in weiblichem Munde kommen allenfalls vor bei historischen Figuren wie der Renaissancegestalt Sidonie v. Borcke in dem gleichnamigen Entwurf: »Hosenteufel; freilich. Es hat was damit. Aber ... ich will dich nicht rot machen. Kannst noch rot werden?« (H 369) Oder bei Unterschichtfiguren wie Frau Dörr in *Irrungen, Wirrungen*, die, naiv, grob und gutmütig, wie sie ist, gar nicht merkt, wie anstößig sie daherredet (V 32). Freilich, auch die jugendliche Effi und ihre Freundinnen sind keineswegs geschlechtslose Wesen, wie ihr Reden und Handeln zeigen.[10] Nicht einmal die Triglaff ist es, die die anstößige Weinflasche nicht *dreimal* hin- und herdrehen müßte, wenn es ihr nur um moralische Entrüstung ginge. Sie könnte eine zumindest entfernte Gesinnungsverwandte der Frau von Padden in *Effi Briest* sein, die durch »christlich-germanische Glaubensstrenge« ihrer »wendisch-heidnischen« Na-

---

9 Theodor Storm – Theodor Fontane: Briefwechsel, hg. v. J. Steiner, Berlin 1981, S. 92.

10 Vgl. Kap. VII.

tur entgegenzuwirken sucht, die sich besonders, aber wohl keineswegs *nur* an ihrer starken »Backenknochenbildung« zeigt (VII 173).

Zweideutigkeiten als erotische Anspielungen und Witzeleien sind aufs Ganze gesehen jedoch eine Männerdomäne – darin zeichnet Fontane einen Aspekt der Geschlechterbeziehung seiner Epoche realistisch nach. Was seine Romane vorführen, entspricht exakt der Diagnose, die Sigmund Freud in seinem Buch *Der Witz und seine Beziehung zum Unbewußten* (1905) gestellt hat. Die Zweideutigkeit unterscheidet sich nach Freud von der Zote darin, daß sie den sexuellen Sinn »verdeckt und versteckt«, so daß dieser »einem Arglosen etwa gar entgehen könnte«.[11] Zote wie Zweideutigkeit sind aber letztlich verbalisierte sexuelle Aggression. Abbau psychischer Spannungen, Drang nach Selbstdarstellung, Werbungsspiel, Beschämung, Entblößung und Erniedrigung der oder einer bestimmten Frau – das sind typische Produktionsimpulse für männliche Zweideutigkeiten.

> Beim Landvolk oder im Wirtshaus des kleinen Mannes kann man beobachten, daß erst das Hinzutreten der Kellnerin oder der Wirtin die Zote zum Vorschein bringt; auf höherer sozialer Stufe erst tritt das Gegenteil ein, macht die Anwesenheit eines weiblichen Wesens der Zote ein Ende; die Männer sparen sich diese Art der Unterhaltung [...] auf, bis sie allein ›unter sich‹ sind.[12]

In »feiner gebildeter Gesellschaft« wird die Zote dadurch salonfähig, daß sie witzig ist, und sie wird nur geduldet, wenn sie es ist. Der erotische Witz ermöglicht Befriedigung des Triebes gegen die Hindernisse des Anstandes, der Zensur, der Verdrängung. Das Mittel dazu ist die Anspielung, die Zweideutigkeit.[13] Ihre Verbreitung und Beliebtheit entspricht dem Maß gesellschaftlicher Triebunterdrückung.

Die epische Darstellung Fontanes unterscheidet sich indes-

---

11 Sigmund Freud: Der Witz und seine Beziehung zum Unbewußten, Frankfurt/M. 1958, S. 32.

12 Ebd., S. 80.

13 Ebd., S. 81 f.

sen von der psychologischen Analyse Freuds darin, daß im Erzählspiel zwischen Autor, Text und Leser Beobachter- und Mitspielerrolle ständig ineinander übergehen. Wie der Hörer eines obszönen Witzes durch Lustgewinn bestochen werden kann, so der Leser Fontanescher Zweideutigkeiten. Aber dieser kann aufgrund der literarischen Darstellungsweise sehr viel leichter als jener auch diagnostische und kritische Distanz gegenüber dem Spiel nehmen. Solch eine Rezeptionsweise entspräche genau der Produktionsweise Fontanes, dem Zweischritt von »Psychographie und Kritik«. Mit »Psychographie« meinte der Autor ja, daß er die eigene Psyche mit all ihren Widersprüchen und Fraglichkeiten als Stoffquelle verwendet hat, also in diesem Fall auch den eigenen Hang zu »Zweideutigkeiten«, der biographisch gut belegt ist. So gewiß Fontane als passionierter Zuhörer und Leser einschlägiges Material hat sammeln können, so gewiß entsprangen viele der erotischen Anspielungen, die er männlichen Figuren in den Mund gelegt hat, seiner eigenen erotischen Sprachphantasie. »Ich kenne deine Anfänge und deine Schlüsse« (V 351) – das könnte auch oder sogar ursprünglich ein Satz Emilie Fontanes sein.

Nach einem Besuch bei Fontane wunderte sich der junge naturalistische Dramatiker Gerhart Hauptmann, daß der »alte Herr« eine gewisse Pikanterie und gewagteste »Zweideutigkeiten« liebte.[14] Theodor Storm zeigte sich schon 1854 über diesen offenbar lebenslang konstanten Hang Fontanes befremdet, was zu einer brieflichen Auseinandersetzung zwischen beiden führte. Der nach Preußen emigrierte Husumer hielt seinem Berliner Dichterkollegen vor, dieser habe gegenüber Storms Frau »die unbarmherzigsten Zweideutigkeiten und Nuditäten«, z. T. über seine eigene Frau, ausgeschüttet.[15] So habe er z. B. auf die Wendung »in den Schooß weinen« gekontert: »Nä, *dazu*

14 Christian Grawe: Theodor Fontane: *Effi Briest*, Frankfurt/M. 1985, S. 62.

15 Storm – Fontane: Briefwechsel, S. 88.

ist ein Schooß nicht da!«[16] Fontane bedauerte zwar, durch »im Übermut ausgesprochene Worte« Anstoß gegeben zu haben, verteidigte aber »aufs bestimmteste« seine Neigung zu solchen Anspielungen, die er darauf zurückführte, daß er »von Natur offen, ehrlich, unverstellt« sei und noch immer nicht gelernt habe, sich im Zaum zu halten.

> Ich platze auch mit Zweideutigkeiten heraus, wenn mir gerade danach zumute ist. Ich habe hinsichtlich meiner Taten und Worte eine große Unbekümmertheit, und von meinen Worten möcht ich gelegentlich sagen: sie haben mich. Wenn ich nun so die Menschen um mich her ansehe, kann ich aus ihnen nicht abnehmen, daß ich gut täte, meinen alten Adam auszuziehen und mir den modernen anständigen Menschen zuzulegen. Ich weiß, was es mit dieser Anständigkeit auf sich hat.

Niemand komme um gelegentliche Unanständigkeiten herum, auch Storm selbst nicht, und sogar – hier dreht Fontane den Spieß um – einzelne von Storms schönsten Gedichten würden unanständig gefunden.[17]

In der Tat hat Fontane – das macht den Streit zwischen beiden kurios bis komisch – zeitlebens seine eigenen »harmlosen Unanständigkeiten«[18] im Alltagsgespräch oder im Roman weitaus weniger anstößig gefunden als gewisse Teile von Storms lyrischem Werk, die er noch 1896 »nicht blos sexuell-sinnlich (was immer noch ginge) sondern geradezu lüstern« fand. Ein denkbar harmloses Ehe-Alltags-Gedicht wie *Zur Nacht*, wenn er dieses denn wirklich gemeint haben sollte, assoziierte er mit »Othelloscene« (vielleicht die Nachtszene am Ende des ersten Aktes von Verdis *Othello*)[19] und »andiamo« (vielleicht die Zerlina-Szene in Mozarts *Don Giovanni*) und emp-

---

16 Ebd., S. 91.

17 Ebd., S. 89 f.

18 Ebd., S. 101.

19 Dieter Lohmeier: Theodor Fontane über den »Eroticismus« und die »Husumerei« Storms: Fontanes Briefwechsel mit Hedwig Büchting. In: Schriften d. Theodor-Storm-Ges. 39 (1990), S. 37, 45, Anm. 35.

fand den Ausruf »alter Ekel« als richtige Reaktion darauf.[20] Fontane gab wiederholt vor, stolz und froh zu sein, daß er frei sei von einem Stormschen »Bibber«, womit er dessen lyrischen Erotizismus meinte.[21] Er hatte offenbar vergessen oder verdrängt, daß eigene lyrische Produkte wie *Maria und Bothwell* (»immer heißer wird das Pfühl«) im *Tunnel*-Dichterclub Entrüstung hervorgerufen hatten (G I 133, 536), auch bei Paul Heyse, von dem nun wieder Fontane später behauptet hat, bei manchen seiner Schöpfungen sei ihm »die Röthe ins Gesicht gestiegen«.[22] Diese – von heute aus gesehen – etwas lächerlichen Auseinandersetzungen über erotische Äußerungen in Literatur und Leben, in denen sich Geschmacksfragen der Kunst mit solchen der Alltagskommunikation verbinden, zeigen das Maß der Unsicherheit darüber an, wie man angemessen mit dem Tabuthema der Sexualität umgehen sollte. Dieser gesellschaftlichen Bewußtseinslage entspricht Fontanes Schreibstrategie des vorsichtigen Verstreuens und Versteckens von zweideutigen Anspielungen in den Gesprächen seiner Romanfiguren.

Kalte und warme Madonnen, Venusbilder und Pfirsichpflaum

Am differenziertesten und prägnantesten ist das Phänomen der Zweideutigkeiten mit allen hier angesprochenen Aspekten in Fontanes erstem Berliner Gesellschaftsroman *L'Adultera* erzählerisch durchgestaltet. Erotische Anspielungen bestimmen in dieser Geschichte des Ehebruchs und Ehewechsels der Melanie van der Straaten nicht nur das Charakterprofil ihres ersten Ehemannes, sondern akzentuieren auch die Handlung. Deren entscheidende Wende, der endgültige Übergang Melanies vom einen zum anderen Partner, wird sogar direkt durch eine be-

20 Ebd., S. 35 ff.
21 Ebd., S. 39.
22 Ebd., S. 34.

sonders verletzende Häufung von Zweideutigkeiten seitens des ersteren ausgelöst.

Kommerzienrat van der Straaten, reicher Börsianer, Parvenü, zum Protestantismus übergetretener Jude und bürgerlicher Ehemann einer jungen, schönen, adligen Frau, nach dem ursprünglichen Plan Fontanes die Titelfigur des Romans, ist auch in dem überwiegenden Teil der endgültigen Romanfassung, in deren ersten zwei Dritteln, die dominierende Gestalt geblieben. Melanies Handeln, das im letzten Drittel dominiert, steht zunächst ganz im Schatten seines ebenso komplexen wie problematischen Charakters. Er ist ein Bourgeois mit typischer Halbbildung und entsprechendem Geschmack, Lebemann mit misogynem Einschlag, gutmütig, sentimental und zynisch, mit einer besonderen Vorliebe für drastische Wendungen, Sprichwörter und Zitatspiele »von der derberen Observanz« (III 111), d. h. für »Zweideutigkeiten«, die seine Frau jederzeit von ihm gewärtigen muß (114), und einem Haß auf »Prüderien« (171).

Das Problematische seines Charakters ergibt sich daraus, daß sich hinter der Fassade des erfolgreichen Geschäfts- und glücklichen Ehemannes Mangelerfahrungen verstecken. Diese konkretisiert das epische Psychogramm teils sozialpsychologisch, teils triebpsychologisch. Der Aufsteiger van der Straaten (›von der Straße‹!) gilt allein an der Börse bedingungslos etwas, in der Gesellschaft »nur bedingungsweise« (111). Er bekommt die feinen Unterschiede zu spüren, die sein Außenseitertum bedingen, und reagiert mit Trotz, Eigensinn und Provokation darauf. Der alternde Ehemann, dessen »Liebesbeweisen« und »Ungeniertheiten« seine erheblich jüngere Frau ausweicht (148), so daß er um ihre zukünftige eheliche Treue fürchtet und das auch ausspricht – Abwehr durch Benennung –, versucht sein sexuelles Defizit durch Kunstsammeln, Karrierismus und erotische Anspielungen zu kompensieren. Doch mit diesen redet er – darin liegt die Pointe der gesamten Konfliktmodellierung – Melanies Ehebruch geradezu herbei; seine verbalen Sticheleien, Grobheiten und Schamlosigkeiten verletzen sie, stoßen sie ab und treiben sie schließlich regelrecht in die Arme des Nebenbuhlers Rubehn. Das ist erzählerisch durch zwei Gesprächsszenen in den Kapiteln »Bei Tisch« und »Löbbekes Kaffeehaus« akzentuiert, die den beiden Haupttypen Fontanescher Gesellschaftsszenen, dem Diner und der Landpartie, entsprechen und in denen sich die Zweideutigkeiten van der Straatens jeweils häufen und gewissermaßen überschlagen. Das Konzept, das beide Szenen verbindet, ist die Opposition von gerade noch vermiedener Anstands- und endgültig eingetretener Ehekatastrophe.

Im fünften Kapitel steigern sich van der Straatens Anzüglichkeiten von vergleichsweise harmlosen Anspielungen auf den Bogenschützen Amor (131) und auf die pikante »Schlußwendung« des Märchens vom ›Fischer un sine Fru‹ (133) über spanische Zwiebeln (»Scharf, scharf«) zu gewagtesten Expektorationen über den spanischen Maler Murillo und dessen »kalte und warme Madonnen«. Van der Straatens – durchaus zeittypischer[23] – Kunstdiskurs versetzt die religiöse Motivik mit sinnlich-leiblicher Metaphorik: Murillos Mutter Gottes blickt »brünstig, oder sagen wir lieber inbrünstig, gen Himmel, als wolle die Seele flügge werden in einem Brütofen von Heiligkeit« (135 f.). Während Polizeirat Reiff augenzwinkernde Zustimmung zu gemeinsamer Männerphantasie bekundet, versucht Melanie, als Verantwortliche für die gesellschaftliche Etikette, ihren Mann von dem heiklen Thema abzulenken, indem sie von Murillos auf Tizians Madonnenbilder überleitet. Doch sie gießt damit nur Öl ins Feuer: Tizian verstehe sich – so repliziert ihr Mann – »auf alles mögliche, nur nicht auf Madonnen. Auf Frau Venus versteht er sich. Das ist seine Sache. Fleisch, Fleisch. Und immer lauert irgendwo der kleine liebe Bogenschütze.« Ob er seinen Bogen eben gespannt oder eben abgeschossen hat – was sei vorzuziehen? »Eine feine Frage, Reiff. Ich denke mir, wenn er ihn spannt . . .« (137) Die »feine Frage« einer künstlerischen Motiv-Alternative, die in Wahrheit

23 Vgl. Winfried Jung: Bildergespräche. Zur Funktion von Kunst und Kultur in Theodor Fontanes *L'Adultera*, Stuttgart 1991.

belanglos ist, läßt ebenso gezielt wie unbestimmt die ganz und gar nicht feine Frage nach einem Vorher oder Nachher auf dem Schauplatz des »roten Ruhebetts« des Tizian-Gemäldes mitschwingen.

Von diesem Höhepunkt – sorgsam versteckter – Zweideutigkeit geht van der Straaten zu einer vehementen Attacke auf den »Ritter von Bayreuth«, »Behexer« und »Venusberg-Mann« Richard Wagner über, dem, wie er weiß, einige seiner Dinerpartner anhängen, darunter seine eigene Frau; auch ihr baldiger Hausgast und späterer Liebhaber wird dazugehören. Für van der Straaten dagegen sind Wagner-Opern mit ihrem angeblich »himmlischen Zauber« nichts als »fauler Zauber«, und ebenso scharfblickend wie scharfzüngig verdächtigt er die Wagner-Schwärmer der Heuchelei, der Verhüllung erotischer Interessen hinter musikalischen (138 f.). Denn in der Tat waren Wagners Werke damals »eine Möglichkeit, in erotischen Träumen zu schwelgen und sich gleichzeitig einzubilden, etwas Erhabenes zu erleben«.[24] Von Vermittlungsversuchen seines Schwagers teils zu dünkelhaftem Trotz angestachelt, teils zu Sentimentalität besänftigt, zitiert der schwerreiche Kommerzienrat – ganz wie die ebenso sentimentale Kommerzienrätin Jenny Treibel (VI 293) – den Satz »Gold ist nur Chimäre« aus einer Oper Meyerbeers (*Robert der Teufel*), auch wenn er weiß, daß dessen Musik als »überwunden« gilt durch die Wagners und anderer. Denn er liebt nun mal »Nonnen, die tanzen« – das paßt zu seinen brünstigen Madonnen. Die »Ungeheuerlichkeiten«, die er sich dann noch über *Lacrimae Christi*, Erlöserblut und Versöhnungswein erlaubt (III 140), vermögen die – scheinbare – Versöhnung und Heiterkeit des Diner-Ausklangs nicht mehr zu stören.

Einen entgegengesetzten Abschluß findet im neunten Kapitel das Gespräch in Löbbekes Kaffeehaus. Hier steigern sich die Zweideutigkeiten van der Straatens, die besonders seine

---

24 Peter Gay: Die zarte Leidenschaft. Liebe im bürgerlichen Zeitalter, München 1987, S. 277.

Frau verletzen, bis zu einem Eklat. Es beginnt mit Anzüglichkeiten über die blonde Schankwirtin und die Speisekarte, die hier »von Mund zu Mund vermittelt« werde (165). Es geht weiter mit einem »Exkurs« van der Straatens über das »Fallen« (553) und über die Frauen (168), bei dem Melanie bereits unbemerkt zusammenzuckt, sowie mit einer Zitatmengung (aus einem Kindervers und dem Heiratsfluch Hamlets an Ophelia) über unschuldige weiße (weibliche) Lämmchen und Verleumdung, was Rubehn so sichtbar mißfällt, daß sich Melanie, die »durch all die Jahre hin« schon durch die anstößige »Redeweise« ihres Mannes »viel Hunderte von Malen in Verlegenheit gebracht« worden ist, jetzt zum ersten Mal seiner schämt (170).

Van der Straatens Ungezogenheit gipfelt in einem Gedankensprung von der Schankwirtin, die er als eine Spree-Venus preist, zur Venus Kallipygos, einem bekannten antiken Skulpturtyp einer Venus oder einer Hetäre. Der Beiname Kallipygos bedeutet: ›mit dem schönen Hintern‹; »in Griechisch und Musik darf man alles sagen«, sichert sich van der Straaten gegenüber den Wagner-Schwärmern unter seinen Zuhörern ab. Und dann fährt er fort:

> »Außerdem entsinn ich mich, zu meiner Rechfertigung, eines wundervollen Kallipygos-Epigramms ... Nein, nicht Epigramms ... Wie heißt etwas Zweizeiliges, was sich nicht reimt ...«
> »Distichon.«
> »Richtig. Also ich entsinne mich eines Distichons ... bah, da hab ich es vergessen ... Melanie, wie war es doch? Du sagtest es damals so gut und lachtest so herzlich. Und nun hast du's auch vergessen. Oder *willst* du's bloß vergessen haben ...? Ich bitte dich... Ich hasse das ... Besinne dich. Es war etwas von Pfirsichpflaum, und ich sagte noch, ›man fühl ihn ordentlich‹. Und du fandst es auch und stimmtest mit ein ... Aber die Gläser sind ja leer. ..«
> »Und ich denke, wir lassen sie leer«, sagte Melanie scharf und wechselte die Farbe, während sie mechanisch ihren Sonnenschirm auf- und zumachte. (170 f.)

Gegen Melanies harschen Abbruch der Geselligkeit – ein Zeichen ihrer tiefen Verärgerung – macht sich der seinerseits beleidigte van der Straaten noch einmal Luft, indem er gegen

»Prüderien« und »Prätensionen höherer Sittlichkeit« wettert, »hinter denen nichts steckt. Im günstigsten Falle nichts steckt« (171). Aber es hilft nichts. Melanie hat sich innerlich von ihm losgesagt, und im folgenden Kapitel »Wohin treiben wir?« beginnt sie, zusammen mit Rubehn in den Ehebruch zu treiben.

Die grobe Unfeinheit, die van der Straaten hier begeht, indem er nicht nur sich selbst, sondern auch seine Frau vor anderen bloßstellt, hat Fontane mit ausgesuchter Feinheit erzählerisch inszeniert. Der reiche Börsenmann demonstriert hier, mit bezeichnenden Bildungs- und Erinnerungslücken, den vulgären Geschmack, dem er bei aller Kunstkennerschaft verhaftet ist, indem er als Kriterium für die Gelungenheit eines Epigramms – ganz wie bei Murillos warmen Madonnen – den sinnlichen Reiz geltend macht: »man fühl ihn ordentlich«, den »Pfirsichpflaum« (171) der Haut des schönen Hinterns der Statue, von der das Epigramm handelt. Darüber hinaus wirkt diese sensuelle Reiz-Ästhetik dadurch anzüglich und bloßstellend, daß van der Straaten sie – darin bietet die endgültige Fassung erheblich mehr Finesse als der Vorentwurf[25] – als den Inhalt eines früheren Gesprächs zwischen ihm und seiner Frau präsentiert. In dessen Rahmen soll *diese* das Distichon rezitiert, dabei herzlich gelacht und der Pfirsich[p]flaum-Ästhetik ihres Mannes zugestimmt haben – so wenigstens behauptet dieser. (Daß Melanie – Nomen est omen – in puncto Zweideutigkeiten kein blütenweißes Lämmchen ist, zeigt ihr bibelfest flirtendes Namenspiel mit Rubehn–Ruben. III 178 f.) Dieser weiblichen Komplizenschaft mit seinem männlichen Gesichts- und Tastsinn wünscht er sich nun erneut zu versichern. Im Bewußtsein der – männlichen – Zuhörer, in deren Öffentlichkeit van der Straaten hier höchst Intimes zerrt, kann dadurch natürlich leicht der Funke überspringen von den erotischen Reizen der Venus Kallipygos zu denen der Melanie van der Straaten. (Der – hier mit pf geschriebene – Flaum weckt natürlich auch wieder

25 Herman Meyer: Theodor Fontane *L'Adultera* und *Der Stechlin*. In: Theodor Fontane, hg. v. W. Preisendanz, Darmstadt 1973, S. 211 f.

das »Pflaumenthema« mit seinen Wagnissen.) Ihr Mann stellt damit – in Wahrheit nicht mehr vorhandene – sexuelle Verfügungsmacht über sie zur Schau.[26] Jedoch indem Melanie seiner Aufforderung, ihm im Gespräch beizuspringen, nicht nachkommt, verweigert sie sich der Unterwerfung unter seinen »männlichen Blick«[27], und zwar endgültig.

Um dieses Spiel zu durchschauen, braucht der Leser das reale Distichon überhaupt nicht zu kennen, auf das van der Straaten hier plump und Fontane raffiniert anspielt; der zeitgenössische Leser konnte es leicht kennen, denn es war unmittelbar vor *L'Adultera* in Paul Heyses Sammlung *Verse aus Italien* 1880 erschienen (doch später nicht mehr, vielleicht auch, weil van der Straaten es diskreditiert hatte):

> Göttliches Weib! – »O pfui, die Hetäre!« – Warum so entrüstet?
> Hast du doch selbst wohl schon »göttliche Pfirsich!« gesagt.[28]

Auch hier also schon ein Kunstgespräch, zweifellos gleichfalls zwischen Mann und Frau – die ersten beiden Ausrufe entsprechen den Rollenmustern –, wobei der Mann die Frau von ihrem moralischen Tadel abzubringen und zu seinem ästhetischen Lob der Skulptur zu überreden versucht, indem er ihr vorhält, wer – wie sie selbst gelegentlich – aufgrund ihrer Haut und Form besonders schöne Pfirsiche ›göttlich‹ nennen kann, brauche sich auch nicht zu scheuen, dieses Prädikat einer Statue zu verleihen, deren Schönheit der von Pfirsichen nicht nachsteht, vielmehr – in gewissen Teilen – vergleichbar ist. Dieses relativ harmlose Epigramm hat Fontane zu einer Anspielung verrätselt und so geschickt in Figurenrede eingebettet, daß van der Straaten damit scheinbar nur seine Art von Ästhetik zu legitimieren versucht, in Wahrheit jedoch sich und seine Ehe

26 Dirk Mende: Frauenleben. In: Fontane aus heutiger Sicht, hg. v. H. Aust, München 1980, S. 192 f.

27 John Osborne: Vision, Supervision, and Resistance. Power Relationships in Theodor Fontane's *L'Adultera*. In: Deutsche Vierteljahrsschrift f. Literaturwissenschaft u. Geistesgeschichte 70 (1996), S. 67-79.

28 Meyer: Theodor Fontane *L'Adultera*, S. 212.

bloßstellt, indem er – auf dem Wege zweideutiger Assoziationen – seine Frau gewissermaßen vor aller Augen entblößt. Doch infolge dieser extremen Entgleisung verliert er sie an einen anderen.

Die erzählerische Leistung Fontanes, die in der epischen Integration von »Zweideutigkeiten« in *L'Adultera* liegt, steht ganz im Zeichen von »Psychographie und Kritik«. Deutlich hat der Autor von sich selbst Anteile auf das epische Psychogramm der Figur van der Straatens übertragen. Auch dieser beharrt – wie Fontane gegenüber Storm – trotzig auf seiner Vorliebe für erotische Anspielungen, weil er es ablehnt, die Prüderie und Heuchelei der viktorianischen Gesellschaft mitzumachen. So weit das psychographische Moment. Das kritische besteht darin, daß van der Straatens kommunikatives Handeln aufgrund seines Bourgeoisdünkels Spielregeln des Umgangs und Anstands, des Takts und Feingefühls allzu weitgehend mißachtet. Damit verletzt er andere Menschen, und dafür muß er schließlich mit dem Entzweigehen seiner Ehe bezahlen.

Freie Liebesverhältnisse und Demimondegesellschaft

Nie wieder in Fontanes Romanschaffen gewinnen Zweideutigkeiten eine solch zentrale, quasi dramatische Funktion wie in seinem ersten Berliner Gesellschaftsroman. Doch erhalten sie in anderer Weise noch einmal ein ähnlich großes Gewicht in den beiden Werken, mit denen der Autor seinen spezifischen Beitrag zum Genre des Berliner Romans leistet und mit denen er sich gleichzeitig am meisten der neuen naturalistischen Schreibweise annähert: in den entstehungsgeschichtlich und thematisch eng zusammengehörenden Arbeiten *Irrungen, Wirrungen* und *Stine*, die Frauen aus der Unterschicht als Hauptfiguren haben und eine entsprechende Darstellung von sozialem Milieu – oder »Milljöh« im Sinne Heinrich Zilles – bieten. Dieses Milieu umfaßt nun auch jenen »zwielichtigen Randbezirk der illegitimen Geschlechterbeziehungen, der an schärfere Arten der Prostitution grenzt«[29] und somit selber schon Formen von Prostitution einschließt, wie immer man diese benennen mag, als »Demimonde(gesell)schaft« wie Fontane selbst (V 530, 538) oder als Kokottenschaft. (Kokotten nannte man Dirnen für gehobenere Ansprüche, die von *einem* Mann ausgehalten wurden; noch höher standen dann Kurtisanen und Mätressen; Cécile in dem gleichnamigen Roman z. B. hat eine Vergangenheit als Mätresse, d. h. als Fürstengeliebte.)

Dieser Bezirk wird im übrigen Werk Fontanes – den allgemeinen und literarischen Tabugesetzen entsprechend – nur mit gelegentlichen Andeutungen oder in Gestalt von Nebenfiguren gestreift. Rybinskis »Braut« in *Mathilde Möhring* gehört vermutlich dazu, ebenso das, was Frau Schmolke über die Arbeit ihres früh verstorbenen Mannes bei der »Sitte« und die entsprechenden Versuchungen erzählt (VI 398-404) und was der realen Sittengeschichte, als Gefahr der Bestechung von Polizeibeamten durch ›Liebesdienste‹[30], genau entspricht. Das Bordell als Ort und Institution wird niemals direkt, sondern nur indirekt benannt, als Andeutung über »Statistisches«, als zweideutige Metapher wie »Verkehrsader« (VI 307 f.), als Umschreibung mit einem klassischen Literaturzitat: »eine Stelle, ›wo die letzten Häuser stehn‹« (H 324).[31] Fontane schreibt in einem Brief, er habe sich für seine beiden Berliner Alltagsgeschichten über diesen anrüchigen Sozialbereich durch authentische Quellen und Berichte kundig gemacht. Und ebenso offen wie verhüllend fügt er hinzu, außerdem habe er auch selber »in grauer Vergangenheit in dieser Welt rumgeschnüffelt« (V 538). Woher er aber auch immer seine Milieukenntnisse haben mag, Fontane zeigt in diesen beiden Werken »ein sozialkritisches Bewußtsein,

29 Peter Wruck: »Viel Freud, viel Leid. Irrungen, Wirrungen. Das alte Lied.« In: FBl 39 (1985), S. 90.

30 Eduard Fuchs: Illustrierte Sittengeschichte vom Mittelalter bis zur Gegenwart, Bd. 3, München 1912, S. 422 f.

31 Wörtliches Zitat aus Goethes Ballade *Der Gott und die Bajadere* (2. Strophe, 2. Zeile). Der Kommentar (H 699) schweigt über diese »Stelle«.

das hinter dem der Naturalisten in nichts nachsteht. In beiden Erzählungen gibt Fontane die Prostitution nicht als ein moralisches Problem, sondern als ein soziales Problem zu erkennen, entstanden aus der materiellen Misere des vierten Standes.«[32]

Textintentionen und Erwartungshorizont des zeitgenössischen Publikums klaffen bei *Irrungen, Wirrungen* und *Stine* besonders weit auseinander, vermutlich nicht zuletzt deshalb, weil man nicht verstand oder nicht verstehen wollte, welche erzählerische Funktion Zweideutigkeiten und »Demimondeschaft« in diesen beiden Geschichten von einer abgebrochenen und einer gar nicht erst eingegangenen Liebesbeziehung zwischen einer Arbeiterin und einem Adligen haben. »Wird denn die gräßliche Hurengeschichte nicht bald aufhören?« entrüstete sich ein Mitinhaber der *Vossischen Zeitung*, in welcher der Vorabdruck von *Irrungen, Wirrungen* erschien (V 544). Fontanes bisherige Verleger zeigten sich an einer Buchausgabe gänzlich uninteressiert – die »reichen Buchhändler sind alle zu ›sittlich‹« (542) –, und einige Zeitungen vermieden oder verzögerten Besprechungen.

Fontane war empört über solche »Heuchelei« (545), die er in der Empörung über eine schlichte, wenn auch nichteheliche Liebesgeschichte mit Entsagung erblickte, und freute sich desto mehr, als eine Gruppe jüngerer, dem Naturalismus zuneigender Kritiker gerade diese beiden Werke nachdrücklich lobte. So kann man es fast als ein »soziologisches Experiment« im Sinne Brechts, d. h. als eine ideologiekritische Entlarvungsaktion, ansehen, daß er der ersten auch noch eine zweite »Schweine-Novelle« (587) gewissermaßen nachschob, obwohl er die ablehnende Haltung des konservativen Teils der Presse und Verleger voraussehen konnte, insbesondere der ›Familienblätter‹, in denen aber – wie er bissig schrieb – »sub rosa ganz anders geschweinigelt« werde als in seinen Arbeiten (584).

---

32 Hanni Mittelmann: Die Utopie des weiblichen Glücks in den Romanen Theodor Fontanes, Bern 1980, S. 104.

Welchen Intentionen folgt nun aber die Darstellung von zweideutigen Redeweisen, Personen und Verhältnissen in *Irrungen, Wirrungen* und *Stine*, wenn damit doch zweifellos noch mehr Entrüstung hervorgerufen werden mußte als mit dem »freien Liebesverhältnis« (545) zwischen der Stickerin Lene Nimptsch und dem Kürassierleutnant Botho Freiherr von Rienäcker? Beantworten wir diese Frage zunächst in Hinblick auf die Erzählung *Stine*, die vor *Irrungen, Wirrungen* begonnen, aber erst später fertiggestellt wurde: Beide hängen motivlich dadurch eng zusammen, daß das Demimonde-Verhältnis zwischen Pauline Pittelkow und dem alten Grafen Haldern, das den Rahmen für die tragische Liebe seines jungen, kränklichen Neffen zu Paulines Schwester Stine liefert, sehr nah verwandt ist mit den Beziehungen, die in *Irrungen, Wirrungen* Lenes Nachbarin Frau Dörr in ihrer Vergangenheit und Bothos Offizierskameraden mit ihren »Damen« in der Gegenwart unterhalten.

In *Stine* ist nicht Stine, vielmehr ihre Schwester Pauline Pittelkow die eigentliche »Hauptperson« (583). Charakteristisch dafür, wie Fontane-Interpreten leicht unter dem kritischen Niveau seiner Texte bleiben können, ist die Art, wie sie Pauline verehren. Der Hang männlicher Kritiker und Interpreten, die imaginären Liebeleien mit literarischen Frauengestalten ebenso zugetan sein mögen wie Fontane selbst, für die »schöne, schwarze Frauensperson« (175), dieses »Bild einer südlichen Schönheit« (181), ist angesichts ihrer Schwester, des kränklich-bläßlichen Tugendmusters Stine, verständlich. Und doch verfestigt ihr Lobpreis für die »wundervolle Pauline«, das »prächtige Berliner Weib« auch die Verachtung, die ihr gräflicher Liebhaber für sie hegt. Über der »natürlichen Liebenswürdigkeit« und der attraktiven Erscheinung dieser Frau vergessen sie deren erniedrigendes Leben und manche hermeneutische Tugend. Daß die erzählerische Modellierung der Figur gelungen ist, worauf Fontane mit Recht stolz war, übertragen sie auf diese selbst und deuten an den deutlichsten Textbelegen für die gesellschaftliche Bedingtheit der menschlichen Misere Paulines so lange herum, bis einfache Menschlichkeit, »Gesundheit und

Lebenstüchtigkeit« herauskommen.[33] Selbst ein sonst kritischer Interpret meint, im Pittelkow-Teil der Erzählung dürfe sich, anders als im entsagungsvollen Stine-Strang, »Sinnlichkeit entfalten«.[34] Es fragt sich nur, wessen Sinnlichkeit – gewiß nicht Paulines – und was für eine. Die Zweideutigkeiten einer kompensatorischen Altherrensexualität sagen genug, um die Herren Interpreten dezent weghören zu lassen. Stine ist krank, schwach, dekadent, also ist Pauline gesund, stark, vital – so einfach ist das. Man vergreift sich gar so weit, mit großem Aufwand nachweisen zu wollen, in *Stine* habe Fontane sich Nietzsches Entgegensetzung von ›lebensstark‹ und ›lebensschwach‹ zu eigen gemacht, und als »positive Stufe« in seinem Romanschaffen herauszustellen, daß hinfort »lebensschwache Figuren gänzlich eliminiert« würden.[35] Hier hat der »schwarze Gottseibeiuns« (V 244) einem Interpreten offenbar dermaßen den Kopf verdreht, daß dieser weder das Verhängnisvolle an Nietzsches Konzept noch Fontanes Skepsis gegenüber solcher Unterscheidung (»Was heißt krank? Wer ist gesund? Und *wenn* krank, nun so bin ich eventuell fürs Kranke«[36]), noch die im Text artikulierten Beschädigungen dieser ›lebensstarken‹ Frau zu bedenken vermag.

Was hilft die großmütige Versicherung, die Witwe Pittelkow sei »keine käufliche Frau«, an ihrem menschlichen Rang könne »kein Zweifel« sein?[37] Wenn sogar gutbürgerliche und adlige Ehen in Fontanes Werken kritisch als »Warenverhältnis« dargestellt sind[38], hat es keinen Sinn zu leugnen, daß er in seiner

33 Gerhard Friedrich: Die Witwe Pittelkow. In: FBl 3 (1974), H. 2, S. 118.

34 Peter Wessels: Schein und Anstand. Zu Fontanes *Stine*. In: Formen realistischer Erzählkunst. Festschrift für Charlotte Jolles, hg. v. J. Thunecke, Nottingham 1979, S. 501.

35 Jörg Thunecke: Lebensphilosophische Anklänge in Fontanes *Stine*. Ebd., S. 515.

36 Theodor Fontane: Hanser-Ausgabe, Abt. III, Bd. 2, S. 804.

37 Walter Müller-Seidel: Theodor Fontane. Soziale Romankunst in Deutschland, Stuttgart, 2., durchges. Aufl. 1980, S. 279, 281.

38 Mende: Frauenleben, S. 187.

Darstellung einiger Frauen aus kleinbürgerlich-proletarischem Milieu zeigt, wie ihre Körper »zum Tauschwert degradiert« sind.[39] Mutter von zwei kleinen Kindern, nach einer ordentlich-kleinbürgerlichen Ehe vor einem Abstieg zur Lohnarbeit erklärlicherweise zurückschreckend, aufgrund einer früheren »Verführungsgeschichte« in ihrer weiblichen Identität bereits deformiert, läßt Pauline sich von dem alten Grafen Haldern, vermutlich dem Vater des jüngeren Kindes, als Geliebte aushalten und ist so von ihm ökonomisch vollkommen abhängig. Sie »hätt's lieber anders. Aber sie muß« (211). Paulines erniedrigende Lebensumstände: ein reduziertestes »Verhältnis« mit dem Grafen, der von ihr abschätzig »alter Ekel« und »der Olle« genannt wird und der aus Standesdünkel und Kunstenthusiasmus, »Ritterlichkeit« und Frauenverachtung besteht, der sie bei aller gutmütig-humorigen Gönnerhaftigkeit verspottet und verletzt, der ihr eine sinn- und lieblos zuammengewürfelte Wohnungseinrichtung verpaßt hat, die nicht, wie die bürgerlichen Interieurs, als entlastender Freiraum, als Insel der Authentizität[40], sondern als traurig-komischer Ausdruck von kultureller Enteignung anzusehen ist – solche Lebensumstände müssen auch Paulines Persönlichkeitsstruktur prägen. Da ist eine emotionale Verhärtung und Verarmung, die, nur scheinbar absichtlich und überlegen, Liebschaften, doch keine Liebe zulassen mag – »Ich bin noch so drum rumgekommen« (V 221); die Männer »taugen alle nichts un is auch recht gut so« (183) – und die sich auch auf ihren Umgang mit ihren Kindern auswirkt. Da ist ein Gefangensein in den konservativen Wertvorstellungen gerade der Gesellschaft, von der sie deklassiert wird: »Ordnung« und »Anständigkeit« hält Pauline ebenso hoch wie ihre Kolleginnen aus *Irrungen, Wirrungen*. Da ist schließlich ein

39 Rainer Kolk: Beschädigte Individualität. Untersuchungen zu den Romanen Theodor Fontanes, Heidelberg 1986, S. 73.

40 Richard Brinkmann: Der angehaltene Moment. Requisiten – Genre – Tableau bei Fontane. In: Formen realistischer Erzählkunst, S. 360-380.

Arbeitseifer, der weniger aus Not als aus Verdrängung von Glücksmangel geboren scheint.

Das Positive jedoch an Pauline erschöpft sich nicht darin, womit sie männliche Blicke und Interpreten anzieht, es liegt in dem, was mit »Selbstgefühl« und »Überlegenheit«[41] zu statisch benannt ist, in den vor allem verbalen Gegenkräften, die sie gegen die Misere aufbringt, in ihrer plebejischen Schlagfertigkeit, mit der sie dem Haldern seine Verachtung zurückgibt. Allein, den stärksten Rebellenton läßt der Autor, sozialpsychologisch exakt, in fatalistische Resignation umschlagen: »Ich puste was auf die Grafen [. . .] Aber ich kann so lange pusten, wie ich will, ich puste sie doch nich weg, un den Unterschied auch nich.« (222) Mag Fontane mit solchen Weisheiten ebenso wie mit Haldernschen Frivolitäten symphathisiert haben – die vielbeschworene Menschlichkeit in seinen Texten ist nicht zu denken ohne die menschlichen Beschädigungen, die in ihnen erzählerisch analysiert sind, von Pauline Pittelkow bis zu Dubslav von Stechlin.

Pauline verleugnet in ihrer Redeweise keineswegs ihre »Demimondeschaft«. Es mag manche Leser doch etwas verschreckt haben, solchen Originalton naturalistisch hart vorgesetzt zu bekommen. Eine drastische Kostprobe dafür ist, wie Pauline über den kränklichen Neffen ihres Grafen spricht: »Und denn bringt er ja auch das ausgepustete Ei mit. Und *die* kenn ich, die verlangen immer am meisten, und wenn's weiter nichts is, wollen sie wenigstens was sehn un Augen machen.« (190) Dieser grobe Jargon wird indessen nicht diskriminierend zitiert, sondern als ein Indiz für die Härte von Lebensverhältnissen, die eine entsprechende Härte der Denk- und Redeweise zur Folge haben.

Die Erniedrigung selbst wird dadurch keineswegs geringer, und Fontane verdeutlicht das, indem er der rauhen, scheinbar abgebrühten Reaktion Paulines auf die Anzüglichkeiten Halderns das empfindlichere Reagieren Stines an die Seite stellt.

41 Friedrich: Die Witwe Pittelkow, S. 118.

Während jene der »spöttisch huldigenden Weise« (189) des Grafen mit einem verärgerten: »Unsinn und Afferei« begegnet, fühlt diese beschämt »das Verletzende« solch heuchlerisch-zynischen Komödienspielens heraus (191). Doch als »Sarastro«, wie der Graf sich scherzhaft zu nennen pflegt, einen Toast auf Pauline ausbringt und sie passend, aber schamlos anzüglich »meine Königin der Nacht« nennt, fühlt auch sie sich beschämt, weniger durch das »Drastische« dieser Anrede als dadurch, daß sie sich zum Objekt von »Witzeleien« gemacht sieht, die sie nur halb verstehen kann (195 f.).

Stine schätzt den Lebenswandel ihrer Schwester bemerkenswert souverän ein, indem sie ihn – hier gewiß als Sprachrohr des Autors dienend – nicht als moralisches, sondern als soziales Problem versteht: »Brav sein und sich rechtschaffen halten, das ist alles sehr gut und schön, aber doch eigentlich nur was Feines für die Vornehmen und Reichen.« (211) Und sie spricht deutlich aus, welche Erniedrigung in einem solchen Leben liegt: »jeden Tag alte Herren um mich haben, bloß um Unanständigkeiten mit anhören zu müssen oder Anzüglichkeiten und Scherze, die vielleicht noch schlimmer sind« (208 f.). Was Stine hier als teilnehmende Beobachterin des Lebens ihrer Schwester erkennt und ausspricht, zeichnet die Sichtweise eines intendierten Lesers vor. Dieser Intention gemäß besteht die erzählerische Funktion von zweideutiger Rede und »Demimondeschaft« in *Stine* darin, daß auf diese Weise die Demütigung sichtbar wird, »die hinter den Frivolitäten steckt, die Männer sich diesen Frauen gegenüber herausnehmen«.[42] Das gilt gleichermaßen für *Irrungen, Wirrungen*.

Hier sind die erzählerischen Gewichte zwischen authentischer Liebesbeziehung und zweideutigem Milieu jedoch nahezu umgekehrt verteilt wie in *Stine*: Im Zentrum steht die Sommerliebe zwischen Lene und Botho, auf die von Beginn der Erzählung an der Schatten künftiger Trennung fällt. Das Milieu bleibt im Hintergrund. Es umgibt jedoch, in Gestalt der

42 Mittelmann: Die Utopie des weiblichen Glücks, S. 105.

Frau Dörr, die früher in einem ganz ähnlichen Verhältnis mit einem alten Grafen gelebt hat wie Pauline Pittelkow, kontinuierlich das junge Liebespaar. Und es rückt, in Gestalt der drei »Damen«, die Bothos Kameraden nach »Hankels Ablage« begleiten, unmittelbar vor dem Wendepunkt der Handlung, der schmerzlichen Trennung Bothos von Lene um einer ökonomisch opportunen Standesheirat willen, eine Episode lang mit schneidender Schärfe in den Vordergrund.

Auf diesem zweifachen Wege tritt als leitendes Konzept das der Demütigung und Kränkung, das auch *Stine* prägt, besonders markant und bewegend hervor. Denn so tapfer Lene das Wissen um die begrenzte Dauer ihres freien Liebesverhältnisses mit dem jungen und schönen adligen Leutnant aushält, ja aus diesem Wissen sogar ein schmerzlich gesteigertes Glücksgefühl gewinnt, so irritierend, kränkend und verletzend wirkt es auf sie, in welcher Weise ihre Liebe sich gewissermaßen vor der Gesellschaft verstecken muß in der kurios-dürftigen Idylle der Dörrschen Gärtnerei und ihrer vorstädtischen Umgebung, oder wie die zwar gutmütige, aber auch grobe Frau Dörr Parallelen zieht zwischen ihrem eigenen Mätressenverhältnis mit ihrem Grafen und Lenes Liebesbeziehung mit Botho. Suse Dörrs Ton gleicht dem Pauline Pittelkows; am weitesten geht sie – und mit ihr wohl auch Fontane in seinem gesamten Werk –, wenn sie der alten Nimptsch berichtet, wie es ihr Graf, der eine Zeitlang ihren Körper gemietet hatte, mit ihr zu treiben liebte, »kreuzfidel un unanständig«, wie er war: »Und da reichen ja keine hundert Mal, daß ich ihm gesagt habe: ›Ne, ne, Graf, *das* geht nicht, *so* was verbitt ich mir . . .‹« (V 10)

Lene ist bei diesem Bekenntnis glücklicherweise nicht anwesend. Doch es ist immer noch eine ganze Serie von Verlegenheiten, in welche die naiv-derbe, unbewußt oder halbbewußt anzügliche Redeweise von Frau Dörr sie bringt. Dabei zeigt sie sich nicht als unglaubwürdig prüde, vielmehr als feinfühlig für die Differenz zwischen dieser und jener Art von Verhältnis und als empfindlich für das Verwischen solcher Differenz. Darum wird Lene wiederholt »ängstlich« und »verlegen«, wenn Frau Dörr »sonderbare Dinge sagt, Dinge, die wie Zweideutigkeiten klingen und es auch sein mögen. Aber sie weiß nichts davon« (32), ob sie nun von einer Braut erzählt, die »versessen drauf« war, sich in den Finger zu stechen, »un lutschte und lutschte, wie wenn es wunder was wäre« (25), oder ob sie von Bettmatratzen mit Sprungfedern – »wenn es denn so wuppt« – oder gar offen anzüglich vom Storch redet: »Na, nach mir sieht er nich.« (55)

Die schwerste Kränkung aber erfährt Lene von ihrem Liebsten selbst, und zwar ausgerechnet auf der Landpartie an die Spree, welche die beiden auf Lenes Wunsch unternehmen, aus bedrückender gesellschaftlicher Umgebung »mal hinauszukommen«, um »mit dem geliebten Manne zusammen zu sein« (64), und ausgerechnet nach der gemeinsamen Nacht in Hankels Ablage. Schon am Vorabend hatte dreierlei sie verstört: Die Wirtin kommentiert Lenes vorübergehendes Unwohlsein plump-anzüglich in Richtung Schwangerschaft (71). In ihrem Schlafzimmer hängen historische Stiche mit englischen Unterschriften, die sie mangels »Wissen und Bildung« nicht entziffern kann, und das versetzt ihr »einen Stich ins Herz, weil sie sich der Kluft dabei bewußt wurde, die sie von Botho trennte«. Ein weiteres Bild mit der Unterschrift »Si jeunesse savait« – von dem französischen Künstler Paul Gavarni (1804-1866) – kennt sie flüchtig aus der Dörrschen Wohnung – »Dörr liebte dergleichen« –, doch jetzt sieht sie genauer hin und wird verstimmt: »Ihre feine Sinnlichkeit fühlte sich von dem Lüsternen in dem Bilde wie von einer Verzerrung ihres eigenen Gefühls beleidigt.« (77)

Am nächsten Tag treffen unerwartet, vielleicht als geplante Störung, Bothos Kameraden mit ihren »Damen« ein: »Königin Isabeau, Fräulein Johanna, Fräulein Margot« – so werden diese mit Namen aus Schillers *Jungfrau von Orléans* vorgestellt, in der verfeinernd-beschönigenden, doch zugleich herablassend-erniedrigenden Art, wie diese jungen Herren mit ihren nicht gesellschaftsfähigen »Damen« Gesellschaft spielen. Und Botho macht gute Miene zum bösen Spiel und stellt seinerseits, in spontan-scherzhaftem Einfall, Lene als »Mademoiselle Agnes

Sorel« vor (82). Mit dieser nominellen Nobilitierung Lenes – Agnes Sorel ist die Geliebte des französischen Königs Karl VII. – stellt er sie jedoch ungewollt auf die gleiche Stufe mit den drei Prostituierten und leistet so dem Vorschub, was nun folgt: Vereinnahmung Lenes durch die Gruppe der Halbweltdamen für den Rest der Landpartie und ihre traurige Verstimmung bei der Rückfahrt nach Berlin, die ihr Gefühl ausdrückt, daß nun das gemeinsame Glück zu Ende gehe. In der Tat trifft am nächsten Morgen ein folgenreicher Brief von Bothos Mutter ein, der eine standesgemäße Heirat anmahnt.

Den Tiefpunkt der Kränkung stellen die zwei Stunden dar, die Lene in Gesellschaft der drei Frauen zubringen muß, während Botho und die anderen Herren bei einem »Jeu« unter sich bleiben. Denn sie wird von diesen Frauen als ihresgleichen behandelt, wenigstens so lange, bis sich das Gegenteil herausstellt: »›Jott, Kind, Sie verfärben sich ja; Sie sind woll am Ende mit *hier* dabei‹ (und sie wies aufs Herz) ›und tun alles aus Liebe? Ja, Kind, *denn* is es schlimm, denn gibt es 'nen Kladderadatsch.‹« (88) Königin Isabeau spricht hier genauso wie früher schon Frau Dörr (10), denn sie ist, wie ihre Zukunftspläne verraten, so etwas wie eine jüngere Ausgabe von jener. Die von Lene – bis auf ein paar Fragen – stumm ertragene Kränkung muß sich durch das noch verstärken, was sie da zu hören bekommt. Die Gespräche der in zwei Paaren Promenierenden haben für den Leser etwas Traurig-Komisches: Erstens kommt indirekt das triste Milieu dieser Frauen zum Ausdruck. Zweitens reden sie – jeweils hinter dem Rücken der anderen – gehässig und grob übereinander: Johanna »is eine Gans« (87), Isabeau watschelt »wie 'ne Fettente« (89). Und drittens hält man, um sich voneinander und vom gemeinsamen sozialen Elend zu distanzieren, auch innerhalb der »Demimondeschaft« auf Umgang, »guten Ruf« und »Anstand«, d. h. auf die feinen Unterschiede:

»Ach, diese Johanna, man kann eigentlich nicht mit ihr umgehn; sie hat keinen guten Ruf und is eine Gans. Ach, Kind, Sie glauben gar nicht, was jetzt alles so mitläuft; nu ja, sie hat 'ne hübsche Figur und hält auf ihre Handschuh. Aber sie sollte lieber auf was andres halten. Und sehen Sie, die, die so sind, die reden immer von sterben und Kirchhof. Und nun sollen Sie sie nachher sehn! Solang es so geht, geht es. Aber wenn dann die Bowle kommt und wieder leer is und wieder kommt, dann quietscht und johlt sie. Keine Idee von Anstand. Aber wo soll es auch herkommen? Sie war immer bloß bei kleinen Leuten, draußen auf der Chaussee nach Tegel, wo kein Mensch recht hinkommt und bloß mal Artillerie vorbeifährt. Und Artillerie . . . Nu ja . . . Sie glauben gar nich, wie verschieden das alles ist. Und nun hat sie der Serge da rausgenommen und will was aus ihr machen. Ja, du meine Güte, so geht das nicht, oder wenigstens nicht so flink; gut Ding will Weile haben.« (87)

Fontanes Erzählkunst der feinen Unterschiede zeigt sich – so möchte ich zusammenfassen – auch auf dem unfeinen Beobachtungsfeld der in seinen Romanen verstreuten Zweideutigkeiten, und zwar in mehrfacher Hinsicht: Noch im Bereich extrem unfeiner Rede, Personen oder Verhältnisse wirkt auf höchst verschiedene Weise der soziale Mechanismus der Distinktion, der Abgrenzung nach unten. Die epische Integration der Unfeinheiten geschieht mit großer erzählerischer Feinheit, wobei die virtuose Technik der Anspielung es erlaubt, die konversationelle Einbettung der Zweideutigkeiten sowohl für subtile Psychogramme der Figuren wie auch für die Inszenierung kultureller Diskurse und sozialer Redevielfalt zu nutzen. Dabei werden erotische Anspielungen als das vorgeführt, was sie in der patriarchalischen Gesellschaft des 19. Jahrhunderts überwiegend sind: typische Elemente von Männerrede und Männerphantasie, die wie nebenbei immer auch den Effekt der Stabilisierung von herrschenden Frauenbildern und Geschlechterrollenmustern haben. Daß Fontane dabei eigene Neigungen in dieser Richtung künstlerisch objektiviert hat, macht seine Texte desto glaubwürdiger und mindert nicht ihren Kritikgehalt. Und schließlich: Indem Fontanes Romane die Deformationen derer zeigen, die Zweideutigkeiten im Munde führen, und die Verletzung derer, die ihnen ausgesetzt sind, weisen sie auf Defizite an freier, natürlicher Menschlichkeit hin und appellieren an ihre Leser, ihrerseits solche Defizite sensibel wahrzunehmen und nach Kräften zu verringern. Darin besteht die ethische Dimension eines charakteristischen, bisher jedoch nicht näher behandelten Elements der Fontaneschen Erzählkunst, das von Moral in einem engen Sinn besonders weit entfernt ist.

VII. »Weiber weiblich, Männer männlich«

Fontanes Reden mit fremden Stimmen in *Effi Briest*

»Einer von Papas Lieblingssätzen«

»Weiber weiblich, Männer männlich« – das ist zwar ein Fontane-Zitat, aber es klingt ziemlich modern, wenn wir denn noch als modern bezeichnen dürfen, was *nach* dem *post*modernen Verwirrspiel mit Geschlechterrollen wieder angesagt zu sein scheint. Verwirrend erschien ja ein feministisches Emanzipationsdenken, das Weiblichkeit gegen ihre Festlegung im männlich-patriarchalischen Diskurs neu hatte definieren wollen und dabei von einer Definitionsfalle in die andere geraten war. Irritierend für viele waren und sind die Versuche in Selbsterfahrung, bei denen Männer ihre weiblichen und Frauen ihre männlichen Anteile erkunden und ausleben wollen. Hat das alles nicht wie andere Emanzipationsgeschichten bloß »Verwirrung und Unheil gestiftet«?[1] Manche denken heute wieder so, und die dürftige Distinktionsformel »Weiber weiblich, Männer männlich« könnte als markiger Slogan für eine Wende im Geschlechterdiskurs dienen und Zustimmung womöglich weit über jene Kreise hinaus finden, die ihre Lust an Distinktion, an klaren Scheidungen, in Slogans wie ›Deutschland den Deutschen‹ und ähnlichem ausleben . . .

Nun soll hier freilich nicht der armselige Ausspruch aus *Effi Briest* dadurch vollends zu Tode geritten werden, daß mit ihm Fontanes Modernität oder Postmodernität oder Post-Postmodernität nachgewiesen würde. Im Gegenteil: daß dieser Ausspruch des ostelbischen Junkers und Ritterschaftsrats von Briest auf Hohen-Cremmen im Havelland heute wieder geneigte Ohren finden mag, läßt eher die heutige Mentalität in einem fragwürdigen Licht erscheinen. Ich möchte vielmehr im fol-

1 Vgl. Kap. II, S. 92, 95.

genden dieses Zitat als charakteristisches Beispiel für Fontanes Reden mit fremden Stimmen analysieren. Denn es ist gar nicht der alte Briest selbst, dessen vermutlich markige Märkerstimme wir im Anfangskapitel von *Effi Briest* so reden hören. Es ist vielmehr seine siebzehnjährige Tochter Effi, die den flotten Spruch im Munde führt – aber eben als Zitat, als ein Reden mit fremden Worten, in diesem Fall mit denen ihres Vaters.

An dem Tag, der zu Romanbeginn geschildert wird und der andeutungs- und anspielungsweise schon den ganzen nachfolgenden Roman enthält, wird aus dem Kind Effi, das gern auf der Schaukel sitzt und mit den Freundinnen Versteck und Anschlag spielt, durch Verlobung eine junge Frau. Der Verlobte ist der achtunddreißigjährige Geert von Innstetten, Baron und preußischer Landrat zu Kessin in Hinterpommern. Effi ist ihm bisher nur einmal kurz begegnet, aber sie weiß von ihm als einem »alten Freund« aus den »Mädchentagen« ihrer Mutter. Es war damals sogar eine richtige »Liebesgeschichte mit Held und Heldin und zuletzt mit Entsagung«. Dieser alte Freund wird nun zu Besuch erwartet. Effi beschreibt ihn ihren Freundinnen so: »Landrat, gute Figur und sehr männlich«. Das dritte sei die »Hauptsache«, sagt Freundin Hertha, und darauf antwortet dann Effi: »Freilich ist das die Hauptsache, ›Weiber weiblich, Männer männlich‹ – das ist, wie ihr wißt, einer von Papas Lieblingssätzen.« (VII 10)

Wie man weiß, wenn man Fontane gelesen hat, ist nicht nur Papa Briest ein Liebhaber von Lieblingssätzen (›Das ist ein weites Feld, Luise‹), die meisten anderen Fontane-Figuren sind es auch und nicht minder ihr Autor. Unter diesen Lieblingssätzen wiederum ist der Anteil derjenigen, die nicht – um es märkisch auszudrücken – auf eigenem Mist gewachsen sind, beträchtlich. Es wimmelt in Fontanes Romanen geradezu von Zitaten und Anspielungen, von fremder Rede in der eigenen. Erzähler und Figuren zitieren aus dem Kanon der bürgerlichen Bildung und Halbbildung, spielen auf die Diskurse der Zeit an, lassen echohaft die Stimmen der sozialen Redevielfalt erklingen. Außerdem zitiert der Erzähler seine eigenen Figuren, und auch diese zitieren einander – so wie Effi ihren Vater mit einem seiner Lieblingssätze. Die Frage liegt nahe, warum Fontane dafür dem alten Briest nicht direkt das Wort erteilt hat, um ihn selbst seinen Satz sprechen zu lassen. Meine Antwort ist: Die Information des Textes wird dadurch komplexer, reichhaltiger, vieldimensionaler und auch vieldeutiger. Vor allem zwei Effekte sind es, die diese einfache Technik hervorbringt. Zum einen: Zitieren charakterisiert den Zitierenden ebenso wie den Zitierten. Zum anderen: Zitieren heißt, einen Ausspruch verwenden, indem man ihn bloß anführt. Seine Geltung bleibt dahingestellt. Dadurch wird das Wort in höherem Maße als ohnehin in fiktionalen Texten »objekthaft« (Bachtin), d. h. dem Leser zur Prüfung vorgelegt.[2]

Was aber ließe sich an einer so dürftigen Phrase groß beobachten? Nicht zuletzt dies, *daß* sie so dürftig ist, daß mit der elliptisch verkürzten, man könnte geradezu sagen: mit der preußisch knappen Maxime »Weiber weiblich, Männer männlich« eine Norm proklamiert wird, die das weite Feld der Geschlechterbeziehungen und – in metonymischer Weise – das noch weitere Feld der sozialen Beziehungen auf klare Distinktionen reduzieren soll. So läßt sich Herrn von Briests markiger Spruch als Ideologem entziffern, als ein Wort also, das nicht nur eine persönliche Meinung, sondern kollektives Wissen, in diesem Fall ein konservatives, statisches Mentalitätsmuster zum Ausdruck bringt, wie es zu einem preußischen Landjunker genau paßt. So gesehen ist, was Effi als fremde Stimme zitiert, nicht nur die individuelle Stimme ihres Vaters, sondern ineins damit die typische Redeweise des Repräsentanten einer sozialen Gruppe. Die Zitiertechnik individualisiert und entindividualisiert also die Figurenstimme gleichzeitig. Die Spur des Individuellen an Briests Ausspruch mag gerade darin zu finden sein, daß sein eigener Charakter und seine Eherolle, wie sie der Roman andeutet, wenig zu dem markigen Spruch passen, den er so gern im Munde führt.

Wie aber kann das Zitat darüber hinaus auch noch die zitie-

---

2 Vgl. Kap. II.

rende Effi charakterisieren? Als Sprechakt genommen, kennzeichnet es zunächst eine Sprechende, die bei diesem und, wie der übrige Text zeigt, auch bei anderen Themen auf keine nennenswerte eigene Erfahrung zurückgreifen kann, sondern sich an Autoritäten halten muß. Die nächste Autorität ist natürlich der Herr Papa. Effi spricht hier also mit einer »kindlichen Unüberlegtheit« und »geistigen Unselbständigkeit«.[3] Wenn sie aber Papas Satz, den er so oft zu wiederholen liebt, daß auch ihre Freundinnen ihn schon kennen, ihrerseits wiederholt, meint sie dabei auch dasselbe wie ihr Vater? »Gute Figur und sehr männlich« – das klingt nicht unbedingt nach konservativer Sozialrollenphilosophie, eher nach authentischem Partnerwunsch eines jungen Mädchens. So oder ähnlich könnte man es heute in Heiratsanzeigen lesen.

Aber dürfen wir so ohne weiteres *unsere* Assoziationen bei dem Wortpaar ›weiblich/männlich‹ auf die einer jungen Adligen vor hundert Jahren projizieren? So ist ja die Männlichkeit, mit der Innstetten auf Effi Eindruck macht, ebenso wie mit seiner guten Figur auch mit dem Landrat verbunden. Dieser ist in Effis Augen nicht nur sehr männlich, sondern sogar »sehr schneidig« (13). Er hat sogar im Deutsch-Französischen Krieg das Eiserne Kreuz erhalten. Daß er danach gleich wieder »bei seinen Akten« saß, ganz so wie er schon vorher die Juristerei »mit einem ›wahren Biereifer‹« studiert hatte – diesen Umstand benennt Effi jedoch bezeichnenderweise lieber erneut zitatweise mit den Worten ihres Vaters. So kommt in ihrem Reden über Innstetten ein seltsames Gemisch aus Männlichkeit und Biereifer, Schneidigkeit und Aktenstudium zustande, das die weiblichen Wunschphantasien der jungen Effi irritieren muß. Kein Wunder also, daß sie, nachdem die Mutter ihr mitgeteilt hat, Innstetten habe um ihre Hand angehalten, in ein »nervöses Zittern« verfällt, sobald er sich ihr nähert, »schlank, brünett und von militärischer Haltung« (19).

---

3 Hanni Mittelmann: Die Utopie des weiblichen Glücks in den Romanen Theodor Fontanes, Bern 1980, S. 47 f.

Als sie dann plötzlich schon im Status des Verlobtseins ist und als die Freundin sie fragt, ob es »denn auch der Richtige« sei, antwortet Effi: »Gewiß ist es der Richtige. Das verstehst du nicht, Hertha. Jeder ist der Richtige. Natürlich muß er von Adel sein und eine Stellung haben und gut aussehen.« (21) Von Männlichkeit im Sinne weiblicher *erotischer* Wünsche ist hier nichts zu finden. Effi betrachtet hier gutes Aussehen wie Adel und Berufsstellung nur noch als Prestigewert, als soziales Kapital. Und kurz vor der Hochzeit ist dann ihre euphorische Erwartung an ein gemeinsames Leben mit dem sehr männlichen Mann Innstetten zu einer traurigen Mischung aus vorweggenommener Resignation, kleinlaut festgehaltenem Wunsch und – massiver Angst geworden:

> »ich bin für gleich und gleich und natürlich auch für Zärtlichkeit und Liebe. Und wenn es Zärtlichkeit und Liebe nicht sein können, weil Liebe, wie Papa sagt, doch nur ein Papperlapapp ist (was ich aber nicht glaube), nun, dann bin ich für Reichtum und ein vornehmes Haus, ein *ganz* vornehmes« (33).

Papas ersten Ausspruch »Weiber weiblich, Männer männlich« hatte Effi doch wohl auch als sicheres Pfand für Liebes- und Eheglück genommen. Jetzt, im Zitieren und gleichzeitigen Infragestellen von Papas zweitem Ausspruch, Liebe sei doch nur ein »Papperlapapp«, bildet sich auch sprachlich Effis zweifache Fremdbestimmtheit ab: die, aus der sie kommt, die des Elternhauses, und die, in welche sie geht, die der Ehe. Innstetten – sagt sie zu ihrer Mutter – ist an sich »ja doch nicht alt und ist gesund und frisch und so soldatisch und so schneidig. Und ich könnte beinah sagen, ich wäre ganz und gar für ihn, wenn er nur ... ja, wenn er nur ein bißchen anders wäre« (36).

Vom ›Naturkind‹ zur ›Kindfrau‹

Effis Wünsche und Ängste, ihr Glücksverlangen und ihre Fremdbestimmtheit kommen gleichermaßen in der Art und Weise zum Ausdruck, wie sie redet und wie sie sich dabei an fremde Rede anlehnt, sei es das Arsenal der Lieblingssätze des Herrn Papa, seien es anonyme schichtenspezifische Diskurselemente wie der Satz »Eine Geschichte mit Entsagung ist nie schlimm« (11). Effis Identitätsbildung vollzieht sich von Anfang an als unauflösliches Ineinander von Zurichtung auf vorgegebene Rollenmuster und mehr oder weniger scheiternden Versuchen des Ausweichens vor ihnen. Das gilt in besonderem Maße für ihre Identität als Frau. Dem Erzählkonzept des Romans gemäß, das darin dem herrschenden Mädchenbild des 19. Jahrhunderts folgt, ist die Siebzehnjährige sonderbarerweise noch das reine Kind. Jedenfalls tritt sie so in Erscheinung, und das bleibt, was noch sonderbarer ist, auch nach ihrer Verlobung und sogar Heirat so.

Erst als sie ihr eigenes Kind geboren hat – so wenigstens sieht es ihr Mann –, wird das anders: »Effi, du kommst mir ganz anders vor. Bis Anniechen da war, warst du ein Kind. Aber mit einemmal [. . .] Du hast was Verführerisches.« Anstatt ihrem Mann Kindesmißbrauch vorzuhalten, freut Effi sich über sein Bekenntnis und antwortet, wieder einmal mit fremder Stimme: »Wir müssen verführerisch sein, sonst sind wir gar nichts . . .« – »Hast du das aus dir?« fragt Innstetten mit Recht, denn in der Tat hat Effi dieses Ideologem, diese typische ›Wir-Frauen‹-Sentenz, mit der die Frauen ihre Zurichtung für männliche Bedürfnisse affirmieren, keineswegs aus sich selbst, auch nicht von Papa oder Mama, sondern merkwürdigerweise von Pastor Niemeyer. »Von Niemeyer! O du himmlischer Vater, ist *das* ein Pastor«, ruft Innstetten aus: »Aber wie kam denn *der* dazu? Das ist ja, als ob es irgendein Don Juan oder Herzensbrecher gesprochen hätte.« »Ja, wer weiß«, lacht Effi: »Aber kommt da nicht Crampas?« (129) *Lupus in fabula*, kann man da nur sagen. Wie es weitergeht mit Effi und Crampas, dem hinterpommerschen Don Juan, wissen wir. Die verführerisch weiblich gewordene Effi läßt sich von dem Mann verführen, der in anderer Hinsicht männlich ist als Innstetten, der bei all seiner Männlichkeit und obwohl er »unterm Liebesstern geboren« sein soll (129), kein rechter Liebhaber ist, wie der ziemlich allwissende

Erzähler den Leser mitwissen läßt: »Um zehn war Innstetten dann abgespannt und erging sich in ein paar wohlgemeinten, aber etwas müden Zärtlichkeiten, die sich Effi gefallen ließ, ohne sie recht zu erwidern.« (108)

Kommen wir zurück auf das »Kind« Effi! Was denkt sich dieses Kind, wenn es den Spruch »Weiber weiblich, Männer männlich« im Munde führt und sich damit sehr erwachsen und wissend gibt? Welches Wissen hat die Siebzehnjährige über die Beziehungen der Geschlechter? In der Landwirtschaft aufgewachsen, sollte sie über die physiologisch-funktionelle Seite dessen, was an Weibern weiblich und an Männern männlich ist, im Bilde sein. Und als Schülerin, die – bezeichnenderweise – in Religion schwach, dafür aber in Mythologie sehr gut war (286) – und das ist natürlich vor allem die antik-griechische mit ihren wenig moralischen Geschichten von Götter- und Göttinnenaffären –, dürfte Effi auch daraus ein gerütteltes Maß an Aufklärung gewonnen haben. Mythologie hat sie offensichtlich aus Büchern gelernt, die neuer sind als des alten Dubslav *Götterlehre*-Buch »aus guter, anständiger Zeit und jeder Gott ordentlich angezogen« (VIII 384). Doch wie paßt das dann zusammen mit der Stilisierung zu einem geradezu geschlechtsneutralen Kind, einer Stilisierung, die Frau von Briest auf ihre, der Erzähler auf seine Weise an Effi vornimmt?

Die herangewachsene Tochter spürt sehr genau dieses künstliche Mißverhältnis. Ihre Mutter hat sie in einen blauweißen Leinenkittel mit Matrosenkragen gesteckt. Warum? Weil es modisch war? Weil Effi ein unkonformes ›Naturkind‹ ist und weil naturwüchsige Wildheit eher mit Jungen, mit Mädchen dagegen domestizierte Feinheit konnotiert war? Weil die Mutter Effis körperliche Weiblichkeit vor ihr selbst verstecken will? Weil sie eifersüchtig ist? Weil sie ihre Tochter begehrlichen Blicken entziehen will, bis ›der Richtige‹ kommt? Effi jedenfalls nennt ihre Kleidung protestierend einen »Jungenskittel«, einen »Hänger« (VII 9). »Warum machst du keine Dame aus mir?« fragt sie ihre Mutter, die nur noch »um eine Handbreit« größer ist als sie (8). Und sie droht, wenn das so weitergehe mit den kindischen

Kleidern, werde sie wieder zu knicksen anfangen wie ein Backfisch: »und wenn dann die Rathenower herüberkommen, setze ich mich auf Oberst Goetzes Schoß und reite hopp, hopp. Warum auch nicht? Drei Viertel ist er Onkel und nur ein Viertel Courmacher« (9). Ob Onkel, ob Courmacher, also Frauenheld – das Hopp-hopp-Reiter-Spiel, das zu ihren Kleidern, aber nicht zu der Siebzehnjährigen paßt, die darin steckt, kann Effi so kindlich-naiv, wie sie sich hier gibt, nicht meinen, denn sie droht ja gleichzeitig ihrer Mutter damit wie mit einem Skandal. Und daß solches Spiel als skandalös erscheinen muß, das zeigt mit mehr als hinreichender Deutlichkeit eine spätere Parallelstelle: Die zwar erst vierzehnjährige, dafür aber rotblonde Försterstochter Cora setzt sich »Onkel Crampas« auf den Schoß (162). Die Anrede »Onkel Crampas« ist ausdrücklich in Anführungszeichen gesetzt: Cora spielt kokett das kleine Mädchen. Und das geschieht am selben Abend, an dem Crampas dann zwar nicht Cora, dafür aber Effi auf der berühmten Schlittenfahrt verführen wird.

Was also weiß die siebzehnjährige Effi? Da ist ihre schon damenhafte Freundin Hulda, die Tochter von Pastor Niemeyer, eine »lymphatische Blondine«, deren etwas vorspringende Augen »beständig nach was zu suchen« scheinen. Klitzing von den Husaren hat über sie gesagt: »Sieht sie nicht aus, als erwarte sie jeden Augenblick den Engel Gabriel?« Und Effi findet, daß er mit diesem doch ziemlich befremdlichen Vergleich »nur zu sehr recht habe« (10). Die lymphatische Hulda, verglichen mit Maria in Erwartung der Verkündigung ihrer unbefleckten Empfängnis durch den Heiligen Geist durch den Engel Gabriel – ein solcher Vergleich kann keiner ganz unbefleckten Phantasie entspringen, sei es die männliche Phantasie des Husarenleutnants, der den Vergleich produziert, sei es die weibliche Effis, die ihn rezipiert und zitiert. Diese selbst sieht in dem Leinenzeug mit Klappkragen, wie Hulda sagt, zwar wie ein »Schiffsjunge« aus und redet wie ein »Midshipman«, aber das hindert sie nicht, Hulda daran zu erinnern, wie diese »damals, als Vetter Briest als Kadett hier war, aber doch schon groß genug«, auf dem Scheunendach entlangrutschte: »Und warum? Nun, ich will es nicht verraten« (16), sagt Effi und verrät damit, daß sie ebensowenig mehr geschlechtsneutrales »Kind« ist wie ihre Freundinnen, die sofort »Pfui« rufen, als Effi, beim Versteckspiel hinter den großen Rhabarberblättern, in scherzhaftem Vergleich das Wort »Feigenblatt« in den Mund nimmt (17).

Effi ist also zweifellos kein Kind mehr: ihrem Alter nach, das über Backfischzeit und Pubertät hinaus ist, ihrem Wissen nach, das in dem von ihr Gesagten implizit enthalten ist, und auch ihren Gefühlen, Wünschen und Phantasien nach, jedenfalls einem Teil davon. Dazu braucht man nicht umständlich psychoanalytisch zu durchleuchten, was ihr besonderen Spaß macht, z. B. ihre Kletter- und Schaukellust, zu der sie sich, scheinbar kindlich, ausgerechnet in Zusammenhang mit ihrer erwarteten Hochzeitsreise bekennt, und zwar als Alternative zu Schmuckgeschenken von ihrem Mann (35). Gewiß, auch der Erzähler verzeichnet Effis erwachte Weiblichkeit nur metaphorisch und andeutungsweise, das gehört zu den Diskursregeln des bürgerlichen Verklärungs-Realismus. Aber warum muß ihre Mutter sie gegen ihren Widerstand mit Jungenkleidern gewaltsam zum Kind stilisieren? Frau von Briest verfolgt eine Doppelstrategie: Sie desexualisiert ihre Tochter mit dem Puritanismus der viktorianischen Zeit, doch gleichzeitig bereitet sie Effi kupplerinnenhaft zum Anbeißen zu. (Welche ambivalenten Gefühle gegenüber der Tochter, die dem ehemals eigenen Liebhaber zugeführt wird, hineinspielen mögen, bleibe dahingestellt.) Denn »entzückend« findet Frau von Briest ihre Tochter in Anpassung an damals herrschende männliche Erwartungen und Wünsche, die darauf zielten, das geheiratete Mädchen zum Frausein, zur Sexualität allererst zu ›erwecken‹ – entzückend gerade in dieser teils natürlichen, teils künstlich hergerichteten kindlichen Frische (8). Bevor sie Innstetten, der gerade um Effis Hand angehalten hat, mit ihr zusammenführt, obwohl sich diese noch nicht einmal, wie ursprünglich geplant, damenhaft hat umziehen können, wirft sie einen prüfenden Blick auf »das jugendlich reizende Geschöpf, das, noch erhitzt von der Aufregung des Spiels, wie ein Bild frischesten Lebens« vor ihr steht. Und sie legt unverfroren ihre neue Verkaufsstrategie für die Ware Effi dar: »du siehst so unvorbereitet aus, so gar nicht zurechtgemacht, und darauf kommt es in diesem Augenblicke an« (18). Der Vorgang ist ebenso ungeheuerlich wie normenkonform: Verkupplung der Tochter durch die Mutter an den vormals eigenen Verehrer. Was Effi damit angetan wird, nennt sie selbst sehr zurückhaltend »ein bißchen genant«. Wenn sie erklärt, sie werde wohl »darüber wegkommen« (21), enthüllt sie damit unausgesprochen das Maß der ihr zugefügten Kränkung und Lebensschädigung.

Ehe-Aufklärungen und -Lügen

Noch ein letztes Mal: Was weiß Effi, die da etwas vorlaut und altklug ihre geborgte Weisheit verkündet über Weiber, die weiblich, und Männer, die männlich sein müssen, von der Beziehung der Geschlechter? Das jedenfalls, was ihre Eltern ihr vor der Hochzeit an ›Aufklärung‹ zukommen lassen, ist ein ziemlich fatales Gemisch aus Verdunkelung und Desillusionierung. Papa mit seinem »kleinen frivolen Zug« (19), seinem kompensatorischen Hang zu Zweideutigkeiten, legt in seiner Verlobungsansprache umständlich die Namen des jungen Paares aus: »nun, so sei Effi eben Effi und Geert Geert. Geert, wenn er nicht irre, habe die Bedeutung von einem schlank aufgeschossenen Stamm, und Effi sei dann also der Efeu, der sich darum zu ranken habe«. Bei dieser Art von Eheaufklärung sehen sich die Verlobten verlegen an, Effi, zum Glück für Innstetten, mit einem Ausdruck »kindlicher Heiterkeit« (20).

Auf der Berlinreise von Mutter und Tochter ist es der junge Vetter Dagobert Briest, der die Aufklärung seiner Cousine in die Hand nimmt: Da sie vor der Hochzeit stehe, sei es für sie gut, die »Insel der Seligen« schon vorher kennenzulernen (24). Was an dieser Anspielung noch am unverfänglichsten erscheint, ist der Bezug auf Böcklins mythologisches Gemälde *Die Gefilde der*

Seligen in der Nationalgalerie, das damals Entrüstungsstürme auslöste, weil es einen Zentauren mit nackten Nymphen zeigt. Nach der Rückkehr übernimmt die Aufklärung wieder Vater Briest auf seine Weise. So was wie Insel der Seligen habe man auch zu Hause gehabt, nämlich eine Affäre zwischen Inspektor Pink und der Gärtnersfrau: »Natürlich habe ich Pink entlassen müssen, übrigens ungern. Es ist sehr fatal, daß solche Geschichten fast immer in die Erntezeit fallen. Und Pink war sonst ein ungewöhnlich tüchtiger Mann, hier leider am unrechten Fleck.« (26) Hohen-Cremmen im Havelland – Insel der Seligen oder eher Sodom und Gomorrha?

Denn mit der Aufklärung von mütterlich weiblicher Seite steht es nicht besser als mit der väterlich und vetterlich männlichen. Das erste Gebot, das Frau von Briest der Tochter mit auf den Eheweg gibt, heißt: »wir Frauen« müssen »vorsichtig im Leben sein« (31). Doch mehr als unvorsichtig muß erscheinen, was sie selbst kurz zuvor gesagt hat, indem sie ihren Mann warnend zitierte: Ihm sei ja »nichts heilig«, nicht einmal Pastor Niemeyer, denn was habe er über den Pastor gesagt?

> »Niemeyer sähe aus wie Lot. Unerhört. Und was soll es nur heißen? Erstlich weiß er nicht, wie Lot ausgesehen hat, und zweitens ist es eine grenzenlose Rücksichtslosigkeit gegen Hulda. Ein Glück, daß Niemeyer nur die einzige Tochter hat, dadurch fällt es eigentlich in sich zusammen.« (30)

Lot, dem Mann aus Sodom, der im Suff seine Töchter schwängerte – ihm soll Pastor Niemeyer gleichen, auch wenn er nur *eine* Tochter hat? Was da »eigentlich« in sich zusammenfällt, aber eigentlich doch auch wieder nicht, das ist, bezogen auf Pfarrer und Pfarrerstochter, ein veritabler Inzestverdacht. Der Leser denkt sich sein Teil bei Hulda, die ihren Engel Gabriel erwartet, der womöglich weniger den himmlischen als den irdischen Vater metaphorisch vertritt. Und daß dieser mit seiner Ehefrau wenig Freude hat (und somit auf Abwege geraten sein könnte), wird vom Erzähler wiederholt betont (20, 295). Andererseits bleibt offen, ob das Gerücht über den Pastor und seine Tochter nicht weniger über diese als über die beiden Herrschaften sagt, die es in die Welt setzen und auch noch ihrer angeblich kindlich-reinen Tochter weitergeben. Frau von Briest, mit Unschuldsmiene, gibt vor, Effi das zu erzählen, um sie vor sich selbst, ihrem Hang zu kleinen Blasphemien, zu warnen: »das hast du von deinem Vater«. Und bei dieser Erklärungsweise für Effis Verhalten und weiteres Lebensschicksal wird sie stur verharren, bis über den Tod ihrer Tochter hinaus, blind für den wirklichen und nicht nur den eingebildeten eigenen Anteil an Schuld (310).

Im übrigen läuft die Eheaufklärung der Mama auf die dringende Warnung vor einer Ampel fürs Schlafzimmer hinaus, die Effi sich mit ihrem roten Schimmer als schön und poetisch vorstellt: »Du bist ein Kind. Schön und poetisch. Das sind so Vorstellungen. Die Wirklichkeit ist anders, und oft ist es gut, daß es statt Licht und Schimmer ein Dunkel gibt.« (32) Warum das gut sein soll, verschweigt sie ominös. Was Frau von Briest *gegen* eine rote Ampel im *adligen* Schlafzimmer sagt, genau das sagt in *Mathilde Möhring* die zur Hochzeitsfeier von Mathilde eingeladene Witwe Schmädicke *für* eine solche Beleuchtungsart im *kleinbürgerlichen* Schlafzimmer. Ihr Hochzeitsgeschenk ist eine solche Ampel, deren Nutzen Witwe Schmädicke begründet, indem sie von ihrer eigenen Hochzeitsnacht erzählt:

> »Ich hab es mir lange überlegt, was wohl das beste wäre. Da mußt ich dran denken, wie duster es war, als Schmädicke kam. Ich kann wohl sagen, es war ein furchtbarer Augenblick und hatt so was, wie wenn ein Verbrecher schleicht. Und Schmädicke war doch so unbescholten, wie einer nur sein kann. Und seitdem, wenn eine Hochzeit is, schenke ich so was. Zuviel Licht is auch nich gut, aber so gedämpft, da geht es.« (490)[4]

Trotz der feinen Unterschiede in der Beleuchtungsfrage stim-

---

4 Lily Braun schreibt in ihren *Memoiren einer Sozialistin* (Bd. 1, Berlin 1909, S. 13 f.) gleichfalls über das Trauma der Hochzeitsnacht, die Ahnungslosigkeit des wohlbehüteten Mädchens, dem die sexuelle Annäherung des Ehemannes »wie eine gräßliche Untat« erscheint. »Erst ganz allmählich kam ihr die Erkenntnis, daß ihr Gatte kein Verbrecher, ihr Schicksal kein abnormes war.«

men Frau Ritterschaftsrätin von Briest und Posamentierswitwe Schmädicke miteinander und mit der alten Möhring überein, die wiederum ihren verstorbenen Mann zitiert, um Mathilde über die bevorstehende Hochzeitsnacht aufzuklären. Dieses Zitierte wiederum kann als ein Diskurszitat gelten, das soziales Wissen der damaligen Zeit exakt wiedergibt: über das Trauma der Hochzeitsnacht und über das mit ihr verbundene Syndrom von Brutalität, Ahnungslosigkeit und Versagensangst[5]: »Vater sagte auch immer: ›Ja, die Leute glauben, es is ein Vergnügen; aber es is kein Vergnügen, und der Hochzeitstag ist der ernsthafteste Tag, und manche, die sich nich recht trauen, sehen auch schon so aus.‹« (487)[6]

Vor dem Hintergrund der bisher aufgewiesenen Bezüge, in denen er steht, nimmt sich der Satz »Weiber weiblich, Männer männlich« in Effis Mund naiv und verharmlosend aus. Er beschwört eine klare, feste, eindeutige Ordnung der Geschlechter, die jedoch allein schon von den vielen Unordentlichkeiten und Zweideutigkeiten im Verhalten und Reden der Figuren um Effi herum als Illusion entlarvt wird. Der Text läßt offen, ob die Siebzehnjährige, die über die Geschlechterbeziehungen mehr wissen muß, als die treuherzige Redewendung ausdrückt, zu dieser Formel vielleicht nur greift, um die aus ihrem Wissen erwachsenden Irritationen zu bannen.

Später, als die ihr zugefügten Beschädigungen durch eine Mesalliance Effi in ein zwischen Ehemann und Liebhaber gespaltenes Leben treiben, zögert sie nicht, die alte Floskel dadurch vollends zu entleeren, daß sie sie, aus Angst vor Enttarnung als Ehebrecherin, strategisch einsetzt, um ihren Mann an der Nase herumzuführen. Innstetten, aus Berlin zurückgekehrt, bemerkt mit einer Mischung aus Bewunderung und Mißtrauen eine weitere Veränderung an Effi, ähnlich der nach

5 Peter Gay: Erziehung der Sinne. Sexualität im bürgerlichen Zeitalter, München 1986, S. 297 f.

6 Vgl. den ausgezeichneten Kommentar zu dieser Stelle von Wolfgang Preisendanz: Zur Ästhetizität des Gesprächs bei Fontane. In: Das Gespräch, hg. v. K. Stierle u. R. Warning, München 1984, S. 476 f.

ihrer Entbindung: »Du hattest so was von einem verwöhnten Kind, mit einemmal siehst du aus wie eine Frau.« (188) Er hat ihr Grüße von Vetter Briest zu bestellen, der Innstetten scherzhaft Eifersucht wegen Effi bekannt hat. Auf die ernsthafte Frage ihres Mannes, ob sie mit ihrem Vetter vielleicht besser hätte leben können als mit ihm, antwortet sie:

> »Aber er ist dalbrig. Und das ist keine Eigenschaft, die wir Frauen lieben, auch nicht einmal dann, wenn wir noch halbe Kinder sind, wohin du mich immer gerechnet hast und vielleicht, trotz meiner Fortschritte, auch jetzt noch rechnest. Das Dalbrige, das ist nicht unsre Sache. Männer müssen Männer sein.« (190)

Vetter Dagobert der Dalbrige ist keine Alternative für Effi, denn glaubhaft kann sie versichern, daß sie als erwachsene Frau einen albernen Mann nicht mag: Männer sollen männlich und nicht kindisch sein. Doch welche Art von Männlichkeit sie jetzt meint und welcher Art die »Fortschritte« sind, die sie selbst vom Kind oder halben Kind zur Frau gemacht hat, darüber läßt Effi ihren Mann natürlich im unklaren, und der tappt denn auch sogleich in die Falle. »Männer müssen Männer sein« – das hört er gern, denn er bezieht es geschmeichelt auf sich: »Gut, daß du das sagst. Alle Teufel, da muß man sich ja zusammennehmen.« Und auf typische Innstetten-Weise erklärt er Effi, was er als ein Sichzusammennehmen für eine ideale Verwirklichung von Männlichkeit versteht: »Sage, wie denkst du dir ein Ministerium?« Der »Damenmann« Crampas, der Karrieremann Innstetten – zwischen beiden Mustern von Männlichkeit wird Effis weibliche Selbstverwirklichung zerrieben.

Figurenstimmen und Erzählerstimme

Der Satz »Weiber weiblich, Männer männlich« ist, wie ich zu zeigen versucht habe, in ein Netz von Beziehungen und Bedeutungen verwoben, das sich auf den ganzen Roman erstreckt, teilweise, mit Parallelstellen, auch auf andere Werke des Autors und darüber hinaus auf die soziale Redevielfalt der Zeit

Fontanes. Es geht mir dabei nicht primär um die in der traditionellen Fontane-Forschung vielbehandelte Kunst der epischen Integration, d. h. um das kunstvolle Netz der Beziehungen, Andeutungen, Spiegelungen, Echoeffekte und sonstiger »Finessen«, das zum Vorschein kommt, wenn man eine einzige Masche ergreift. Worauf ich mit diesem Textbeispiel dagegen aufmerksam machen möchte, ist das Ineinander von eigener und fremder Rede, und zwar nicht nur romanimmanent gesehen, sondern auch und vor allem auf die Beziehung von Roman und Gesellschaft bezogen: als osmotische Offenheit des Fontaneschen Erzählens, als Stoffwechsel von Romansprache und Gesellschaftssprache, als Dialogizität.

Mindestens eine Erläuterung fehlt aber noch: Was heißt im Untertitel dieses Kapitels »*Fontanes* Reden mit fremden Stimmen«? Gezeigt wurde ja, in erster Linie am Beispiel Effis, wie *Figuren* seiner Romane mit fremden Stimmen reden. Gewiß, alle Figuren läßt immer ein *Erzähler* reden, und der Erzähler Fontane ist selbstverständlich in letzter Instanz verantwortlich für das, was seine Figuren von sich geben. Er hat es aufgeschrieben, er ist der Autor. Aber wie steht es um die Autorschaft bei solchen Redensarten wie »Weiber weiblich, Männer männlich«, die *als* Redensarten kenntlich gemacht werden? Solche Redensarten haben ja überhaupt keinen individuellen Autor, sondern kursieren als anonyme Diskurselemente in gesellschaftlicher Kommunikation und als Diskurszitate in literarischen Texten. Und je mehr sie diese Texte geradezu überschwemmen, wie bei Fontane, desto prekärer wird die Kategorie der Autorschaft.

Nun hat Fontane aber, wie wir wissen, die Rede seiner Figuren nicht nur zum Echo der sozialen Redevielfalt seiner Zeit, sondern oft genug auch zum Sprachrohr seiner eigenen Überzeugungen und Meinungen gemacht. Figuren wie der alte Briest oder der alte Stechlin bieten Beispiele für diese Sprachrohrfunktion. Wie sollen wir dann aber in den Äußerungen der Figuren unterscheiden können zwischen kritisch gebrochenem »Gesellschaftsecho« und ungebrochen intentionalem Fontane-

Echo? In Hinblick auf unser Beispiel gefragt: Wie dachte Fontane selbst über »Weiber weiblich, Männer männlich«? Im Unterschied zu dem distanzierenden und relativierenden Romankontext gibt es Indizien, die dafür sprechen, daß Fontane diesem oder einem ähnlichen Spruch, wenn er ihn irgendwo gehört oder gelesen haben sollte, eine gewisse Sympathie und Zustimmung entgegengebracht hat, sollte er den Satz nicht überhaupt selbst geprägt und Herrn von Briest und Effi in den Mund gelegt haben.

Nun gibt es bei Fontane immer wieder Figurenäußerungen, die deutlich als objekthaft markiert und mit entsprechender Distanzierung angeführt werden, zu denen man aber Parallelen in Fontanes eigenen Äußerungen finden kann. Ein frappierendes Beispiel ist die Parallele zwischen Baron Güldenklees Ausfall gegen Lessings *Nathan* als »Judengeschichte« und jener Briefäußerung, in der sich Fontane selbst ganz ähnlich gegen Lessings Ringparabel und für »reinliche Scheidungen« ausspricht.[7] Wer so spricht, sollte der nicht auch hinter dem Weiber-Männer-Spruch des alten Briest stehen, in dem es ja gleichfalls um reinliche Scheidungen geht?

Auch Dubslav von Stechlin, den der alte Fontane mehr als alle anderen Figuren zu seinem Sprachrohr gemacht hat, erklärt sich gegen alle »falschen Mischungen«, die »reine Rasse« sei das »eigentlich Legitime« (VIII 52). Stimmte Fontane dieser Formel zu, oder wollte er mit ihr zeigen, wie auch bei Dubslav ebenso wie bei den von ihm Beobachteten bisweilen doch der »Pferdefuß« (338), also der Junker, herauskommt? Auch in Hinblick auf das Verhalten der Geschlechter äußert sich Dubslav gelegentlich im Sinne patriarchalisch reinlicher Scheidungen: »Damen dürfen nie Statistisches lesen.« (369) Aber er kann auch anders, wenn er will, und das macht ihn sympathisch. Er beweist es in einem Gespräch mit seiner älteren und konservativeren Halbschwester Adelheid, die noch aus den Zeiten stammt, »wo die Damen bis zum ›Schlachten‹ und ›Aalabzie-

7 Vgl. Kap. II, S. 95.

hen‹ herunter alles lernten und alles konnten« (267). Das Gespräch dreht sich um Melusine, die kluge und modern eingestellte Gräfin aus Berlin, in die sich Stechlin ein wenig verliebt hat (»So müssen Weiber sein«, 269). Adelheid argwöhnt:

> »Und ich verwette mich, diese Melusine raucht auch.«
> »Ja, warum soll sie nicht? Du schlachtest Gänse. Warum soll Melusine nicht rauchen?«
> »Weil Rauchen männlich ist.«
> »Und Schlachten weiblich ... Ach, Adelheid, wir können uns über so was nicht einigen.« (302)

VIII. Vom Tod erzählen

Über den Altersroman *Der Stechlin*

Erzählen vom und zum Tode

»Zum Schluß stirbt ein Alter, und zwei Junge heiraten sich; – das ist so ziemlich alles, was auf 500 Seiten geschieht.« (VIII 446) So schrieb der siebenundsiebzigjährige Fontane 1897 an die Redaktion der Stuttgarter Zeitschrift *Über Land und Meer*, der er seinen Roman *Der Stechlin*, sein letztes, großes Alterswerk, zum Vorabdruck anbot. Als das Manuskript akzeptiert wurde, und zwar unter recht günstigen Honorarbedingungen, telegraphierte der dankbare und mit seinen Verlegern immer sehr höfliche Autor zurück: »Ihr Telegramm hat mich sehr beglückt. ›Verweile doch, du bist so schön‹ – ich darf es sagen, denn ich sehe in den Sonnenuntergang. Herzlichen Dank.« (448) Das salopp gewählte und leicht deplacierte *Faust*-Zitat, das ja nicht gute Bezahlung, sondern den unwahrscheinlichen und flüchtigen Augenblick wirklichen Glücks ausspricht, und die diskrete Tageszeit-Metapher, die auch im Schlußteil des *Stechlin*-Romans für die Lebenszeit steht – beide sind gleichzeitig Zitate aus Fontanes Roman selbst, und zwar aus den Überschriften der beiden letzten Bücher des Romans, in denen vom Sterben eines Alten erzählt wird, der Hauptfigur Dubslav von Stechlin, und von der Heirat und den neuen, glücklichen Tagen zweier Junger, nämlich seines Sohnes Woldemar und dessen Frau Armgard von Barby aus Berlin.

In seinem Dank-Telegramm hat also der alte Fontane sich selbst mit dem alten Stechlin in Parallele gesetzt, was die Nähe des Todes betrifft, und er hat damit Recht behalten. Unmittelbar nach Absendung des Manuskriptpakets war er mit den Nerven am Ende und klappte zusammen – so sein eigener Ausdruck in einem Brief. Zwar konnte er in den folgenden Monaten noch die Korrektur des Vorabdrucks besorgen, bei seiner »Peniblität« die übliche nervenaufreibende Mühe (449). Danach aber kamen wieder Husten, Asthma und »totale Nervenpleite«, wie er ins Tagebuch notierte. Und da ihn trotz aller Sorgfalt die Vorabdruck-Fassung noch nicht zufriedenstellte – auch das ist typisch für Fontanes penible Arbeitsweise –, las er im Sommer 1898 noch einmal Korrektur für die Buchausgabe, die im Verlag seines Sohnes Friedrich erscheinen sollte. Es war für ihn »Hundearbeit« bei »kannibalischer Hitze« und unter quälenden Magenstörungen. Als er fertig war, war er in der Tat fertig und zitierte, nach Fontane-Manier wiederum ironisch deplaciert, aus Schillers *Taucher*: »laß, Vater, genug sein, des grausamen Spiels« (450). Vier Wochen später war er tot.

So viel zur Entstehung eines Romans, dessen Inhalt der Autor mit lakonischem Understatement in nur einem Satz zusammengefaßt hat. Diese dürftige Romanfabel ist charakteristisch für Fontanes Spätwerk. Schon über seinen vorigen Adelsroman *Die Poggenpuhls*, der 1896 erschienen war, hatte der Autor, einem Rezensenten zustimmend, geschrieben: »Das Buch ist kein Roman und hat keinen Inhalt, das ›Wie‹ muß für das ›Was‹ eintreten – mir kann nichts Lieberes gesagt werden. Natürlich darf eine Literatur nicht auf den Geschmack ganz, ganz alter Herren aufgebaut werden. Aber so nebenher geht es.« Und: »Daß man dies Nichts, das es ist, um seiner Form willen so liebenswürdig anerkennt, erfüllt mich mit großen Hoffnungen, nicht für mich, aber für unsere liter. Zukunft.« (VII 597 f.) Fontane sieht hier die Geringfügigkeit des Inhalts von einer hohen formalen Leistung aufgewogen. Und er stellt das sowohl mit Merkmalen von Altersstil als auch mit Tendenzen der modernen, zukünftigen Literatur in Verbindung, die er sensibel erspürt. So rückt sein Alterswerk, biographisch und literaturgeschichtlich ein Spätprodukt des 19. Jahrhunderts, zugleich in das Vorfeld des *modernen* Romans im 20. Jahrhundert.

Außerdem deklariert Fontane seine Umorientierung als Erzähler vom Stoff auf die Form, von der Handlung auf die »Mache« als die adäquate, die zeitgemäße Weise, einen »Zeitroman«, d. h. einen Roman über seine Zeit, zu schreiben. Die eingangs zitierte Briefstelle lautet in ausführlicher Wiedergabe:

> Die Honorarfrage kann kaum zu Meinungsverschiedenheiten zwischen uns führen, und der Stoff, soweit von einem solchen die Rede sein kann – denn es ist eigentlich bloß eine Idee, die sich einkleidet –, dieser Stoff wird sehr wahrscheinlich mit einer Art Sicherheit Ihre Zustimmung erfahren. Aber die Geschichte, das, was erzählt wird. Die Mache! Zum Schluß stirbt ein Alter, und zwei Junge heiraten sich; – das ist so ziemlich alles, was auf 500 Seiten geschieht. Von Verwicklungen und Lösungen, von Herzenskonflikten oder Konflikten überhaupt, von Spannungen und Überraschungen findet sich nichts. – Einerseits auf einem altmodischen märkischen Gut, andrerseits in einem neumodischen gräflichen Hause (Berlin) treffen sich verschiedene Personen und sprechen da Gott und die Welt durch. Alles Plauderei, Dialog, in dem sich die Charaktere geben, und mit ihnen die Geschichte. Natürlich halte ich dies nicht nur für die richtige, sondern sogar für die gebotene Art, einen Zeitroman zu schreiben, bin mir aber gleichzeitig nur zu sehr bewußt, daß das große Publikum sehr anders darüber denkt und die Redaktionen (durch das Publikum gezwungen) auch. Und so seh ich denn Ihrer Entscheidung nicht so hoffnungsvoll entgegen, wie ich wohl möchte. (VIII 446 ff.)

Diese Konzeption eines Zeit- bzw. Gesellschaftsromans als *Gesprächs*roman entspricht genau einer zentralen Eigenart der Erzählkunst Fontanes, die in seinen letzten Werken zur Vollendung kommt, doch bereits an seinen ersten Gesellschaftsromanen deutlich zu erkennen ist.

»Zum Schluß stirbt ein Alter, und zwei Junge heiraten sich« – mit dieser Formel möchte ich auch meine folgenden Analysen legitimieren, die sich scheinbar entgegen dem Formprinzip des Fontaneschen Spätwerks auf das Was, auf Inhaltliches beziehen: das Motiv und Thema des Todes. Der Autor selbst reduziert ja alles, was »auf 500 Seiten geschieht«, unter Übergehung all dessen, was sonst noch in neun Büchern und 46 Kapiteln erzählt wird, mindestens zur Hälfte auf den Satz »Zum Schluß stirbt ein Alter«. Mindestens zur Hälfte, denn obwohl die Heirat der beiden Jungen vor Dubslavs Tod erfolgt, nennt Fontane sie ja erst an zweiter Stelle. Das Sterben eines alten Mannes – das ist offenbar nach Ansicht des Autors inhaltlich eine Hauptsache des Romans. Also ist es legitim zu fragen, *wie* das erzählt wird. Es soll also auch um die Form des Erzählten gehen, um die »Mache«, mag letzterer Ausdruck in diesem Fall auch etwas unangebracht erscheinen. Erzählen vom Tod als »Mache« – das klingt irgendwie pietätlos; würde man jedoch statt dessen sagen: als »Kunst«, so verschöbe sich das Problem, das dieses Thema birgt, nur wenig. Denn in Hinblick auf ein existentielles Ereignis oder Phänomen wie den Tod – kann man ihn überhaupt ›Phänomen‹ nennen? – nimmt sich alles Reden, alltägliches oder literarisches, »Mache« oder Kunst, eigentümlich unangemessen aus.

Bei der Beantwortung meiner Leitfrage: Wie wird im *Stechlin* vom Tod erzählt? möchte ich darum die grundsätzliche Frage: Wie läßt sich überhaupt vom Tod erzählen? gegenwärtig halten. Dazu soll auch ein knapper Vergleich mit einem Beispiel aus Thomas Manns Werk dienen. Es geht also um den literarisch *erzählten* Tod, nicht um den wirklichen, wie er uns in unserer Erfahrungswelt als der Tod anderer entgegentritt und in unserem Bewußtsein, sobald und sofern wir erwachsen sind, als Ende unserer individuellen Zukunft gegenwärtig ist. Den Tod als Thema eines literarischen Textes analysieren heißt nicht, mit Hilfe von Literatur über das ›Problem des Todes‹ zu schwafeln, sondern die Probleme, die dieses Thema einem *Erzähler* aufgibt, und die Lösungen, die er dafür findet, zu untersuchen, um *künstlerische* Probleme also und um ihre *künstlerische* Bewältigung. Demgemäß ist der – in drei Abschnitte gegliederte – Hauptteil dieses Kapitels der Frage gewidmet, mit welchen künstlerischen Mitteln im achten und neunten Buch des *Stechlin*-Romans vom Tod der Hauptfigur erzählt wird (S. 289-316). Zwei kürzere Teile flankieren ihn, um das Blickfeld im Sinne der Frage zu erweitern: Wie läßt sich vom Tod erzählen? Der erste skizziert eine kleine Poetik des erzählten Todes (S. 285-289), der letzte vergleicht das Erzählen von Krankheit und Tod Stechlins mit dem Erzählen vom Sterben der Konsulin Buddenbrook (S. 316-320).

Natürlich läßt sich auch in einer literarischen Analyse die allgemeine, außerliterarische Sicht auf den Tod nicht einfach wegdenken. Texte sind Bedeutungssysteme, die auf gesellschaftlich vorgegebene, kulturelle Bedeutungssysteme anspielen, mit ihnen arbeiten. Zu solchen gehört auch der Diskurs über den Tod, gehören die Todesbilder, die soziokulturellen Orientierungen und Definitionen, mit denen wir den Tod zu erfassen versuchen, seien diese Bilder mehr archaischer und mythologischer, seien sie mehr moderner und wissenschaftlicher Art.[1] Dubslavs Todesweisheit vom »ewig Gesetzlichen« (VIII 397), die zwischen beiden Arten eigentümlich changiert, ist weder seine noch Fontanes Erfindung: Sie ist ein Diskurszitat.

Das erste und grundsätzlichste Problem, das der Tod als Thema dem Erzählen aufgibt, besteht in der Gefahr unangemessenen Redens. Der besprochene Tod wird leicht zu einem verharmlosten, seine Unverfügbarkeit wird manipuliert, seine harte Tatsächlichkeit ideologisiert, sein Grauen idyllisiert und seine Häßlichkeit ästhetisiert. Diese Gefahr droht *jedem* Reden über den Tod, das literarische nicht ausgenommen und erst recht nicht ein literarischer Realismus, der wie der Fontanesche auf »Verklärung« setzt. Andererseits können Sprache und Literatur genauso wie zur Verdrängung auch zur Aufarbeitung des Problems dienen. Texte über den Tod können, wie Literatur überhaupt, herrschende Ideologien und Diskurse bestätigen, stabilisieren, aber auch in Frage stellen, destruieren. Es ist Aufgabe des Interpreten, affirmative und kritische Momente in einer Erzählung vom Tod gegeneinander abzuwägen.

Die entscheidende Differenz des literarisch erzählten gegenüber dem realen Tod ist seine Fiktionalität. (Ein *fiktionaler* Tod darf natürlich nicht mit einem *fiktiven* Tod oder mit einem

---

1 Werner Fuchs: Todesbilder in der modernen Gesellschaft, Frankfurt/M. 1969.

Scheintod verwechselt werden.) Während der wirkliche Tod unverfügbar und sinnzerstörend ist, verfügt der Autor allmächtig über den fiktionalen Tod als Element seiner poetischen Erfindung und seines literarischen Werks und schreibt ihm souverän Bedeutungen zu. Er kann seine Figuren sterben lassen, wann, wo und wie es ihm beliebt. (Manchmal bekommt er dann allerdings, wie Charles Dickens, mit seinen Lesern Ärger.) Er kann den Tod von Figuren ›vergessen‹, indem er sie wie Comic-Helden ewig gleich alt bleiben läßt. Er kann Figuren ihren eigenen oder fremden Tod vorauswissen lassen. Als Geist auftretend, wie in *Hamlet*, können sie sogar von ihrem eigenen Sterben erzählen. *Realistisches* Erzählen vom Tod folgt allerdings Regeln, die solche Willkür und Allwissenheit einschränken.

Ob realistisch erzählt oder nicht, in jedem Fall wird der Tod als ästhetisches Zeichen von sekundären Bedeutungen überformt. Sinn hat der Tod im Text insofern immer, als die Erzählung über ihn von Konzepten geleitet wird. Das kann z. B. das Konzept des Lebensrückblicks sein, das im *Stechlin* nicht benutzt ist, leider, denn so wissen wir fast nichts über die Lebensgeschichte des sympathischen Alten. Das Konzept der Lebens*bilanz* dagegen schimmert in den letzten Gesprächen Dubslavs deutlich durch. Ein klassisches Konzept ist das der Sühne, das aus archaisch-mythischem Denken stammt, gleichwohl auch in modernen und realistischen Erzählungen nachspuken kann. Fontanes Erzählung *Quitt*, wo der Mörder nach Jahren auf dieselbe Weise umkommt wie sein Opfer, ist ein Paradebeispiel. Aber auch die epische Inszenierung des Sterbens der Effi Briest mag den Verdacht wecken, hier habe sich der Autor, ästhetisch sublimiert und gebrochen, ein wenig von dem obskuren Sühne-Konzept leiten lassen. Feministische Fontane-Kritik hat diesen Verdacht sogar verallgemeinert und überzogen: Der Autor schicke seine Frauenfiguren, mögen sie Effi oder Cécile heißen, in den Tod, um sie, sei es auch unbewußt, zu bestrafen. Ein weiteres Konzept ist das der symbolischen Spiegelung individueller und allgemeiner Geschichte, z. B. in Goethes *Götz*-Drama, wo der Tod des Helden als Ende einer Epoche stilisiert ist. Auch dieses Konzept ist im Rahmen realistischen Erzählens vom Tod nicht unproblematisch. In Fontanes *Stechlin* verweist nach Ansicht vieler Interpreten das Sterben des Helden, sei es auch in sehr indirekter Weise, symbolisch auf das ›Sterben‹ einer ganzen Gesellschaftsklasse, des Adels. Was heißt das aber, und wie schlüssig ist das?

Probleme besonderer Art wirft an literarischen Sterbeszenen die Gestaltung der Perspektive auf. Realistisch ist der Tod am glaubwürdigsten in neutraler Außensicht erzählbar, interessanter hinsichtlich der Bewußtseinsdarstellung, jedoch viel schwieriger in personaler Innensicht. So werden Sterbeszenen oft in personal-auktorialer Mischform geboten.[2] In Ich-Form sind sie realistisch natürlich nicht denkbar. Obwohl im *Stechlin* Bewußtseinsdarstellung dominiert, läßt Fontane dennoch mit erzählerischem Takt auf Dubslavs letztes Gespräch nur noch ein sehr kurzes Selbstgespräch folgen und bietet dann keine weitere Innensicht des Sterbenden.

Ein eigentümliches Problem, das realistischem, auf Illusionseffekte setzendem Erzählen innewohnt, besteht in dem Effekt der ›Verlebendigung‹: Ich lese den *Stechlin* zu Ende, Dubslav ist gestorben, aber wenn ich den Roman erneut lese, lebt Dubslav wieder. Die Reklame weiß diesen Effekt auf ihre Weise auszubeuten: »Opa ist nicht mehr. Für uns raucht er immer noch sein geliebtes Pfeifchen. Filmen Sie. Damit ein Stück Leben bleibt.«[3] Und mit Hilfe von Computeranimation können tote Schauspieler in Rollen verlebendigt werden, die sie nie gespielt haben. Realistische Erzählkunst hätte dagegen ihr Maß darin, daß sie zur Suggestivkraft epischer ›Verlebendigung‹ Distanz hält, indem sie den Kunstcharakter unterstreicht und dadurch den Hiatus, die Differenz zwischen Fiktion und Wirklichkeit offenhält. Im *Stechlin* ist das mit Hilfe von zwei Kunstmitteln eindrucksvoll gelungen. Das eine besteht darin, daß die Sterbegeschichte sich nicht in den Vordergrund drängt, vielmehr

2 Franz K. Stanzel: Theorie des Erzählens, Göttingen 1979, S. 292.
3 Fuchs: Todesbilder, S. 100.

nur einen lockeren Faden zur Verknüpfung einer Reihe von Gesprächsszenen abgibt, in denen, wie schon im ganzen Text davor, »Gott und die Welt« durchgesprochen werden.

Das andere distanzschaffende Mittel ist der Humor. Denn auch vom Tod läßt sich humoristisch, ja komisch erzählen. *Der Stechlin* ist geradezu ein klassisches Beispiel dafür. Der Humor des Erzählers ist dabei natürlich von demjenigen zu unterscheiden, der einem Sterbenden, wenn er Glück hat, verbleiben kann. Dubslav hat zweifellos solches Glück, auch wenn sein Humor verständlicherweise mit dem Näherrücken der letzten Stunde aus einem »freien Darüberstehen« zu Galgenhumor wird. Die mögliche *Komik* eines künstlerisch dargestellten, also auch des erzählten Todes aber beruht auf dem, was man den ›karnevalistischen‹ Aspekt des Todes nennen könnte. Der Tod ist der Schlußakt im Drama des menschlichen Leibes, das in der Lachkultur des Karnevals und seinen künstlerischen Derivaten eine so zentrale Rolle spielt. Wie alle tabubesetzte menschliche Körperlichkeit kann selbst der Tod grotesk-komische Züge erhalten. So ließe sich das, was Bachtin über den Karneval gesagt hat, auch vom Tod sagen: Er »vereinigt, vermengt und vermählt das Geheiligte mit dem Profanen, das Hohe mit dem Niedrigen, das Große mit dem Winzigen, das Weise mit dem Törichten«.[4] Etwas von dieser komischen Vermengung findet sich in den letzten beiden Büchern des *Stechlin*, in denen der Tod bereits vorspukt.

Abschließend sei noch ein Problem des Erzählens vom Tod angesprochen, dessen Erörterung gut zum Hauptteil dieses Kapitels überleiten kann. Es besteht in der Frage, wo ein Erzählen vom Tod denn *anfängt*, wenn es mehr bieten soll als die Angabe von Sterbedaten. Die Vorgeschichte eines Todes kann, je nach Blickpunkt, kürzere oder längere Abschnitte aus dem Leben einer Person umfassen, sogar deren Leben als ganzes, und entsprechend weiträumig kann sich auch eine Erzählung ausdehnen, wie z. B. Tolstois *Der Tod des Iwan Iljitsch*. Wie aber

4 Michail M. Bachtin: Literatur und Karneval, München 1969, S. 49.

läßt sich das Erzählen vom Tod bei einem Roman wie *Der Stechlin* überhaupt gesondert analysieren? Es nimmt hier zwar nur den Schlußteil ein, d. h., irgendwo im achten oder neunten Buch ›beginnt das Ende‹, aber dieser Schlußteil ist mit dem übrigen Romantext sehr dicht verwoben. Diese Verbindung des Todesmotivs mit dem gesamten Romandiskurs und seinen leitenden Konzepten möchte ich in einem ersten Schritt herausstellen: *Der Anfang vom Ende.* In einem zweiten soll dann das analysiert werden, was die letzten beiden Bücher vor allem enthalten: die lange Serie von Krankenbesuchen bei dem alten Stechlin bis zu seinem Tod: *Zweideutige Besucher.* Und in einem dritten Schritt wird das Verhältnis von *Desillusionierung und Verklärung* beurteilt, das diesen Schlußteil des Romans kennzeichnet.

Der Anfang vom Ende

Ehe in den letzten beiden Büchern des *Stechlin*-Romans das erzählt wird, was Fontane als einen Hauptinhalt des ganzen Buches angegeben hat: Sterben und Tod des alten Majors a. D. und Ritterschaftsrats Dubslav von Stechlin, wird in den sieben vorangehenden Büchern des Romans natürlich auch schon eine Menge erzählt, wenn auch, dem Schreibkonzept des alten Fontane gemäß, nichts an dramatischen Konflikten und spannenden Verwicklungen. Der Roman entwirft das Porträt eines märkischen Adligen mit seinem Lebenskreis gegen Ende des 19. Jahrhunderts. Dieses Porträt weitet sich zu einem epischen Zeitbild aus. Eine große Zahl weiterer charakteristischer Figuren aus allen Gesellschaftsschichten tritt auf. Der provinzielle märkische Schauplatz wird durch den Gegenpol der Reichshauptstadt Berlin ergänzt. Und in breit sich entfaltenden Gesprächen bei Mahlzeiten, Landpartien und anderen Anlässen werden die verschiedensten Themen durchgesprochen und in den großen »Zusammenhang der Dinge« gestellt. Den Schwerpunkt bilden dabei die Spannungen zwischen dem ›Alten‹ und dem ›Neuen‹ im zweiten Deutschen Kaiserreich. Ein »politischer Roman« (VIII 423) durchaus, jedoch nicht als epische Einkleidung politischer Programmatik, sondern als sensible Aufzeichnung und kritische Kommentierung von Verhältnissen und Widersprüchen der wilhelminischen Gesellschaft in Preußen – dargeboten von einem humoristischen Erzähler, der ebensoviel menschliche Sympathie für die ungleichzeitige, residuale Lebensform des alten Adels zum Ausdruck bringt wie politische Skepsis gegenüber dem fortbestehenden Hegemonieanspruch dieser Klasse in einer Gesellschaft, die sich mitten in einem rasanten Modernisierungsschub befand.

Die Romanhandlung ist keineswegs *ganz* ohne Fabel. Sie beginnt mit einem Besuch Woldemars von Stechlin und zweier Freunde bei seinem Vater Dubslav am stillen Stechlin-See, auch bei der Tante, die Vorsteherin im benachbarten Damenstift Wutz ist. In Rheinsberg unterliegt Dubslav ohne Bedauern bei einer Nachwahl zum Reichstag als Kandidat der Konservativen einem Berliner Sozialdemokraten. In Berlin verkehrt Woldemar im Hause des Grafen Barby und befreundet sich mit dessen beiden Töchtern Melusine und Armgard. Mit Armgard verlobt er sich, und man besucht einander, am Stechlin-See und am Kronprinzenufer. Hier wird auch die Hochzeit gefeiert. Während das junge Paar nach Italien reist, kehrt der alte Stechlin aus der Residenz in seinen stillen mittelmärkischen Winkel zurück und wird krank, je länger, desto schlimmer. Nach seinem Tod zieht das junge Paar als neue Gutsherrschaft an den Stechlin-See.

So weit das in dem Roman insgesamt Erzählte in kurzen Stichworten. Die letzten beiden Bücher, die Dubslavs letzte Lebenswochen behandeln, haben Schloß Stechlin zum Schauplatz. In ihnen treten im wesentlichen die Figuren auf, die zum langjährigen Umgang des Alten gehören: Adelheid, die stockdürre und stockkonservative, von ihm als »geradezu petrefakt« bezeichnete Schwester; Pastor Lorenzen, trotz und wegen seiner sozialreformerischen und auch sonst recht unkonventionellen Ideen der liebste Gesprächspartner des Alten; Superintendent Koseleger mit seinem wohlgenährten »Konsistorialratskinn«, der salbungsvoll, aber persönlich unglaubwürdig von den »Heilsgütern« schwafelt; Ermyntrud, die hochadlige Förstersfrau, eine geborene Prinzessin Ippe-Büchsenstein, die dauernd »erwartet«, d. h. schwanger ist, und die das Prosaische ihrer Existenz durch strammes Frommsein zu kompensieren sucht; der alte Dorfschulmeister, Bienenzüchter und Heimatforscher Krippenstapel mit seinem hornbebrillten »Eulengesicht«; Fußgendarm Uncke mit fest angeklebtem Backenbart und aufhorchendem Diensteifer; der alte Baruch Hirschfeld, Tuchhändler und Geldverleiher aus Gransee, mit Sohn Isidor; die Buschen, eine alte Kräuterfrau, und ihre kleine Enkelin Agnes; und, *last not least*, Dubslavs Diener Engelke, älter als sein Herr, dem er schon fast fünfzig Jahre dient, ein Vertrauter, aber ohne Vertraulichkeit.

Das wäre das hauptsächliche Personal des Stechlin-Umkreises, das in den letzten beiden Büchern in einer Art von Figurenrevue noch einmal einer nach dem anderen auftritt. Die Reihe von Besuchern, die der kranke Dubslav empfängt, beginnt naheliegenderweise mit Visiten des alten Haus- und Landarztes Dr. Sponholz, und sie endet ebenfalls sinnfällig mit einem letzten Besuch von Pastor Lorenzen. Dabei sprechen die beiden aber nicht über die ›Letzten Dinge‹, sondern charakteristischerweise über die politische Zukunft. Dazwischen geben in bunter Reihe andere Besucher und Besucherinnen, erwünschte und weniger erwünschte, einander gewissermaßen die Klinke in die Hand.

Das erzählerische Konzept, das hinter dieser Serienbildung steckt, möchte ich im folgenden genauer untersuchen. Zunächst jedoch ist der scheinbar spitzfindigen Frage nachzugehen, wann im *Stechlin* das Thema ›Sterben und Tod‹ anfängt. Wo ist der *Beginn des Endes*? So heißt ein kleines Gedicht Theodor Storms, das davon handelt, wie unmerklich eine tödliche Krankheit beginnen kann: »Ein Punkt nur ist es, kaum ein Schmerz,/Nur ein Gefühl, empfunden eben [. . .]« Storm hat in diesem Gedicht die Symptome des Magenkrebses, an dem er selbst später gestorben ist, so treffend festgehalten, daß es in medizinischen Handbüchern lobend zitiert worden ist. Auch Dubslavs Krankheit wird *unmerklich* zu einer tödlichen. Ebenso unauffällig beginnt in Fontanes Roman das *Erzählen* vom Tod. Immerhin geben die Überschriften der letzten beiden Bücher, *Sonnenuntergang* und *Verweile doch. Tod. Begräbnis. Neue Tage*, deutliche Stichworte.

Der Übergang vom achten zum neunten Buch ist gleitend, die Krankheitsgeschichte geht erst einmal so weiter wie bisher. Jedoch das achte Buch selbst setzt direkt mit einer Schilderung von Dubslavs Krankheit ein, die sozusagen verdächtig harmlos beginnt. Von Anfang an streut der Erzähler Signale ein, bei denen der Leser sich bereits denken kann, daß so das Ende anfängt, während das Bewußtsein der Figur selbst vorerst noch nicht so weit ist. Genauer gesagt: Dubslavs Bewußtsein schwankt viele Wochen und Kapitel lang zwischen Sorge und Hoffnung, Todesahnung und Verdrängung. Das zeigt ein Gespräch zwischen Herr und Diener schon am Anfang des achten Buches: Als Engelke seinem Herrn die von Dr. Sponholz verschriebenen Digitalis-Tropfen bringt, die Dubslav in einer Weise einnimmt, »wie wenn ein Kenner eine neue Weinsorte probt«, sagt der Kranke lakonisch: »Ja, Engelke, nu geht es los. Fingerhut.« Dubslav ahnt also trotz der beschwichtigenden Arzt-Floskel »Nichts von Belang« (VIII 334) sehr bald, worauf seine Krankheit hinauszulaufen droht, jedoch verdrängt er dieses Wissen und gibt sich zeitweilig Illusionen hin: Bei dem ersten Nachlassen der Beschwerden beginnt er »wieder zu hoffen« (338), allein dieses Hoffen bewegt sich auf sehr dünnem Eis. Das wird an einem typischen *Stechlin*-Gespräch deutlich – typisch, weil darin die Sprache zum Thema wird, genauer: einzelne Wörter, die dem alten Stechlin in dieser oder jener Hinsicht merkwürdig erscheinen. Diesmal geht es um das Wort ›Schniepel‹, das ein burschikos-berlinerischer Ausdruck für ›Frack‹ ist.

> »Bringe mir lieber einen Roman; früher in meiner Jugend sagte man Schmöker. Ja, damals waren alle Wörter viel besser als jetzt. Weißt du noch, wie ich mir in dem Jahre, wo ich Zivil wurde, den ersten Schnie-

pel machen ließ? Schniepel is auch solch Wort und doch wahrhaftig besser als Frack. Schniepel hat so was Fideles: Einsegnung, Hochzeit, Kindtaufe.«
»Gott, gnädiger Herr, immer is es doch auch nicht so. Die meisten Schniepel sind doch, wenn einer begraben wird.«
»Richtig, Engelke. Wenn einer begraben wird. Das war ein guter Einfall von dir. Früher würd ich gesagt haben ›zeitgemäß‹; jetzt sagt man ›opportun‹. Hast du schon mal davon gehört?«
»Ja, gnädiger Herr, gehört hab ich schon mal davon.«
»Aber nich verstanden. Na, ich eigentlich auch nich. Wenigstens nicht so recht.« (335)

›Schniepel‹ ist ein Wort, das für den Assoziationskünstler Dubslav etwas ›Fideles‹ an sich hat, weil das von ihm bezeichnete Kleidungsstück zu festlichen Anlässen getragen wird. In seiner Aufzählung dieser Anlässe ›vergißt‹ er allerdings den häufigsten Anlaß: die Beerdigung. Das korrigiert Diener Engelke wahrheitsgemäß und unerbittlich. Denkt man die Topologie der Seele, das ›Oben‹ und ›Unten‹ im psychoanalytischen Modell, mit der sozialen Topologie, der Herr-Knecht-Konstellation des Gesprächs, zusammen, dann wird man die Richtigstellung Engelkes in diesem Fall als die Stimme des verdrängten Unbewußten von Dubslav selbst ansprechen dürfen. So bleibt ihm gar nichts anderes übrig, als zuzustimmen: ein guter Einfall, ein ›zeitgemäßer‹. Dieses Lob kann sich natürlich auf nichts anderes beziehen als auf einen vielleicht schon bald gegebenen Anlaß, den ›Schniepel‹ zu tragen: Stechlins eigenes Begräbnis. Hat Dubslav sich und sein Wissen mit dem Ausdruck ›zeitgemäß‹ fast verraten, so verschleiert er das sogleich wieder durch eine neue Sprachbetrachtung: »›zeitgemäß‹; jetzt sagt man ›opportun‹. Hast du schon mal davon gehört?« Und am Ende dieses Gesprächs hält sich der Alte an einer Redensart fest, die auf Zuversicht und Sicherheit zielt, die aber das, was ihm Angst und Unruhe macht, doch nicht ganz unbenannt lassen kann: »besser bewahrt als beklagt« (336).

Ein ganz ähnliches Gespräch zwischen Herr und Diener findet sich auch zu Beginn des neunten Buches. Seine Klage über das Leben, das schwer wird, »wenn's auf die Neige geht«, biegt Dubslav in leicht sentimentale Erinnerung um: »Weißt du noch, wenn wir von Brandenburg nach Berlin ritten?« Doch der Diener schneidet das in mitleidig-brutaler Offenheit ab: »Ja, gnäd'ger Herr. Aber nu kommt es.« – »Ja, nu kommt es. Nu is Katzenpfötchen dran«, stimmt Dubslav bei (379). Katzenpfötchen – also das etwas obskure Heilmittel, das die Buschen ›verschrieben‹ hat, nachdem die Medizinen der Ärzte nicht angeschlagen hatten; »nu kommt es« – beide Gesprächspartner wissen, was sie damit meinen, ohne es auszusprechen.

Als Fazit dieser Beobachtungen zu der spitzfindigen Frage nach dem ›Anfang vom Ende‹, nach dem Beginn des Erzählens vom Tod, läßt sich festhalten: Der klaren Signalgebung durch die Überschriften der letzten Bücher steht das betont beiläufige Einsetzen des Krankheits- und Todesthemas gegenüber, das vom vorletzten zum letzten Buch gleitend übergeht. Die Bedeutung dieses Gestaltungselements ließe sich so zusammenfassen: Der Tod kommt, aber er kann unmerklich kommen. Und: Das Bewußtsein, sterben zu müssen, reift nicht kontinuierlich zur Gewißheit des nahen Todes, es bewegt sich vielmehr von Anfang bis Ende hin und her zwischen Wissen und Verdrängen, Resignation und Illusion. Diesen Gedanken in sinnfällige Narration umzusetzen gehörte für Fontane offensichtlich zu der Aufgabe, *realistisch* im nicht nur literarischen Sinn vom Tod zu erzählen.

Fontanes Version des literarischen Realismus, die auf Bewußtseinsdarstellung setzt, arbeitet hier also mit einem Wissensgefälle nicht nur zwischen den Figuren, sondern auch zwischen Figuren, Leser und Erzähler. Engelke weiß mehr als der Kranke: Er macht sich »so seine Gedanken« über seinen Herrn: »Un dabei kommt er doch immer mehr runter. Er denkt: ›Es is noch nich so schlimm.‹ Aber es is schlimm.« Der besorgte Diener bezieht sich dabei auch auf Dorfschulze Kluckhuhns Prognose: »Engelke, glaube mir, es wird nichts; ich weiß Bescheid.« (354) Worauf der Bescheidwisser dieses Wissen gründet, danach fragt freilich weder der naive Engelke noch der ironische Erzähler. Der Leser aber hat, vom Erzähler direkt und indirekt aufgeklärt, einen Grad von Gewißheit über Dubslavs nahen Tod, wie er es als Mensch im realen Leben niemals haben könnte, weder in bezug auf den eigenen noch auf den Tod anderer. Dennoch bleibt ein Spannung erzeugendes Wissensgefälle zwischen Figuren und Leser einerseits, Leser und Erzähler andererseits bestehen. Denn der Leser weiß zwar, in Unterschied zu Dubslav, daß dieser bald sterben wird. Das sagt ihm ja schon die Überschrift des neunten Buches; erzählte Lebensabschnitte können, anders als gelebte, sprechende, vorausdeutende Überschriften haben. Aber der Leser weiß weder die näheren Umstände noch wie sich Stechlins Bewußtsein und das seiner Mitmenschen auf den nahenden Tod einstellen wird, welche Haltungen, Meinungen, Gefühle dabei zum Vorschein kommen werden.

Ehe ich diese Bewußtseinsdarstellung und die sie leitenden Konzepte untersuche, möchte ich auf die Frage eingehen, in welcher Weise das Erzählen vom Tod den Schlußteil des Romans mit dem übrigen Text verbindet. Diese Verbindung erfolgt, abgesehen von der Kontinuität von Ort, Zeit und Hauptfigur, in erster Linie dadurch, daß der Tod, der im Schlußteil ein Handlungselement ist, in früheren Teilen des Romans wiederholt als Gesprächsthema vorkommt. Dabei ergeben sich romaninterne Spiegelungen, und der Tod Dubslavs zeigt sich von einem Netz aus sekundären Bedeutungen umgeben, die auf den Oppositionen Alt/Neu (bzw. Jung), Werden/Vergehen, Niedergang/Aufstieg, Vergangenheit/Zukunft basieren. In einem politischen Gespräch des ersten Buches, in dem es am Fall eines russischen Kriegsdienstverweigerers um »Märtyrerlust« und ihre Verdächtigung als bloße »Renommisterei« geht, äußert der alte Stechlin eine für seine Sprechweise charakterische Sentenz: »Wenn sich's ums Sterben handelt, da hört das Renommieren auf.« (56) An diesen Ausspruch, der eine allgemeingültige Weisheit und zugleich, im Gesprächskontext, eine Kritik an der häßlichen Verdächtigung des russischen Lehrers darstellt, wird sich der aufmerksame Leser erinnern, wenn er später von Stechlins eigenem Sterben liest, und er wird darauf achten, in welchem Grad dem Reden Dubslavs sein Verhalten entspricht.

Eine zweite Vorausspiegelung des Todesthemas findet sich zu Beginn des dritten Buches, das in Berlin spielt. Die adligen Barbys wohnen im Haus des reich gewordenen Ziegelstreichersohns Schickedanz. Fontane baut hier eine biographische Skizze dieses Kleinbürgers ein und läßt ihn in einem ausführlichen Sterbegespräch mit seiner Frau selbst zu Wort kommen. Im engeren Kontext hat dieser Abschnitt die Funktion, zu zeigen, in welch naher Berührung, jedoch mit desto stärkerem Hervortreten der ›feinen Unterschiede‹ in Lebensform und Denkweise, im damaligen Berlin die Gesellschaftsklassen miteinander stehen konnten. Im Gesamtkontext des Romans gesehen, spiegeln sich die Sterbeszenen von Schickedanz und Stechlin wechselseitig. Der Leser wird einerseits zu der Frage veranlaßt, ob es einen kleinbürgerlichen und einen adligen Tod gibt und worin die Unterschiede bestehen mögen. Andererseits ist die ausgesprochen humoristische Wiedergabe der letzten Worte von Schickedanz an »Riekchen« von einem Konzept geleitet, das dann auch beim Erzählen von Stechlins Tod vermutet werden darf und damit eine Gemeinsamkeit zwischen Kleinbürger und Junker herausstellt: In beiden Fällen wird gezeigt, wie beim Sterben zwar das Renommieren aufhört und die Betroffenen dadurch ein gewisses menschliches Format beweisen können, wie ihnen daraus aber keineswegs eine besondere Todesweisheit zuwächst, kein ›eigentliches Denken‹. Vielmehr bleiben die Schlacken ihres menschlich-allzumenschlichen Alltagsbewußtseins auch in der einmalig-unalltäglichen ›Grenzsituation‹ der Todesstunde an ihnen haften. Gerade das macht sie menschlich und liebenswert:

> Schickedanz war bei voller Besinnung gestorben. Er rief, kurz vor seinem Ende, seine Frau an sein Bett und sagte: »Riekchen, sei ruhig. Jeder muß. Ein Testament hab ich nicht gemacht. Es gibt doch bloß immer Zank und Streit. Auf meinem Schreibtisch liegt ein Briefbogen, drauf hab ich alles Nötige geschrieben. Viel wichtiger ist mir das mit dem Haus. Du mußt es behalten, damit die Leute sagen können: ›Da

wohnt Frau Schickedanz.‹ Hausname, Straßenname, das ist überhaupt das Beste. Straßenname dauert noch länger als Denkmal.«
»Gott, Schickedanz, sprich nicht soviel; es strengt dich an. Ich will es ja alles heilighalten, schon aus Liebe . . .« (126 f.)

Was steht da nebeneinander? »Jeder muß« und »Straßenname« (also eine gute Adresse), stoische Todesgelassenheit und soziale Aufsteigermentalität.

»›Jeder muß‹: Kantischer Imperativ, das Sich-Fügen, der angeborene Sinn für Disziplin. Aber der Gegenklang ist auch da, er lockert fontanisch die Härte: ›Invalide ist doch eigentlich jeder.‹ Das Gebot der Haltung wird gemildert durch das Wissen um die Hinfälligkeit der Kreatur. [. . .]
Gutes und weniger Gutes mischt sich bei Schickedanz.«[5]

Dem Leser, der sich an Schickedanz' Sterbeszene erinnert, wird nahegelegt, Ähnliches und Verschiedenes gegeneinanderzuhalten und zu fragen, ob sich auch bei Dubslav von Stechlin Gutes und weniger Gutes mischen.

Die Schickedanz-Episode enthält eine kleine, typisch Fontanesche Finesse: Als Portier Hartwig über den Todeszeitpunkt die lakonische Sentenz von sich gibt: »mal muß man ran«, kontert seine Frau: »Ja, Hartwig, das sagst du so immer; aber wenn du dran bist, dann redst du anders.« (VIII 125) Die Wendung vom ›Dransein‹ und ›Ranmüssen‹ ist schon in einem scheinbar ganz anderen Zusammenhang vorgekommen. Im zweiten Romankapitel berichtet Dubslav seinem Sohn: »Du wirst gelesen haben, daß unser guter alter Kortschädel gestorben ist, und in etwa vierzehn Tagen haben wir hier 'ne Neuwahl. Da muß ich dann ran und mich populär machen.« (23) Ein sehr aufmerksamer Leser, der solche Töne zu speichern vermag, wird gegen Ende der Romanlektüre (oder bei einer wiederholten) die objektive Ironie dieser Stelle erkennen: Was Dubslav nicht wissen kann, ist, daß er dem alten Kortschädel demnächst nicht als Abgeordneter nachfolgen wird, sondern in den Tod.

5 Robert Minder: Über eine Randfigur bei Fontane. In: Theodor Fontane, hg. v. W. Preisendanz, Darmstadt 1973, S. 403.

Wenn die Oppositionen Alt/Neu, Niedergang/Aufstieg, Werden/Vergehen das zentrale semantische Feld des Romans ausmachen, welche Position nimmt dann Dubslavs Tod auf diesem Feld ein? Bereits das erste Kapitel, in dem das Schloß Stechlin beschrieben wird, ehe ein Kurzporträt des Schloßherrn folgt, setzt Signale des Niedergangs, des Absterbens, durch die auf einer sekundären Bedeutungsebene Schloß und Schloßherr als symbolische Repräsentanten einer Klasse verstanden werden können, des märkisch-preußischen Adels. Kahler Vorhof, abbröckelnder Kalk, kranke Blumen: Einstmals ein wirkliches Schloß, ist Haus Stechlin nunmehr ein »alter Kasten und weiter nichts« (12) – so drückt Dubslav selbst sich aus, das für ihn typische Understatement mit nüchternem Realismus verbindend. ›Niedergang des Adels‹ – diese Bedeutungslinie, überwiegend sozialkritisch, gelegentlich nostalgisch gefärbt, zieht sich durch den ganzen Roman und wird auch in Gesprächen dialogisiert: Adelheid von Stechlin überhöht den gesamten sozialen und kulturellen Wandel apokalyptisch, indem sie erklärt, daß »wir am Anfang vom Ende stünden« (91). Hauptmann von Czako dagegen räumt nüchtern ein: »Unsre Leute gefallen sich nun mal in der Idee, sie hingen mit dem Fortbestande der göttlichen Weltordnung aufs engste zusammen. In Wahrheit liegt es so, daß wir sämtlich abkommen können.« (111)

Fontane zeigt mit dieser Äußerung und vielen anderen, die er Czako in den Mund legt: Klassencharakter und Individualcharakter müssen nicht total zusammenfallen wie bei Adelheid und anderen adligen, aber auch nichtadligen Figuren des Romans. Das beste Beispiel hierfür ist natürlich die Hauptfigur, der alte Stechlin selbst. Zwar verraten sein Leben und Denken durch und durch den Adligen, genauer: den »Typus eines Märkischen von Adel« (9), aber an ihm zeigen sich zugleich Momente von Distanz, Befreiung, Souveränität, die ihn als Individuum über seine Standesgenossen weit hinausheben, die der Roman überwiegend satirisch karikierend vorführt. Sein Tod ist nur das Siegel auf dieses individuelle Leben: Er ist nicht als ›adliger Tod‹

dargestellt, sondern als menschlicher. Dubslav von Stechlin stirbt keinen anderen Tod als seinen eigenen, also auch keinen symbolischen.

»Sich abschließen heißt sich einmauern, und sich einmauern ist Tod.« (288) Diese Sentenz formuliert Melusine in dem – wie sie etwas zu hochfliegend sagt – »revolutionären Diskurse« (292) mit Lorenzen. Sie wirkt wie auf den alten Stechlin gemünzt, der bei aller Einsamkeit und provinziellen Abgeschiedenheit geistigen und menschlichen Austausch sucht, der tapfer gegen den sozialen Tod ankämpft, wenn er auch vor dem physischen kapitulieren muß. Gerade in Hinblick auf den Todkranken bewährt sich die Sentenz: Dubslav wird bis zuletzt als lebendiger, lebensbewußter und -zugewandter Mensch dargestellt, in deutlichem Gegensatz zu den menschlichen Mumien, die sich zu letzten Besuchen und nachher zum Begräbnis einstellen. Hinsichtlich dieser individuellen Differenz wäre auch eine Deutung, die mit der symbolischen Parallele ›Sterben des alten Stechlin – Absterben der Adelsklasse‹ operiert, zu differenzieren. Und was den Adel betrifft, so setzt der Romanschluß erstaunlich viel Zukunftsvertrauen in das neue Team aus den *jungen* Stechlins, Pastor Lorenzen und der Gräfin Melusine.

Zweideutige Besucher

Die erzählerische Sequenzbildung im Schlußteil des *Stechlin,* der dem Todesthema gewidmet ist, erfolgt durch eine Figurenrevue in Gestalt einer Serie von insgesamt dreizehn Besuchen bei dem Kranken. Dubslavs letzte Lebenszeit besteht im wesentlichen, abgesehen von dem Auf und Ab des Krankheitsverlaufs, nur noch aus diesen Besuchen, die dem Kranken teils lästig, teils willkommen sind, um ihn von dem abzulenken, was in Fontanes Gedicht *Ausgang* als der »letzte dunkle Punkt« bezeichnet wird. Diese Abfolge von Besuchen bietet besonders viel Raum für das, woraus der ganze Roman – wie überhaupt Fontanes Romane – vor allem besteht: Gespräche und immer wieder Gespräche, ernste, gewichtige und kleine, beiläufige Plaudereien, und oft beides unmerklich ineinanderfließend. Allein im achten Buch kann man dreißig Gesprächseinheiten zählen, Dubslavs Selbstgespräche nicht mitgerechnet. Die Gespräche mit seinem Diener Engelke bilden nicht der Ausdehnung, aber der Zahl nach den größten Anteil: Engelke ist die wichtigste Bezugsperson des einsamen Alten, denn der Sohn ist auf Hochzeitsreise, Melusine in Berlin, der Pastor macht sich rar (so wenigstens nörgelt Dubslav), und Adelheid wird von ihm absichtlich vergrault. All diese Gespräche haben ihr Eigengewicht gegenüber der Handlung, in ihnen übt das Thema des Todes keineswegs eine diktatorische, alles kontrollierende Herrschaft aus. Die Plaudereien, in die der kranke Dubslav seine Gesprächspartner verwickelt, kreisen keineswegs – und das ist sehr realistisch – permanent um die ›Letzten Dinge‹. Der Tod zwinge den Menschen »vor die Frage nach dem absolut Wesentlichen«[6], heißt es im Jargon der Eigentlichkeit. Aber Dubslav läßt sich nicht zwingen, auch nicht in seinen letzten Gesprächen. Dennoch werden, der Situation entsprechend, auch allerlei ernste Themen, »Gott und die Welt«, angesprochen. Der Erzähler, der diese Gespräche arrangiert, nutzt das Romanende, das – bis auf zwei Schlußkapitel, in denen die »neuen Tage« der jungen Stechlins angedeutet werden – mit dem Ende der Hauptfigur zusammenfällt, um alle Leitmotive des ganzen Romans wirkungsvoll zu versammeln.

Die Hauptfunktion der Figurenrevue findet man jedoch erst, wenn man, über die Vielfalt der einzelnen Gesprächsthemen hinausgehend, auf die Ähnlichkeiten im Ablauf mehrerer Besuche achtet. Dann sieht man, daß das Konzept, das diese Szenenfolge leitet, Desillusionierung heißt. Dubslav macht eine Serie von desillusionierenden Erfahrungen, und zwar in zweifacher Hinsicht: Das eine ist Resignation in Hinblick auf den körperlichen Verfall, das Gefühl, daß nichts und niemand mehr hilft, das zur Psychologie eines Sterbenden gehört und

6 Otto Friedrich Bollnow: Existenzphilosophie, Stuttgart 1955, S. 102.

das im Falle Dubslavs zuletzt alle Dinge und Personen affiziert:

> »Immer denk ich, wenn wieder ein Neuer kommt, ›nu wird es‹. Aber es will nicht mehr; es hilft immer bloß drei Tage. Die Buschen hilft nicht mehr, und Krippenstapel hilft nicht mehr, und Sponholz hilft schon lange nicht mehr; der kutschiert so in der Welt rum. Bleibt also bloß noch der liebe Gott.« (387)

Die Buschen, Krippenstapel, Sponholz und der liebe Gott – diese typisch Dubslavsche, typisch Fontanesche Aufzählung deutet zwar exakt auf den nächsten und letzten Besucher bei dem Todkranken voraus: Lorenzen, den Angestellten des lieben Gottes, aber sie erinnert zugleich fatal an die bittere Weisheit, wenn es von jemand heiße, er sei nun ›in Gottes Hand‹, dann sei es um ihn schlecht bestellt.

Der zweite und wichtigere Aspekt der Desillusionierung besteht jedoch in etwas ganz anderem: Der charakteristische Scharfblick des Sterbenden entlarvt die Lebenden, durchschaut ihre egoistischen Motive. Sie werden »zweideutig« – um Dorfpolizist Unckes Lieblingsausdruck zu benutzen, den auch der desillusionierte Dubslav wiederholt am Platz findet. Dieser Aspekt ist es vor allem, der dieser Besuchsserie einen *komisch-humoristischen* Effekt gibt. In dieser merkwürdig unterhaltsamen Erzählung vom Sterben folgt, wie dem eigentlichen Erzählthema zum Spott, eine Gelegenheit zum Lachen, zumindest zum Schmunzeln auf die andere. Selbst die Begräbniserzählung schließt mit einem makaber komischen Dialog über Klimaverhältnisse in Leichenhallen, mit dem zwei adlige Trauergäste enthüllen, wie es um ihre Trauer bestellt ist. Die ›karnevalistische‹ Rolle des Todes: nicht so sehr als der große Gleichmacher, sondern als der große Entlarver, wird in dieser Serie von Desillusionierungen meisterhaft erzählerisch inszeniert.

Die meisten von Dubslavs Besuchern, insbesondere die, welche als Krankenhelfer auftreten, zeigen am Ende irgendeine Negativseite, allerdings von sehr unterschiedlichem Gewicht. Die Ausnahmen von dieser Regel treten dadurch desto positiver hervor: Lorenzen gehört zu ihnen, Agnes, Krippenstapel, aber auch Uncke, und natürlich der treue Diener, Altersgenosse und Gesprächspartner Engelke. Bei Adelheid, so übel ihr Auftritt ausfällt, bedarf es keiner zusätzlichen Entlarvung, denn Dubslav weiß schon seit langem: »ein Trost war die nicht; immer bloß herbe wie'n Holzapfel« (332). Aber auch auf die positiven Figuren fällt unter der Perspektive des Kranken und Sterbenden wenigstens vorübergehend einmal ein zweiflerisch-skeptischer Blick: Der gute Krippenstapel preist die »Heilkraft der Natur« an, die schließlich auch versagt; Agnes, das Waldkind, beglückt den Alten zwar, aber auf Dauer langweilt auch sie ihn ein wenig; Pastor Lorenzen, der sonst immer, als wertvollster Gesprächspartner Stechlins, zur Verfügung stand (so daß der Leser sich fragen mochte, ob da nicht noch andere Gemeindemitglieder zu betreuen sind), bietet seinem Patron wenig geistlichen Service: »Sterben und verderben kann man. Und das heißt dann Seelsorge.« (362) Jetzt, wo es ernst wird, scheint er nur noch zu kommen, wenn er gerufen wird. Der ist – so sinniert Dubslav – »eigentlich gar kein richtiger Pastor«: Obwohl »Talar- und Beffchenmann«, spricht er niemals von Erlösung und Unsterblichkeit, »er weiß am Ende selber nicht viel davon« (389). Selbst den guten und frommen Engelke hat Dubslav, als er sich über seine allzu frommen Besucher Koseleger und Ermyntrud Luft macht, für einen Augenblick und halb scherzhaft in Verdacht:

»Denke dir, Engelke, sie wollen mich bekehren!«
»Aber, gnäd'ger Herr, das ist ja doch das Beste.«
»Gott, nu fängt der auch noch an.« (353)

Die Gesamtserie der Besucher erhält einige zusätzliche Beziehungen durch verschiedene Paarbildungen über Parallelen und Kontraste. So bilden die Besuche des alten Baruch Hirschfeld und des jungen Dr. Moscheles, so wenig sie syntagmatisch, in der Verkettung der Erzählung, miteinander zu tun haben, dennoch insofern ein paradigmatisches Paar, als Herr von Stechlin beidemal aufgrund ihres völlig verschiedenen, jedoch gleichermaßen auffälligen, befremdlichen Verhaltens seinen »philosemitischen Zug« (345) ins Wanken geraten sieht, was natürlich mindestens ebensoviel über ihn wie über seine beiden Besucher aussagt. In Parallele stehen auch die Besucher Uncke und Lorenzen, denn in den Gesprächen mit beiden geht es um politisch-gesellschaftliche Grundsatzfragen. Dubslav will sein politisches Vermächtnis offenbar in enger Tuchfühlung sowohl mit der Staatsmacht artikulieren, die der Fußgendarm vertritt, wie mit dem Fortschrittsgeist, den der Pastor verkörpert.

Die auffälligste Paarbildung erfolgt jedoch in Form eines schroffen Kontrastes: Adelheid und Agnes: die herrschsüchtige und herbe, zehn Jahre ältere Halbschwester mit ihrem Adelstick, und das zehnjährige, blonde, vaterlose Enkelkind der alten Buschen. In der Abneigung gegen Adelheid und in der Hinneigung zu Agnes – sie ist so etwas wie seine letzte Liebe – kommt Stechlins defizitäre, unerfüllte Beziehung zu Frauen indirekt zum Ausdruck: relativ späte Heirat, schon bald für Jahrzehnte Witwer, eine romantische Altersschwärmerei für Melusine, das ist schon alles – außer Adelheid und Agnes.

Die Konfrontation dieser beiden weiblichen Figuren bestimmt eine von zwei Episoden, durch welche die Desillusionierungs-Revue erzählerisch aufgelockert und humoristisch aufgehellt wird und für die der Text selbst die Kategorie der »Intrige« (347) bereithält. Das dramatische Element der Intrige zeigt sich hier in seiner Komödienvariante. Denn es hat etwas von Komödienspiel, wie sich der ölige Kirchenmann Koseleger und die bigotte Förstersfrau Katzler, die geborene Prinzessin, miteinander verschwören, um Dubslav zu »bekehren«, sprich: ihn seinen nicht ganz kirchenlinientreuen Freunden Krippenstapel und Lorenzen zu entfremden. Zu solchem Spiel gehört auch, wie Dubslav auf diese »Anzettelungen« im Gespräch kontert (352 f.).

Ebenso komödienhaft läuft seine eigene Anzettelung ab, die Intrige gegen seine Schwester, deren Besuch er als »Einquartierung« (368) empfindet und die »von Tag zu Tag rechthaberischer und herrischer« (371) wird, so daß die ohnehin bescheidene Unterhaltlichkeit von bloßer Ärgerlichkeit schnell aufgezehrt wird. So ekelt Dubslav seine Schwester schließlich mit List davon, indem er sie mit der Anwesenheit der kleinen Agnes konfrontiert und provoziert. Dieses ganze Kapitel 39 ist ein Kabinettstück Fontaneschen Humors, bei dem ebensoviel zwischen den Zeilen zu lesen, zwischen den Repliken der beiden geschwisterlichen Kontrahenten herauszuhören ist wie aus dem Gesprochenen selbst. Liest man das Kapitel unter diesem Gesichtspunkt noch einmal, so wird man nicht überlesen, daß die Domina ihrem Bruder u. a. folgenreiche Jugendsünden (369) und, so ganz nebenbei, schließlich sogar noch – in bezug auf Agnes – eine uneheliche Vaterschaft unterstellt (377).

Beide Intrigenepisoden werden miteinander verknüpft: Ermyntrud berichtet dem todkranken Dubslav brieflich über ihren und Koselegers Plan zur »Gründung eines Rettungshauses für verwahrloste Kinder«, in das Agnes, nach Dubslavs Gesundung, als erste »sittlich zu Heilende« eingewiesen werden solle (395 f.). Sein Kommentar:

> »Oh, diese Komödie ... ›wenn sich meine Wünsche für Ihre fortschreitende Gesundheit erfüllt haben werden‹ ... das heißt doch einfach, ›wenn Sie sich demnächst den Rasen von unten ansehn‹. Alle Menschen sind Egoisten, Prinzessinnen auch, und sind sie fromm, so haben sie noch einen ganz besonderen Jargon.« (396)

Und der Alte verspricht Agnes, in *seinem* Haus bleiben zu dürfen, »solang es geht«. (Leider geht es dann gar nicht mehr lange.) Das Komödienhafte im Schlußteil des Romans findet hier seinen Abschluß mit einer demonstrativen, sehr ernsthaften Geste, die Stechlins Verständnis von Hilfe und Mitmenschlichkeit zum Ausdruck bringt, und mit einer Äußerung, in der das Wort ›Komödie‹ als Metapher steht für Verlogenheit und Heuchelei einer Gesellschaft von Egoisten, von der Abschied zu nehmen dem Alten dadurch erleichtert wird.

Das ist die letzte in der Reihe der Desillusionierungen durch Besuche und Gespräche, doch genaugenommen ist es die vorletzte, denn die allerletzte vollzieht sich in einem *Selbst*gespräch Dubslavs erst unmittelbar vor seiner Todesnacht: Seine letzten Gedanken und Worte lauten:

»Das ›Ich‹ ist nichts – damit muß man sich durchdringen. Ein ewig Gesetzliches vollzieht sich, weiter nichts, und dieser Vollzug, auch wenn er ›Tod‹ heißt, darf uns nicht schrecken. In das Gesetzliche sich ruhig schicken, das macht den sittlichen Menschen und hebt ihn.« Er hing dem noch so nach und freute sich, alle Furcht überwunden zu haben. Aber dann kamen doch wieder Anfälle von Angst, und er seufzte: »Das Leben ist kurz, aber die Stunde ist lang.« (397)

Die meisten Interpreten kanonisieren das schlicht als Verkündigung von Fontanes Weltanschauung: Die umgreifende, unverrückbare Gesetzlichkeit der Natur wird beschworen. In einem Jargon der Erbaulichkeit, der Jenny Treibels Sprache nachempfunden scheint, wird behauptet, hier sei der Punkt, an dem sich Fontanes Geist »am reinsten verklärt«. Ihm wird »Ewigkeitswert« bescheinigt und daß er mit diesem Stechlin-Ausspruch »das Höchste« erreiche.[7] Dagegen steht jedoch die Einschätzung, Dubslav verfalle hier genau dem »›Bildungsgerede‹, das er verabscheut«.[8] Betrachtet man die sprachliche Gestalt von Stechlins Todesweisheit genauer, so findet man, daß der Ausspruch zwar tapfer gegen die Denkmuster einer christlich-allzuchristlichen Umgebung, zumal gegen deren Egoismus (VIII 396), gesetzt ist, daß er sich dabei aber rührend hilflos an trivialisierte, der zeitgenössischen mechanistischen Evolutionslehre vag angepaßte Restbestände Goethescher Weltanschauung klammert. »In das Gesetzliche sich ruhig schicken« – das klingt wie später Nachhall eines Denkens, das die gesetzliche Natur als Trostquelle zu preisen pflegte und die Maxime ausgab, »das Unerforschliche ruhig zu verehren«.[9] Und wenn das Ich wirklich nichts ist, wie Dubslav sagt, dann ist eigentlich auch der ganze Roman nichts, der ja im wesentlichen

7 Klaus Matthias: Theodor Fontane – Skepsis und Güte. In: Jb. d. Freien Deutschen Hochstifts 1973, S. 434 f.

8 Wolfgang Wittkowski: Theodor Fontane und der Gesellschaftsroman. In: Handbuch des deutschen Romans, hg. v. H. Koopmann, Düsseldorf 1983, S. 433.

9 Goethe: Hamburger Ausgabe, Bd. 12, S. 467.

das epische Porträt eines Individuums, eines Ich, gibt. Stechlins Ich-Absage und der *Stechlin*-Roman relativieren sich also wechselseitig. Eine komische, geradezu parodistische Nuance aber liegt in der Schlußwendung »das macht den sittlichen Menschen und hebt ihn«. Gegen diese sonderbar gekürzte Form der spirituellen Metapher der *Er*hebung hegte Fontane sonst mit Recht Phrasenverdacht. Was ›hebt‹, das versetzt ja nicht so sehr in eine ›höhere Sphäre‹, als daß es jemand vorteilhafter erscheinen läßt, wie z. B. Jennys Luftkissen (VI 289).

Bei sonst sehr verschiedener Redesituation zeigt Dubslavs Spruch dennoch eine auffällige Ähnlichkeit mit dem, was Fontane einmal »eine dicke Kaffee-Dame«, eine Geistesverwandte Jennys[10], sagen läßt: »Sie glauben nicht, wie oft ich an meinen Tod denke [. . .] Denn was ist es am Ende was sich vollzieht? Nicht nur das Unausbleibliche, auch das einzig Trostreiche.« (H 284) Gewiß ist der Kontext des Stechlin-Wortes ein ganz anderer als derjenige dieser Dame, »die von Gesundheit strotzt«. Er zeigt, daß Fontane weder einen Weisheitsspruch anbringen noch den Sprecher lächerlich machen wollte. Dubslav versucht hier einfach, sich sprachlich vom Tod zu distanzieren.[11] Seine Überlegung, trivial oder tiefsinnig, hilft ihm, allerdings nur vorübergehend, Angst zu überwinden. Ihre Formulierung hat aufgrund ihrer vollmundigen Jargon-Elemente dennoch einen störend ›renommistischen‹ Nebenton, etwas von weltanschaulicher Hochstapelei, die nicht ganz in die Kette der Äußerungen paßt, mit denen der Kranke vorher, offen oder versteckt, seine Todesahnung und Sterbensangst bearbeitet hat.

Der Ausspruch Dubslavs über das »ewig Gesetzliche« enthält also eine für Fontanes gesamtes Erzählen charakteristische Spannung von Authentizität und Inauthentizität. Der alte Stechlin als Sprachrohr des alten Fontane – oder als Objekt

---

10 Bettina Plett: Die Kunst der Allusion. Formen literarischer Anspielungen in den Romanen Theodor Fontanes, Köln 1986, S. 25.

11 Christian Grawe: Fontanes neues Sprachbewußtsein in *Der Stechlin*. In: C. G: Sprache im Prosawerk, Bonn 1974, S. 60.

seiner Sprach- und Bewußtseinskritik? *Beides* trifft zu. Fontane hat über den Tod wahrscheinlich nicht viel anders gedacht, als er Stechlin darüber sprechen läßt. Auch er bediente sich der Distanzierungsformel von der »Vollziehung allgemeiner Naturgesetze« (B II 287). Wahrscheinlich war er sich dabei sogar bewußt, damit nichts Originelles zu sagen, und hat das in Kauf genommen. Indem er aber Dubslav von Stechlin etwas, das einem vorgeprägten gesellschaftlichen Diskurs angehört, Inauthentisches also, über dasjenige Ereignis sagen läßt, angesichts dessen Menschen sich nichts mehr vormachen sollten, zeigt er, intendiert oder nicht, die existentielle Angst seines ratlosen Weisen. Und das ist authentisch, auch wenn es nicht »hebt«.

Desillusionierung und Verklärung

An dem gleichen Romanteil, der inhaltlich auf Desillusionierung hinausläuft, läßt sich in künstlerischer Hinsicht sehr genau das beobachten, was Fontane »Verklärung« genannt und was er in Form vielfältiger »Finessen« erzählerisch realisiert hat. Eine davon liegt darin, daß das Desillusionierungsthema schon zweimal leise angeschlagen wird, bevor der erste Besucher eintritt. Es klingt bereits an, als dem Kranken das Frühstück plötzlich nicht mehr schmeckt (332) – bitter genug für einen, dessen Leben seit langem auf kleine und kleinste Freuden gestellt ist. Es wird erneut aufgenommen nach Sponholzens beruhigend-beunruhigendem Arztbesuch, als die Zeitungslektüre auf einmal nicht mehr genehm ist (335). Erst beim dritten Einsatz ist das Desillusionierungsthema voll da: beim Besuch des alten Baruch Hirschfeld. Denn obwohl der jüdische Geldverleiher Stechlins langjähriger und geschätzter Geschäftsfreund ist, will er ihm nun eine Hypothek aufschwatzen, um nach seinem Tod das Stechlinsche Gut womöglich in die Hände zu bekommen. Dubslav wehrt das ab, und beide fühlen sich verstimmt. Dubslav zu Engelke:

»Engelke, mit Baruch is es auch nichts. Ich dachte, wunder was das für ein Heiliger wär, und nun is der Pferdefuß doch schließlich rausgekommen. Wollte mir da Geld auf Hypothek beinah aufzwingen, als ob ich nicht schon genug davon hätte ... Sonderbar, Uncke, mit seinem ewigen ›zweideutig‹, wird am Ende doch recht behalten.« (338)

Mit dem Frühstück ist es nichts, mit der Zeitung nichts, und »mit Baruch is es auch nichts« – so darf man den Zusammenhang herstellen, denn dieses »auch nichts« kann sich nur auf die zwei vorausgegangenen kleinen Enttäuschungen zurückbeziehen, die freilich nicht moralischer, sondern rein krankenpsychologischer Natur sind. Doch gerade die Parallelisierung beider Ebenen bewirkt einen komischen Effekt gleich zu Beginn der Serie, der in ihrer Abfolge dann noch wiederholt hervortritt. Der immer näher rückende Tod wirft seinen Schatten voraus in der Gleichförmigkeit trauriger Enttäuschungen: Die kleinen Freuden erfreuen nicht, und die Menschen zeigen ihre menschlichen Schwächen.

Und auch die Heilmittel heilen nicht. Bereits ein kurzer Blick auf die Medizinen und die Personen, die sie verschreiben, kann eine weitere Finesse entdecken. Das erste Heilmittel ist selbstverordneter Cognac mit kaltem Wasser; heißes ist in Dubslavs Herrenhaus-»Kate« spätabends nicht mehr zu haben. Aber schon am nächsten Tag erklärt der Kranke: »das mit dem Cognac gestern abend war auch nicht richtig« (332). Genau nach diesem Muster geht es weiter. Sponholz verschreibt die ominösen Digitalis-Tropfen und verläßt seinen enttäuschten Patienten, um selber mit seiner Frau auf Kurreise zu gehen. Dr. Moscheles aus Berlin ist dem Herrn nicht als Arzt, sondern als Person zuwider; denn er schlenkert frech mit dem Stock (345) und politisiert deutlich linkslastig. »Und dazu auch noch 'nen roten Schlips«, beklagt sich Dubslav bei Engelke, und der entgegnet:

»Es sind aber schwarze Käfer drin.«
»Ja, die sind drin, aber ganz kleine. Das machen sie so, damit es nicht jeder gleich merkt, wes Geistes Kind so einer ist und wohin er eigentlich gehört. Aber ich merk es doch, auch wenn er an Kaiser Wilhelms Geburtstag mit 'ner papiernen Kornblume kommt. [Die Kornblume

war Wilhelms Lieblingsblume; N. M.] Also du sagst ihm, ich sei nicht da.« (354)

Dieser Arzt wird also nicht mehr empfangen. Statt dessen wird die anrüchige Buschen gerufen, die »alte Hexe« mit ihrer Kräuterkenntnis, die hier und da schon mal medizinisch dilettiert und Dubslav nun statt der grünen Digitalis-Tropfen eine Kur mit Bärlapp und Katzenpfötchen ›verschreibt‹. Dann kommt Krippenstapel und bringt seine »Wabe«: »Richtiger Honig ist wie gute Medizin und hat die ganze Heilkraft der Natur.« (383) Und da also im Honig »*alles* drin ist« – so schließt Dubslav scharfsinnig –, »ist doch auch Bärlapp und Katzenpfötchen drin und natürlich auch Fingerhut« (385 f.). So neigt er dazu, *nur* noch Honig zu nehmen und sich die »Quälerei mit all dem andern Zeug« zu ersparen.

Als sich aber sein Zustand verschlimmert, heißt es:

»Engelke, schaff die Wabe weg; ich kann das süße Zeug nicht mehr sehn. Krippenstapel hat es gut gemeint. Aber es is nichts damit und überhaupt nichts mit der ganzen Heilkraft der Natur.«
»Ich glaube doch, gnäd'ger Herr. Bloß gegen die Gegenkraft kann die Wabe nich an.«
»Du meinst also: ›Für'n Tod kein Kraut gewachsen ist.[‹] Ja, das wird es wohl sein; das mein ich auch.«
Engelke schwieg. (395)

Der treue und mitleidige Engelke, der sonst mit der Naivität eines einfachen Menschen sein schonungsloses »Aber nu kommt es« geradeheraus gesagt hat (denn dem Angehörigen einer Unterklasse stehen keine schönen, idealistisch verklärenden Sprüche zu Gebote), versucht sich, wenn auch vergebens, in diplomatisch umschreibendem Sprechen: »gegen die Gegenkraft kann die Wabe nich an«. Doch da ist es diesmal sein Herr, der ihm die nackte Wahrheit und das dazugehörige volkstümliche Sprichwort gewissermaßen aus dem Mund nimmt. *Darum* schweigt Engelke. Und als es dann nochmals rasch schlimmer wird, zeigt sich im letzten Gespräch die ganze Hilflosigkeit des Todkranken, der eigentlich keine Illusionen und Hoffnungen mehr haben kann, aber ganz ohne sie nicht auskommt:

Dubslavs Zustand verschlechterte sich schnell. Engelke trat an ihn heran und sagte: »Gnäd'ger Herr, soll ich nicht in die Stadt schicken?«
»Nein.«
»Oder zu der Buschen?«
»Ja, das tu. So 'ne alte Hexe kann es immer noch am besten.«
In Engelkens Augen traten Tränen.
Dubslav, als er es sah, schlug rasch einen andern Ton an. »Nein, Engelke, graule dich nicht vor deinem alten Herrn. Ich habe es bloß so hingesagt. Die Buschen soll nich kommen. Es würde mir wohl auch nicht viel schaden, aber wenn man schon so in sein Grab sieht, dann muß man doch anders sprechen, sonst hat man schlechte Nachrede bei den Leuten. Und das möcht ich nich, um meinetwegen nich und um Woldemars wegen nich ... Und dabei fällt mir auch noch Adelheid ein ... Die käme mir am Ende gleich nach, um mich zu retten. Nein, Engelke, nich die Buschen. Aber gib mir noch mal von den Tropfen. Ein bißchen besser als der Tee sind sie doch.« (396 f.)

»Wenn man schon so in sein Grab sieht« – das ist noch einmal, an dafür unwahrscheinlichster Stelle, der typisch Dubslavsche lockere Ton. Einen solchen Ton anzuschlagen erscheint noch viel ungehöriger, als die Buschen zu rufen. Beim Nahen des Todeskampfes über »schlechte Nachrede« besorgt sein? Und gleich hinterdrein ein letzter Scherz auf Kosten Adelheids – verliert da ein notorischer Causeur lieber seine Würde als Sterbender als einen Witz? Oder ist dieser taktlos erscheinende Plauderton nicht ein sehr feinfühliges Understatement und Sichverstecken vor dem gerührten, erschrockenen Engelke, der sich nicht »graulen« soll, weniger vor seinem alten Herrn als vor dem, der bereits seinen Schatten über ihn wirft?

Desillusionierung und Verklärung, keine falsche Feierlichkeit, vielmehr die gewohnte, in dieser Situation aber ungewöhnliche Balance von Scherz und Ernst – diese Haltung zeigt sich auch an der sanft subversiven Religionskritik Stechlins, die sich durch den ganzen Roman hindurchzieht und im Angesicht des Todes keineswegs reuevoll ›umkippt‹. Mit Erlösung und Unsterblichkeit gibt Dubslav sich nicht weiter ab, weiß doch selbst sein Pastor dazu nichts zu sagen. Schon sein Ausharren im Witwerstand begründet er recht merkwürdig: »›Wir glauben doch alle mehr oder weniger an eine Auferstehung‹ (das heißt, er persönlich glaubte eigentlich nicht daran), ›und wenn ich dann oben ankomme mit einer rechts und einer links, so is das doch immer eine genierliche Sache.‹« (11) Obwohl Dubslav sich kirchlicher als sein Pastor fühlt, weiß er sich wenigstens im Ausdruck »ungenierter, als man vielleicht sein soll, und bei ›niedergefahren zur Hölle‹ kann mir's passieren, daß ich nolens volens ein bißchen tolles Zeug rede« (24). Und Luther verehrt der Alte nicht wegen seiner reformatorischen Lehre, sondern einfach »weil er ehrlich war und für seine Sache sterben wollte. Nahe dran war er. Eigentlich kommt's doch immer bloß darauf an, daß einer sagt, ›dafür sterb ich‹. Und es dann aber auch tut. Für was, is beinah gleich« (348). Man sieht, bei Dubslav ist der Glaube an die problematisch gewordenen christlichen Dogmen durch einen ehrlich-nüchternen, doch auch etwas verblasenen Schrumpfglauben an das »persönliche Sicheinsetzen« verdrängt – die gleiche fragwürdige Ethik, die sich in dem langen Gespräch mit Lorenzen über altes und neues »Heldentum« und über die Heldentat des Leutnant Greeley findet.[12] Wo die Figur zuviel an Desillusionierung ertragen muß, webt der Autor, ohne etwas zu beschönigen, das verklärende Band seiner Finessen darum. Wo er seiner Figur bei all ihrer Skepsis, Selbstironie und Scherzneigung haltbare positive Weisheiten in den Mund gelegt hat, wird wiederum mancher Leser zweifelnd fragen, wie haltbar sie wirklich sind.

Realismus als Verklärung – dieses Erzählprogramm ist am dezentesten und anrührendsten mit den Notizen über Dubslavs kleine Freuden umgesetzt, die in die Sterbegeschichte eingestreut sind: das Genießen schöner Vorfrühlingstage im Rollstuhl auf der Gartenveranda (335 f.), das »leichte weiße Gewölk« am Himmel, Freude über den »ersten Finkenschlag« (338 f.), der – freilich etwas mickrige – Strahl des Springbrunnens, ein zutraulicher »Piepvogel« auf dem Tisch, auf der Wiese die sich öffnenden Krokusblüten, nicht zuletzt, als selbstherbeiintrigiertes und doch unverhofftes Glück, die Freude an

12 Vgl. Kap. II, S. 107-114.

dem zehnjährigen ›Naturkind‹ Agnes. Alles zusammen ergibt leise Töne jener »Lebensmusik« (Thomas Mann)[13], die der Frühling bzw. der Erzähler für den Kranken noch einmal aufklingen läßt, ehe es zu Ende geht.

Diese zarte, verklärende Lebensmelodie umspielt unauffällig sogar die eigentliche Sterbeszene – wenn man von einer solchen überhaupt sprechen kann, denn der Augenblick von Dubslavs Tod wird gar nicht geschildert, vielmehr zwischen zwei Textabschnitten ausgespart, mit derselben Fontaneschen Diskretion, die auch intime Liebesszenen auszusparen pflegt. *Wie* hier aber dem Leser Stechlins Tod nach der Aussparung *indirekt* mitgeteilt wird durch ein plattdeutsches Gespräch zwischen Engelke und Agnes, die dem vermeintlich Schlafenden Schneeglöckchen pflückt – das ist ein ebenso unscheinbares wie anrührendes Beispiel für die erzählerische Meisterschaft des alten Fontane:

> Es war wohl schon sieben – die Parkbäume hinter dem Vorgarten lagen bereits in einem hellen Schein –, als Engelke zu dem Kinde herantrat und es weckte. »Steih upp, Agnes.«
> »Is he dod?«
> »Nei. He slöppt en beten. Un ick glöw, et sitt em nich mihr so upp de Bost.«
> »Ick grul mi so.«
> »Dat brukst du nich. Un kann ook sinn, he slöppt sich wedder gesunn ... Un nu, steih upp un bind di ook en Doog um'n Kopp. Et is noch en beten küll drut. Un denn geih in'n Goaren un plück em (wenn du wat finnst) en beten Krokus oder wat et sünsten is.«
> Die Kleine trat auch leise durch die Balkontür auf die Veranda hinaus und ging auf das Rundell zu, um nach ein paar Blumen zu suchen. Sie fand auch allerlei; das Beste waren Schneeglöckchen. Und nun ging sie, mit den Blumen in der Hand, noch ein paarmal auf und ab und sah, wie die Sonne drüben aufstieg. Sie fröstelte. Zugleich aber kam ihr ein Gefühl des Lebens. Dann trat sie wieder in das Zimmer und ging auf den Stuhl zu, wo Dubslav saß. Engelke, die Hände gefaltet, stand neben seinem Herrn.
> Das Kind trat heran und legte die Blumen dem Alten auf den Schoß.

---

13 Thomas Mann: Gesammelte Werke, Frankfurt/M. 1960, Bd. 10, S. 581.

»Dat sinn de ihrsten«, sagte Engelke, »un wihren ook woll de besten sinn.« (397 f.)

Die Schneeglöckchen, die Agnes gepflückt hat, sind, ohne daß sie das schon weiß, die ersten Blumen für den Verstorbenen – so sagt es Engelke vor sich hin, mit einer traurigen Skepsis, die auf das Begräbnisritual vorausschaut, das im nächsten Kapitel folgt. Denn was ist dort zu erwarten? Ein »Trauerapparat« mit »Phrase«, »Kunstthräne« und »Gefühlsheuchelei« – so hat es Fontane anläßlich des Todes seines Sohnes George gesehen[14], und so ähnlich wird es auch im Begräbniskapitel vorgeführt (VIII 398-405). Die einen zeigen das »gesellschaftliche Durchschnittstrauermaß«, die anderen ergehen sich »ziemlich ungeniert« in Klatschereien, und Pastor Lorenzen hält eine zwar ebenso treffende wie liebevolle, aber für den Geschmack manchen Lesers (und gewiß Dubslavs) wohl ein wenig zu vollmundige Lobrede auf den Verstorbenen. Nur die Globsower, die den alten Stechlin nicht gewählt haben, meinen: »He wihr sowiet janz good.« (402) Den Sarg tragen, auf eigene Bitte, die Stechliner Bauern. Und noch einmal ertönt die Gegenmelodie zum Todesthema: Der alte Barby bekundet auf der Rückfahrt von der Begräbnisfeier überraschend, »wie glücklich ihn diese Stunde mache«, als er mit innerem Bewegtsein die märkische Frühlingslandschaft wahrnimmt: »Denn ich bin der erste dran, davon Abschied nehmen zu müssen.« (407)

Fragen wir nach dem Grund unseres Vergnügens an einer Geschichte vom Sterben! *Ein* Grund ist sicher diese »Lebensmusik«, die in der Geschichte leise mitklingt und ihr etwas Versöhnliches gibt. Freilich wird die Kenntnis dieser Stechlin-Geschichte keinem Leser bei seinem eigenen Sterben viel helfen können, und Erbauung Suchenden bietet sie schon gar nichts. Aber sie intensiviert das Bewußtsein der Endlichkeit, der Relativität und Fraglichkeit von Geltungen aller Art im

---

14 Theodor Fontane: Briefe an Georg Friedlaender, neu hg. v. W. Hettche, Frankfurt/M. 1994, S. 113.

Lichte des Sterbenmüssens.[15] Der Tod enthält keine Weisheit, aber wie der Gedanke an den Tod kann auch eine Erzählung vom Tod Anstöße dazu geben, im Leben ein bißchen weiser zu werden. Das Hauptmaß des Vergnügens am Schlußteil des *Stechlin* dürfte jedoch dem Wagnis und Kunststück des alten Meisters Fontane zu verdanken sein, auch eine Geschichte vom Sterben humoristisch, sogar komisch, mit einer Serie von Lacheffekten und mit einer fast heiteren Leichtigkeit zu erzählen. Darin spukt, wie angedeutet, zwar auch die subversiv-karnevalistische Dimension des Todes *selbst* herum, aber es sind doch vor allem die typisch Fontaneschen Erzählfinessen, die solche vergnügliche Wirkung hervorbringen.

Fontane selbst hat das »Verklärung« genannt – nicht im biblischen Sinne oder nach der Art, wie Goethes alter Faust im Tod eine himmlische Verwandlung erfährt. Nichts steht dem *Stechlin*-Schluß ferner als das opernartige Finale des *Faust*, auch wenn das berühmte »Verweile doch« im Titel des letzten Buches als Zitat erscheint. Stechlin ›verklärt‹ sich nicht, er bleibt bis zuletzt, mit all seiner Liebenswürdigkeit und Herzensweisheit, in einer Sphäre, in der Einsichten und Blindheiten, Authentisches und Inauthentisches sich mischen. Authentisch ist gerade das Fehlen jedes Todesheroismus: »Denn der Mensch is nun mal feige und will dies schändliche Leben gern weiterleben.« (391) Wenn Dubslav in bezug auf einige seiner Mitmenschen schmerzlich desillusioniert wird, so bleiben auch seine eigenen allzumenschlichen Seiten nicht verborgen. Denn auch bei ihm selbst ist hier und da »der Pferdefuß rausgekommen« (345), gerade da, wo er diese Redensart zweimal benutzt und neben seinem »philosemitischen Zug« einen antisemitischen zum Vorschein kommen läßt (338) oder wo er seine letzten politischen Überzeugungen an seinen Mann bringt, den Pastor, der die Globsower, die Sozialdemokraten, nicht zu sehr »obenauf kommen« lassen (392) und dem jungen Stechlin nicht

15 Vgl. hierzu die schöne Studie von Herbert Kaiser: Fontanes *Stechlin* lesen. In: LfI 1988, S. 188-217.

»hineinreden« soll, wenn der sich auf das »alte Preußen« besinnt (394).

»Verklärung« ist bei Fontane eine schillernde, keineswegs eine rein ästhetische Kategorie. Entsprechend mehrdimensional kennzeichnet sie die Besonderheit seines literarischen Realismus. Realismus und Verklärung – das bedeutet zum einen eine Schaffensweise, welche die beiden Pole »Psychographie und Kritik« umfaßt, d. h. sensibles Hinhören auf die Stimmen der geschichtlich-sozialen Wirklichkeit und künstlerisch durchformende »Modelung« zu beziehungsreicher und -dichter Prosa. Das bedeutet zum anderen die Forderung, daß vom Schriftsteller der »verklärende Schönheitsschleier« (B II 103) vor die *allzu* prosaischen Seiten des Lebens gezogen werden soll. Der beste Weg, um das »Häßliche, das nun mal zum Leben gehört«, literarisch zu bewältigen, ist nach Fontane der »Humor und seine verklärende Macht«.[16]

Das klingt nun allerdings sehr nach Beschönigung, Verschleierung, also nach Ideologie, und es ist in der Tat zu fragen, ob jene recht haben, die den Autor über solchen Verdacht *ganz* erhaben glauben. Sterben und Tod sind zweifellos häßlich, und auch Dubslavs Sterbestunde fällt in eine »schlimme Nacht« (VIII 397). Dennoch ist der Tod im *Stechlin* schön: als schön *erzählter* Tod. Das Sterben in seiner kreatürlich harten letalen Phase wird diskret ausgespart, und seine quälend lange Vorgeschichte steht als *erzählte* Geschichte im Zeichen des verklärenden Humors. Das muß, wie ich zu zeigen versucht habe, keineswegs als Beschönigung gelesen werden[17], als schönes Märchen von einem Tod nach Gutsherrnart, wie er in einer gutgemeinten TV-Verfilmung serviert worden ist. Das kann

---

16 Brief an Ernst von Wolzogen v. 7.1.1891; Hanser-Ausgabe, Abt. IV: Briefe, Bd. 4, S. 82.

17 So liest Klaus Scherpe, der von einer »unmäßigen« und »antiquierten Poetisierung« dieser »bedeutungsvoll hochgeschraubten Sterbeszene« spricht – eine m. E. lieblos hochgeschraubte Kritik. Vgl. Klaus R. Scherpe: Der Romancier. In: Theodor Fontane. Dichtung und Wirklichkeit, Berlin 1981, S. 169.

vielmehr auch so gelesen werden, daß Fontanes poetischer Realismus den unüberspringbaren Graben zwischen Fiktion und Wirklichkeit nicht illusionshaft zuzuschütten versucht. Dem Leser bleibt jederzeit bewußt: Das ist ein Spiel mit Worten, ein erfundener und erzählter Tod.

Ein Vergleich mit Thomas Manns »Buddenbrooks«

Das erste Kapitel des neunten Teils von *Buddenbrooks* erzählt vom Tod der alten Konsulin, der Mutter des Senators Thomas Buddenbrook. An den Ähnlichkeiten und Unterschieden beider Erzählungen vom Sterben läßt sich die Besonderheit des Fontaneschen Erzählens noch einmal herausstellen. Als der alte Fontane sein *Stechlin*-Manuskript druckfertig machte, befand sich der junge Thomas Mann in ersten Vorarbeiten zu *Buddenbrooks*; nur drei Jahre trennen die Buchausgaben der beiden Werke (1898, 1901). Aber der Adelsroman über die letzte Lebenszeit und den Tod eines märkischen Junkers und der Bürgerroman über den Verfall einer Lübecker Kaufmannsfamilie, der einen ganzen Totentanz von Sterbeepisoden enthält, sie haben mehr gemeinsam als die Entstehungszeit. Thomas Mann erweist sich in *Buddenbrooks* unübersehbar als Schüler Fontanes, wenn auch nicht *nur* Fontanes. Da ist das Niedergangsthema, die Dialektik von Alt und Neu, die Ausweitung der Familiengeschichte zu einem Gesellschaftsroman, die Funktion der Gespräche als Medium von Bewußtseinskritik, die poetische Integrationswirkung erzählerischer »Finessen«, der skeptische, auf das Allzumenschliche gerichtete Humor. All das haben beide Werke gemeinsam, *beides* Spätwerke des poetischen, bürgerlichen Realismus und zugleich Frühwerke, Vorläufer des modernen Romans.

Die Parallelen gehen bis in Motivdetails, die bei Thomas Mann jedoch in charakteristischer Verschärfung auftreten. Die skeptische Religionskritik des alten Stechlin wiederholt sich gesteigert in Thomas Buddenbrooks Äußerung zum christlichen Glaubensbekenntnis als einer »ein wenig unklaren und ein wenig absurden Geschichte«.[18] Den heuchlerischen Berufsoptimismus der Ärzte, der bei Fontane nur ganz leicht in Sponholzens Wendung »Nichts von Belang« (VIII 334) anklingt, übertreibt Thomas Mann breit auswalzend ins Karikaturhafte. Unbarmherzig werden die verschleiernd-beschönigenden Reden des Ärztepaars Grabow und Langhals (diesmal ein alter und ein junger Arzt nicht nacheinander wie bei Fontane, sondern gemeinsam agierend) auf sarkastische Witzeffekte hin ausgepreßt. »Für irgendwelche ernstliche Beunruhigung ist natürlich fürs erste platterdings keine Ursache vorhanden.« (555) Thomas durchschaut das, setzt aber, notorischer und routinierter Schauspieler, der er geworden ist, selber eine »Maske« auf und mimt noch plumper Optimismus als die Ärzte: »dieser dumme Husten [. . .]« (558 f.).

Die Erzähltemperatur ist bei dem jungen Autor um etliche Grade kälter: ein beißender Humor, in dessen Hohn und Spott aber viel Empörung, Mitleid und Haß sublimiert sind. Wohl haben beide Autoren das Gemütliche, Behäbige, Wohlausgestattete der Schauplätze gemeinsam, die noch das Erzählen vom Sterben in einen fast idyllischen Rahmen einbinden. Warum wirkt Fontanes Roman, der ja alles andere als ein Erbauungsbuch ist, so viel versöhnlicher als *Buddenbrooks*? Es liegt an dem härteren, naturalistischen, das Häßliche nicht scheuenden Zugriff des Erzählers Thomas Mann. Er beschreibt unerbittlich genau, was Fontane schonend ausspart: das Sterben als körperlichen Vorgang, bis hin zum verzweifelten Todeskampf. Und dabei richtet sich der entlarvende, desillusionierende Blick nicht nur auf die Figuren in der Umgebung der Sterbenden, sondern ebenso gnadenlos[19] auf diese selbst.

---

18 Thomas Mann: Gesammelte Werke, Frankfurt/M. 1960, Bd. 1, S. 660. – Auf diese Ausgabe beziehen sich auch die folgenden Zitate und eingeklammerten Seitenangaben im Text.

19 Daß Fontane ähnlich gnadenlos sein konnte, zeigt ein Prosafragment, in dem er u. a. den »eitel-schauspielerischen Tod« einer adligen Witwe schildern wollte (H 331).

Die »alte Dame« zeigt sich zunächst zwar angespannt, jedoch beherrscht und »sehr aufmerksam bei der Sache«, denn sie ist ja »die zunächst Beteiligte«. Sie mißtraut dieser Krankheit und ist »ganz und gar nicht gewillt, sich aufs Ohr zu legen und den Dingen nachgiebig ihren Lauf zu lassen« (559). Dabei kann sie sich erst noch ihres bürgerlich-allzubürgerlichen Alltagstons bedienen, aber was sie dann nicht kann, ist »sanft sterben« (560): weil der Krankheitsverlauf es ihr nicht gestattet und weil ihre bourgeoise Mentalität auf Festhalten, Lebensgenuß, Selbstbehauptung gerichtet ist. So gibt es einen harten Kampf, und Thomas Mann schildert ihn mit all seinen Phasen und Begleiterscheinungen, vom »blutigen Auswurf« (561) über Magenversagen, wundgelegene eiternde Stellen, Stickfluß bis zum gräßlich lang anhaltenden Ringen mit dem Tod, nein: *um* den Tod, der nicht kommen will:

> Die Konsulin lag, von mehreren Kissen gestützt, auf dem Rücken, und ihre beiden Hände, diese schönen, mattblau geäderten Hände, die nun so mager, so ganz abgezehrt waren, streichelten hastig und unaufhörlich, mit zitternder Eilfertigkeit die Steppdecke. Ihr Kopf, mit einer weißen Nachthaube bedeckt, wandte sich ohne Unterlaß, mit entsetzenerregender Taktmäßigkeit, von einer Seite zur anderen. Ihr Mund, dessen Lippen einwärts gezogen zu sein schienen, öffnete und schloß sich schnappend bei jedem qualvollen Atmungsversuch, und ihre eingesunkenen Augen irrten hilfesuchend umher, um hie und da mit einem erschütternden Ausdruck von Neid auf einer der anwesenden Personen haftenzubleiben, die angekleidet waren und atmen konnten, denen das Leben gehörte und die nichts weiter zu tun vermochten, als das Liebesopfer zu bringen, das darin bestand, den Blick auf dieses Bild gerichtet zu halten. Und die Nacht rückte vor, ohne daß eine Veränderung eingetreten wäre. (565)

Und so geht es qualvoll weiter:

> Die Bewegungen der Kranken hatten zugenommen. Eine schreckliche Unruhe, eine unsägliche Angst und Not, ein unentrinnbares Verlassenheits- und Hilflosigkeitsgefühl ohne Grenzen mußte diesen dem Tode ausgelieferten Körper vom Scheitel bis zur Sohle erfüllen. Ihre Augen, diese armen, flehenden, wehklagenden und suchenden Augen schlossen sich bei den röchelnden Drehungen des Kopfes manchmal mit brechendem Ausdruck oder erweiterten sich so sehr, daß die klei-

> nen Adern des Augapfels blutrot hervortraten. Und keine Ohnmacht kam! (566 f.)

Dazwischen werden mit groteskem Humor und bissigem Sarkasmus die Jämmer- und Lächerlichkeiten der übrigen Figuren registriert: allen voran die naive, dünkelhafte, unverwüstliche Tony und ihr Bruder, der unreife, selbstmitleidige Christian mit seiner Floskel »Das ist ja furchtbar ... Ich kann es nun nicht mehr« (564). Daneben: Enkelin Erika und Mamsell Severin, die, von den einförmigen Schmerzenslauten eingehüllt, auf ihren Stühlen »rosig im Schlummer« blühen (567); Pastor Pringsheim mit seiner eitel modulierenden Stimme und seinem kalten Blick für die katholische Konkurrenz; und erneut die Ärzte, von bewußtlosen Reflexbewegungen faselnd, wo »jedes Kind« sehen kann, daß die Sterbende ganz und gar bei Bewußtsein ist, Ärzte, die keine Barmherzigkeit, nur ihre Pflicht kennen wollen, als die Gequälte um ein Linderungsmittel fleht:

> Ärzte waren nicht auf der Welt, den Tod herbeizuführen, sondern das Leben um jeden Preis zu konservieren. Dafür sprachen außerdem gewisse religiöse und moralische Gründe, von denen sie auf der Universität sehr wohl gehört hatten, wenn sie ihnen im Augenblick auch nicht gegenwärtig waren ... (567 f.)

»Ärzte *waren* nicht auf der Welt« – die Form der erlebten Rede markiert zur Genüge eine kritische Haltung des Erzählers gegenüber solcher Mentalität.

Und doch, bei allem Naturalismus der Schilderung, bei aller Gnadenlosigkeit und Bosheit des Entlarvungsblicks – auch Thomas Mann wollte seine Erzählung vom Tod offensichtlich nicht ganz ohne ein Moment von Verklärung lassen. So läßt er am Ende der Szene die halluzinatorischen Scheingespräche der Konsulin im Augenblick des Sterbens von einer Körpersprache begleiten, die den Tod mystisch erotisiert und personalisiert. »Was war das gewesen?« fragt der Erzähler. »Wer hatte gerufen, daß sie sofort gefolgt war?« (568) Eine Finesse ist das, gewiß, aber in Form einer symbolisch allzu dick aufgetragenen

Mystifikation, wie sie in der *Stechlin*-Erzählung vom Tod an keiner Stelle vorkommt.

Thomas Mann erzählt aus sehr großer kritisch-ironischer Distanz gegenüber *allen* Figuren. Seine Beziehung zu ihnen ähnelt der des Experimentators zu seinen Versuchstieren. Die Bewußtseinsdifferenz erscheint unüberbrückbar, die Blindheit der Figuren läßt den Erzähler als die einzige Instanz von Einsicht erscheinen. Der ethische Appellcharakter des Textes ist nicht in das Figurenverhalten eingelagert wie bei Fontane, sondern geht aus direkten Erzählerkommentaren oder aus dem geheimen metaphysischen Programm des Romans hervor. *Buddenbrooks* enthalten eine geradezu groteske Todesserie mit immer neuen Schrecknissen, an deren Schilderung der Erzähler fast lustvoll eine makabre Virtuosität entfaltet. Im Hintergrund steht die Todes-Metaphysik Schopenhauers, das Thema des Leidens an der Individuation.

Fontane dagegen nimmt den Tod ganz und gar unmetaphysisch. Ohne einem hohl gewordenen Kult der Persönlichkeit anzuhängen, plädiert seine Erzählung vom alten Dubslav Stechlin für das Individuum mit seinen menschlich-allzumenschlichen Widersprüchen. Er erhebt sich nicht über seine Figuren. Sein ethischer Appell – denn auch er ist wie Thomas Mann als Erzähler Moralist – gründet in keiner Metaphysik, sondern geht aus teilnehmender Beobachtung alltäglichen Verhaltens und Denkens hervor. Das Leben, so falsch es im ganzen auch sei, nämlich hinsichtlich seiner gesellschaftlichen Rahmenbedingungen, bietet dennoch immer und bis zuletzt Chancen für das Richtige: für Selbsterkenntnis, Wahrhaftigkeit, Herzenswärme, Offenheit für andere, Befähigung zu Freude an geschenktem Glück, und sei dies ein Piepvogel im Frühling. Das demonstriert Fontane an seinem Dubslav, auch noch an dem sterbenden, und darum möchte ich seine Erzählung vom Tod gegenüber derjenigen Thomas Manns zwar nicht als moderner, wohl aber als reifer bezeichnen.

Literatur

Schriften Theodor Fontanes mit Abkürzungen

I-VIII	Theodor Fontane: Romane und Erzählungen, hg. v. P. Goldammer (u. a.), 8 Bde., Berlin: Aufbau-Verlag ³1984.
A I-III/1 u. 2	Theodor Fontane: Autobiographische Schriften, hg. v. G. Erler, P. Goldammer, J. Krueger, 3 Bde., Berlin: Aufbau-Verlag 1982.
B I-II	Theodor Fontane: Briefe, hg. v. G. Erler, 2 Bde., 2., verb. Aufl., Berlin: Aufbau-Verlag 1980.
FBl	Fontane-Blätter, Halbjahresschrift, begr. 1965. (Es werden jeweils Heftnummer und Erscheinungsjahr angegeben.)
G I-III	Theodor Fontane: Gedichte, hg. v. J. Krueger u. A. Golz, 3 Bde., Berlin: Aufbau-Verlag 1989.
H	Theodor Fontane: Werke, Schriften und Briefe, hg. v. W. Keitel u. H. Nürnberger, Abt. I, Bd. 7, München: Hanser ²1984.
W I-V	Theodor Fontane: Wanderungen durch die Mark Brandenburg, hg. v. G. Erler u. R. Mingau, 7 Bde., Berlin: Aufbau-Verlag, Bd. 1-5, 1987, Bd. 6 u. 7, 1992.

Weitere Ausgaben

Sämtliche Werke, hg. v. E. Groß, K. Schreinert (u. a.), Nymphenburger Ausgabe, München 1959 ff.

Werke, Schriften und Briefe, hg. v. W. Keitel u. H. Nürnberger, Hanser-Ausgabe, München 1962 ff.

Große Brandenburger Ausgabe des Aufbau-Verlages: In dieser Ausgabe sollen die Romane und Erzählungen in 14 Bänden erscheinen. Bereits erschienen: Bd. 6: Schach von Wuthenow, Bd. 8: Unterm Birnbaum, Bd. 10: Irrungen, Wirrungen, Bd. 13: Grete Minde.

Romane, mit Nachw. v. N. Mecklenburg, Düsseldorf ⁹1996 (Winkler-Weltliteratur).

Briefe, hg. v. K. Schreinert u. C. Jolles, Propyläen-Briefausgabe, 4 Bde., Berlin 1968 ff.

Briefe an Georg Friedlaender, neu hg. v. W. Hettche, Frankfurt/M. 1994.

Tagebücher 1866-1882. 1884-1898, hg. v. G. Erler, Berlin 1994.

Theodor Fontane. Der Dichter über sein Werk, hg. v. R. Brinkmann, 2 Bde., München 1977.

Fontane aus heutiger Sicht. Analysen und Interpretationen seines Werks, hg. v. H. Aust, München 1980.
Fontanes Novellen und Romane, hg. v. C. Grawe, Stuttgart 1991.
Theodor Fontane, hg. v. W. Preisendanz, Darmstadt 1973.

Aust, Hugo: »Verklärung«. Eine Untersuchung zum Ideengehalt seiner Werke, Bonn 1974.
Aust, Hugo: Anstößige Versöhnung? Zum Begriff der Versöhnung in Fontanes *Frau Jenny Treibel*. In: Zeitschr. f. dt. Philologie 92 (1973), Sonderh., S. 101-126.
Bance, Alan: Theodor Fontane. The Major Novels, Cambridge 1982.
Bange, Pierre: Ironie et dialogisme dans les romans de Theodor Fontane, Grenoble 1974.
Brinkmann, Richard: Theodor Fontane. Über die Verbindlichkeit des Unverbindlichen, München 1967, ^{2}1977.
Brude-Firnau, Gisela: Beredtes Schweigen: Nichtverbalisierte Obrigkeitskritik in Theodor Fontanes *Stechlin*. In: Monatshefte f. dt. Unterricht 77 (1985), S. 460-468.
Demetz, Peter: Formen des Realismus: Theodor Fontane, München 1964.
Eilert, Heide: ». . . und mehr noch fast, wer liebt«. Theodor Fontanes Roman *Unwiederbringlich* und die viktorianische Sexualmoral. In: Zeitschr. f. dt. Philologie 101 (1982), S. 527-545.
Fleischer, Michael: »Kommen Sie, Cohn.« Fontane und die »Judenfrage«, Berlin 1998.
Fuchs, Hardy Ottmar: Die Funktion des Sprichwortes bei Theodor Fontane, Diss. Michigan State University 1970.
Gauger, Hans-Martin: Sprachbewußtsein im *Stechlin*. In: Bild und Gedanke. Festschrift f. Gerhart Baumann, München 1980, S. 311-323.
Gilbert, Mary-Enole: Das Gespräch in Fontanes Gesellschaftsromanen, Leipzig 1930.
Glaser, Horst Albert: Theodor Fontanes *Effi Briest* (1894). In: Romane und Erzählungen des Bürgerlichen Realismus, hg. v. H. Denkler, Stuttgart 1980, S. 362-377.
Grawe, Christian: Fontanes neues Sprachbewußtsein in *Der Stechlin*. In: C. G.: Sprache im Prosawerk, Bonn 1974, S. 38-62.
Guidry, Glenn Alan: Language, Morality, and Society. An Ethical Model of Communication in Fontane and Hofmannsthal, Berkeley 1989.
Harnisch, Antje: Keller, Raabe, Fontane. Geschlecht, Sexualität und Familie im bürgerlichen Realismus, Frankfurt/M. 1994.
Harrigan, Renny: The Limits of Female Emancipation: A Study of Theo-

dor Fontane's Lower Class Women. In: Monatshefte f. dt. Unterricht 70 (1978), S. 117-128.

Hoffmann, Elisabeth: Annie von Innstetten – noch eine Nebenfigur in Fontanes *Effi Briest*. In: FBl 57 (1994), S. 77-87.

Jolles, Charlotte: Theodor Fontane. 4., durchges. u. erw. Aufl., Stuttgart 1993.

Jung, Winfried: Bildergespräche. Zur Funktion von Kunst und Kultur in Theodor Fontanes *L'Adultera*, Stuttgart 1991.

Kafitz, Dieter: Die Kritik am Bildungsbürgertum in Fontanes Roman *Frau Jenny Treibel*. In: Zeitschr. f. dt. Philologie 92 (1973), Sonderh., S. 74-101.

Kaiser, Herbert: Fontanes *Stechlin* lesen. In: literatur f. leser 1988, H. 3. S. 188-217.

Khalil, Iman Osman: Das Fremdwort im Gesellschaftsroman Theodor Fontanes, Frankfurt/M. 1978.

Killy, Walther: Abschied vom Jahrhundert. Fontane: *Irrungen, Wirrungen*. In: Theodor Fontane, hg. v. W. Preisendanz, Darmstadt 1973, S. 265-285.

Kolk, Rainer: Beschädigte Individualität. Untersuchungen zu den Romanen Theodor Fontanes, Heidelberg 1986.

Kremer, Detlef/Wegmann, Nikolaus: Wiederholungslektüre(n): Fontanes *Effi Briest*. In: Der Deutschunterricht 45 (1995), H. 6, S. 56-75.

Liesenhoff, Carin: Fontane und das literarische Leben seiner Zeit, Bonn 1976.

Liver, Claudia: Glanz und Versagen der Rede. Randbemerkungen zu Fontanes Gesellschaftroman. In: Annali 24 (1981), S. 5-33.

Loster-Schneider, Gudrun: Der Erzähler Fontane. Seine politischen Positionen in den Jahren 1864-1898 und ihre ästhetische Vermittlung, Tübingen 1986.

Mecklenburg, Norbert: Einsichten und Blindheiten. Fragmente einer nichtkanonischen Fontane-Lektüre. In: Text + Kritik. Sonderbd. Theodor Fontane, hg. v. H. L. Arnold, München 1989, S. 148-162.

Mecklenburg, Norbert: Figurensprache und Bewußtseinskritik in Fontanes Romanen. In: Deutsche Vierteljahrsschrift f. Literaturwissenschaft u. Geistesgeschichte 65 (1991), S. 674-694.

Mecklenburg, Norbert: Im Vorfeld modernen Erzählens: Mündliches Wissen und Dialogizität bei Theodor Fontane. In: Mündliches Wissen in neuzeitlicher Literatur, hg. v. P. Goetsch, Tübingen 1990, S. 51-68.

Mende, Dirk: Frauenleben. Bemerkungen zu Fontanes *L'Adultera* nebst Exkursen zu *Cécile* und *Effi Briest*. In: Fontane aus heutiger Sicht, hg. v. H. Aust, München 1980, S. 183-213.

Meyer, Herman: Theodor Fontane *L'Adultera* und *Der Stechlin*. In: Theodor Fontane, hg. v. W. Preisendanz, Darmstadt 1973, S. 201-232.

MhicFhionnbhairr, Andrea: Anekdoten aus allen fünf Weltteilen: The Anecdote in Fontane's Fiction and Autobiography, Frankfurt/M. 1985.

Minden, Michael: *Effi Briest* and »die historische Stunde des Takts«. In: Modern Language Review 76 (1981), S. 869-879.
Minder, Robert: Über eine Randfigur bei Fontane. In: Theodor Fontane, hg. v. W. Preisendanz, Darmstadt 1973, S. 401-417.
Mittelmann, Hanni: Die Utopie des weiblichen Glücks in den Romanen Theodor Fontanes, Bern 1980.
Mittenzwei, Ingrid: Die Sprache als Thema. Untersuchungen zu Fontanes Gesellschaftsroman, Bad Homburg v. d. Höhe 1970.
Mockey, Fernande: War Fontane ein Gesellschaftsmensch? In: FBl 30 (1979), S. 509-520.
Mommsen, Katharina: Die Kunst der »Sprechweisen« bei Hofmannsthal und Fontane. In: K. M.: Hofmannsthal und Fontane, Bern 1978, S. 33-54.
Müller-Seidel, Walter: Theodor Fontane. Soziale Romankunst in Deutschland, Stuttgart 1975, 2., durchges. Aufl. 1980.
Nürnberger, Helmuth: Fontanes Briefstil. In: Fontane aus heutiger Sicht, hg. v. H. Aust, München 1980, S. 56-80.
Nürnberger, Helmuth: »Der große Zusammenhang der Dinge«. ›Region‹ und ›Welt‹ in Fontanes Romanen. In: FBl 55 (1991), S. 33-68.
Nürnberger, Helmuth: Fontanes Welt, Berlin 1997.
Paulsen, Wolfgang: Theodor Fontane. The Philosemitic Antisemite. In: Publications of the Leo Baeck Institute. Yearbook 26 (1981), S. 303-322.
Pelster, Theodor: Theodor Fontanes Einschätzung von Rede und Rhetorik. In: Muttersprache 86 (1976), S. 169-206.
Petersen, Julius: Fontanes Altersroman. In: Euphorion 29 (1928), S. 1-74.
Petersen, Julius: Fontanes erster Berliner Gesellschaftsroman (1929). In: Theodor Fontane. Sämtliche Werke. Nymphenburger Ausg., Bd. 24, München 1975, S. 756-810.
Plett, Bettina: Die Kunst der Allusion. Formen literarischer Anspielungen in den Romanen Theodor Fontanes, Köln 1986.
Poser, Hans: Katholisierende Elemente bei Theodor Fontane. In: Architectura poetica. Festschrift für Johannes Rathofer, hg. v. U. Ernst u. B. Sowinski, Köln 1990, S. 461-469.
Preisendanz, Wolfgang: Die verklärende Macht des Humors im Zeitroman Fontanes. In: Theodor Fontane, hg. v. W. Preisendanz, Darmstadt 1973, S. 286-328.
Preisendanz, Wolfgang: Zur Ästhetizität des Gesprächs bei Fontane. In: Das Gespräch, hg. v. K. Stierle und R. Warning, München 1984, S. 473-487.
Pütz, Peter: Der Superlativ bei Fontane. In: Oxford German Studies 10 (1979), S. 139-149.
Rauch-Maibaum, Renate: Zum ›Frauen-‹ und ›Männerbild‹ in Romanen Theodor Fontanes, Diss. Köln 1991.

Remak, Henry H. H.: Politik und Gesellschaft als Kunst: Güldenklees Toast in Fontanes *Effi Briest.* In: Formen realistischer Erzählkunst. Festschrift für Charlotte Jolles, Nottingham 1979, S. 550-562.

Reuter, Hans-Heinrich: Fontane, 2 Bde., Berlin/München 1968.

Rösel, Manfred: »Das ist ein weites Feld«. Wahrheit und Weisheit einer Fontaneschen Sentenz, Frankfurt/M. 1997.

Rudolph, Ekkehart: Die Darstellung des redenden Menschen in den epischen Prosadichtungen Theodor Fontanes, Diss. Jena 1957.

Sagarra, Eda: Theodor Fontane *Der Stechlin*, München 1986.

Sagarra, Eda: »Und die Katholschen seien, bei Licht besehen, auch Christen«. Katholiken und Katholischsein bei Fontane: Zur Funktion eines Erzählmotivs. In: FBl 59 (1995), S. 38-58.

Sauer, Adolf Karl: Das aphoristische Element bei Theodor Fontane. Ein Beitrag zur Erkenntnis seiner geistigen und stilistischen Eigenart, Berlin 1935.

Schillemeit, Jost: Berlin und die Berliner. Neuaufgefundene Fontane-Manuskripte. In: Jb. d. dt. Schillerges. 30 (1986), S. 34-82.

Schulz, Eberhard Wilhelm: »Das Literarische macht frei . . .«. Über aphoristische Sätze Fontanes und ihre epische Integration. In: Literaturwiss. Jb. 30 (1989), S. 141-161.

Schuster, Peter-Klaus: Theodor Fontane: Effi Briest – Ein Leben nach christlichen Bildern, Tübingen 1978.

Swales, Martin: Möglichkeiten und Grenzen des Fontaneschen Realismus. In: Text + Kritik. Sonderbd. Theodor Fontane, hg. v. H. L. Arnold, München 1989, S. 75-87.

Wenger, Erich: Theodor Fontane. Sprache und Stil in seinen modernen Romanen, Diss. Greifswald 1913.

Wölfel, Kurt: »Man ist nicht bloß ein einzelner Mensch«. Zum Figurenentwurf in Fontanes Gesellschaftsromanen. In: Zeitschr. f. dt. Philologie 82 (1963), S. 152-171.

Ziegler, Edda/Erler, Gotthard: Theodor Fontane. Lebensraum und Phantasiewelt, Berlin 1996.

Werkregister

Theodor Fontane im Insel Verlag

Fontane und sein Berlin
Personen, Häuser, Straßen
Von Otto Drude
Mit zahlreichen Abbildungen
415 Seiten. Gebunden

Theodor Fontane lebte vom 1. Oktober 1833 bis zu seinem Tode am 20. September 1898, also fast fünfundsechzig Jahre, in Berlin. Hier hat er gearbeitet, gelesen, geschrieben und Menschen aller Schichten und Ränge kennengelernt. In kleinen und großen Häusern der Stadt ging er ein und aus, arbeitete in Apotheken, im Krankenhaus, war tätig in Verlagen und Zeitungen und hatte seinen Parkettplatz im Königlichen Schauspielhaus: all dies bildete den Hintergrund seines Lebens und wurde Proszenium und Kulisse seines Werkes.

Manche Namen sind heute noch bekannt und geläufig, viele andere weithin vergessen; manche Straßen, in denen er lebte, gibt es noch, auch steht noch das eine oder andere Haus, in dem er verkehrte, aber vieles ist zerstört und für immer verschwunden.

Fontanes Leben und Werk verstehen heißt, sich dieser Namen und Stätten erinnern, und das Buch will dabei helfen: In *Fontane und sein Berlin* finden sich in alphabetischer Folge Artikel zu Personen, mit denen Fontane umging oder die ihn und sein Werk geprägt haben; dazu Artikel über Straßen und Plätze, über Bürgerhäuser und Prachtbauten, über Theater und Institutionen, zum literarischen Leben: ein Panorama Berlins und ein Lexikon zu Fontane, Nachschlagewerk und Kulturgeschichte zugleich.

Theodor Fontane im Insel Verlag

Theodor Fontane
Gedichte in einem Band
Herausgegeben von Otto Drude
751 Seiten. Gebunden

Theodor Fontanes Gedichte haben überdauert, wenngleich sie oft im Schatten des Romanwerks standen. Auch in ihnen zeigt er sich als glänzender Stilist, der mit der Sprache virtuos umzugehen weiß und der Geschichte, Zeitumstände und Alltag seiner Mitmenschen präzise und liebevoll zugleich, oft ironisch, aber immer mitfühlend zu skizzieren versteht. Viele seiner Gedichte, vor allem die Balladen, wurden zur Schullektüre und sind aus dem literarischen Kanon nicht mehr wegzudenken – *Herr von Ribbeck auf Ribbeck, John Maynard, Die Brücke am Tay* –, aber auch die Sprüche und Gelegenheitsverse.

Die neue Sammlung der Gedichte Fontanes beginnt mit den ›Liedern und Sprüchen‹, den ›Bildern und Balladen‹ und den ›Gelegenheitsgedichten‹ der ›Ausgabe letzter Hand‹ von 1898. Es folgen Gedichte aus früheren Auflagen und daran schließen sich in Auswahl Gedichte des ›frühen‹ Fontane an, Texte aus Separatpublikationen; Verse aus den ›Wanderungen‹ und Romanen und dann vor allem die Gedichte an seine ›engere Welt‹: die Gedichte an die ›eigene Frau‹, an die Söhne, Geschwister und die an den großen Kreis seiner Freunde und Bekannten.

Theodor Fontane im Insel Verlag

Briefe an Georg Friedlaender. Aufgrund der Edition von Kurt Schreinert und der Handschriften neu herausgegeben und mit einem Nachwort versehen von Walter Hettche. Mit einem Essay von Thomas Mann. 486 Seiten. insel taschenbuch 1565

Cécile. Mit einem Nachwort von Walter Müller-Seidel. 263 Seiten. insel taschenbuch 689

Effi Briest. Mit 21 Lithographien von Max Liebermann. 354 Seiten. Leinen, Leder, insel taschenbuch 2131 und Großdruck. insel taschenbuch 2340

Frau Jenny Treibel oder ›Wo sich Herz zum Herzen findt‹. Roman. Mit einem Nachwort von Richard Brinkmann. 269 Seiten. insel taschenbuch 746

Gedichte. Ausgewählt von Rüdiger Görner. 260 Seiten. insel taschenbuch 2221

Gedichte in einem Band. Herausgegeben von Otto Drude. 751 Seiten. Leinen

Grete Minde. Nach einer altmärkischen Chronik. Mit einem Nachwort von Peter Demetz. 154 Seiten. insel taschenbuch 1157

Herr von Ribbeck auf Ribbeck. Gedichte und Balladen. Ausgewählt von Gottfried Honnefelder. 65 Seiten. insel taschenbuch 1446

Irrungen, Wirrungen. Mit einem Nachwort von Walter Killy. 242 Seiten. insel taschenbuch 771

Jenseit des Tweed. Bilder und Briefe aus Schottland. Mit zahlreichen Abbildungen und einem Nachwort von Otto Drude. 329 Seiten. insel taschenbuch 1066

Kriegsgefangen. Erlebtes 1870. Herausgegeben von Otto Drude. Mit zeitgenössischen Abbildungen. 258 Seiten. insel taschenbuch 1437

Ein Leben in Briefen. Ausgewählt und herausgegeben von Otto Drude. Mit zahlreichen Abbildungen. 520 Seiten. insel taschenbuch 540

Mathilde Möring. Mit einem Nachwort von Peter Demetz. 158 Seiten. insel taschenbuch 1107

Meine Kinderjahre. Autobiographischer Roman. Mit einem Nachwort von Otto Drude. Mit Illustrationen und Abbildungen. 276 Seiten. insel taschenbuch 705

Mit Fontane durch die Mark Brandenburg. Herausgegeben von Otto Drude. Mit farbigen Fotografien von Christel Wollmann-Fiedler. 219 Seiten. insel taschenbuch 1798

Mit Fontane durch England und Schottland. Herausgegeben von Otto Drude. Mit farbigen Fotografien von Christel Wollmann-Fiedler. 200 Seiten. insel taschenbuch 2222

Die Poggenpuhls. Roman. 141 Seiten. insel taschenbuch 1271

Schach von Wuthenow. Erzählung aus der Zeit des Regiments Gendarmes. Mit einem Nachwort von Benno von Wiese. 220 Seiten. insel taschenbuch 816

Ein Sommer in London. Mit einem Nachwort und einem Fontane-Spaziergang durch das heutige London von Harald Raykowski. 252 Seiten. insel taschenbuch 1723

Der Stechlin. Mit einem Nachwort von Walter Müller-Seidel. 504 Seiten. insel taschenbuch 1955

Stine. Roman. Mit einem Nachwort von Peter Demetz. 150 Seiten. insel taschenbuch 899

Unwiederbringlich. Roman. 284 Seiten. insel taschenbuch 1593

Von Zwanzig bis Dreißig. Autobiographisches. Herausgegeben von Otto Drude. Mit zahlreichen Abbildungen. 468 Seiten. insel taschenbuch 2101

Vor dem Sturm. Roman, aus dem Winter 1812 auf 13. Mit einem Nachwort von Hugo Aust. 779 Seiten. insel taschenbuch 583

Theodor Fontane. Leben und Werk in Texten und Bildern. Von Otto Drude. 219 Seiten. insel taschenbuch 660

Fontane und sein Berlin. Von Otto Drude. Mit zahlreichen Abbildungen. 415 Seiten. Gebunden